Ulrike Götz

Sachkunde Immobiliardarlehensvermittlung
Fachwissen zur Vorbereitung auf die IHK-Sachkundeprüfung
für die Immobiliardarlehensvermittlung nach § 34i GewO

D1719800

Ulrike Götz

Sachkunde Immobiliardarlehensvermittlung

Fachwissen zur Vorbereitung auf die IHK-Sachkundeprüfung für die Immobiliardarlehensvermittlung nach § 34i GewO

Bibliografische Information der Deutschen Nationalbibliothek

Die Deutsche Nationalbibliothek verzeichnet diese Publikation in der
Deutschen Nationalbibliografie; detaillierte bibliografische Daten sind
im Internet über http://dnb.d-nb.de abrufbar.

Beachten Sie bitte stets unseren Aktualisierungsservice auf unserer
Homepage unter: **vvw.de → Service → Ergänzungen/Aktualisierungen**
Dort halten wir für Sie wichtige und relevante Änderungen und
Ergänzungen zum Download bereit.

Gleichstellungshinweis
Zur besseren Lesbarkeit wird auf geschlechtsspezifische Doppelnennungen verzichtet.

ISBN   978-3-89952-944-9

Inhaltsverzeichnis

Grundlagen der Kundenberatung

Keine Baufinanzierung – bzw. im neuen Sprachgebrauch der Wohnimmobilienkreditricht-linie (WIKR): Immobiliardarlehensvermittlung – ist wie die andere. Das hängt zum einen mit dem individuellen Immobilienobjekt und zum anderen mit den individuellen Kunden-anforderungen an die Finanzierung zusammen.

Das macht dieses Geschäftsfeld spannend und durchaus anspruchsvoll. Mit jeder Finan-zierung – unabhängig davon, ob diese von der Kreditabteilung am Ende zugesagt wird oder nicht – gewinnen Sie wertvolle Erfahrungswerte für die nächste Finanzierungsan-frage.

Sie befürchten, dass eine Finanzierungsabsage die gesamte Kundenverbindung gefähr-den könnte? Das ist eine berechtigte Frage. Mit dem in diesem Buch beschriebenen Grundlagenwissen erhalten Sie viele Tipps, worauf Sie Ihren Kunden bereits im Erstge-spräch hinweisen können (z.B. K.O.-Kriterien für eine Finanzierung). Und Sie erhalten Informationen zu den aktuellen gesetzlichen Anforderungen an die Kreditwürdigkeits-prüfung – die Voraussetzung für die Darlehenszusage sind – die Ihre Kreditabteilung verpflichtet ist einzuhalten.

Im Vorfeld zur Erstellung dieser Ausbildungsliteratur bin ich immer wieder von meinen Seminarteilnehmern gefragt worden, wie die einzelnen prüfungsrelevanten schriftlichen Teilthemen denn in den realen Ablauf einer Immobiliardarlehensvermittlung passen. Also wann spielt welcher Teil des Fachwissens eine Rolle in der Praxis und wie schaut der tatsächliche Weg von der ersten Idee des Kunden, sich eine Immobilie anschaffen zu wollen, bis zum tatsächlichen Eigentumsübergang aus.

Daraus ist die Idee für dieses Einstiegskapitel entstanden, das gleichzeitig aber auch Ihr Einstieg in die Vorbereitung auf die praktische Prüfung der Sachkundeprüfung zum Immobiliardarlehensvermittler ist.

Hinweis zu den in diesem Buch verwendeten Begrifflichkeiten

Die Begriffe „Kredit" und „Darlehen" sind synonyme Begriffe mit identischer Bedeu-tung. Gleiches gilt für die Begriffe Baufinanzierung und Immobilienfinanzierung.

Obwohl in der Wohnimmobilienkreditrichtlinie der eine und in der Immobiliardarle-hensvermittlungsverordnung der andere Begriff verwendet wird, finden sich in der deutschen Gesetzgebung überwiegend die Begriffe Immobiliardarlehen, Darlehens-geber und Darlehensnehmer. Aus diesem Grund werden in diesem Buch die Begriffe aus dem gesetzlichen Sprachgebrauch verwendet. Diese finden sich auch überwie-gend in der IHK-Prüfung.

1.1 Das Beratungsgespräch

Nachfolgende Bausteine gehören zu einem kundenorientierten und qualifizierten Beratungsgespräch im Zusammenhang mit einer Immobiliardarlehensvermittlung:

1. Statusbezogene und vorvertragliche **Informationspflichten**

2. Der **Finanzierungsanlass**: Welchen Wunsch verfolgt Ihr Kunde im Hinblick auf den Erwerb einer Immobilie?

3. Die **Haushaltsrechnung**: Wieviel Darlehen kann und will sich Ihr Kunde langfristig leisten? (Die Gegenüberstellung von aktuellen und zukünftigen Einnahmen und Ausgaben.)

4. Die **Objektsuche**: Wieviel Immobilie kann sich Ihr Kunde leisten?

5. Die **Gesamtkostenaufstellung (Investitionsplan)**: Welche Gesamtkosten sind mit dem Immobilienerwerb bzw. -bau verbunden?

6. Der **Finanzierungsbedarf/Finanzierungsplan**: Über welche Eigenmittel verfügt Ihr Kunde und welchen Finanzierungsbedarf hat Ihr Kunde?

7. Die **Kundenbedarfsanalyse**: Welche Wünsche hat Ihr Kunde an seine Finanzierung? Laufzeit, Tilgung und mehr sind hier gefragt. Welche steuerliche Situation ist zu beachten (bei Kapitalanlegern)?

8. Die **Empfehlung geeigneter Darlehen (Finanzierungsangebot)**: Welche Darlehensbausteine sind für Ihren Kunden geeignet und empfehlenswert? Welche Risiken sind zu beachten?

9. Der **Geschäftsabschluss**: Darlehensvertrag und die nächsten Schritte bis zum Immobilieneigentum

10. Die weitere **Kundenbetreuung**: Rücklagenbildung, Instandhaltung, Aus- und Umbau, Informationen über gesetzliche Neuerungen im Immobilienbereich (z.B. energetische Anforderungen an Immobilien)

Tipp

Eine Finanzierungsberatung erfordert einen hohen Zeitaufwand. Erkundigen Sie sich deshalb offen bei Ihrem Kunden, ob Sie einer von vielen Anbietern sind und versuchen Sie einzuschätzen, wie wahrscheinlich ein Abschluss mit Ihnen ist.

1.1.1 Die Kundensituation

Statusbezogene und vorvertragliche Informationspflichten

Am Anfang des Beratungsgesprächs bzw. spätestens rechtzeitig vor Geschäftsabschluss sind Sie dazu verpflichtet, Ihrem Kunden die statusbezogenen Informationen zu Ihrer eigenen Person (Name, Kontaktdaten, Registrierung, Produktpartner u.a.) und zu Ihren

Dienstleistungen (z.B. Beratungsleistungen, provisions- oder honorarbasierte Beratung oder Vermittlung) zur Verfügung zu stellen.

Ebenso sind Sie zur Einhaltung weiterer gesetzlich vorgeschriebener vorvertraglichen Informationspflichten verpflichtet. So müssen Sie Ihrem Kunden vor Beginn der Beratung mitteilen, welche Informationen und Nachweise Sie von ihm benötigen, damit die Darlehensabteilung Ihres Produktgebers eine ordnungsgemäße Kreditwürdigkeitsprüfung durchführen kann. Darüber hinaus müssen Sie Ihren Kunden darauf hinweisen, dass eine Kreditwürdigkeitsprüfung für den Abschluss eines Darlehensvertrages vom Gesetzgeber zwingend ist und nur durchgeführt werden kann, wenn die hierfür benötigten Informationen und Nachweise richtig und vollständig sind.

Eine der wesentlichen Neuerungen der Wohnimmobilienkreditrichtlinie ist die Vorgabe, dass die Darlehensentscheidung nicht mehr alleine auf die Werthaltigkeit des Objektes (Immobilie) abgestellt werden darf, sondern, dass eine Darlehenszusage nur dann zulässig ist, wenn die entsprechende Kundenbonität (persönliche und materielle Kreditwürdigkeit) gegeben ist.

Darüber hinaus erhält Ihr Kunde vom Produktgeber produktbezogene vorvertragliche Informationen rechtzeitig vor Geschäftsabschluss in Form des sog. ESIS-Merkblattes.

Welche Konsequenzen eine mangelhafte Kreditwürdigkeitsprüfung für den Darlehensgeber hat und warum Sachbearbeiter Ihrer Darlehensabteilung hier ganz genau hinschauen und prüfen, darüber erfahren Sie viel in diesem Buch. Hier ist das Grundlagenwissen nützlich, um schon im ersten Kundengespräch Ihren Kunden auf mögliche K.O.-Kriterien hinweisen zu können bzw. die Chancen auf eine positive und schnelle Kreditentscheidung zu beeinflussen.

Hier finden Sie die rechtlichen Grundlagen und weitere Informationen:

- Kapitel 2.4 Rechtliche Grundlagen der Immobiliardarlehensvermittlung und -beratung
- Kapitel 2.5 Vermittler- und Beraterrecht

Der Finanzierungsanlass

Der Wunsch nach einer eigenen Immobilie kann viele Gründe haben:

- Die Gründung einer Familie und der Wunsch nach eigenem Immobilienbesitz
- Altersvorsorge

Derzeit befinden wir uns in einer Phase historisch niedriger Finanzierungszinsen. Das verleitet viele Kunden, sich eine Immobilie anschaffen zu wollen, die bei einem „normalen" Zinsniveau über ihren Verhältnissen liegen würde. Dazu kommen auf der anderen Seite historisch hohe Immobilienpreise, vor allem in den Ballungsräumen in und um die deutschen Großstädte. Wohin die weitere Preisreise geht, kann derzeit keiner sicher voraussagen. Einerseits werden sich mit wieder steigenden Zinsen immer weniger Menschen eine Immobilie leisten können, andererseits wird dringend benötigter Wohnraum immer knapper.

Nicht zu vergessen, dass der Erwerb einer Immobilie eine sehr emotionale Entscheidung werden kann. Hat man sich erst einmal in sein Traumobjekt verliebt, finden Vernunftgründe oft kein offenes Ohr mehr. Hier kann ein Immobiliardarlehensvermittler mit dem entsprechenden Fingerspitzengefühl ein wertvoller neutraler Berater sein. Denn es gilt: Nicht jede Finanzierung, die machbar ist, ist auch empfehlenswert für Ihren Kunden. Ihre Finanzierungsberatung kann Ihren Kunden vor einer Überschuldung rechtzeitig schützen.

Hier finden Sie die rechtlichen Grundlagen und weitere Informationen:

- Kapitel 3.1 Finanzierungsanlässe

Bestandsaufnahme: Die Haushaltsrechnung

Sofern es sich bei Ihrem Kunden um einen Bestandskunden handelt, liegen Ihnen sicherlich bereits einige wirtschaftliche und finanzielle Informationen vor. Welche sind diese und welche weiteren Informationen benötigen Sie für die Kreditwürdigkeitsprüfung darüber hinaus? Hierbei kommt die sog. Selbstauskunft des Kunden zum Einsatz. Damit können Sie alle vorhandenen Vermögenswerte und bereits bestehenden Verbindlichkeiten erfassen. Ebenso die verfügbaren Einnahmen und die aktuellen Ausgaben Ihres Kunden.

Der Haushaltsplan sollte einerseits die aktuellen Einnahmen und Ausgaben berücksichtigen und andererseits auch die durch den Immobilienerwerb veränderten zukünftigen Einnahmen (ggf. Mieteinnahmen) und Ausgaben (z.B. Grundsteuer, erhöhte Energiekosten).

Welche Wunschdarlehensrate hat Ihr Kunde?

Und wieviel Immobilie kann sich Ihr Kunde aus der Sicht Ihrer Kreditabteilung leisten? Denn auch die langfristige Tragfähigkeit der Darlehensrate gehört zur Kreditwürdigkeitsprüfung.

Die Haushaltsrechnung ist dazu der Realitätscheck.

Tipp

Zum Haushaltsplan gehören auch die Lebenshaltungskosten. Viele Darlehensgeber setzen hier Pauschalbeträge an und setzen eine maximale Grenze (z.B. 40 %), die die Darlehensrate in Prozent vom Nettoeinkommen ausmachen darf. Erkundigen Sie sich dazu rechtzeitig bei Ihren Produktgebern. Die Haushaltsrechnung sollte nicht zu knapp kalkuliert sein und Spielraum beispielsweise für eine Rücklagenbildung für unvorhergesehene zukünftige Ausgaben berücksichtigen.

Tipp

Auch die zukünftige Lebensplanung Ihres Kunden gehört ausreichend berücksichtigt: Sind beispielsweise Kinder geplant? Wird dabei ein Gehalt zeitweise wegfallen und wie soll dies ausgeglichen werden? Sind zukünftige Ausbildungskosten der Kinder zu berücksichtigen? Aber auch ab und zu ein Urlaub sollte noch leistbar sein.

Tipp

Wie hoch ist die bisherige Miete? Wieviel Euro blieben bisher am Monatsende übrig? Wurden diese ausgegeben oder zur Bildung von Eigenmittel genutzt? Vielleicht entspricht die zukünftige Darlehensrate ja diesem Miet- und Sparbetrag, dann ist dies ein wertvoller Hinweis auf die zukünftige Tragfähigkeit der Darlehensrate.

Tipp

Fällt das Gesamtdarlehensende in die Rentenzeit des Kunden? Dann sind Sie sogar verpflichtet, nach der Altersvorsorge Ihres Kunden zu fragen. Die Kreditwürdigkeitsprüfung umfasst u.a. die Prüfung, ob die nachhaltige Wahrscheinlichkeit besteht, dass die Darlehensrate bis zum Gesamtdarlehenslaufzeitende bezahlt werden kann. Gegebenenfalls wird die Darlehensabteilung hierzu eine zusätzliche private Altersvorsorge als Voraussetzung für die Darlehensgewährung verlangen.

Beispiel für Wunsch und Wirklichkeit der möglichen Darlehensrate

Ihre Kunden (ein Ehepaar mit einem Kind) verfügen über Eigenmittel in Höhe von 50.000 € und zahlen derzeit 850 € Kaltmiete. Die Eigenmittel haben sie sich mit Hilfe eines Fondssparplans aufgebaut, den sie mit monatlich 400 € besparen. Als Wunschrate geben Ihre Kunden dementsprechend 1.250 € an.

Aus der Selbstauskunft und weiterer Haushaltsrechnung ergibt sich folgendes Bild:

Lebenshaltungskosten:	1.400 €
Kosten für zwei PKW:	350 €
Nebenkosten für die Mietwohnung (Heizung etc.):	450 €
Daraus ergeben sich monatliche Gesamtausgaben in Höhe von:	2.200 €
Demgegenüber stehen monatliche Einnahmen:	
Nettoeinkommen:	3.000 €
Kindergeld:	184 € (Wichtig ist hierbei, das Alter der Kinder zu berücksichtigen, um zu wissen, wie lange diese Einnahme noch zur Verfügung steht!)
Gesamteinnahmen:	3.184 €
Und somit eine tatsächlich freie monatliche Liquidität von:	984 €

Schon an diesem einfachen Beispiel können Sie erkennen, wie wichtig es ist, die Angaben Ihres Kunden gemeinsam konkret und detailliert zu überprüfen.

Hier finden Sie die rechtlichen Grundlagen und weitere Informationen:

- Kapitel 3.6 Finanzierungsangebot
- Kapitel 3.7 Kreditwürdigkeitsprüfung

Die Objektsuche

Bevor es zu einem qualifizierten Beratungsgespräch kommen kann, muss die Objektfrage geklärt sein. Sonst bleiben zu viele Fragen unbeantwortet oder unkonkret.

Befindet sich Ihr Kunde noch in der allgemeinen Informationsphase über eine mögliche Immobilienfinanzierbarkeit oder hat er die Immobiliensuche bereits begonnen oder hat er sogar schon eine Immobilie gefunden?

Womöglich hat Ihr Kunde sogar schon einen Kaufvertrag unterschrieben. Dies ist zwar, solange die Finanzierung nicht gesichert ist, alles andere als empfehlenswert, aber kommt in der Praxis immer wieder vor. Wie hoch ist der Kaufpreis und wann ist dieser zur Zahlung fällig?

Die Objektsuche ist kein einfaches Unterfangen in der heutigen Zeit. In vielen beliebten Wohnregionen lässt sich kaum mehr ein bezahlbares Objekt finden. Bestandsimmobilien passen nicht immer zu den eigenen Vorstellungen oder müssen kostspielig umgebaut werden. Neubaugebiete kommen kaum der Nachfrage nach. Jetzt heißt es, die Fühler nach allen Seiten auszustrecken: angefangen im Freundes- und Bekanntenkreis, im Umfeld der derzeitigen Wohnung, bei Maklern, bei Bauträgern, in der Zeitung und im Internet.

Der Prozess von der Haussuche bis zum letztlichen Eigentumserwerb sieht oft etwas anders aus, als hier beschrieben: Schneller als gedacht ist aus einer ersten „mal probieren"-Anfrage ein konkretes Objekt gefunden. Der Verkäufer besteht auf einem baldigen Termin beim Notar. Und der Kunde hat noch mit keiner Bank gesprochen, geschweige denn sich wirklich umfassend Gedanken über die Finanzierung gemacht. Jetzt drängt die Zeit. Und genau hier macht sich der Nutzen des neuen Anlegerschutzes rund um die Wohnimmobilienkreditrichtlinie bemerkbar: Der Kunde soll vor vorschnellen Entscheidungen geschützt werden. Aus diesem Grund müssen Darlehensgeber seit 2016 eine wesentlich umfassendere Kreditwürdigkeitsprüfung durchführen und nachweisen. Eine Top-Immobilie in Top-Lage reicht hierzu nicht, auch wenn sie als Darlehensabsicherung sicher von Vorteil ist.

Wie viel Immobilie wollen und können Sie sich leisten?

Fragen Sie Ihren Kunden nach seiner Wunschdarlehensrate. Und überprüfen Sie diese anhand der bereits beschriebenen Haushaltsrechnung.

Leider habe ich in meiner Praxis immer wieder Kunden kennengelernt, die sehr überrascht auf diese Vorgehensweise reagiert haben. Die Langfristigkeit einer Immobilieninvestition ist vielen nicht bewusst. Die anfängliche Euphorie kann schnell verfliegen, wenn nach fünf Jahren Urlaubsverzicht der Wunsch hiernach übergroß, aber nicht leistbar ist. Die Veränderungen der Berufswelt schreiten mit der zunehmenden Digitalisierung sehr schnell voran. Wer weiß heute schon, wie sein Job in 10, 15 oder 25 Jahren aussieht oder an welchem Ort der zukünftige Arbeitsplatz liegen wird. Deshalb ist auch ein Blick auf die Nachhaltigkeit der Immobilienpreise wichtig. Was ist, wenn der Wert der eigenen Immobilie fällt? Kann im vorzeitigen Verkaufsfall das noch vorhandene Restdarlehen zurückbezahlt werden?

Die gute Nachricht: Es gibt viele Bausteine, die sich für den „Plan B" in eine Finanzierung einbauen lassen. Beispielsweise eine ausreichend hohe Tilgung von Anfang an oder die Option auf Sondertilgungen usw.

Sucht Ihr Kunde frühzeitig den Kontakt zu Ihnen, so können Sie hierbei wertvolle Unterstützung leisten. Sie stellen die spätere konkrete Finanzierungsanfrage frühzeitig auf solide Beine. Wichtig hierbei ist auch die Berücksichtigung der direkten Erwerbsnebenkosten (Notar, Grundbuchamt, Grunderwerbsteuer, Makler u.a.).

In die Berechnung des maximal leistbaren Kaufpreises fließen auch die Eigenmittel, die eingesetzt werden sollen und weitere bestehende Finanzierungsbausteine (Arbeitgeberdarlehen, Verwandtendarlehen, Bauspardarlehen aus zugeteiltem Bausparvertrag u.a.) ein.

Folgende Rechenschritte ermöglichen es Ihnen, den für Ihren Kunden maximal leistbaren Kaufpreis herauszufinden:

1. Welche jährliche Darlehensrate ergibt sich aus der monatlich möglichen Wunschrate? Wunschrate in € X 12 = jährliche Darlehensrate in € (Annuität bei Zins und laufender Tilgung)

2. Welche mögliche Darlehenssumme in € ergibt sich daraus?

$$\frac{\text{Jahresrate in €}}{\text{Zins- + Tilgungssatz}} \times 100 = \text{maximale Darlehenssumme in €}$$

3. Welchen Kaufpreis kann sich Ihr Kunde unter Berücksichtigung der einsetzbaren Eigenmittel und bereits verfügbaren Fremdmittel (z.B. Verwandtendarlehen) und der Erwerbsnebenkosten (Notar, Grundbuchamt, Makler, Grunderwerbsteuer usw.) leisten?

$$\frac{\text{max. Darlehenssumme in € + Eigenmittel}}{100 + \text{Nebenkosten in \%}} \times 100 = \text{max. Kaufpreis in €}$$

Achtung: viele Darlehensgeber bestehen heute darauf, dass die Erwerbsnebenkosten aus Eigenmittel bezahlt werden und sind nicht bereit diese mitzufinanzieren!

Beispiel: Berechnung des maximalen Kaufpreises

Ihre Kunden haben Ihnen eine monatliche Wunschrate in Höhe von 1.850 € genannt, die sich aus der Haushaltsrechnung auch als tatsächlich freie Liquidität bestätigt hat.

Daraus ergibt sich eine jährliche Annuität in Höhe von
1.850 € X 12 = 22.200 € .

Bei einem gewünschten Tilgungssatz in Höhe von 3 % und einem von Ihnen angebotenen Zinssatz in Höhe von 2 % ergibt sich ein maximaler Darlehensbetrag in Höhe von:

$$\frac{22.200 \text{ €}}{5} \times 100 = 444.000 \text{ €}$$

Ihre Kunden verfügen über Eigenmittel in Höhe von 80.000 €

Die Nebenkosten für den Kauf einer Bestandsimmobilie kalkulieren Sie mit 6 % Grunderwerbsteuer + 2 % Notar – und Grundbuchkosten (ein Makler ist nicht eingebunden) = zusammen 8 % .

$$\frac{444.000 + 80.000}{Immobilienkaufpreis} \times 100 = 485.185 \text{ € maximal}$$

Hier finden Sie die rechtlichen Grundlagen und weitere Informationen:

- Kapitel 3.6 Finanzierungsangebot
- Kapitel 3.7 Kreditwürdigkeitsprüfung.

1.1.2 Der Kundenbedarf und eine kundengerechte Lösung

Steht das Objekt bereits fest, so gilt es, zunächst eine Gesamtkostenaufstellung für die geplante Investition zu erstellen.

Gesamtkostenaufstellung (Investitionsplan)

Jetzt geht es erstmals ans Eingemachte: Was für Kosten können rund um den Immobilienerwerb und die Immobilienfinanzierung anfallen? Manches ist nicht zu beeinflussen, wie beispielsweise die Notar- und Grundbuchkosten, da hier gesetzlich festgelegte Gebührenordnungen gelten. Bei der Wahl des Architekten besteht schon ein größerer Spielraum. Soll zusätzlich ein Sachverständiger eingebunden werden, der im Falle eines Neubauvorhabens den Beteiligten sachkundig auf die Finger schaut? Dies sind zusätzliche Kosten, die sich aber schnell rechnen können, da Baumängel so gar nicht erst entstehen bzw. rechtzeitig bemerkt werden.

Checkliste: Gesamtkosten

- Kaufpreis/Herstellungskosten
- Erschließungskosten
- Außenanlage/Garage (ca. 5–10 % des Kaufpreises)
- Grunderwerbsteuer (durchschnittlich 5 % des Kaufpreises, bundeslandabhängig)
- Notarkosten für die Eigentumsübertragung und Bestellung der Grundpfandrechte für die Darlehensbesicherung (ca. 1,5 % des Kaufpreises)
- Grundbuchamtskosten für die Eigentumsübertragung und Eintragung der Grundpfandrechte (ca. 0,5 % des Kaufpreises)
- Maklercourtage (ca. 3,5 % des Kaufpreises)
- Bauzeitzinsen
- Bereitstellungszinsen
- Einbauküche oder weitere neue Möbel
- ggf. Renovierungskosten (insb. bei Bestandsimmobilien)
- Umzugskosten
- u.a.

Hier finden Sie die rechtlichen Grundlagen und weitere Informationen:

- Kapitel 2.12 Steuerliche Grundlagen
- Kapitel 3.3 Finanzierungsbedarf und Finanzierungsbestandteile
- Kapitel 3.6 Finanzierungsangebot

Der Finanzierungsbedarf/Finanzierungsplan

Nun werden die ermittelten Gesamtkosten den einsetzbaren Eigenmitteln, Eigenleistungen („Muskelhypothek") und bereits vorhandenen Fremdmitteln gegenübergestellt:

Gesamtkosten abzgl. Eigenmittel, Eigenleistung und vorhandene Fremdmittel = verbleibender Finanzierungsbedarf (auch als „Finanzierungslücke" bezeichnet, solange hierüber keine Darlehenszusage vorliegt)

Hier finden Sie die rechtlichen Grundlagen und weitere Informationen:

- Kapitel 3.3 Finanzierungsbedarf und Finanzierungsbestandteile
- Kapitel 3.6 Finanzierungsangebot

Kundenbedarfsanalyse: Welche Wünsche und Anforderungen hat Ihr Kunde an die Finanzierung?

Hierbei geht es um die Vorstellungen, die Ihr Kunde an die Finanzierungsausgestaltung und -merkmale hat.

Checkliste: Fragen an Ihren Kunden zur Klärung seiner Wünsche

- Welche maximale Ratenhöhe können und möchten Sie sich leisten?
- Wieviel Eigenmittel sind Sie bereit einzusetzen?
- Wieviel Eigenleistung planen Sie einzubringen?
- Wie schnell soll das Darlehen getilgt sein? (Häufig soll dies bis zum Renteneintritt der Fall sein.)
- Welche Anforderung an die Zinssicherheit stellen Sie?
- Sollen Sondertilgungen und wenn ja in welchem Umfang möglich sein?
- Welchen Tilgungssatz möchten Sie zahlen und soll dieser ggf. flexibel änderbar sein?
- Welche Zinsvorstellungen haben Sie? (Heutzutage haben sich die meisten Kunden bereits über das Internet informiert.)
- Wünschen Sie eine anfängliche Tilgungsaussetzung? (Dies ist meist bei einem Neubau für die Übergangszeit in der noch Miete bezahlt werden muss der Fall.)
- Welche weiteren tilgungsfreien Zeiträume benötigen Sie?
- Welche steuerlichen Aspekte sind zu berücksichtigen? (bei Kapitalanlegern)
- Beinhaltet Ihre Wunschdarlehensrate auch die zusätzlichen – ggf. erhöhten – Nebenkosten eines Immobilienbesitzes (Strom, Wasser, Grundsteuer...)?
- u.a.

Das typische Kundenantwortprofil sieht oft erst einmal so aus:

„Ich möchte einen möglichst niedrigen Zinssatz, bei größtmöglicher Zinssicherheit, geringer laufender Tilgung und wenig Eigenmitteleinsatz und dazu noch größtmögliche Flexibilität hinsichtlich Sondertilgungen."

Wenn dazu noch knappe Einkommensverhältnisse und ein hoher Beleihungsauslauf (Verhältnis von Wert der Darlehenssicherheiten zu benötigtem Darlehen) kommen, wird klar, warum der Gesetzgeber verstärkte Verbraucherschutzregelungen vorschreibt.

Hier setzt die Qualität Ihrer Beratung an. Informieren Sie Ihren Kunden über die Auswirkungen seiner Wünsche und dass sich manche Wünsche in der Umsetzung gegenseitig ausschließen. So sind eine hohe Tilgungsflexibilität und ein geringer Eigenmitteleinsatz meist mit einem Zinsaufschlag verbunden. Umgekehrt ist ein hoher Eigenmitteleinsatz ein gutes Verhandlungsargument für einen günstigeren Zinssatz, denn dies reduziert das Risiko auf Seiten des Darlehensgebers.

Beim Vergleich von Mitbewerberangeboten zeigen sich schnell die Unterschiede und manche Angebote entsprechen nicht den Kundenwünschen:

1. Da eine Tilgung von nur 1 % – die früher durchaus üblich war – heute aufgrund des historisch niedrigen Zinsniveaus eine Gesamtdarlehenslaufzeit von über 50 Jahren bedeutet, verlangen die meisten Darlehensgeber eine Tilgungsleistung von mindestens 2 % p.a.

2. Sondertilgungen sind beim zinsgünstigsten Anbieter oft nicht möglich.

3. Die günstige Zinskondition eines Mitbewerbers ist u.U. an eine Mindesteigenmittel-quote gebunden.

Dies alles ist vielen Kunden nicht bekannt und bewusst. Hier können Sie den Wert Ihrer Beratung zeigen. Immerhin bindet sich Ihr Kunde mit einer Immobilienfinanzierung für viele viele Jahre seines Lebens an den Darlehensgeber.

Tipp: Die Bedeutung der laufenden Tilgung

Die häufigste Darlehensart ist das Annuitätendarlehen. Hier zahlt der Kunde eine gleichbleibende Monatsrate, die aus einem sich verringernden Zinsanteil und einem steigenden Tilgungsanteil besteht. Die Höhe dieser Annuität wird, neben dem aktuellen Zinssatz, vor allem von der Höhe des anfänglichen Tilgungssatzes beeinflusst. Machen Sie Ihrem Kunden bewusst, dass eine Tilgung von nur 1 % pro Jahr in der aktuellen Niedrigzinsphase eine Gesamtlaufzeit des Darlehens von über 50 Jahren bedeutet! Dieser Zeitraum umfasst in der Regel die gesamte Spanne des Arbeitslebens und, je nach Alter des Kunden, noch weit darüber hinaus. Kommt dann noch ein geringer Eigenkapitalanteil dazu, ist das Risiko einer Zinsänderung während dieser Gesamtlaufzeit keine Wahrscheinlichkeit, sondern eine Tatsache. Können die Darlehensverpflichtungen nicht mehr vertragsgemäß erfüllt werden, bleibt der Bank meist keine andere Wahl, als die Fälligstellung des Restdarlehens und Zwangsverwertung der Sicherheiten. Die Lösung ist einfach: eine ausreichend hohe Anfangstilgung, die ggf. jährlich variiert werden kann.

An dieser Stelle ein wichtiger Blick auf Ihre Mitbewerber. Rechnen Sie damit, dass Ihre Kunden auch Alternativangebote einholen. Die folgende Checkliste enthält die wichtigsten Angebotsmerkmale für den Vergleich. Stellen Sie jedem dieser Punkte insbesondere den tatsächlichen Kundenwunsch gegenüber.

Checkliste: Analyse Wettbewerbsangebot

- Darlehensbetrag
- Sollzinssatz p.a.
- Sollzinsbindung in Jahren
- Auszahlungskurs
- Beleihungsgrenze
- Tilgungssatz p.a.
- Umfang und Möglichkeit von Tilgungsaussetzungen
- Umfang und Möglichkeit von Sondertilgungen
- Umfang und Möglichkeit von Veränderung des Tilgungssatzes p.a.
- Ratenhöhe (monatlich)
- Zeitpunkt der Zins- und Tilgungsverrechnung

- Effektiver Jahreszins p.a.
- Gesamtzinsaufwand
- Gesamtdarlehenslaufzeit
- Restschuld am Ende der Sollzinsbindungsfrist
- Bereitstellungszinsen (ab wann und in welcher Höhe)
- Sonstige Kosten (Abschlussgebühr, Vermittlungsprovision)
- Kosten für Kopplungsprodukte

Hier finden Sie die rechtlichen Grundlagen und weitere Informationen:

- Kapitel 2.4 Rechtliche Grundlagen der Immobiliardarlehensvermittlung und -beratung
- Kapitel 2.7 Unlauterer Wettbewerb
- Kapitel 3.4 Konditionenvergleich
- Kapitel 3.6 Finanzierungsangebot

Empfehlung geeigneter Darlehensarten

Nun haben Sie alle Informationen, um Ihrem Kunden das für ihn geeignete Darlehensangebot zu unterbreiten. Dafür können Sie auf eine klassische Darlehensart wie beispielsweise ein Annuitätendarlehen zurückgreifen oder eine Kombination von Finanzierungsbausteinen anbieten, die auch Förderdarlehen oder ein Bauspardarlehen beinhalten.

Berücksichtigen Sie bei Ihrer Empfehlung:

- Wünsche und Anforderungen Ihres Kunden
- Seine heutigen und zukünftigen finanziellen Möglichkeiten
- Einsetzbare Eigenmittel und mögliche später einsetzbare Tilgungsersatzmittel
- Darlehenssicherheiten

Richten Sie Ihr Angebot an der Lebensplanung Ihres Kunden aus, so dass er sich die Darlehensraten auch noch in Zukunft leisten kann. Beachten Sie die Darlehenswunschlaufzeit Ihres Kunden.

Passen Sie die Finanzierung an sein Vorhaben an, d.h. ermöglichen Sie ihm eine bereitstellungszinsfreie Finanzierung während der Bauphase.

Nutzen Sie einen hohen Eigenmitteleinsatz Ihres Kunden, um ihm günstigere Konditionen anbieten zu können.

Achten Sie bei sicherheitsorientierten Kunden auf eine lange Zinsfestschreibung von mindestens 10 Jahren. Oder wählen Sie gleich eine Volltilger-Variante während der ersten Zinsfestschreibung (z.B. mittels einer entsprechenden anfänglichen Tilgung oder einer Bausparvariante).

Empfehlen Sie Ihrem Kunden lieber eine anfänglich erhöhte laufende Tilgung von mindestens 3 % p.a. und wählen Sie eine Darlehensvariante, bei der die jährliche Tilgung später variiert werden kann.

Bieten Sie Ihrem flexiblen Kunden zusätzliche kostenfreie jährliche Sondertilgungsmöglichkeiten, auch wenn dies mit einem Zinsaufschlag verbunden ist. Die Flexibilität wird es ihm wert sein.

Zum Darlehensangebot gehört zwingend eine Aufklärung über die mit den einzelnen Darlehensarten oder -ausgestaltungen verbundenen Risiken (z.B. Zinsänderungsrisiko am Ende der Sollzinsbindungsfrist, wenn noch ein Restdarlehen besteht).

Für eine möglichst schnelle und positive Entscheidung der verantwortlichen Darlehensabteilung sind vollständige Unterlagen im Zusammenhang mit dem Darlehensantrag wichtig. Die nachfolgende Checkliste beinhaltet die wichtigsten dieser Unterlagen.

Checkliste: Notwendige Unterlagen im Zusammenhang mit dem Darlehensantrag

- Gesamtkostenermittlung
- Haushaltsrechnung einschließlich zukünftiger zusätzlicher Kosten
- Ermittlung Darlehenssumme
- Angaben zum Objekt
- Darlehensgestaltung
- Voraussichtliche Kaufpreisfälligkeit (ggf. nach Baufortschritt)
- Vom Kunden unterzeichnete Unterlagen: Selbstauskunft, SCHUFA-Erklärung, Datenschutzerklärung, vorvertragliche Informationen, Darlehensvermittlungsvertrag
- Weitere Kundenunterlagen: Ausweiskopie, Gehaltsabrechnungen, Einkommensteuerbescheide, Kopien bestehender Darlehensverträge, Nachweise zu den Eigenmitteln u.a.
- Objektunterlagen: Grundbuchauszug, Baubeschreibung, Kaufvertragsentwurf, Kopie Baugenehmigung bei Neubau usw.

Hier finden Sie die rechtlichen Grundlagen und weitere Informationen:

- Kapitel 2.6 Verbraucherschutz
- Kapitel 2.8 Datenschutz
- Kapitel 2.11 Finanzwirtschaftliche und wirtschaftliche Grundlagen
- Kapitel 2.12 Steuerliche Grundlagen
- Kapitel 3.2 Kreditprodukte
- Kapitel 3.4 Konditionenvergleich
- Kapitel 3.5 Zinsrechnung
- Kapitel 3.6 Finanzierungsangebot
- Kapitel 3.11 Risiken der Finanzierung
- Kapitel 3.12 Beendigung Darlehensvertrag

Der Geschäftsabschluss

Die empfohlene Reihenfolge beim Immobilienerwerb ist:

1. Erstberatung und Klärung maximal leistbarer Immobilienkaufpreis (oder Herstellungskosten)

2. Objektfindung

3. Finanzierungsberatung und Einholung einer Darlehenszusage

4. Unterzeichnung des Immobilienkaufvertrages

5. Unterzeichnung des Darlehensvertrages

Denn ist bereits ein Kaufvertrag unterschrieben und bekommt der Käufer das zur Zahlung notwendige Darlehen nicht zugesagt, so gelten trotzdem die eingegangenen Verpflichtungen des Kaufvertrages.

Aber auch für den Darlehensvertrag gelten die gesetzlichen Rechte und Pflichte des Vertragsrechtes. Spielraum bieten hier einerseits die Annahmefrist für die Annahme und Gegenzeichnung des Darlehensangebotes und das gesetzliche Widerrufsrecht von mindestens 14 Tagen.

Wie geht es nach Abschluss des Kauf- und Darlehensvertrages weiter?

1. **Kaufpreiszahlung**: Dazu müssen verschiedene Bedingungen erfüllt sein, die von einem Notar überprüft werden. Sind alle Bedingungen erfüllt, erhält der Käufer die Kaufpreisfälligkeitsmitteilung des Notars, anhand derer seine finanzierende Bank die Darlehensauszahlung und somit die Kaufpreiszahlung vornehmen wird. Aber auch die Bank fordert vor Kaufpreiszahlung Voraussetzungen wie beispielsweise Gebäudeversicherungsnachweis, Kopie des notariellen Kaufvertrages, Auszahlungsauftrag des Darlehensnehmers, Kaufpreisfälligstellung des Notars und den Nachweis der eingetragenen Grundschuld.

2. **Eigentumsumschreibung**: Ein Immobilienkaufvertrag besteht aus zwei Teilen: dem Verpflichtungsgeschäft, mit dem sich beide Seiten auf die Vertragsbedingungen geeinigt haben. Dazu kommt das Erfüllungsgeschäft (auch Verfügungsgeschäft genannt), d.h. die tatsächliche Zahlung des Kaufpreises und tatsächliche Eigentumsübertragung mittels Eintragung des neuen Eigentümers im Grundbuch.

3. **Einzug**: Wenn nicht schon vorher der Besitz der Immobilie rechtlich an den Käufer übergegangen ist, dann ist jetzt der Zeitpunkt, zu dem er alle Rechte und Pflichten im Zusammenhang mit seiner neuen Immobilie übernimmt.

Hier finden Sie die rechtlichen Grundlagen und weitere Informationen:

- Kapitel 2.1 Allgemeine rechtliche Grundlagen
- Kapitel 2.2 Rechtliche Grundlagen des Immobilienerwerbs
- Kapitel 2.3 Aufbau und Funktionsweise von Grundbüchern
- Kapitel 3.6 Finanzierungsangebot

- Kapitel 3.8 Kreditsicherung
- Kapitel 3.9 Beleihungsprüfung und Bewertung von Sicherheiten
- Kapitel 3.10 Kopplungsgeschäfte

Die weitere Kundenbetreuung

Bleiben Sie mit Ihrem Darlehensnehmer in Kontakt. Neue Energievorschriften oder eine veränderte Familienplanung können zu weiterem Finanzierungsbedarf aber auch zu einem Bedarf an weiteren Finanzdienstleistungen führen. Der aktiv von Ihnen gepflegte Kontakt ermöglicht in vielen Fällen Folgegeschäfte.

1.1.3 Gesprächsführung und Systematik

Dazu erhalten Sie nachfolgend zum Abschluss noch ein paar erste **Tipps für Ihre praktische Prüfung,** in der es um ein Finanzierungsgespräch gehen wird:

- Stellen Sie sich zunächst auf die jeweilige Kundensituation ein. Dazu hat der DIHK die in der Prüfung möglichen Kundensituationsfälle auf seiner Internetseite veröffentlicht: https://www.dihk.de/themenfelder/gruendung-foerderung/sach-und-fach-kundepruefungen/immobiliardarlehen/immobiliardarlehen
  Schauen Sie sich diese Fälle im Rahmen Ihrer Prüfungsvorbereitung in Ruhe an: Worum geht es dem jeweiligen Fallkunden? Welche Fragen sind noch zu klären? Worauf ist zu achten?
- Starten Sie mit der Gesprächseröffnung: Vorstellung Ihrer Person (statusbezogene Informationen) und Ihres Status (provisions- oder honorarbasiert u.Ä.), Gesprächsanlass entsprechend der Ihnen zugeteilten Fallvorgabe
- Erläutern Sie kurz den weiteren Ablauf des Gesprächs (benötigte Informationen und Hinweis auf die erforderliche Kreditwürdigkeitsprüfung durch die Kreditabteilung)
- Wenden Sie sich Ihrem Kunden auch in Ihrer Sitzposition offen zu und sorgen Sie – trotz der Prüfungssituation – für eine angenehme Gesprächsatmosphäre
- Achten Sie auf eine kundenorientierte Sprache, d.h. beispielsweise die Vermeidung von Fachbegriffen
- Behalten Sie den Überblick und roten Faden in Ihrer Gesprächsführung
- Versäumen Sie nicht in jeder Gesprächsphase den Nutzen Ihrer Fragen und Empfehlungen herauszustellen: „Das haben Sie als Kunde davon!"
- Verwenden Sie kundenbezogene Beispiele
- Hören Sie aktiv zu, d.h. fragen Sie nach, wenn Ihnen die Wünsche und Vorstellungen Ihres Kunden nicht klar sind und halten Sie alle Kundeninformationen schriftlich fest
- Setzen Sie Verkaufshilfen nur dann ein, wenn Sie sie für gesprächsfördernd halten
- Nutzen Sie Visualisierungen: „Ein Bild sagt mehr als 1000 Worte". Die zahlreichen Grafiken in diesem Buch liefern Ihnen einige Anregungen

- Beachten Sie rechtzeitig Kundensignale, d.h. nehmen Sie seine Wünsche, Einwände und Fragen ernst: „Welche Informationen fehlen Ihnen noch?"
- Fassen Sie zum Ende Ihrer Prüfung das bisherige Gespräch zusammen und geben Sie eine erste Empfehlung auf Basis der erhaltenen Kundeninformationen ab.

Übrigens gelten hinsichtlich möglicher Kundeneinwände wie beispielsweise „Das ist mir doch zu teuer" oder „das klingt kompliziert" oder „der Zinssatz ist mir zu hoch" dieselben Regeln zur Einwandbehandlung wie in Ihren anderen Verkaufsgesprächen: Wertschätzen Sie den Einwand und fragen Sie nach fehlenden Informationen oder nach seinen konkreten Befürchtungen usw.

Nun geht es weiter mit dem erforderlichen Fachwissen für Ihre schriftliche Prüfung. In Kapitel 2 geht es zunächst um die grundlegenden rechtlichen, steuerlichen und wirtschaftlichen Kenntnisse rund um die Immobiliardarlehensvermittlung und -beratung. Kapitel 3 vermittelt Ihnen das Wissen rund um die Finanzierungsarten, die Erwerbs- und Finanzierungskosten, die Möglichkeiten der Darlehensausgestaltung und -besicherung sowie die Beendigung eines Darlehensvertrages.

2 Grundkenntnisse für die Immobiliardarlehens-vermittlung und -beratung

Die rechtlichen Grundlagen der Immobiliardarlehensvermittlung umfassen neben alten Bekannten (Rechts- und Geschäftsfähigkeit, Datenschutz u.a.) auch die neuen Regelungen (Wohnimmobilienkreditrichtlinie, Immobiliardarlehensvermittlungsverordnung u.a.).

Die steuerlichen Grundlagen werden in diesem Kapitel soweit behandelt, als dieses Wissen Sie bei der Erstellung des Finanzierungsplans mit Ihrem Kunden unterstützen kann. Eine Steuerberatung ist Ihnen, wie immer, im Finanzdienstleistungsbereich gesetzlich verboten.

Was beeinflusst die Preise von Immobilien und das Zinsniveau für Darlehen? Dieser Frage gehen wir im Kapitel zu den wirtschaftlichen Grundlagen nach.

Angelehnt an den Rahmenplan „Geprüfte Fachfrau/geprüfter Fachmann für Immobiliardarlehensvermittlung IHK" machen die Rechts- und Geschäftsfähigkeit und das Vertragsrecht den Anfang. Beide sind die Grundlage sowohl für den Abschluss des Immobilien-Kaufvertrages, als auch für den Darlehensvertrag.

2.1 Allgemeine rechtliche Grundlagen

2.1.1 Rechtsfähigkeit und Geschäftsfähigkeit

Nachfolgend zunächst eine Übersicht zur Rechts- und Geschäftsfähigkeit natürlicher Personen.

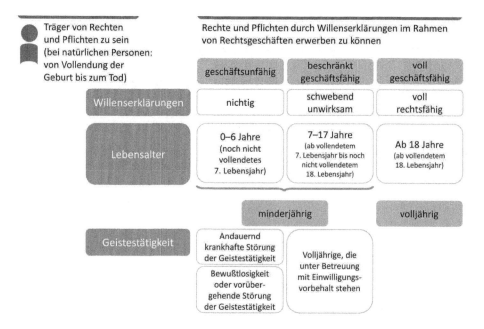

Abb. 1: Rechts- und Geschäftsfähigkeit

2.1.1.1   Rechtsfähigkeit

§ 1 BGB

Rechtsfähigkeit des Menschen beginnt mit der Vollendung der Geburt.

Die Rechtsfähigkeit des Menschen endet mit dem Tod.

Die Rechtsfähigkeit wird bei natürlichen Personen mittels der Legitimationsprüfung anhand eines gültigen Personalausweises oder Reisepasses festgestellt.

2.1.1.2 Geschäftsfähigkeit

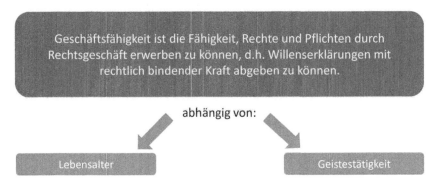

Geschäftsfähigkeit ist die Fähigkeit, Rechte und Pflichten durch Rechtsgeschäft erwerben zu können, d.h. Willenserklärungen mit rechtlich bindender Kraft abgeben zu können.

abhängig von:

Lebensalter

Geistestätigkeit

Abb. 2: Geschäftsfähigkeit

Bei der Geschäftsfähigkeit unterscheidet das Bürgerliche Gesetzbuch (BGB) zwischen:

- (voll) geschäftsfähig (§ 2 BGB)
- beschränkt geschäftsfähig (§ 106 BGB)
- geschäftsunfähig (§§ 104, 105 BGB)

Beschränkt Geschäftsfähige können teilgeschäftsfähig sein (§§ 112, 113 BGB). Dies gilt für den Fall, wenn der gesetzliche Vertreter (in der Regel die sorgeberechtigten Eltern) mit Zustimmung des Familiengerichts dem beschränkt Geschäftsfähigen den Betrieb eines Erwerbsgeschäfts erlauben. Die Teilgeschäftsfähigkeit (Rechte und Pflichten entsprechen der vollen Geschäftsfähigkeit) gilt dann für alle Rechtsgeschäfte im Zusammenhang mit dem Geschäftsbetrieb.

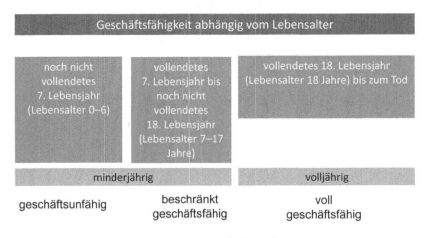

Geschäftsfähigkeit abhängig vom Lebensalter

| noch nicht vollendetes 7. Lebensjahr (Lebensalter 0–6) | vollendetes 7. Lebensjahr bis noch nicht vollendetes 18. Lebensjahr (Lebensalter 7–17 Jahre) | vollendetes 18. Lebensjahr (Lebensalter 18 Jahre) bis zum Tod |

minderjährig | volljährig

geschäftsunfähig | beschränkt geschäftsfähig | voll geschäftsfähig

Abb. 3: Geschäftsfähigkeit – abhängig vom Lebensalter

Die in der Grafik etwas sperrig anmutenden Formulierungen, wie „noch nicht vollende-tes 7. Lebensjahr", entsprechen dem gesetzlichen Sprachgebrauch. Umgangssprachlich wird das Lebensalter verwendet.

► **Exkurs: Ergänzungspfleger bei Immobilien-Schenkungen von Eltern an Minderjährige**

Wenn Eltern Immobilien an ihre noch geschäftsunfähigen Kinder verschenken wol-len, so ist einmalig für den dazu erforderlichen Schenkungsvertrag ein vom Fami-liengericht bestellter Ergänzungspfleger erforderlich. Dieser muss keineswegs ein Sachverständiger sein und kann aus dem privaten oder familiären Umfeld kommen. Es geht vielmehr darum, ein 4-Augenprinzip im Interesse des geschäftsunfähigen Kindes sicherzustellen.

Bei beschränkt geschäftsfähigen Kindern im Lebensalter von 7–17 Jahren gilt der Grundsatz, dass wenn mit der Schenkung lediglich ein rechtlicher Vorteil verbunden ist, kein Ergänzungspfleger erforderlich ist. Davon ist auszugehen, wenn es sich um eine eigengenutzte Immobilie handelt und die Immobilie ohne eine möglicherweise weiterbestehende Darlehensverpflichtung verschenkt wird (die Eltern bleiben unver-ändert Darlehensnehmer).

Ist jedoch von rechtlichen Nachteilen, wie dies regelmäßig bei vermieteten Objekten der Fall ist, auszugehen, so ist auch hier ein Ergänzungspfleger erforderlich.

In der Praxis sollte immer ein Rechtsanwalt hinzugezogen werden, da es bei der Einschätzung des rechtlichen Vorteils oder Nachteils auch auf weitere Merkmale im Einzelfall ankommt.   ◄

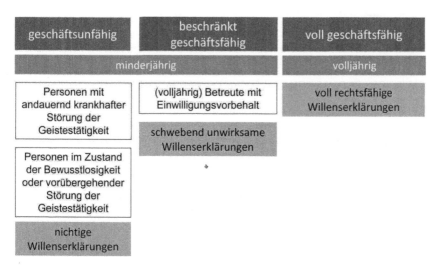

Abb. 4: Geschäftsfähigkeit – abhängig von der Geistestätigkeit

Ein vorübergehender Zustand der Bewusstlosigkeit liegt beispielsweise unter Hypnose oder bei einem Alkohol- oder Drogenrausch vor. Auch ein epileptischer Anfall kann zur vorübergehenden Geschäftsunfähigkeit mit der Konsequenz nichtiger Willenserklärungen führen.

Willenserklärungen von **Geschäftsunfähigen** sind von Anfang an **nichtig** und können auch nicht durch eine nachträgliche Zustimmung der gesetzlichen Vertreter rechtswirksam gemacht werden.

Die Geschäftsfähigkeit kann auch durch eine Entmündigung ganz oder teilweise entfallen oder beschränkt werden.

Beschränkt Geschäftsfähige können Rechtsgeschäfte nur mit Einwilligung des gesetzlichen Vertreters oder Familiengerichts abschließen.

Der Vertrag eines beschränkt Geschäftsfähigen gilt bis zur Einwilligung des Vertreters als schwebend unwirksam. Die nachträgliche Genehmigung kann nur gegenüber dem Vertragspartner (beispielsweise der kontoführenden Bank) und vom Vertreter selbst erklärt werden. Die Genehmigung kann nur bis zum Ablauf von 2 Wochen nach dem Empfang der Aufforderung zur Abgabe der Einwilligung erklärt werden. Wird die Einwilligung nicht erklärt, so gilt sie als verweigert.

Wird ein Minderjähriger zwischenzeitlich volljährig, so tritt seine Genehmigung an die Stelle der Genehmigung des Vertreters. Nur dann wird der ehemals schwebend unwirksame Vertrag wirksam. Ohne jegliche Art der Genehmigung geschieht dies nicht automatisch mit Volljährigkeit.

> Vormund und Mündel, Betreuer und Betreute
>
> Als Vormund wird der anstelle der Eltern vom Familiengericht benannte gesetzliche Vertreter noch minderjähriger Mündel bezeichnet. Als Betreuer wird der vom Amtsgericht benannte gesetzliche Vertreter volljähriger, aber beschränkt geschäftsfähiger Betreuter bezeichnet.

Wie wird die Geschäftsfähigkeit bei der Kontoeröffnung überprüft?

Dies geschieht ebenfalls im Rahmen der **Legitimationsprüfung** bei der Kontoeröffnung. Bei einer fehlenden (vollen) Geschäftsfähigkeit sind nicht nur die ursprüngliche Kontoeröffnung nichtig, sondern auch die Folgeverträge.

2.1.1.3 Kreditfähigkeit

Kreditfähigkeit ist die Fähigkeit, rechtswirksame Kreditverträge (Darlehensverträge) abschließen zu können.

Die Kreditfähigkeit setzt bei natürlichen Personen die Rechtsfähigkeit und die volle Geschäftsfähigkeit voraus.

Geschäftsunfähige und beschränkt geschäftsfähige Kunden können einen Kreditvertrag nur mit Zustimmung der gesetzlichen Vertreter (Eltern, Vormund, Betreuer) und in der Regel auch des Familiengerichts rechtswirksam abschließen (§§ 1643 und 1822 Nr. 8 BGB).

► **Exkurs: Kreditverträge mit Ehepaaren**

Ist der Güterstand der Ehepaare die Zugewinngemeinschaft oder die Gütertrennung, so liegt es im Ermessen der Eheleute, ob sie einen Kreditvertrag alleine oder gemeinsam (gesamtschuldnerische Haftung (§§ 427 und 1414 BGB)) abschließen wollen. Bei einer Gütergemeinschaft oder der Verfügung über das Gesamtvermögen ist die Zustimmung des Ehepartners zum Abschluss eines Kreditvertrages erforderlich (§§ 1415 ff. und 1363 ff. BGB). ◄

2.1.1.4 Rechts- und Geschäftsfähigkeit von Unternehmen des privaten Rechts

	Rechtsfähigkeit	Geschäftsfähigkeit
Einzelunternehmen (z.B. Freiberufler)	Einzelunternehmer als natürliche Person mit Aufnahme der Tätigkeit	Einzelunternehmer als natürliche Person
Personengesellschaft (z.B. Kommanditgesellschaft (KG))	Personengesellschaft mit Gesellschaftsvertrag	Gesellschafter gemeinsam (Bsp. KG: vollhaftende Komplementäre)
Juristische Personen (z.B. GmbH, Aktiengesellschaft (AG))	Juristische Person mit Eintragung ins Handelsregister oder per Rechtsordnung	Gesetzliche Vertreter: Geschäftsführer, Vorstand (natürliche voll geschäftsfähige Personen)

Abb. 5: Rechts- und Geschäftsfähigkeit von Unternehmen des privaten Rechts

Rechtsfähigkeit bedeutet hier, dass Verträge auf den Namen der Unternehmen des privaten Rechts unter den oben genannten Voraussetzungen abgeschlossen werden können.

Im Gesellschaftsrecht wird unterschieden zwischen der vollen Rechtsfähigkeit und der Teilrechtsfähigkeit:

- privatrechtlich juristische Personen (im Handelsregister eingetragene Aktiengesellschaften und GmbHs, im Vereinsregister eingetragene Vereine und im Genossenschaftsregister eingetragene Genossenschaften) sind von ihrer Registereintragung bis zu ihrer Auflösung voll rechtsfähig (rechtskräftige Verträge und Haftung mit dem Gesellschaftsvermögen).
- Teilrechtsfähig sind Personenhandelsgesellschaften (Kommanditgesellschaft (KG), Offene Handelsgesellschaft (OHG) und die Gesellschaft bürgerlichen Rechts (BGB-Gesellschaft)), d.h. es können auf ihren Namen rechtskräftige Verträge abgeschlossen werden. Der Haftung unterliegen in diesem Fall der oder die persönlich haftenden Gesellschafter.

Nicht rechtsfähig sind dagegen beispielsweise Erbengemeinschaften.

Geschäftsfähigkeit bedeutet hier, dass rechtswirksame Verträge nur durch die voll geschäftsfähigen natürlichen Inhaber, Gesellschafter bzw. gesetzlichen Vertreter abgeschlossen werden können.

▶ Exkurs: juristische Personen.

Juristische Personen sind Personenvereinigungen, denen die Rechtsordnung (Gesetze) eine eigene Rechtspersönlichkeit zuerkennt. Sie sind Träger von Rechten und Pflichten und verfügen über ein eigenes Vermögen. Ebenso ist es möglich, dass eine juristische Person verklagt wird oder selber klagt.

Juristische Personen des privaten Rechts erlangen ihre Rechtspersönlichkeit durch den Registereintrag (Handelsregister). Beispiele für juristische Personen des privaten Rechts sind die Gesellschaft mit beschränkter Haftung (GmbH), die Aktiengesellschaft (AG), Stiftungen, Kommanditgesellschaften auf Aktien (KGaA) und eingetragene Genossenschaften.

Juristische Personen des öffentlichen Rechts erlangen ihre Rechtspersönlichkeit durch den so genannten Hoheitsakt. Ein Beispiel für diese Art der juristischen Person ist die Deutsche Bundesbank.

Juristische Personen erlangen mit dem Registereintrag oder per Hoheitsakt ihre Rechtsfähigkeit. Geschäftsfähig sind sie dagegen nur durch die sie vertretenden natürlichen Personen! ◀

2.1.2   Vertragsrecht

Zunächst erläutere ich Ihnen nachfolgend einige relevante Begriffe im Zusammenhang mit dem Vertragsrecht.

Die im Vertragsrecht handelnden Personen (Vertragsparteien) werden als **Rechtssubjekte** bezeichnet. Dagegen wird alles, womit gehandelt wird, als Rechtsobjekte bezeichnet. Dies können materielle unbewegliche (Grundstücke) oder bewegliche Sachen (Auto) oder immaterielle absolute (Eigentumsrecht beispielsweise an einem Grundstück) oder relative Rechte (Forderungsrecht, wie bei einem Darlehen) sein. Im juristischen Sprachgebrauch trifft man auf die Formulierung: **Rechtsobjekte** sind alle Objekte, die von Rechtssubjekten beherrschbar sind und selbst keine Rechtssubjekte sind.

Darüber hinaus wird rechtlich zwischen dem Besitz oder dem Eigentum an einer Sache unterschieden:

Besitz ist die tatsächliche unmittelbare Herrschaft über eine Sache. Bei unbeweglichen Sachen, wie einer Immobilie oder einem Grundstück, entspricht die Gebrauchsüberlassung der Besitzübergabe.

Eigentum ist die rechtliche Herrschaft über Sachen und Rechte (§ 903 BGB). Das Eigentum kann unmittelbar bestehen (Eigentümer bewohnt seine eigene Immobilie) oder mittelbar (der Eigentümer eines Rasenmähers hat diesen zeitweise an seinen Grundstücksnachbarn verliehen, ohne damit sein rechtliches Eigentum abzugeben).

Mit einem Rechtsgeschäft, das aus einer oder mehreren Willenserklärungen bestehen kann, wird eine so genannte Rechtsfolge (vertragliche Rechte und Pflichten) herbeigeführt.

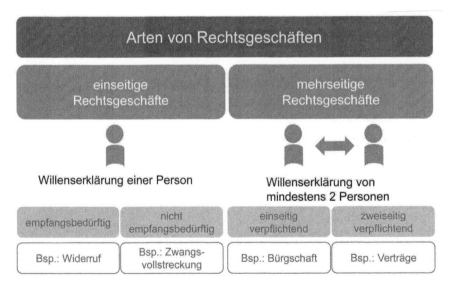

Abb. 6: Arten von Rechtsgeschäften

Einseitige Rechtsgeschäfte umfassen die Willenserklärung nur einer Person.

Beispiele: Kündigung, Mahnung, Widerruf, Testament

Bei den einseitigen Rechtsgeschäften ist zu beachten, dass die Rechtswirksamkeit ggf. erst eintritt, wenn die Willenserklärung dem Empfänger zugegangen ist. Deshalb wird unterschieden zwischen den **empfangsbedürftigen Willenserklärungen** (Bsp.: Kündigung oder Widerruf) und den **nicht empfangsbedürftigen Willenserklärungen** (Bsp.: Testament oder Zwangsvollstreckung).

Mehrseitige Rechtsgeschäfte umfassen die Willenserklärung von mindestens 2 Personen.

Beispiele: Bürgschaft, Erbvertrag, Schenkungsvertrag, Darlehensvertrag, Mietvertrag

Bei den mehrseitigen Rechtsgeschäften wird zwischen den **einseitig verpflichtenden** (Bsp.: Bürgschaft, Schenkung) und **mehrseitig verpflichtenden** Verträgen (Bsp.: Darlehensvertrag, Mietvertrag) unterschieden. Ein mehrseitiges Rechtsgeschäft ist somit nicht gleichbedeutend mit Pflichten für beide Vertragspartner.

Willenserklärung

Eine Willenserklärung ist eine Erklärung, die darauf ausgerichtet ist, sich rechtlich zu binden. Sie muss gewollt sein (ohne Zwang), bewusst abgegeben sein (z.B. kein zufälliges Handheben bei einer Versteigerung) und muss rechtsverbindliche Wirkung beabsichtigen.

Zustandekommen von Verträgen

Abb. 7: Zustandekommen von Verträgen

Voraussetzungen für das Zustandekommen von Verträgen sind:

- Deckungsgleiche Willenserklärungen
- Rechts- und geschäftsfähige Vertragspartner
- Annahme innerhalb der Annahmefrist
- Gesetzeskonformer Vertrag
- Kein Widerruf während einer gesetzlichen oder vertraglichen Widerrufsfrist

Schuld- und Sachenrecht

Abb. 8: Verpflichtungs- und Verfügungsgeschäft

Ein Vertrag besteht grundsätzlich aus zwei Bestandteilen, wobei beim Verfügungsgeschäft wiederum zwei Aktionen erforderlich sind:

1. Verpflichtungsgeschäft: die Vertragspartner verpflichten sich zu den im Vertrag festgelegten Leistungen. Dies ist zunächst eine Absichtserklärung, wenn auch mit rechtlicher Verpflichtung.

2. a) Verfügungsgeschäft 1: Kaufpreiszahlung durch den Käufer (Schuldner von Geld) an den Verkäufer (Gläubiger von Geld)

   b) Verfügungsgeschäft 2: Eigentumsübertragung an einer Sache durch den Verkäufer (Schuldner der Sache) an den Käufer (Gläubiger der Sache)

§ 433 BGB (Vertragstypische Pflichten beim Kaufvertrag)

(1) Durch den Kaufvertrag wird der Verkäufer einer Sache verpflichtet, dem Käufer die Sache zu übergeben und das Eigentum an der Sache zu verschaffen. Der Verkäufer hat dem Käufer die Sache frei von Sach- und Rechtsmängel zu verschaffen.

(2) Der Käufer ist verpflichtet, dem Verkäufer den vereinbarten Kaufpreis zu zahlen und die gekaufte Sache abzunehmen.

In Deutschland gilt im Vertragsrecht das Trennungs- und Abstraktionsprinzip.

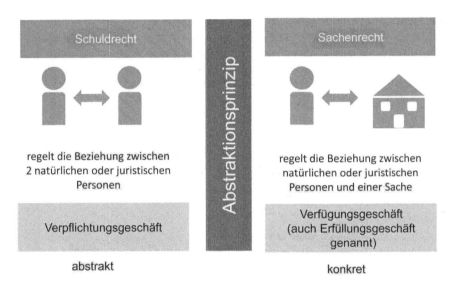

Abb. 9: Vertragsrecht

Das Trennungsprinzip ist die Aufspaltung in Verpflichtungs- und Verfügungsgeschäft.

Das Abstraktionsprinzip bedeutet, dass das Verpflichtungs- und das Verfügungsgeschäft unabhängig voneinander rechtlich wirken. Das Verfügungsgeschäft kann auch dann wirksam sein, wenn das Verpflichtungsgeschäft unwirksam ist.

Stellt sich später die Unwirksamkeit eines Kaufvertrags heraus und ist die Geld- bzw. Eigentumsübertragung erfolgt und somit wirksam geworden, so besteht unabhängig vom Abstraktionsprinzip ein Anspruch auf gegenseitige Herausgabe des Geleisteten (§ 812 BGB).

Info

Das Trennungs- und Abstraktionsprinzip gilt auch im Grundbuchrecht. Stellt sich ein rechtlicher Mangel (z.B. Formfehler) beim Grundstückskaufvertrag heraus, so bleibt die Wirksamkeit der Eigentumsübertragung durch Grundbucheintragung der Auflassung dennoch bestehen.

Rücktritt, Widerruf und Anfechtung in Bezug auf Immobiliardarlehen

Während eine Vertragskündigung (siehe auch Kapitel 2.4.2 Immobiliar-Verbraucherdarlehensverträge) nur eine Wirkung für die Zukunft hat, wirken sich der Rücktritt, Widerruf und die Anfechtung auch rückwirkend auf den Vertragsabschluss und bereits erfolgte Leistungen aus dem Vertrag aus.

Der **Darlehensgeber** hat ein einseitiges **Rücktrittsrecht** vom Vertrag, solange der Darlehensbetrag noch nicht vollständig ausbezahlt ist und wenn wesentliche Rahmenbedingungen nicht erfüllt werden (z.B. Verschlechterung der wirtschaftlichen Situation des Darlehensnehmers) oder wenn sich herausstellt, dass der Darlehensnehmer falsche Angaben gemacht hat. Der Darlehensgeber ist im Falle eines Rücktritts berechtigt, eine Nichtabnahmeentschädigung vom Darlehensnehmer zu verlangen.

Nichtabnahmeentschädigung

Wird der bereits zugesagte Darlehensbetrag oder ein Teil davon vom Darlehensnehmer nach Ablauf der Widerrufsfrist nicht abgenommen und liegt kein Fehler seitens der Bank vor (z.B. fehlende oder fehlerhafte Aufklärung über Rücktritts- und Kündigungsrechte), so kann der Darlehensgeber für den ihm dadurch entstehenden finanziellen Schaden (entgangener Gewinn) vom Darlehensnehmer eine Nichtabnahmeentschädigung verlangen. Dies gilt auch für den Fall, dass der Darlehensbetrag durch einen Rücktritt des Darlehensgebers nicht abgenommen werden kann. Die Berechnung der Nichtabnahmeentschädigung erfolgt in der Regel wie bei der Vorfälligkeitsentschädigung (siehe Kapitel 3.12.2 Risiken (Vorfälligkeitsentschädigung)).

Der **Darlehensnehmer** hat nach Vertragsabschluss ein gesetzliches **Widerrufsrecht**. Übt der Darlehensnehmer sein Widerrufsrecht fristgerecht aus, so erhält er weder den Darlehensbetrag noch muss er Raten zahlen. Wurde das Darlehen oder Teile davon bereits ausbezahlt, so muss dieses innerhalb von 30 Tagen zuzüglich der anteiligen vereinbarten Sollzinsen zurückbezahlt werden.

Ein Rechtsgeschäft – und somit auch ein Immobiliardarlehensvertrag – ist anfechtbar (§§ 119, 120 und 123 BGB). Gründe für die **Anfechtbarkeit** eines Vertrages sind:

- Irrtum
  - Erklärungsirrtum: beispielsweise wenn sich der Erklärende verschrieben hat.
  - Inhaltsirrtum: Der Erklärende hat sich über die Bedeutung und Tragweite seiner Erklärung geirrt oder hat eine falsche Vorstellung von der Identität und vom Umfang des Geschäftsgegenstandes (z.B. Menge oder Größe)
  - Übermittlungsirrtum: falsche Übermittlung
  - Irrtum über (verkehrs-)wesentliche Eigenschaften: Wenn sich der Erklärende hinsichtlich einer Eigenschaft des Geschäftsgegenstandes irrt. Eine Änderung der Motive, die zur Abgabe der Erklärung geführt haben, ist kein Anfechtungsgrund.
- Arglistige Täuschung (Mängel der Sache werden bewusst verschwiegen)
- Widerrechtliche Drohung (z.B. Gewaltandrohung bei Vertragsunterzeichnung)

Der zur Anfechtung berechtigte Vertragspartner kann frei darüber entscheiden, ob er von seinem Anfechtungsrecht Gebrauch macht. Gemäß § 121 BGB gilt folgende Frist für die Anfechtung bei Irrtum:

- Die Anfechtung muss ohne schuldhaftes Zögern (unverzüglich) erfolgen (unverzügliche Absendung an nicht Anwesende), nachdem der Anfechtungsberechtigte von dem Anfechtungsgrund Kenntnis erlangt hat.
- Die Anfechtung ist ausgeschlossen, wenn seit der Abgabe der Willenserklärung zehn Jahre verstrichen sind.

Gemäß § 124 BGB gilt folgende Frist für die Anfechtung bei Täuschung und Drohung:

- Die Anfechtung kann nur binnen Jahresfrist erfolgen.
- Die Frist beginnt im Falle der arglistigen Täuschung mit dem Zeitpunkt, in welchem der Anfechtungsberechtigte die Täuschung entdeckt, im Falle der Drohung mit dem Zeitpunkt, in welchem die Zwangslage aufhört. Dabei sind Verjährungsfristen zu beachten.
- Die Anfechtung ist ausgeschlossen, wenn seit der Abgabe der Willenserklärung zehn Jahre verstrichen sind.

Im Falle einer erfolgreichen Anfechtung gilt der Vertrag als von Anfang an nichtig und nicht zustande gekommen.

Verträge und Schuldverhältnisse bei Immobiliardarlehensvermittlungen

Ein Schuldverhältnis entsteht aufgrund eines Vertrages oder einer gesetzlichen Regelung.

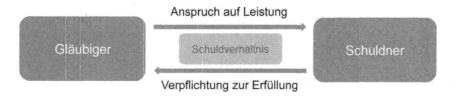

Abb. 10: Schuldverhältnis

§ 241 Abs. 2 BGB

Das Schuldverhältnis kann nach seinem Inhalt jeden Teil zur Rücksicht auf die Rechte, Rechtsgüter und Interessen des anderen Teils verpflichten.

Nachfolgende Grafik zeigt Ihnen verschiedene Vertragsarten:

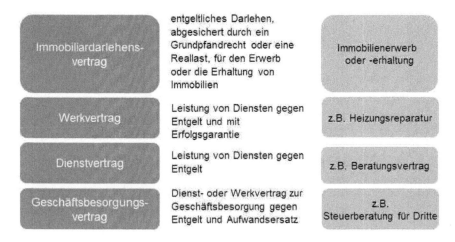

Abb. 11: Vertragsarten

Das Wichtigste zusammengefasst:

Die Rechts- und Geschäftsfähigkeit ist die Basis der Kreditfähigkeit. Der Darlehensvertrag kommt durch übereinstimmende Willenserklärung zwischen Darlehensnehmer und Darlehensgeber zustande.

Sie kennen:

- Rechts- und Geschäftsfähigkeit natürlicher Personen
- Voraussetzungen für das Zustandekommen von Verträgen
- Das Trennungs- und Abstraktionsprinzip von Schuld- und Sachenrecht
- Die Auswirkungen von Rücktritt, Widerruf und Anfechtung in Bezug auf Immobiliardarlehen
- Verschiedene Verträge und Schuldverhältnisse bei der Immobiliardarlehensvermittlung

Sie verstehen diese allgemeinen rechtlichen Grundlagen als Basis für den rechtswirksamen Abschluss von Darlehensverträgen mit Ihren Kunden.

Sie nutzen Ihre Kenntnisse über die Kreditfähigkeit und das Vertragsrecht bei Ihrer Immobiliardarlehensvermittlung.

Neben den in diesem Kapital dargestellten allgemeinen Rechtsgrundlagen, die grundsätzlich für alle Arten von Verträgen gelten, sind bei der Immobiliardarlehensvermittlung weitere gesetzliche Grundlagen zu beachten.

Das nächste Kapitel beinhaltet die rechtlichen Grundlagen des Immobilienerwerbs. Sie erwerben Sicherheit im Umgang mit den Begrifflichkeiten des Immobiliengeschäfts und werden diese auch voneinander abgrenzen können.

▶ **Aufgaben zum Kapitel 2.1 – Allgemeine rechtliche Grundlagen**

Ihr Wissen auf dem Prüfstand:

1. Von welchen Kriterien hängt die Geschäftsfähigkeit ab? (MC)

   a) Lebensalter

   b) Kreditfähigkeit

   c) Geistestätigkeit

   d) Mündelsicherheit

2. Wer ist beschränkt geschäftsfähig? (MC)

   a) Ein unter Vormundschaft stehender 5-jähriger

   b) Ein unter Betreuung stehender Volljähriger

   c) Alle Minderjährige bis zum Lebensalter von 17 Jahren

   d) Minderjährige, die das 7. Lebensjahr vollendet und das 18. Lebensjahr noch nicht vollendet haben

   e) Volljährige ab dem vollendeten 18. Lebensjahr

3. Welche Voraussetzungen gelten für die Kreditfähigkeit natürlicher Personen? (MC)

   a) Geschäftsfähigkeit

   b) Vertragsfähigkeit

   c) Schuldrechtsfähigkeit

   d) Sachkunde

   e) Rechtsfähigkeit

4. Was bedeutet Rechtsfähigkeit? (SC)

   a) Die Fähigkeit, Träger von Rechten und Pflichten zu sein

   b) Die Fähigkeit, Rechte und Pflichten durch den Abschuss von rechtswirksamen Verträgen erwerben zu können

   c) Die Fähigkeit, Kreditverträge abschließen zu können

   d) Die Fähigkeit, sich in Rechtsangelegenheiten gut auszukennen

   e) Volle Geschäftsfähigkeit

5. Welche Grundvoraussetzung gilt für das Zustandekommen von Verträgen? (SC)

   a) Angebot und Nachfrage

   b) Angebot und Annahme

   c) Anfrage und Annahme

   d) Kauf und Verkauf

6. In Deutschland sind Verpflichtungsgeschäft und Verfügungsgeschäft rechtlich voneinander unabhängig. Wie nennt man dieses Prinzip? (SC)

   a) Selektionsprinzip

   b) Abstraktionsprinzip

   c) Formalprinzip

   d) Transparenzprinzip

7. Welche der folgenden Begriffe stellen einseitige Rechtsgeschäfte dar? (MC)

   a) Erbvertrag

   b) Bürgschaft

   c) Mahnung

   d) Darlehensvertrag

   e) Kündigung

8. Bei welcher der folgenden Aktionen handelt es sich um ein Verpflichtungsgeschäft? (SC)

   a) Der Käufer zahlt den Kaufpreis an den Verkäufer.

   b) Der Verkäufer überträgt das Eigentum an einer Sache an den Käufer.

   c) Zwei Vertragspartner legen die zu erbringenden gegenseitigen Leistungen in einem Vertrag fest.

   d) Der Käufer zahlt die Grunderwerbsteuer an das Finanzamt.

9. Welche Art von Vertrag liegt vor, wenn ein Immobilienbesitzer einen Heizungsmonteur beauftragt, eine defekte Heizung zu reparieren? (SC)

   a) Geschäftsbesorgungsvertrag

   b) Vermittlungsvertrag

   c) Kaufvertrag

   d) Werkvertrag

   e) Beratungsvertrag

10. Wann ist ein Immobiliardarlehensvertrag anfechtbar? (MC)

    a) Wenn ein Vertragspartner arglistig getäuscht wurde.

    b) Wenn der Darlehensnehmer ein günstigeres Angebot Dritter erhält.

    c) Wenn gravierende Mängel am Rechtsobjekt verschwiegen werden.

    d) Wenn sich die wirtschaftliche Situation des Verkäufers verschlechtert.

    e) Wenn die gesetzliche Widerrufsfrist abgelaufen ist.

2.2 Rechtliche Grundlagen des Immobilienerwerbs

Nach den allgemeinen rechtlichen Grundlagen für Verträge geht es nachfolgend um die rechtlichen Rahmenbedingungen rund um die verschiedenen Grundstücksarten, die unterschiedlichen Formen eines Grundstückserwerbs und den Grundstückskaufvertrag.

Der Grundstückskaufvertrag ist ein praktisches Beispiel für die im vorherigen Kapitel beschriebenen Vertragsbestandteile Verpflichtungsgeschäft (notarieller Kaufvertrag) und Verfügungsgeschäft (Eintragungen zu Eigentumsverhältnissen im Grundbuch).

2.2.1 Grundstücke und grundstücksgleiche Rechte

2.2.1.1 Grundstücksarten

unbebaute Grundstücke

| Bauland | Bauerwartungsland |

landwirtschaftliche Nutzung

| **Bebautes Grundstück** | **Grundstücksgleiche Rechte** |

- Grundstück
- wesentliche Bestandteile
- Zubehör
- Inventar (sonstige bewegliche Sachen)

- Wohnungs-/Teileigentum
- Erbbaurecht

Abb. 12: Grundstücksarten

Grundstück

Ein Grundstück ist ein durch amtliche Vermessung bestimmter und somit abgegrenzter Teil der Erdoberfläche (gemäß § 905 BGB: Das Recht des Eigentümers eines Grundstücks erstreckt sich auf den Raum über der Oberfläche und auf den Erdkörper unter der Oberfläche).

Neben dieser sehr allgemeinen Definition eines Grundstücks ist ein detaillierter Blick in die einzelnen Arten von Grundvermögen bzw. der Grundstücksarten erforderlich. Daraus leiten sich beispielsweise auch die verschiedenen Arten von Grundbüchern ab.

Hinweis: Warum bleibt das auf einem Grundstück stehende Haus bei einem Grundstückskaufvertrag immer unerwähnt?

In der Gesetzgebung ist ausschließlich vom Grundstückserwerb die Rede, obwohl bei einem bebauten Grundstück das darauf befindliche Haus ebenfalls einen Wert darstellt. Der Grund ist die Sichtweise des Gesetzgebers: Das Gebäude ist ein wesentlicher Bestandteil eines Grundstücks und kann von diesem nie – außer durch Zerstörung – getrennt werden. Mit einem Grundstückskaufvertrag wird daher immer auch das Gebäude als wesentlicher Bestandteil mitverkauft, eine separate Erwähnung ist rechtlich nicht erforderlich und wird daher vom Notar auch nicht vorgenommen.

Welche Arten von unbebauten Grundstücken gibt es?

Ein unbebautes Grundstück ist ein Grundstück, auf dem sich keine nutzbaren Gebäude befinden.

Im Hinblick auf die Erschließung und Nutzung eines Grundstücks sind vor allem 3 Arten zu nennen:

- **Land- und forstwirtschaftliche Nutzung**: Dieses Grundstück ist noch nicht erschlossen bzw. nur insoweit, um die Zugänglichkeit durch Forststraßen (für die Bewirtschaftung von Waldgrundstücken) oder Feldwege (für landwirtschaftliche Grundstücke) sicherzustellen. Es fehlen somit die Voraussetzungen für eine Bebauung.
- **Bauerwartungsland**: Auch dieses Grundstück ist noch nicht erschlossen, soll aber in naher Zukunft (nach Abschluss der Erschließungsmaßnahmen) zu Bauland werden. Informationen hierüber sind im so genannten Flächennutzungsplan zu finden bzw. gibt die Baubehörde der entsprechenden Gemeinde, in der das Grundstück liegt. Wichtig beim Kauf eines solchen Grundstücks ist: Es gibt keine Garantie, wann und ob dieses Grundstück tatsächlich in Bauland umgewandelt wird.
- **Bauland und baureifes Land**: Die Grundstücke sind bis zur Grundstücksgrenze erschlossen, d.h., es gibt beispielsweise eine Straße als Zufahrtsweg zum Grundstück und die Strom- und Wasser- bzw. Abwasserversorgungsleitungen sind verlegt. Gemäß des Flächennutzungs- oder Bebauungsplans der Gemeinde sind diese Grundstücke innerhalb einer festgelegten Frist zur Bebauung vorgesehen.

Rohbauland

Als Rohbauland wird ein Grundstück bezeichnet, für das die bauliche Nutzung festgelegt ist, aber dessen Erschließung noch nicht abschließend gesichert ist. Es beschreibt somit den Zustand des Übergangs vom Bauerwartungsland zum Bauland.

Die gesetzliche Grundlage für die bauliche Nutzung von Grundstücken ist die **Baunutzungsverordnung (BauNVO)**. Sie enthält u.a. die Regelungen für die Erstellung von Flächennutzungs- und Bebauungsplänen.

Erschließung

Die Erschließung ist die Voraussetzung für die Bebauung eines Grundstücks. Sie umfasst alle baulichen und rechtlichen Maßnahmen, um den Zugang zum Grundstück zu gewährleisten: Anschluss an das öffentliche Straßen-, Ver- und Entsorgungsnetz. Die Kosten für die Erschließung sind vom jeweiligen Grundstückseigentümer anteilig zu tragen.

Welche Begriffe gibt es rund ums bebaute Grundstück?

Im Zusammenhang mit dem Grundstücksbegriff gibt es 3 grundsätzliche Begrifflichkeiten:

- Wesentliche Bestandteile eines Grundstücks
- Zubehör
- Inventar (sonstige bewegliche Sachen)

Immobilie (im juristischen Sinn)

Im juristischen Sinn beinhaltet der Begriff der Immobilie das Grundstück und die wesentlichen Bestandteile des Grundstücks, beispielsweise ein auf dem Grundstück errichtetes Gebäude. Daneben gibt es die beweglichen Sachen, die als Zubehör und Inventar bezeichnet werden.

Wesentliche Bestandteile eines Grundstücks

§ 94 BGB (Wesentliche Bestandteile eines Grundstücks oder Gebäudes)

(1) Zu den wesentlichen Bestandteilen eines Grundstücks gehören die mit dem Grund und Boden fest verbundenen Sachen, insbesondere Gebäude, sowie die Erzeugnisse des Grundstücks, solange sie mit dem Boden zusammenhängen. Samen wird mit dem Aussäen, eine Pflanze wird mit dem Einpflanzen wesentlicher Bestandteil des Grundstücks.

(2) Zu den wesentlichen Bestandteilen eines Gebäudes gehören die zur Herstellung des Gebäudes eingefügten Sachen.

Die mit dem Grund und Boden fest verbundenen Sachen sind insbesondere das Gebäude, aber beispielsweise auch Zäune oder Fertiggaragen aus Beton. Die im Gebäude verbaute Heizungsanlage zählt ebenfalls zu den wesentlichen Bestandteilen eines Grundstücks. Wesentliche Bestandteile gehen in das Eigentum des Grundstückseigentümers über. Dies ist beispielsweise von Mietern zu beachten, die im Garten Pflanzen einpflanzen.

Ein weiteres Merkmal ist, dass die Trennung von wesentlichen Bestandteilen von der Hauptsache nur mit Beschädigung oder einem unverhältnismäßig hohem Aufwand möglich ist.

Ausgenommen von den wesentlichen Bestandteilen sind Sachen, die nur vorübergehend mit der Hauptsache verbunden werden. Dazu gehört beispielsweise das Baugerüst
während der Bauphase des Gebäudes.

§ 95 BGB (Nur vorübergehender Zweck)

(1) Zu den Bestandteilen eines Grundstücks gehören solche Sachen nicht, die nur zu einem vorübergehenden Zweck mit dem Grund und Boden verbunden sind. Das Gleiche gilt von einem Gebäude
oder anderen Werk, das in Ausübung eines Rechts an einem fremden Grundstück von dem Berechtigten mit dem Grundstück verbunden worden ist.

(2) Sachen, die nur zu einem vorübergehenden Zweck in ein Gebäude eingefügt sind, gehören nicht
zu den Bestandteilen des Gebäudes.

Zubehör

Zubehör sind bewegliche Bestandteile, die im direkten Zusammenhang mit der wirtschaftlichen Grundstücksnutzung stehen.

Bewegliche Sachen, die dem Zubehör zugeordnet werden, weisen insbesondere folgende Merkmale auf:

- nicht Bestandteil der Hauptsache
- dienen dem wirtschaftlichen Zweck der Hauptsache
- stehen in einem entsprechenden räumlichen Verhältnis zur Hauptsache
- werden von der Verkehrsauffassung (Auffassung und Anschauung bestimmter beteiligter Kreise z.B. Juristen oder Gerichte) als Zubehör angesehen

Beispiele sind: landwirtschaftliche Geräte in einem landwirtschaftlichen Betrieb (hierzu
zählt übrigens auch das Vieh) oder die Alarmanlage in einem Wohnhaus. Bei der Einbauküche ist zu unterscheiden zwischen einer Standardküche, die auch in einem anderen Gebäude wiederaufgebaut und genutzt werden könnte (kein Zubehör) und einer
individuell auf die Räumlichkeiten angepassten Küche, die nur in dieser Form nutzbar
ist (Zubehör).

§ 97 BGB (Zubehör)

(1) Zubehör sind bewegliche Sachen, die, ohne Bestandteile der Hauptsache zu sein, dem wirtschaftlichen Zwecke der Hauptsache zu dienen bestimmt sind und zu ihr in einem dieser Bestimmung
entsprechenden räumlichen Verhältnis stehen. Eine Sache ist nicht Zubehör, wenn sie im Verkehr
nicht als Zubehör angesehen wird.

(2) Die vorübergehende Benutzung einer Sache für den wirtschaftlichen Zweck einer anderen begründet nicht die Zubehöreigenschaft. Die vorübergehende Trennung eines Zubehörstücks von der
Hauptsache hebt die Zubehöreigenschaft nicht auf.

§ 926 Abs. 1 BGB

(1) Sind der Veräußerer und der Erwerber darüber einig, dass sich die Veräußerung auf das Zubehör
des Grundstücks erstrecken soll, so erlangt der Erwerber mit dem Eigentum an dem Grundstück auch
das Eigentum an den zur Zeit des Erwerbs vorhandenen Zubehörstücken, soweit sie dem Veräußerer
gehören. Im Zweifel ist anzunehmen, dass sich die Veräußerung auf das Zubehör erstrecken soll.

Inventar

Dem Inventar werden alle beweglichen Sachen zugeordnet, die keine wesentlichen Bestandteile oder Zubehör sind und die nur in irgendeiner Weise der Grundstücksnutzung dienen.

Beispiele sind Rasenmäher oder Gartenmöbel.

Tipp

Um Missverständnisse zu vermeiden, sollte der Kaufvertrag Angaben darüber enthalten, was als Zubehör und wesentlicher Bestandteil mit dem Kauf in das Eigentum des Käufers übergeht. Dazu kommt, dass sich dies auch auf die Grunderwerbsteuer auswirken kann, da Zubehör (sofern es von der Finanzbehörde als solches anerkannt wird) nicht der Grunderwerbssteuerpflicht unterliegt.

Welche Nutzungsarten gibt es bei bebauten Grundstücken?

Bebaute Grundstücke werden nach ihrer Nutzungsart unterschieden:

- Ein- und Zweifamilienhäuser (Wohngrundstücke, die bis zu 2 Wohnungen enthalten und kein Wohnungseigentum sind)
- Mietwohngrundstücke (zu Wohnzwecken genutzte Grundstücke, die nicht Ein- oder Zweifamilienhäuser oder Wohnungseigentum sind)
- Wohnungseigentum (Räume, die zu Wohnzwecken genutzt werden)
- Teileigentum (Räume, die nicht zu Wohnzwecken genutzt werden)
- Geschäftsgrundstücke (betrieblich genutzte Grundstücke, die kein Teileigentum sind)
- Gemischt genutzte Grundstücke (Grundstücke, die teilweise zu Wohnzwecken oder betrieblichen Zwecken dienen und nicht den anderen Grundstücksarten zugeordnet werden können)
- Sonstige bebaute Grundstücke (alle sonstigen Nutzungsarten)

Welche Arten von grundstücksgleichen Rechten gibt es?

Ein grundstücksgleiches Recht ist ein dingliches Recht, das genauso behandelt wird wie ein Grundstück und für das beispielsweise auch ein eigenes Grundbuch gebildet wird. Umgekehrt werden auf grundstücksgleiche Rechte dieselben allgemeinen Vorschriften über Rechte an Grundstücken des Bürgerlichen Gesetzbuches (BGB) angewendet, wie auf ein Grundstück (§§ 873–902 BGB).

Zu den grundstücksgleichen Rechten gehören:

- Wohneigentum (§ 1 Abs. 1 WEG)
- Teileigentum (§ 1 Abs. 1 WEG)
- Erbbaurecht

Dazu kommt noch das Bergwerkseigentum, das jedoch nicht Gegenstand dieser IHK-Prüfung ist.

Ebenso wie für Grundstücke werden für grundstücksgleiche Rechte Grundbücher geführt:

- Wohnungs- und Teileigentum: Wohnungs- und Teileigentumsgrundbuch
- Erbbaurechte: Erbbaugrundbuch

Die grundstücksgleichen Rechte können genauso wie Grundstücke mit Grundpfandrechten (Grundschulden, Hypotheken und Sicherungsgrundschulden) belastet werden.

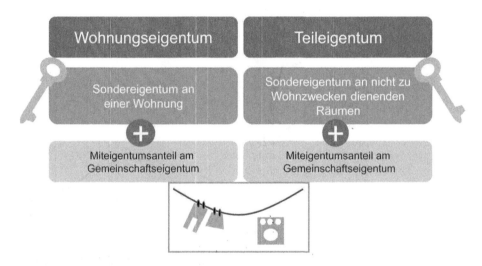

Abb. 13: Wohnungs- und Teileigentum

Wohnungseigentum

Wohnungseigentum ist das **Sondereigentum** (im Sinne: „alleiniges" Eigentum) an einer Wohnung in Verbindung mit dem **Miteigentumsanteil** an dem gemeinschaftlichen Eigentum (z.B. Fassade, Dach, Außenanlagen, Fahrstuhl, Treppenhaus, Gemeinschaftsfahrradkeller, Gemeinschaftswaschmaschinenraum), zu dem es gehört.

Gemeinschaftseigentum

Gemeinschaftseigentum sind gemäß Wohnungseigentumsgesetz (WEG) das Grundstück sowie die Teile, Anlagen und Einrichtungen des Gebäudes (Dach, Fassaden, Treppenhäuser u.a.), die nicht im Sondereigentum oder im Eigentum eines Dritten stehen.

Wohnungseigentum unterliegt den Regelungen des Wohnungseigentumsgesetzes (WEG) und wird insbesondere begründet durch eine **Teilungserklärung** des ursprünglichen Grundstückseigentümers gegenüber dem Grundbuchamt. Diese Teilungserklärung beinhaltet die Aufteilung des Grundstückseigentums in Miteigentumsanteile, die mit dem Sondereigentum an einzelnen Wohnungen und/oder nicht zu Wohnzwecken dienenden Räumen (Teileigentum) verbunden sind. Die Teilung wird mit der Anlegung der Wohnungsgrundbücher wirksam.

§ 181 Abs. 9 Bewertungsgesetz (BewG) Grundstücksarten

„Eine Wohnung ist die Zusammenfassung einer Mehrheit von Räumen, die in ihrer Gesamtheit so beschaffen sein müssen, dass die Führung eines selbstständigen Haushalts möglich ist. Die Zusammenfassung von Räumen muss eine von anderen Wohnungen oder Räumen, insbesondere Wohnräumen, baulich getrennte, in sich abgeschlossene Wohneinheit bilden und einen selbständigen Zugang haben. Außerdem ist erforderlich, dass die für die Führung eines selbständigen Haushalts notwendigen Nebenräume (Küche, Bad oder Dusche, Toilette) vorhanden sind. Die Wohnfläche muss mindestens 23 Quadratmeter (m2) betragen."

Teileigentum

Teileigentum ist das Sondereigentum an nicht zu Wohnzwecken dienenden Räumen eines Gebäudes in Verbindung mit dem Miteigentum an dem gemeinschaftlichen Eigentum, zu dem es gehört. Eine Gewerbeeinheit (beispielsweise eine Bäckerei) in einem gemischt genutzten Gebäude ist ein Teileigentum.

Für das Teileigentum gelten ansonsten die Regelungen wie für das Wohnungseigentum.

Hinweis

Die in diesem Kapitel vorgestellten Eigentumsbegriffe beziehen sich auf die Art des Eigentums an einem Immobilienobjekt. In Kapitel 2.3.2 Aufbau des Grundbuchs werde ich Sie mit weiteren Eigentumsbegriffen vertraut machen. Dort wird es um die Eigentumsarten in Bezug auf die Eigentümer gehen.

Erbbaurecht

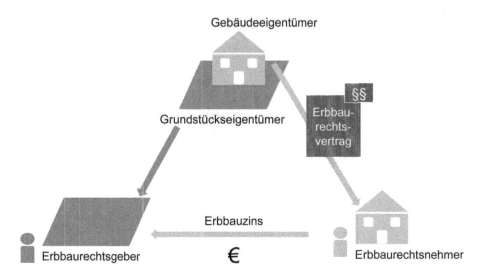

Abb. 14: Erbbaurecht

Ein Erbbaurecht beinhaltet das Recht, auf einem fremden Grundstück ein Gebäude zu errichten.

Die weiteren Merkmale des Erbbaurechts sind:

- Rechte und Pflichten sind in einem notariell zu beurkundenden Erbbaurechtsvertrag geregelt.
- Der Erbbaurechtsvertrag wird in der Regel über eine Dauer von 60–99 Jahren abgeschlossen.
- Der Erbbaurechtsgeber bleibt Grundstückseigentümer.
- Der Erbbaurechtsnehmer zahlt in der Regel einen jährlichen Erbbauzins an den Erbbaurechtsgeber für die Nutzung des Grundstücks.
- Das Erbbaurecht kann veräußert (Zustimmung des Erbbaurechtsgebers kann vereinbart werden), vererbt und belastet (auch hier kann die Zustimmung des Erbbaurechtsgebers vereinbart werden) werden.
- Am Ende des Erbbaurechts kommt es zum so genannten „Heimfall" des Gebäudes, d.h. dieses geht in das Eigentum des Grundstückseigentümers über. In der Regel wird im Erbbaurechtsvertrag die Entschädigung für das Gebäude vereinbart, die an den Erbbaurechtsnehmer zu zahlen ist. Der Gesetzgeber sieht hier 2/3 des Verkehrswertes der Immobilie vor.

Entschließt sich ein Grundstückseigentümer ein Erbbaurecht zu vergeben, so wird für dieses – zusätzlich zum bestehen bleibenden Grundstücksgrundbuch – ein Eintrag in das zusätzlich neu gebildete Erbbaugrundbuch vorgenommen.

Der Erbbaurechtsvertrag ist während der Vertragslaufzeit unkündbar. Allerdings kann der Eigentümer durchaus die Rückübertragung verlangen, wenn:

- der Erbbaurechtsnehmer das Grundstück nicht innerhalb der vereinbarten Frist bebaut,
- mit der Zahlung des Erbbauzins über einen längeren Zeitraum in Rückstand gerät (gemäß § 9 Abs. 4 ErbbauRG: mindestens in Höhe zweier Jahresbeträge),
- das Grundstück verwahrlosen lässt,
- gegen weitere Verpflichtungen aus dem Vertrag verstößt.

Im Erbbaurechtsvertrag wird oft ein gegenseitiges Vorkaufsrecht vereinbart.

2.2.1.2 Erwerbsformen bei Grundstücken

Das Eigentum an einem bebauten oder unbebauten Grundstück bzw. grundstücksgleichem Recht kann erworben werden durch:

- Kaufvertrag
- Erbschaft oder Schenkung
- Zwangsversteigerung

Kaufvertrag

Grundsätzlich kann ein Kaufvertrag in der Regel formlos (mündlich, schriftlich, in elektronischer Form o.ä.) abgeschlossen werden.

Ein Grundstückskaufvertrag bedarf dagegen der Schriftform und muss notariell beurkundet werden.

Wird von dieser Formvorschrift abgewichen, so wird der Vertragsinhalt dennoch gültig, wenn die Eigentumsübertragung durch die so genannte Auflassung im Grundbuch vollzogen wurde.

Nach Kaufpreiszahlung erfolgt die Eigentumsumschreibung im Grundbuch. Diese wird im Falle eines Kaufvertrags als Auflassung bezeichnet.

Weitere Informationen finden Sie im Kapitel 2.2.2 (Der notarielle Kaufvertrag (Verpflichtungsgeschäft)).

Erbschaft und Schenkung

Bei einer Schenkung geht das Eigentum durch den notariell zu beurkundenden Schenkungsvertrag und die im Anschluss vorzunehmende Eigentumsübertragung im Grundbuch auf den Beschenkten über. Vergleichbar mit einem Kaufvertrag kommt dieser Vertrag bei übereinstimmenden Willenserklärungen von Schenker und Beschenktem zustande. Im Unterschied zum Kaufvertrag muss der Beschenkte keine Gegenleistung in Form eines Kaufpreises erbringen. Der Eigentumsübergang mit allen Rechten und Pflichten und eingetragenen Lasten erfolgt mit der Eintragung im Grundbuch als Auflassung. Da die Schenkung der Schenkungssteuer unterliegt, entfällt die Pflicht zur Zahlung einer Grunderwerbsteuer.

Bei einem Erbschaftsvertrag wird die Regelung zum Eigentumsübertrag noch zu Lebzeiten des bisherigen Eigentümers vorgenommen. Der rechtliche Eigentumsübergang auf den Erben erfolgt – wie auch in den Fällen ohne Erbvertrag oder mit/ohne Testament – automatisch mit dem Tod des bisherigen Eigentümers. Liegt kein Erbschaftsvertrag vor, muss der Erbe (oder Erbengemeinschaft) allerdings sein Erbe zunächst formell annehmen, bevor der Eigentumsübergang im Grundbuch eingetragen werden kann.

Zwangsversteigerung

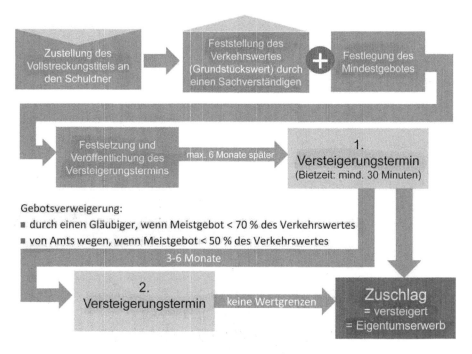

Abb. 15: Zwangsversteigerungsverfahren

Die Zwangsversteigerung als Verwertung der gestellten Sicherheiten ist das letzte Mittel eines Darlehensgebers (Gläubiger), wenn der Darlehensnehmer (Schuldner) seinen Darlehensverpflichtungen nicht mehr nachkommt. Wurde ein Grundpfandrecht (Grundschuld oder Hypothek) als Darlehensbesicherung vereinbart, so kann der Darlehensgeber als Gläubiger des Darlehensnehmers die Zwangsvollstreckung beantragen. Es kommt dann zur Zwangsversteigerung des Grundstücks. Die Zwangsversteigerung wird beim zuständigen Amtsgericht beantragt und durchgeführt. Der Zwangsversteigerungstermin wird vom Amtsgericht veröffentlicht (Gerichtsaushang oder Internet).

Info

Nicht jede Zwangsversteigerung erfolgt aufgrund von Geldforderungen eines Gläubigers. Weitere Beispiele, aus denen eine Zwangsversteigerung erfolgen kann, wenn sich die Beteiligten nicht über den Verkaufspreis einigen können, sind:

• Auflösung einer Eigentümergemeinschaft

• Regelung zwischen geschiedenen Eheleuten oder

• einer Erbengemeinschaft.

Die gesetzliche Grundlage bildet das Gesetz über die Zwangsversteigerung und die Zwangsverwaltung (ZVG).

Für die Zwangsversteigerung eines Grundstücks (wenn es bebaut ist, wird das Gebäude automatisch mitversteigert) oder eines Wohneigentums (neben der Eigentumswohnung wird auch der entsprechend im Grundbuch vermerkte Anteil am Grundstück versteigert) ist das Amtsgericht als Vollstreckungsgericht zuständig, in dessen Bezirk das Grundstück liegt (§ 1 Abs. 1 ZVG). Es ordnet als so genannter Rechtspfleger die Zwangsversteigerung eines Grundstücks auf Antrag an (§ 15 ZVG), wenn der Schuldner als Eigentümer des Grundstücks eingetragen oder wenn er Erbe des eingetragenen Eigentümers ist (§ 17 Abs. 1 ZVG).

Zwangsversteigerung

Die Zwangsversteigerung ist ein gesetzliches Vollstreckungsverfahren, d.h. die Verwertung einer Sache (z.B. Grundstücke und deren Aufbauten, Wohnungseigentum, Teileigentum und weitere grundstücksgleiche Rechte wie das Erbbaurecht) durch einen sog. staatlichen Hoheitsakt im Wege der Versteigerung. Gläubiger mit einer Geldforderung können ihre Ansprüche mit staatlichen Machtmitteln durchsetzen und aus dem Versteigerungserlös befriedigen.

Mit der Anordnung der Zwangsversteigerung beantragt das Amtsgericht zugleich das Grundbuchamt um Eintragung dieser Anordnung im Grundbuch (§ 19 ZVG). Die Eintragung des Versteigerungsvermerks verhindert die anderweitige Veräußerung des Grundstücks (Verfügungsbeschränkung).

Beteiligte am Verfahren (§ 9 ZVG)
• Gläubiger (Darlehensgeber),
• Schuldner (Darlehensnehmer),
• diejenigen, für welche ein Recht im Grundbuch eingetragen ist,
• diejenigen, für die ein nicht eingetragenes Recht am Grundbuch steht, sowie Mieter und Pächter des Grundstücks (Anmeldung der Rechte im Zwangsversteigerungsverfahren erforderlich, um beteiligt zu werden).

Bestimmung des Versteigerungstermins

Der Zeitraum zwischen der Anberaumung des Termins und dem Termin selbst soll, wenn nicht besondere Gründe vorliegen, maximal 6 Monate betragen (§ 36 Abs. 2 ZVG). Die Terminbestimmung muss enthalten (§§ 37,38 ZVG):

- Bezeichnung des Grundstücks mit Angabe des Grundbuchblattes,
- Größe und Verkehrswert des Grundstücks,
- Zeit und Ort des Versteigerungstermins,
- die Angabe, dass die Versteigerung im Wege der Zwangsvollstreckung erfolgt,
- die Aufforderung, noch nicht eingetragene aber bestehende Rechte am Grundstück spätestens bis zum Versteigerungstermin anzumelden,
- die Aufforderung an diejenigen, welche ein der Versteigerung entgegenstehendes Recht haben, vor der Erteilung des Zuschlags die Aufhebung oder einstweilige Einstellung des Verfahrens herbeizuführen.

Der Verkehrswert (auch Grundstückswert genannt) wird vom Amtsgericht in der Regel nach Anhörung von Sachverständigen festgesetzt (§ 74a Abs. 5 ZVG). Bewegliche Gegenstände, auf die sich die Versteigerung erstrecken soll, werden frei geschätzt. Bezüglich des festgesetzten Verkehrswertes kann das Amtsgericht Wertgutachten und Abschätzungen öffentlich bekannt machen (§ 38 Abs. 2 ZVG). Somit haben Bietinteressenten die Möglichkeit, den Wert des Versteigerungsobjektes anhand des Gutachtens zu erfahren. Der Gläubiger hat die Möglichkeit, das Sachverständigengutachten anzufechten.

Versteigerungsbedingungen

Bei der Versteigerung wird nur ein solches Gebot zugelassen, durch welches die dem Anspruch des Gläubigers vorgehenden Rechte sowie die aus dem Versteigerungserlös zu entnehmenden Kosten des Verfahrens gedeckt werden. Dieses **Mindestgebot** wird auch als **„geringstes Gebot"** bezeichnet (§ 44 ZVG).

Info

Eine Besichtigung des Versteigerungsobjektes ist nicht möglich. Da die Lage des Grundstücks aber bekannt ist, kann der Ersteigerungsinteressent versuchen, den Eigentümer um eine Besichtigung zu bitten. Dieser ist dazu jedoch nicht verpflichtet. Eine Einsichtnahme in das Wertgutachten ist dagegen in der Regel vor Ort beim Amtsgericht oder kostenpflichtig als Abschrift möglich.

Die Versteigerung

Die Versteigerung findet in den Räumen des Vollstreckungsgerichtes (Amtsgericht) statt.

Bieter müssen persönlich und mündlich ihre Gebote vor Ort abgeben. Bietinteressenten können einen Vertreter schicken, der sich durch eine notarielle Bietungsvollmacht legitimieren muss.

Ehepartner, die das Eigentum gemeinschaftlich erwerben wollen, müssen beide zum Versteigerungstermin erscheinen oder mittels einer notariellen Bietungsvollmacht des nicht anwesenden Ehepartners mitbieten.

Zuerst werden wichtige Informationen zum Verfahren vorgelesen. Danach erfolgt die Aufforderung zur Abgabe von Geboten.

Zwischen der Aufforderung zur Abgabe von Geboten und dem Zeitpunkt, zu welchem die Versteigerung geschlossen wird, müssen 30 Minuten liegen (§ 73 ZVG). Früher sprach man hier von der so genannten „Bieterstunde".

Die Beteiligten am Zwangsversteigerungsverfahren können vom Bieter eine Sicherheitsleistung verlangen. Diese ist in Höhe von 10 % des vom Amtsgericht festgesetzten Verkehrswertes zu erbringen (§ 68 ZVG). Eine Barzahlung ist hierfür ausgeschlossen (§ 69 Abs. 1 ZVG). Zur Sicherheitsleistung sind zugelassen (§ 69 Abs. 2–4 ZVG):

- Bundesbankscheck oder Verrechnungsscheck, der frühestens am 3. Werktag vor dem Versteigerungstermin ausgestellt worden ist,
- unbefristete, unbedingte und selbstschuldnerische Bürgschaft eines Kreditinstituts,
- Überweisung auf ein Konto der Gerichtskasse.

Bietsicherheit (auch Sicherheitsleistung genannt)

Ein auf Antrag eines Gläubigers verlangter Betrag in Höhe von 10 % des festgesetzten Verkehrswertes. Die Bietsicherheit ist eine Art von Anzahlung und soll Sicherheit geben, dass auch der Restbetrag vom Bieter gezahlt werden kann. Sie darf seit 2007 nicht mehr als Bargeld erbracht werden.

Die Identität der Bieter in einem Zwangsversteigerungsverfahren wird durch anerkannte Legitimationspapiere (Personalausweis, Reisepass) im Original geprüft.

Der Zuschlag

Der Zuschlag ist dem Meistbietendem zu erteilen (§ 81 ZVG).

Zuschlag

Ein Zuschlag ist ein so genannter gerichtlicher Hoheitsakt, d.h. eine Entscheidung des Gerichts. Im Fall der Zwangsversteigerung bedeutet er, dem Meistbietenden mit dem Zuschlag das rechtliche Eigentum am Grundstück inkl. dessen wesentlicher Bestandteile (insbesondere das Gebäude und fest eingebaute Heizungen u.ä.) zu übertragen.

Zuschlagsverweigerungsrechte (auch Wertgrenzen genannt) beim **ersten Versteigerungstermin**:

- Bleibt das Meistgebot (einschließlich des Kapitalwertes der nach den Versteigerungsbedingungen bestehen bleibenden Rechte) unter 70 % des festgesetzten Verkehrswertes, so kann ein Berechtigter die Versagung des Zuschlages beantragen. Der betreibende Gläubiger kann diesen Antrag allerdings ablehnen, wenn er glaubhaft machen kann, dass ihm anderenfalls ein unverhältnismäßiger Nachteil entstehen würde (§ 74a Abs. 1 ZVG). Wird der Zuschlag aus diesem Grund versagt, so ist von Amts wegen (d.h. ohne Antrag durch die Verfahrensbeteiligten) ein neuer Versteigerungstermin zu bestimmen. Der Zeitraum zwischen den beiden Versteigerungsterminen soll mindestens 3 und maximal 6 Monate betragen (§ 74a Abs. 3 ZVG).

- Der Zuschlag ist von Amts wegen zu versagen, wenn das abgegebene Meistgebot (einschließlich des Kapitalwertes der nach den Versteigerungsbedingungen bestehenbleibenden Rechten) 50 % des Verkehrswertes nicht erreicht (§ 85a Abs. 1 ZVG). Es wird von Amtswegen ein neuer Versteigerungstermin bestimmt.

Im **zweiten Versteigerungstermin** gibt es keine Zuschlagsverweigerungsrechte (§ 85a Abs. 2 Satz 2 ZVG). Die Gebote des ersten Versteigerungstermins sind erloschen und haben im zweiten Versteigerungstermin keine Gültigkeit mehr.

Betreibender Gläubiger

Als betreibender Gläubiger wird derjenige Gläubiger bezeichnet, der wegen einer Geldforderung das Zwangsversteigerungsverfahren beantragt hat. Er kann als „Herr des Verfahrens" jederzeit – auch während des Versteigerungstermins – die einstweilige Einstellung des Verfahrens für einen Zeitraum von bis zu 6 Monaten bewilligen.

Durch den Zuschlag wird der Ersteher (Meistbietender) sofort Eigentümer des Grundstücks (§ 90 Abs. 1 ZVG) mit allen Rechten und Pflichten.

Das Verfahren wird eingestellt, wenn der Schuldner im Versteigerungstermin mittels eines Einzahlungs- oder Überweisungsnachweises einer Bank oder Sparkasse nachweisen kann, dass er den zur Befriedigung des Gläubigers und zur Deckung der Kosten erforderlichen Betrag an die Gerichtskasse gezahlt hat (§ 75 ZVG).

Kommt es im ersten Versteigerungstermin zu keinem Gebot, so wird das Verfahren einstweilen eingestellt und kann auf Antrag des Gläubigers erneut eröffnet werden. Es kommt dann ebenfalls erneut zu einem ersten Versteigerungstermin (§ 77 Abs. 1 ZVG).

Bleibt beim zweiten Versteigerungstermin die Versteigerung ergebnislos, so wird das Verfahren aufgehoben (§ 77 Abs. 2 ZVG).

Verteilung des Versteigerungserlöses

Der Ersteigerer muss bis zum vom Amtsgericht angesetzten Verteilungstermin (meist 6–8 Wochen nach der Versteigerung) den Ersteigerungspreis unter Anrechnung seiner bereits geleisteten Sicherheitsleistung auf ein entsprechendes Gerichtskonto einzahlen.

Aus dem Versteigerungserlös sind zuerst die Kosten des Verfahrens zu begleichen (§ 109 Abs. 1 ZVG).

Der verbleibende Versteigerungserlös wird auf die Rechte, welche durch Zahlung zu decken sind, verteilt (§ 109 Abs. 2 ZVG). Hierbei gibt es keine Quotenaufteilung, sondern der Rang entscheidet. Reicht der Ersteigerungserlös nicht für alle Gläubiger aus, so gehen die nachrangigen Gläubiger leer aus. Ein Überschuss wird an den Schuldner ausgezahlt.

Sobald der neue Eigentümer seinen Zahlungsverpflichtungen (die Zahlung erfolgt direkt an das Gericht und nicht an den Gläubiger oder ehemaligen Grundstückseigentümer), einschließlich der Zahlung der Grunderwerbssteuer an das Finanzamt (Nachweis durch Vorlage der Unbedenklichkeitsbescheinigung des Finanzamts), nachgekommen ist, wird er vom Grundbuchamt auf Antrag des Vollstreckungsgerichts als Eigentümer eingetragen.

▶ **Exkurs: Welche Grundstücksbelastungen müssen übernommen werden?**

Das ist unterschiedlich und hängt beispielsweise davon ab, welche Rangstelle der Gläubiger im Grundbuch innehat. Wird das Verfahren von einem erstrangigen Grundbuchgläubiger betrieben, so müssen keine Rechte aus dem Grundbuch übernommen werden. Bei einem zweitrangigen Grundbuchgläubiger bleiben die ihm vorangehenden Rechte bestehen.

Dies gilt auch für Wohnrechte o.ä. Das Vollstreckungsgericht erläutert diese Rechte ausführlich vor der Aufforderung zur Abgabe von Geboten.

Die zu übernehmenden Rechte werden bewertet und müssen vom Ersteher des Grundstücks zuzüglich zu seinem Bargebot (dem Gebot in der Versteigerung) bezahlt werden.

Beispiel:

Verkehrswert: 150.000 €

Bargebot (Meistgebot): 80.000 €

Bestehen bleibende und zu übernehmende Rechte = 30.000 €

„Kaufpreis" = 80.000 € + 30.000 € = 110.000 €

Dieser Kaufpreis ist die Basis für die Prüfung, ob die Wertgrenzen erreicht sind, die bei Unterschreitung ggf. zu einer Zuschlagsverweigerung führen können. ◀

Welche Kosten sind vom Ersteher im Fall eines Zuschlags zu tragen?

Zu den anfallenden Kosten bei einem Zwangsversteigerungsverfahren gehören:

- 4 % Zinsen auf das Meistgebot abzüglich der ggf. bereits gezahlten Sicherheitsleistung vom Tag des Zuschlags bis einen Tag vor dem Verteilungstermin (kann durch vollständige Zahlung des Meistgebotes verhindert oder reduziert werden)

- Grunderwerbsteuer (wie beim Grundstückskauf, die Höhe ist abhängig vom jeweiligen Bundesland in dem das Grundstück liegt)

- Kosten für den Zuschlag an das Gericht (abhängig vom „Kaufpreis" (Meistgebot zzgl. Summe der bestehen bleibenden Rechte)),
- Kosten für die Grundbuch-Umschreibung (wie beim Grundstückskauf).

Da es sich um keinen Grundstückskaufvertrag handelt, fallen auch keine Notarkosten an.

Grundsätzlich kann der Ersteher davon ausgehen, dass die Kosten in etwa mit denen eines Grundstückskaufs vergleichbar sind. Das Finanzamt wird übrigens automatisch vom Amtsgericht benachrichtigt und verschickt danach den Bescheid an den Ersteher.

▶ Exkurs: Zwangsverwaltung

Bei der Zwangsversteigerung geht es darum, die Schulden gegenüber einem Gläubiger durch die Verwertung, d.h. den zwangsweisen Verkauf des Grundstücks, zu begleichen.

Bei der Zwangsverwaltung ist das Ziel, durch laufende Erträge, wie insbesondere aus der Vermietung der Immobilie, die Schulden zu begleichen.

Dem Grundstückseigentümer wird die Verwaltung und Nutzung seines Grundstücks entzogen und stattdessen ein Zwangsverwalter bestellt. Ob und an wen der Wohnraum vermietet wird und zu welchem Mietpreis, ist nun Sache des Zwangsverwalters. Dieser hat im Gegenzug die Aufgabe, das Grundstück in seinem wirtschaftlichen Bestand und übernommenen Zustand zu erhalten.

Die Zwangsverwaltung muss, wie die Zwangsversteigerung, beim Amtsgericht beantragt werden, in dem das Grundstück liegt.

Ein weiterer Unterschied zur Zwangsversteigerung besteht im Hinblick auf ein eingetragenes Nießbrauchrecht (Recht aus einer Sache Nutzen, d.h. Erträge und Früchte daraus zu ziehen, ohne selbst Eigentümer der Sache zu sein). Auch wenn dieses nachrangig eingetragen ist, benötigt der Gläubiger einen vollstreckbaren Titel auf Duldung der Zwangsvollstreckung in Form der Zwangsverwaltung gegen den Nießbraucher oder dessen Zustimmung. Bei der Zwangsversteigerung erlischt ein nachrangiges Nießbrauchrecht mit dem Zuschlag. ◀

2.2.2 Der notarielle Kaufvertrag (Verpflichtungsgeschäft)

Wer ist der Vertragspartner des Immobilienkäufers bei einem Kaufvertrag?

Beim Kauf wird unterschieden zwischen:

- **Direkterwerb (Privatkauf):** Der Käufer kauft direkt vom bisherigen Grundstückseigentümer. Beim Objekt kann es sich um ein reines Grundstück oder eine Bestandsimmobilie (Grundstück mit Gebäude oder grundstücksgleiches Recht) handeln.

- **Maklerkauf**: Ein Immobilienmakler bringt Käufer und Verkäufer (Grundstückseigentümer) zusammen und erhält dafür eine Provision (kann frei ausgehandelt werden, in der Regel zwischen 3–6 %, zzgl. Mehrwertsteuer). Der Kauf wird danach, wie beim Direktkauf, zwischen dem Käufer und Verkäufer abgewickelt. Objekt kann auch hier ein reines Grundstück oder eine Bestandsimmobilie sein.

- **Kauf vom Bauträger**: Unternehmen, die gewerbsmäßig Wohn- und Gewerbeimmobilien herstellen und danach verkaufen, werden als Bauträger bezeichnet. Es kommt ein Kaufvertrag sowohl über das Grundstück als auch über das zu errichtende Gebäude zwischen dem Bauträger und dem Käufer zustande (bzw. grundstücksgleiche Rechte). Es handelt sich immer um ein Neubauobjekt. In der Makler- und Bauträgerverordnung (MaBV) ist genau geregelt, in welchen Teilbeträgen die erbrachten Leistungen abgerechnet werden können. Bis zum Verkauf baut der Bauträger auf eigenes Risiko.

Welche Rechte und Pflichten hat ein Bauherr?

Abb. 16: Abgrenzung Bauträger, Bauunternehmer, Bauherr

Beim reinen Grundstückserwerb muss sich der Käufer selbst um sein Bauvorhaben kümmern. Hierzu kann er ein Bauunternehmen als Generalunternehmer beauftragen. Er muss sich dann bis zur Schlüsselübergabe nicht um die einzelnen Bauschritte kümmern. Die Beauftragung der erforderlichen Handwerker und weiterer Baubeteiligten erfolgt durch den Bauunternehmer.

Entschließt sich der Käufer, rechtlich und wirtschaftlich verantwortlich als Bauherr zu bauen, so kommen die nachfolgenden Aufgaben und Pflichten auf ihn zu:

- Auswahl und Beauftragung aller benötigten Beteiligten (Architekt, Bauingenieur, Handwerker usw.)
- Planung des Bauvorhabens mit Unterstützung eines Architekten
- Überwachung des Bauvorhabens gegebenenfalls unter Einbindung eines Bausachverständigen
- Einreichung der erforderlichen Anträge bei der Bauaufsichtsbehörde. Diese Aufgabe kann an einen Architekten oder Bauingenieur übertragen werden.
- Pflicht zur Bauabnahme und Vergütung sämtlicher Unternehmen, Dienstleister und Handwerker, die am Bau beteiligt waren.
- Verantwortlich für die Verkehrssicherungspflicht während der Bauphase und nach Baufertigstellung

Welches Formerfordernis gilt für einen Immobilienkaufvertrag?

§ 311 b Abs. 1 BGB (Verträge über Grundstücke)

Ein Vertrag, durch den sich der eine Teil verpflichtet, das Eigentum an einem Grundstück zu übertragen oder zu erwerben, bedarf der notariellen Beurkundung. Ein ohne Beachtung dieser Form geschlossener Vertrag wird seinem ganzen Inhalt nach gültig, wenn die Auflassung und die Eintragung in das Grundbuch erfolgen.

Die Beurkundung ist die strengste der gesetzlichen Formvorschriften.

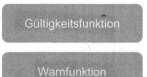

Gültigkeitsfunktion	Ein Rechtsgeschäft wird nur mit notarieller Beurkundung rechtskräftig. Ohne Beurkundung ist das Rechtsgeschäft nichtig.
Warnfunktion	Die Vertragspartner sollen vor übereilten Entscheidungen geschützt und den Risiken des Geschäfts gewarnt werden.
Beweisfunktion	Diese Formvorschrift stellt den Inhalt des Rechtsgeschäftes auf eine beweiskräftige Basis.
Beratungsfunktion	Der Notar stellt eine sachkundige Beratung und Belehrung der Beteiligten sicher.
Kontrollfunktion	Einige Rechtsgeschäfte sind die Grundlage von Steuerverpflichtungen für die Beteiligten. Der Notar stellt durch seine entsprechenden Informationspflichten sicher, dass die zuständige Finanzbehörde hierüber Kenntnis erlangt (Beispiel: Übersendung einer Abschrift des Grundstückskaufvertrages an das Grunderwerbsteuerfinanzamt gemäß § 18 GrEStG).

Abb. 17: Funktionen der Beurkundung von Rechtsgeschäften

Beglaubigung

Bei einer Beglaubigung wird lediglich die Richtigkeit einer Unterschrift oder Abschrift (z.B. Grundbuchauszug) durch eine zur Beglaubigung ermächtigte Person (z.B. Notar) oder Behörde (z.B. Grundbuchamt) bestätigt. Die Beglaubigung hat nur diesbezüglich eine Beweisfunktion.

Welche Aufgaben hat der Notar?

Die Aufgaben des Notars leiten sich insbesondere aus dem gesetzlichen Formerfordernis der notariellen Beurkundung für Grundstückskaufverträge ab und umfassen:

- Verfassung der Niederschrift (Kaufvertrag) durch einen Notar
- Versand eines Vertragsentwurfs an die Beteiligten
- Vorlesen des Kaufvertrages durch einen Notar gegenüber allen Beteiligten
- sachkundige und neutrale Beratung und Belehrung der Beteiligten über die Auswirkungen des Vertrags (dies umfasst allerdings nicht die Bewertung des Kaufpreises)
- Einholung der Genehmigung (Zustimmung) der Niederschrift (Kaufvertrag) durch die Beteiligten, indem diese den Vertrag eigenhändig in Anwesenheit des Notars unterschreiben
- Versand einer Abschrift des Kaufvertrages inklusive aller enthaltenen Bedingungen an das zuständige Grunderwerbsteuerfinanzamt

Mit dem Abschluss des Kaufvertrags ist das Verpflichtungsgeschäft geschlossen. Auf seiner Grundlage erfolgt die eigentliche Eigentumsübertragung. Dies erfordert die Eintragung ins Grundbuch, da dieses im deutschen Recht öffentlichen Glauben u.a. im Hinblick auf die Eigentumsverhältnisse genießt.

Öffentlicher Glaube

Eintragungen im Grundbuch gelten als richtig und gültig, solange bis sie widerlegt sind. Ein Käufer kann im guten Glauben an diese Richtigkeit unter Beachtung der weiteren gesetzlichen Vorgaben einen rechtsgültigen Kaufvertrag über das Grundstück oder grundstücksgleiche Recht abschließen (gutgläubiger Erwerb) (§ 892 BGB).

Was können Inhalte eines Grundstückskaufvertrages sein?

Nachfolgende Angaben und Bedingungen können neben weiteren individuell vereinbarten Bedingungen Gegenstand eines Grundstückskaufvertrages sein:

- Angaben zum Käufer und Verkäufer
- Angaben zum Objekt/Grundstück
- Höhe des vereinbarten Kaufpreises
- Zahlungsfrist unter Berücksichtigung der Kaufpreisvoraussetzungen
- Lastenfreiheit bzw. Lasten und Beschränkungen, die mit dem Kauf übernommen werden

- Erschließung des Grundstücks
- Vorhandene Miet- und Pachtverhältnisse
- Grunderwerbsteuer (Wer wird vertraglich als Steuerpflichtiger eingesetzt? Gesetzlich besteht eine gesamtschuldnerische Haftung beider Vertragsparteien.)
- Übergabetermin (Schlüsselübergabe)
- Besitzübernahme bzw. Eigentumsübergang
- Haftung für Gewährleistungen (Mängel an der Immobilie) und Rechtsmängel

Wann gehen Besitz, Nutzen, Lasten und Gefahr an den Käufer über?

Als Übergang von Besitz wird der Zeitpunkt des wirtschaftlichen Übergangs des Grundstücks auf den Käufer bezeichnet. Dies ist im Kaufvertrag zu vereinbaren. In der Regel erfolgt die Übergabe des Objektes mit vollständiger Kaufpreiszahlung.

Auch eine vorzeitige Übernahme, beispielsweise für erforderliche Renovierungsarbeiten, ist nach Vereinbarung möglich.

Mit dem Besitzübergang – auch einem vorzeitigen – der verkauften Sache sind verbunden:

- Nutzenwechsel (Nutzung des Objektes durch den Käufer: Einzug, Renovierung u.ä.)
- Lastenwechsel (Lasten an der Sache gehen auf den Käufer über: Grundsteuer, sämtliche Verbrauchskosten, Versicherungen, Erschließungskosten u.ä.)
- Gefahrübergang (Der Käufer trägt ab sofort das Risiko einer Zerstörung oder Beschädigung der Immobilie beispielsweise durch einen Sturm o.ä.)
- Verkehrssicherungspflicht

Übergabe bedeutet im Rechtssinn die tatsächliche Besitzverschaffung, d.h. vereinfacht ausgedrückt: Der Verkäufer zieht aus der Immobilie aus und übergibt dem Käufer den Hausschlüssel, damit dieser einziehen kann.

Damit ist die Eigentumsübertragung allerdings noch nicht abgeschlossen. Dazu ist die Eintragung des neuen Eigentümers im Grundbuch erforderlich.

Der Besitzer eines Grundstücks ist somit noch nicht zwingend auch der Eigentümer.

§ 873 BGB (Erwerb durch Einigung und Eintragung)

(1) Zur Übertragung des Eigentums an einem Grundstück, zur Belastung eines Grundstücks mit einem Recht sowie zur Übertragung oder Belastung eines solchen Rechts ist die Einigung des Berechtigten und des anderen Teils über den Eintritt der Rechtsänderung und die Eintragung der Rechtsänderung in das Grundbuch erforderlich, soweit nicht das Gesetz ein anderes vorschreibt.

(2) Vor der Eintragung sind die Beteiligten an die Einigung nur gebunden, wenn die Erklärungen notariell beurkundet oder vor dem Grundbuchamt abgegeben oder bei diesem eingereicht sind oder wenn der Berechtigte dem anderen Teil eine den Vorschriften der Grundbuchordnung entsprechende Eintragungsbewilligung ausgehändigt hat.

Diese gesetzliche Regelung gilt übrigens auch für die Bestellung von Hypotheken (§§ 1113 ff. BGB) und Grundschulden (§§ 1191 ff. BGB) sowie Nießbrauchrechte (§§ 1030 ff. BGB).

Dazu mehr im Kapitel 2.3.2 Aufbau des Grundbuchs.

Wie erfolgt die Zahlungsabwicklung bei Kaufpreisfälligkeit?

Hierfür gibt es drei Möglichkeiten:

1. Zahlung über ein Notaranderkonto: Diese Variante ist in der Praxis kaum mehr gebräuchlich, zumal sie Zusatzkosten verursacht.

2. Stellung einer Bankbürgschaft, ausgestellt von der Bank des Käufers: Auch die Stellung einer Bankbürgschaft verursacht zusätzliche Kosten und ist deshalb eher Ausnahme.

3. Zahlung auf dem Treuhandweg direkt von der Bank des Käufers an die Bank des Verkäufers: Dies ist der Regelfall in der Praxis.

Da die Kaufpreiszahlung und die Eigentumsumschreibung verbunden mit der Eintragung der Grundpfandrechte im Grundbuch nicht zeitgleich erfolgen können, kann die Inanspruchnahme eines zur Kaufpreisfinanzierung abgeschlossenen Immobiliardarlehens schwierig sein. Aus diesem Grund wird mit dem Kaufvertrag zusätzlich eine Belastungsvollmacht ausgestellt. Die Belastungsvollmacht ermöglicht die Eintragung der Grundpfandrechte vor Kaufpreiszahlung.

Sind die nachfolgenden Voraussetzungen erfüllt, stellt der Notar den Kaufpreis in Form eines entsprechenden Anschreibens an den Käufer fällig:

- Vorliegen aller erforderlichen Genehmigungen
- Eintragung der Auflassungsvormerkung im Grundbuch
- Vorlage der Unbedenklichkeitserklärung (Negativerklärung) des Finanzamtes bezüglich Bezahlung der Grunderwerbsteuer
- Vorlage der Löschungsbewilligungen insbesondere für Grundpfandrechte, die nicht vom Käufer übernommen werden
- Verzichtserklärungen der Vorkaufsberechtigten

Die Zahlung des Kaufpreises erfolgt beim Erwerb eines Grundstücks oder einer Bestandsimmobilie in einer Summe. Beim Neubau (Kauf vom Bauträger) sind entsprechend Teilraten möglich.

2.2.3 Die Auflassungsvormerkung und Auflassung (Verfügungsgeschäft)

Verpflichtungsgeschäft

| Angebot/ Verkäufer | Grundstückskaufvertrag | Annahme/ Käufer |

Formvorschrift: notarielle Beurkundung

Verfügungsgeschäft

1. Auflassungsvormerkung

Sicherung der Käuferrechte durch Eintragung im Grundbuch (Abteilung II)

2. Kaufpreiszahlung

Kaufpreisfälligstellung durch Notar, wenn alle Voraussetzungen erfüllt sind.

3. Auflassung

Käufer wird als Eigentümer im Grundbuch eingetragen (Abteilung I).
Die Auflassungsvormerkung wird im Gegenzug in Abteilung II gelöscht.

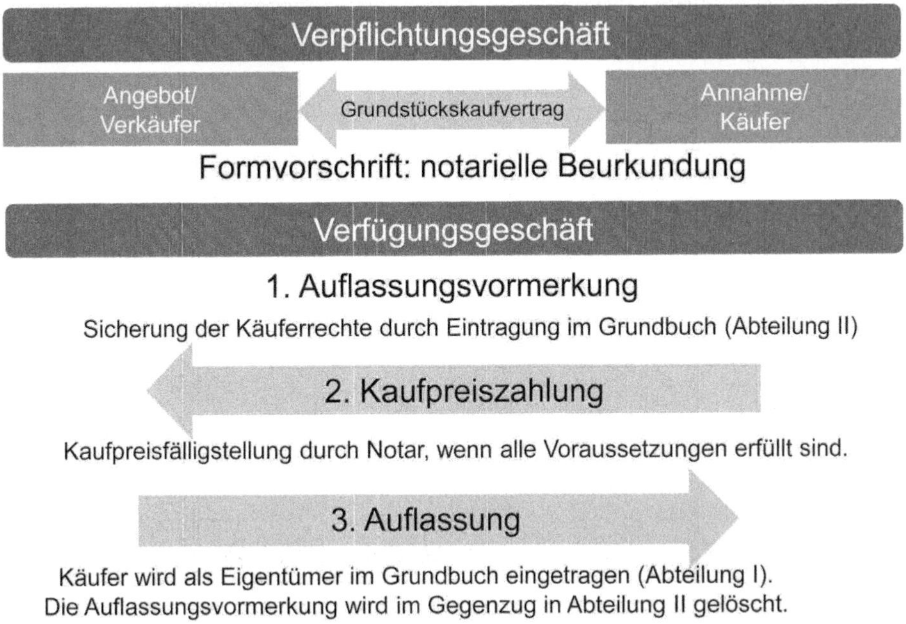

Abb. 18: Verpflichtungs- und Verfügungsgeschäft beim Grundstückskaufvertrag

§ 925 Abs. 2 BGB

(1) Die zur Übertragung des Eigentums an einem Grundstück nach § 873 erforderliche Einigung des Veräußerers und des Erwerbers (Auflassung) muss bei gleichzeitiger Anwesenheit beider Teile vor einer zuständigen Stelle erklärt werden. Zur Entgegennahme der Auflassung ist, unbeschadet der Zuständigkeit weiterer Stellen, jeder Notar zuständig. Eine Auflassung kann auch in einem gerichtlichen Vergleich oder in einem rechtskräftig bestätigten Insolvenzplan erklärt werden.

(2) Eine Auflassung, die unter einer Bedingung oder einer Zeitbestimmung erfolgt, ist unwirksam.

Die Eigentumsübertragung wird Auflassung genannt und erfolgt nach den Vorgaben des § 925 BGB. Sie ist bedingungs- und befristungsfeindlich, d.h. ein Eigentumsvorbehalt gegen die Auflassung oder eine zeitliche Befristung ist nicht möglich.

Der Auftrag zur Auflassung an das Grundbuchamt wird vom Notar in der Regel zusammen mit dem Kaufvertrag verfasst.

Die Auflassung ist an bestimmte Voraussetzungen gebunden, wie Sie sie bereits im vorherigen Kapitel als Voraussetzungen für die Kaufpreisfälligkeit kennengelernt haben:

- Unbedenklichkeitsbescheinigung (Negativverklärung) des Finanzamtes bezüglich erfolgter Zahlung der Grunderwerbsteuer

- Verzichtserklärungen der Vorkaufsberechtigten (eingetragene und gesetzliche Vorkaufsberechtigte)

- Löschungsbewilligungen zu Belastungen, die vom Käufer nicht übernommen werden

- Vollständige Kaufpreiszahlung

Bis zur Erfüllung dieser Voraussetzungen soll der Käufer insbesondere davor geschützt werden, dass der Verkäufer unrechtmäßig das Objekt ein weiteres Mal verkauft. Zur Sicherung der Käuferrechte wird deshalb regelmäßig eine Auflassungsvormerkung ins Grundbuch eingetragen. Diese wirkt als Verfügungsbeschränkung über das Grundstück. Danach eingetragene Belastungen oder eine anderweitige Auflassung sind gegenüber dem Käufer unwirksam.

§ 883 BGB (Voraussetzungen und Wirkung der Vormerkung)

(1) Zur Sicherung des Anspruchs auf Einräumung oder Aufhebung eines Rechts an einem Grundstück oder an einem das Grundstück belastenden Recht oder auf Änderung des Inhalts oder des Ranges eines solchen Rechts kann eine Vormerkung in das Grundbuch eingetragen werden. Die Eintragung einer Vormerkung ist auch zur Sicherung eines künftigen oder eines bedingten Anspruchs zulässig.

(2) Eine Verfügung, die nach der Eintragung der Vormerkung über das Grundstück oder das Recht getroffen wird, ist insoweit unwirksam, als sie den Anspruch vereiteln oder beeinträchtigen würde. Dies gilt auch, wenn die Verfügung im Wege der Zwangsvollstreckung oder der Arrestvollziehung oder durch den Insolvenzverwalter erfolgt.

(3) Der Rang des Rechts, auf dessen Einräumung der Anspruch gerichtet ist, bestimmt sich nach der Eintragung der Vormerkung.

Das Wichtigste zusammengefasst:

Die rechtlichen Grundlagen des Immobilienerwerbs bilden auch die Grundlage im Falle einer für den Grundstückserwerb benötigten Finanzierung. Mit der Eintragung von Grundpfandrechten als Sicherheit für ein Immobiliardarlehen und der Auszahlung des Darlehensbetrages für die Kaufpreiszahlung verknüpft der Darlehensgeber hierauf basierende Anforderungen.

Sie kennen:

- die Abgrenzung der verschiedenen Grundstücksarten
- Begriffe rund um das Grundstück
- grundstücksgleiche Rechte
- die unterschiedlichen Formen des Erwerbs
- die Rahmenbedingungen rund um das Zustandekommen von Grundstückskaufverträgen (Verpflichtungsgeschäft)
- die Bedingungen für die Eigentumsübertragung an einer Immobilie (Verfügungsgeschäft in Form von Auflassungsvormerkung und Auflassung)

Sie verstehen diese rechtlichen Grundlagen als Voraussetzung, um mit den Begrifflichkeiten des Immobiliengeschäfts sicher umgehen zu können.

Sie nutzen Ihre Kenntnisse rund um das Grundstück und den Grundstückskaufvertrag, um Ihre Kunden sachgerecht hinsichtlich der Auswirkungen auf den Immobiliardarlehensvertrag informieren zu können.

Nachdem Sie nun mit den Begriffen rund um das Grundstück und die grundstücksgleichen Rechte vertraut sind und die Anforderungen und Auswirkungen rund um den Grundstückskaufvertrag kennengelernt haben, geht es im nächsten Kapitel um das Grundbuch.

Das Grundbuch ist die Visitenkarte und eine Art „Lebenslauf" des Grundstücks oder grundstücksgleichen Rechts. Neben den Eigentumsverhältnissen geht es hier um die Rechte und Lasten bzw. Verfügungsbeschränkungen, die mit einem Grundstück verbunden sein können.

▶ **Aufgaben zum Kapitel 2.2 – Rechtliche Grundlagen des Immobilienerwerbs**

Ihr Wissen auf dem Prüfstand:

1. Was ist ein wesentlicher Bestandteil eines Grundstücks? (SC)

   a) Zubehör

   b) Inventar

   c) Gebäude

   d) Erbbaurecht

   e) Baugrund

2. Was wird als Teileigentum bezeichnet? (SC)

   a) Sondereigentum, das nicht zu Wohnzwecken genutzt wird

   b) Miteigentum, das zu Wohnzwecken genutzt wird

   c) Miteigentum an Sondereigentum

   d) Sondereigentum an Gemeinschaftseigentum

3. Welche Pflichten trägt ein Bauherr? (MC)

   a) Verkehrsbändigungspflicht

   b) Verkehrssicherungspflicht

   c) Überwachung des Bauvorhabens

   d) Überwachung des Bauträgers

   e) Beauftragung der Handwerker

   f) Verkehrsüberwachungspflicht

4. Welche Formvorschrift gilt für einen Grundstückskaufvertrag? (SC)

   a) Notarielle Beglaubigung

   b) Formlose Schriftform

   c) Amtliche Beglaubigung

   d) Notarielle Beurkundung

   e) keine

5. Welche Rechte sichert die Auflassungsvormerkung? (SC)

   a) Notarrechte

   b) Grundbuchrechte

   c) Verkäuferrechte

d) Bankrechte

e) Käuferrechte

6. Welche Kosten sind als erstes aus einem Versteigerungserlös zu bedienen?

   a) Kosten des Verfahrens

   b) Kosten des betreibenden Gläubigers

   c) Kosten des erstrangigen Gläubigers

   d) Kosten des Erstehers

   e) Kosten der Grundbuchumschreibung

7. Welche Aussagen treffen auf das Bauerwartungsland zu? (MC)

   a) Das Grundstück ist bis zur Grundstücksgrenze erschlossen, aber noch nicht bebaut.

   b) Informationen zum Bauerwartungsland sind im Flächennutzungsplan der zuständigen Gemeinden zu finden.

   c) Es besteht eine Bebauungspflicht innerhalb einer von der Baubehörde festgelegten Frist.

   d) Es gibt keine Frist, wann Bauerwartungsland in Bauland umgewandelt werden muss.

   e) Die Fläche des Bauerwartungslandes muss bis zur Erschließung landwirtschaftlich genutzt werden.

8. Welche der folgenden Angaben ist ein Merkmal von wesentlichen Bestandteilen? (SC)

   a) Der Wert der wesentlichen Bestandteile muss oberhalb von 15.000 € liegen.

   b) Die Trennung von wesentlichen Bestandteilen der Hauptsache ist nur mit erheblichem Aufwand oder Beschädigungen möglich.

   c) Wesentliche Bestandteile sind Teil des Grundstücks, müssen aber zwingend räumlich getrennt von der vorhandenen Bebauung sein.

   d) Wesentliche Bestandteile dienen der Werterhöhung des Grundstücks und nicht der Grundstücks- oder Immobiliennutzung.

9. Welche Definition zum Wohnungseigentum ist korrekt? (SC)

   a) Sondereigentum an einer Wohnung, verbunden mit einem Miteigentumsanteil am Gemeinschaftseigentum.

   b) Miteigentum an einer Immobilie, verbunden mit dem Teileigentum am Sondervermögen der Wohngemeinschaft.

c) Recht, auf einem Grundstück eine oder mehrere Wohneinheiten zu errichten und selbst zu nutzen.

d) Teileigentum, verbunden mit dem Sondereigentum an einer Wohnung.

10. Wie wird das Recht bezeichnet, auf einem fremden Grundstück ein Gebäude zu errichten? (SC)

a) Baurecht

b) Nutzungsrecht

c) Erbbaurecht

d) Wohnrecht

11. Mit welcher Eintragung im Grundbuch geht beim Immobilienkauf das Eigentum auf den Käufer über? (SC)

a) Auflassungsvormerkung

b) Kaufvermerk

c) Eigentumsvormerkung

d) Auflassungsvormerkung

12. Wer ist für die Durchführung einer Zwangsversteigerung zuständig? (SC)

a) Landgericht

b) Grundbuchamt

c) Notar

d) Amtsgericht

13. Wann kann ein Zwangsversteigerungsverfahren eingestellt werden? (MC)

a) wenn es beim ersten Versteigerungstermin zu keinem Gebot kommt

b) wenn Schuldner und Gläubiger sich nicht über den Versteigerungspreis einig werden

c) wenn der Schuldner nachweisen kann, dass die zur Befriedigung des Gläubigers und zur Deckung aller Kosten benötigte Summe bei der Gerichtskasse eingegangen ist

d) wenn die Deckung der Gerichtskosten, die im Zuge eines Zwangsversteigerungsverfahrens anfallen, nicht gewährleistet ist

14. Wer ist bei einem Maklerkauf Vertragspartner im Kaufvertrag? (SC)

a) Makler und Käufer

b) Notar und Käufer

c) Käufer und Verkäufer

d) Makler und Verkäufer

15. Welche der folgenden Aufgaben übernimmt ein Notar bei einem Immobilienkauf-vertrag? (MC)

a) Verfassung der Niederschrift (Kaufvertrag)

b) sachkundige und neutrale Beratung der Beteiligten über die Auswirkungen des Kaufvertrags

c) Berechnung und Weiterleitung der fälligen Grunderwerbssteuer nach Kauf-preiszahlung

d) Wertgutachtenerstellung beim Verkauf gebrauchter Immobilien

e) Unterschrift des Kaufvertrags als neutraler Zeuge

16. Mit einem vorzeitigen Besitzübergang beim Immobilienkauf sind Konsequenzen verbunden. Welche gehören dazu? (MC)

a) Eigentümerwechsel

b) Verkehrssicherungspflicht

c) Kaufpreiszahlungspflicht

d) Lastenwechsel

17. In welchem Fall darf von Amts wegen der Zuschlag in einer Zwangsversteige-rung verweigert werden? (SC)

a) Höchstgebot unter 50 % des Mindestwertes

b) Höchstgebot über 70 % der Restschuld

c) Höchstgebot unter 50 % des Verkehrswertes

d) Höchstgebot unter 70 % des Verkehrswertes

18. Zu welchem Zeitpunkt geht das Eigentum an einer Immobilie im Rahmen einer Zwangsversteigerung auf den Meistbietenden über? (SC)

a) mit Eintragung der Auflassung im Grundbuch

b) mit dem Zuschlag

c) mit Eintragung des Zwangsversteigerungsvermerks im Grundbuch

d) mit Zahlung des Höchstgebotes an den betreibenden Gläubiger

e) mit Besitzübergang der Immobilie

19. Wie definiert die Gesetzgebung ein Grundstück? (SC)

    a) abgegrenzter Teil der Erdoberfläche

    b) abgezäuntes Flurstück

    c) Rohbauland

    d) umbauter Wohnraum

20. Was sind grundstücksgleiche Rechte? (MC)

    a) Wohneigentum

    b) Erbbaurechte

    c) wesentliche Bestandteile

    d) Gemeinschaftseigentum

    e) Teileigentum

    f) Sondereigentum

2.3 Aufbau und Funktionsweise von Grundbüchern

Das Grundbuch und die Grundbuchordnung gibt es seit 1897! Im Grundbuch werden alle in Deutschland liegenden Grundstücke und grundstücksgleichen Rechte (Wohnungs- und Teileigentumsrechte sowie Erbbaurechte) erfasst. Die Grundbuchordnung (GBO) ist die gesetzliche Grundlage dazu.

2.3.1 Grundlagen des Grundbuchs und der Grundakte

Grundstücke (Teil der Erdoberfläche)
und grundstücksgleiche Rechte

Registrierung
(Grundbuchzwang)
beim

Grundbuchamt
= Amtsgericht, in dessen Bezirk das Grundstück liegt

führt

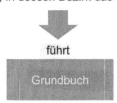

Grundbuch

Abb. 19: Funktion des Grundbuchs

Grundbücher sind vom Amtsgericht (Grundbuchamt) geführte Verzeichnisse der Grundstücke und grundstücksgleichen Rechte im jeweiligen Amtsgerichtsbezirk.

Grundbuch

Das Grundbuch ist ein öffentliches Register, in welchem Grundstücke, grundstücksgleiche Rechte, die hieran bestehenden Eigentumsverhältnisse und die damit verbundenen Belastungen verzeichnet sind.

Ein Grundbuch enthält Angaben zu den Eigentumsverhältnissen, den auf dem Grundstück liegenden Lasten und Beschränkungen sowie den mit dem Grundstück verbundenen Rechten.

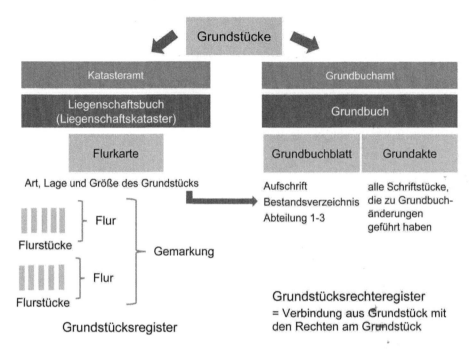

Abb. 20: Abgrenzung Liegenschaftskataster und Grundbuch

Die Katasterämter der Bundesländer sind für die Vermessung der Grundstücke und die Erstellung der Liegenschaftskataster (amtliche Verzeichnisse für Liegenschaften = Grundstücke, Flurkarten und **Lagepläne**) zuständig.

Im Grundbuch werden die Grundstücke entsprechend der Liegenschaftskataster benannt.

Das Liegenschaftskataster erfasst die Grundstücke als ein reines Grundstücksregister, während das Grundbuch ein Grundstücksrechteregister ist.

► Exkurs: Liegenschaftskataster

Das Liegenschaftskataster ist der amtliche Grundstücksnachweis im Sinne der Grundbuchordnung. In ihm werden Grundstücke und Gebäude in Karten dargestellt.

Die kleinste Einheit bildet das einzelne Grundstück, das hier als **Flurstück** bezeichnet wird. Mehrere Flurstücke werden in einer **Flur** zusammengefasst und mehrere Flure bilden wiederum eine **Gemarkung**. Beispiel: In der Stadt Münster (Westfalen) ist das Stadtgebiet in 11 Gemarkungen, diese in ca. 500 Fluren und diese wiederum in rund 100.000 Flurstücke eingeteilt.

Die **Flurkarte** liefert die amtliche vermessene Kartengrundlage für das Grundbuch. Sie stellt die Lage des Eigentums an Grund und Boden dar. Die Flurkarte beinhaltet:

- Flurstück mit Flurstücknummer und Gemarkungsgrenzen,
- Gebäude mit Nutzungsart und Hausnummer,
- Nutzungsart des Bodens bei land- und forstwirtschaftlichen Grundstücken (z.B. Acker, Streuobst oder Gartenland),
- Geländeform (Höhenpunkte und Böschung).

Unter Berücksichtigung des Datenschutzes gewährt das **Vermessungs- und Katasteramt** Einsicht in das Liegenschaftskataster und erteilt Auskünfte und Auszüge daraus. ◄

Jedes Grundstück erhält im Grundbuch des Amtsgerichtsbezirks eine eigene Seite, die als **Grundbuchblatt** (dieses gilt als Grundbuch im Sinne des BGB) bezeichnet wird (§ 3 GBO).

Das Bürgerliche Gesetzbuch schreibt mit § 873 BGB vor, dass für den Grundstückskaufvertrag, die Belastung eines Grundstücks mit Rechten Dritter sowie die Übertragung oder Belastung dieser Rechte neben der dinglichen Einigung (Vertrag) auch die Eintragung dieser Rechtsänderungen im Grundbuch (hiermit ist das Grundbuchblatt gemeint) erforderlich ist.

Jedes Grundbuchblatt wiederum besteht aus:

- Aufschrift
- Bestandsverzeichnis
- Abteilung 1–3

> § 4 GBO
>
> Über mehrere Grundstücke desselben Eigentümers, deren Grundbücher von demselben Grundbuchamt geführt werden, kann ein gemeinschaftliches Grundbuchblatt geführt werden.

Sofern es sich nicht um ein öffentlichen Zwecken dienendes Grundstück handelt, besteht in Deutschland eine Eintragungspflicht für Grundstücke ins Grundbuch.

In der Grundakte werden das Grundbuch und alle Urkunden, auf die sich eine Eintragung gründet oder Bezug nimmt, vom Grundbuchamt dauernd aufbewahrt (§ 10 Abs. 1 GBO), beispielsweise Teilungserklärungen, Abschriften von notariellen Kaufverträgen, Eintragungs- und Löschungsanträge oder Erbscheine.

Grundbuch und Grundakte können auch in maschineller elektronischer Form geführt werden und auch der diesbezügliche Schriftverkehr kann auf elektronischem Wege erfolgen. Die GBO sieht hierfür entsprechende Regelungen vor.

Einsichtnahme ins Grundbuch und in die Grundakte

Die Einsicht des Grundbuchs ist jedem gestattet, der ein berechtigtes Interesse darlegt (§ 12 GBO).

Ein berechtigtes Interesse haben:

- Eigentümer des Grundstücks
- Inhaber von Rechten am Grundstück (Beispiel: Gläubigerbank mit einer eingetragenen Grundschuld)

Bei Behörden und bei Personen, bei denen es aufgrund ihres Amtes oder ihrer Tätigkeit (Beispiel: Notar) gerechtfertigt ist, kann von einem Nachweis des berechtigten Interesses abgesehen werden.

Einsicht darf auch nehmen, wer eine schriftliche Zustimmung des Eigentümers vorlegen kann.

Arten von Grundbüchern

Grundbücher gibt es für:

- Unbebaute und bebaute Grundstücke (Grundbuch)
- Eigentumswohnungen oder Teileigentum (Wohnungs- bzw. Teileigentumsgrundbuch)
- Erbbaurechte (Erbbaugrundbuch)

Damit ein Wohnungs- bzw. Teileigentumsgrundbuch gebildet werden kann, muss eine so genannte Teilungserklärung vorliegen.

§ 8 Wohnungseigentumsgesetz (WEG) (Teilung durch den Eigentümer)

(1) Der Eigentümer eines Grundstücks kann durch Erklärung gegenüber dem Grundbuchamt das Eigentum an dem Grundstück in Miteigentumsanteile in der Weise teilen, dass mit jedem Anteil das Sondereigentum an einer bestimmten Wohnung (Wohneigentum) oder an nicht zu Wohnzwecken dienenden bestimmten Räumen (Teileigentum) in einem auf dem Grundstück errichteten oder zu errichtenden Gebäude verbunden ist.

(2) […] Die Teilung wird mit der Anlegung der Wohnungsgrundbücher wirksam.

Ein Erbbaugrundbuch wird aufgrund eines entsprechenden Erbbaurechtsvertrages gebildet.

Öffentlicher Glaube

Das Grundbuch und seine Eintragungen genießen öffentlichen Glauben, d.h. diese gelten als richtig und gültig. Ein Käufer kann hierauf vertrauen und das Grundstück gutgläubig erwerben (§ 892 BGB).

Kein öffentlicher Glaube besteht:

- Teil des Bestandsverzeichnisses: Angaben über Art, Lage und Größe des Grundstücks (verbindliche Angaben hierzu enthält das Liegenschaftskataster),
- öffentliche Lasten (Grundsteuer u.a.),
- Angaben, gegen deren Richtigkeit ein Widerspruch eingetragen worden ist,
- Angaben, deren Unrichtigkeit dem Käufer bekannt ist.

2.3.2   Aufbau des Grundbuchs

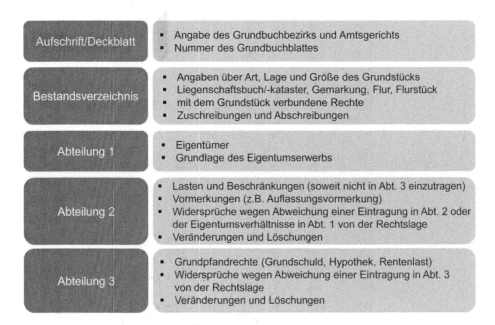

Aufschrift/Deckblatt	• Angabe des Grundbuchbezirks und Amtsgerichts • Nummer des Grundbuchblattes
Bestandsverzeichnis	• Angaben über Art, Lage und Größe des Grundstücks • Liegenschaftsbuch/-kataster, Gemarkung, Flur, Flurstück • mit dem Grundstück verbundene Rechte • Zuschreibungen und Abschreibungen
Abteilung 1	• Eigentümer • Grundlage des Eigentumserwerbs
Abteilung 2	• Lasten und Beschränkungen (soweit nicht in Abt. 3 einzutragen) • Vormerkungen (z.B. Auflassungsvormerkung) • Widersprüche wegen Abweichung einer Eintragung in Abt. 2 oder der Eigentumsverhältnisse in Abt. 1 von der Rechtslage • Veränderungen und Löschungen
Abteilung 3	• Grundpfandrechte (Grundschuld, Hypothek, Rentenlast) • Widersprüche wegen Abweichung einer Eintragung in Abt. 3 von der Rechtslage • Veränderungen und Löschungen

Abb. 21: Bestandteile des Grundbuchs

Aufschrift

Die Aufschrift wird auch Deckblatt genannt. Hier finden sich Angaben zum Grundbuchbezirk und des Amtsgerichts, in dem das Grundstück liegt, die Nummer des Grundbuchblattes und gegebenenfalls des Grundbuchbandes (mehrere Grundbuchblätter können zu einem Grundbuchband zusammengefasst werden).

Das Grundbuchamt vermerkt auf der Aufschrift im Falle einer Abschrift, ob diese beglaubigt oder nicht beglaubigt ist.

Oft findet sich auch ein Vermerk, der darauf hinweist, dass Löschungen im Grundbuch unterstrichen sind (im Original in rot).

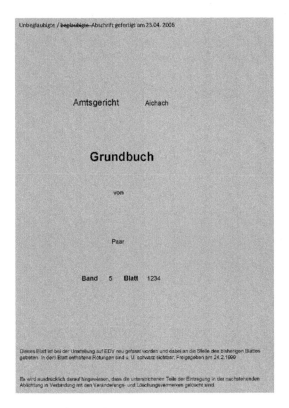

Abb. 22: Aufschrift

Bestandsverzeichnis

Das Bestandsverzeichnis macht weitere Angaben zum Grundstück. Angaben zu Art, Lage und Größe des Grundstücks sowie die Angabe der Gemarkung, des Flurstücks und der Flur werden dem Grundbuchamt zwar vom Kataster-/ Liegenschaftsamt zur Verfügung gestellt, genießen an dieser Stelle des Bestandsverzeichnisses allerdings keinen öffentlichen Glauben.

Zu- und Abschreibungen, d.h. Teilungen oder Zusammenführungen von Grundstücken, werden ebenfalls im Bestandsverzeichnis vermerkt.

Eine Abschreibung im Grundbuch wird eingetragen, wenn ein Grundstück in ein anderes Grundbuch übertragen wird. Dies kann beispielsweise der Fall sein, wenn der Eigentümer mehrere Grundstücke im Bestandsverzeichnis eingetragen hat und eines oder mehrere davon verkaufen oder verschenken will, ohne dass dies den gesamten Grundstücksbestand betrifft. Die gesetzliche Grundlage hierzu finden Sie in § 7 GBO.

Die Zuschreibung unterscheidet sich von einer Grundstücksvereinigung. Bei einer Grundstücksvereinigung werden zwei bisher selbstständige Grundstücke rechtlich zu einem neuen Grundstück zusammengeführt. Bei einer Zuschreibung handelt es sich dagegen um die Zuführung eines Nebengrundstücks zu einem Hauptgrundstück, beispielsweise wenn das zuzuschreibende Grundstück die Zufahrtsmöglichkeit zum Hauptgrundstück darstellt. Die gesetzliche Grundlage hierzu finden Sie in § 6 GBO.

Im Bestandsverzeichnis werden mit dem Grundstück verbundene Rechte (Grunddienstbarkeiten) eingetragen. Dies kann beispielsweise ein Wegerecht an einem Nachbargrundstück sein. Diese Rechte stehen dem jeweiligen Eigentümer des Grundstücks zu. Ein solches Recht wird beim anderen Grundstück entsprechend als Last in Abteilung 2 eingetragen.

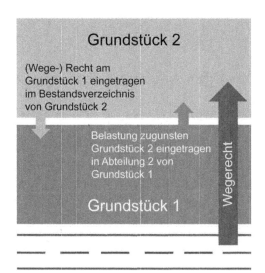

Abb. 23: Abgrenzung Lasten (Abt. 2) und Rechte (Bestandsverzeichnis) im Grundbuch

Amtsgericht Aichach   Grundbuch von Paar Band 5 Blatt 1234   (Bestandsverzeichnis)

Laufende Nummer der Grund-stücke	Bisherige laufende Nummer der Grund-stücke	Bezeichnung der Grundstücke und der mit dem Eigentum verbundene Rechte					Größe		
		Gemarkung	Karte Flur Flurstück		Liegen-schafts-buch	Wirtschaftsart und Lage			
		a	b		c/d	e	ha	a	qm
1	2	3					4		
1		Paar	2	115	235	Musterweg 5 Wohngebäude und Freifläche		5	25

Abb. 24: Muster: Bestandsverzeichnis

Abteilung 1

In Abteilung 1 wird der Eigentümer sowie die Grundlage des Eigentumserwerbs (Auflassung bei Kauf, Zuschlag bei einer Zwangsversteigerung, Erbfolge) eingetragen, d.h. beim Grundbuch der Eigentümer, beim Wohnungs- bzw. Teileigentumsgrundbuch der Wohnungs- bzw. Teileigentümer und im Erbbaugrundbuch der Erbbauberechtigte.

Erinnern Sie sich noch an die Eigentumsbegriffe aus dem Kapitel 2.2.1.1 zu den grundstücksgleichen Rechten? Dort ging es um die Bezeichnung des Eigentums in Bezug auf das Objekt (Sonder-, Mit- bzw. Gemeinschaftseigentum). In Abteilung 1 wird das Eigentum in Bezug auf die Personen, also die Eigentümer, eingetragen. Hierbei wird unterschieden zwischen:

- Alleineigentum: Eigentümer des Grundstücks ist eine natürliche oder juristische Person.
- Miteigentum: Dieses Eigentum besteht zu Bruchteilen am Grundstück. Der einzelne Miteigentümer kann über seinen Anteil frei verfügen. Diese Variante wird oft von Ehepartnern gewählt.
- Gesamthandeigentum: Zwei oder mehr Personen teilen sich das Eigentum. Verfügungen sind nur mit Zustimmung der anderen Eigentümer möglich. Diese Variante trifft häufig auf Erbengemeinschaften zu.

Auflassung

Die Auflassung ist die Einigung zwischen Verkäufer und Käufer über den Eigentumsübergang. Mit Hilfe der Auflassung kann der genaue Zeitpunkt des Eigentumswechsels nachvollzogen werden.

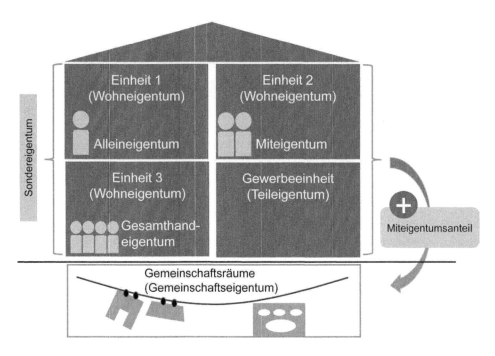

Abb. 25: Eigentumsbegriffe im Grundbuchrecht

Amtsgericht Aichach   Grundbuch von Paar Band 5 Blatt 1234   (Erste Abteilung)

Laufende Nummer der Ein- tragung	Eigentümer	Laufende Nummer der Grundstücke im Bestands- verzeichnis	Grundlage der Eintragung
1	2	3	4
1	Marion Grossmann geboren am 15.5.1955	1	Aufgrund der Auflassung vom 10. April 1996 eingetragen am 20. April 1996
2	Petra Muster geboren am 24.3.1960 Martin Muster geboren am 3.2.1958 je zu 1/2	1	Aufgrund der Auflassung vom 1. März 2006 eingetragen am 15. April 2006

Abb. 26: Muster: Abteilung 1

Abteilung 2

In Abteilung 2 werden alle Lasten und (Verfügungs-)Beschränkungen eingetragen, soweit diese nicht in Abteilung 3 eingetragen werden.

Dazu kommen Vormerkungen, wie beispielsweise die Auflassungsvormerkung und Widersprüche gegen Eintragungen, die nicht der tatsächlichen Rechtslage entsprechen.

Gegen die Eintragungen in dieser Abteilung können Widersprüche eingereicht und eingetragen werden. In Abteilung 2 werden auch Widersprüche gegen die Eigentumsverhältnisse in Abteilung 1 eingetragen.

Veränderungen und Löschung zu den Lasten und Beschränkungen der Abteilung 2 werden ebenfalls eingetragen.

Beispiele für **Lasten** in Abteilung 2:

- Dienstbarkeiten (Grunddienstbarkeit, beschränkt persönliche Dienstbarkeit, Dauerwohnrecht, Nießbrauch)
- Vorkaufsrecht
- Erbbaurecht
- Reallast

Beispiele für **Beschränkungen** in Abteilung 2:

- Zwangsversteigerungs- und Zwangsverwaltungsvermerk
- Nacherbenvermerk
- Insolvenzvermerk
- Sanierungsvermerk

Beschränkungen schränken die Möglichkeiten bei Verkauf/Kauf ein.

Beispiele für **Vormerkungen** in Abteilung 2:

- Auflassungsvormerkung
- Rückauflassungsvormerkung

Lassen Sie uns nun einen genaueren Blick auf die einzelnen Lasten und Beschränkungen werfen.

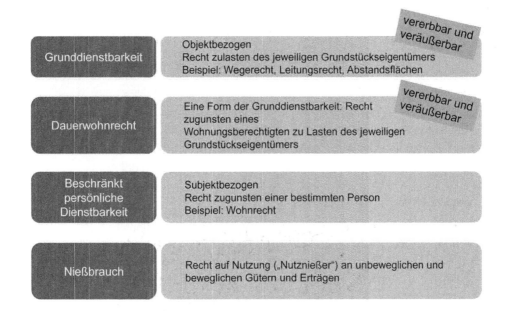

Abb. 27: Dienstbarkeiten

Grunddienstbarkeit

§ 1018 BGB (Gesetzlicher Inhalt der Grunddienstbarkeit)

Ein Grundstück kann zugunsten des jeweiligen Eigentümers eines anderen Grundstücks in der Weise belastet werden, dass dieser das Grundstück in einzelnen Beziehungen benutzen darf oder dass auf dem Grundstück gewisse Handlungen nicht vorgenommen werden dürfen oder dass die Ausübung eines Rechts ausgeschlossen ist, das sich aus dem Eigentum an dem belasteten Grundstück dem anderen Grundstück gegenüber ergibt (Grunddienstbarkeit).

Die Grunddienstbarkeit ist mit dem jeweiligen Grundstückseigentümer verbunden. Aus diesem Grund ist die Grunddienstbarkeit vererbbar und veräußerbar (geht im Todesfall oder im Verkaufsfall an den neuen Grundstückseigentümer über).

Dauerwohnrecht

§ 31 Wohnungseigentumsgesetz (WEG)

(1) Ein Grundstück kann in der Weise belastet werden, dass derjenige, zu dessen Gunsten die Belastung erfolgt, berechtigt ist, unter Ausschluss des Eigentümers eine bestimmte Wohnung in einem auf dem Grundstück errichteten oder zu errichtenden Gebäude zu bewohnen oder in anderer Weise zu nutzen (Dauerwohnrecht). Das Dauerwohnrecht kann auf einen außerhalb des Gebäudes liegenden Teil des Grundstücks erstreckt werden, sofern die Wohnung wirtschaftlich die Hauptsache bleibt.

(2) Ein Grundstück kann in der Weise belastet werden, dass derjenige, zu dessen Gunsten die Belastung erfolgt, berechtigt ist, unter Ausschluss des Eigentümers nicht zu Wohnzwecken dienende bestimmte Räume in einem auf dem Grundstück errichteten oder zu errichtenden Gebäude zu nutzen (Dauernutzungsrecht).

Das Dauerwohnrecht ist ein vererbliches und veräußerbares Recht, das ausschließlich an einer Eigentumswohnung bestellt werden kann und auf unbestimmte Zeit abgeschlossen werden kann. Das Dauerwohnrecht bleibt somit auch über den Tod des Wohnungsberechtigten bestehen und geht an dessen Erben über.

Wird das Dauerwohnrecht veräußert oder vererbt, so tritt der Erwerber/Erbe an die Stelle des Verkäufers in die bestehenden Verpflichtungen ein. Wird das Grundstück veräußert oder vererbt, so tritt der Erwerber/Erbe an die Stelle des Verkäufers in das Rechtsverhältnis zu dem Dauerwohnberechtigten ein. Dies gilt auch für den Erwerb durch Zuschlag in der Zwangsversteigerung, sofern das Dauerwohnrecht durch den Zuschlag nicht erlischt (§ 38 WEG). Voraussetzung hierfür ist der Eintrag ins Grundbuch, möglichst an erster Rangstelle.

(lebenslanges) Wohnrecht (Wohnungsrecht)

§ 1093 BGB Wohnungsrecht

(1) Als beschränkte persönliche Dienstbarkeit kann auch das Recht bestellt werden, ein Gebäude oder einen Teil eines Gebäudes unter Ausschluss des Eigentümers als Wohnung zu benutzen. Auf dieses Recht finden die für den Nießbrauch geltenden Vorschriften [...] entsprechende Anwendung.

(2) Der Berechtigte ist befugt, seine Familie sowie die zur standesmäßigen Bedienung und zur Pflege erforderlichen Personen in die Wohnung aufzunehmen.

(3) Ist das Recht auf einen Teil des Gebäudes beschränkt, so kann der Berechtigte die zum gemeinschaftlichen Gebrauch der Bewohner bestimmten Anlagen und Einrichtungen mitbenutzen.

Beim lebenslangen Wohnrecht kann der Wohnungsberechtigte bis zu seinem Lebensende eine Wohnung selbst bewohnen, auch wenn er nicht Eigentümer derselben ist. Das Wohnrecht ist fest mit einem Wohnungsberechtigten und einer bestimmten Immobilie verbunden. Das Wohnrecht bleibt auch im Verkaufsfall oder bei Tod des Grundstückseigentümers bestehen, außer der Wohnungsberechtigte erklärt den Verzicht auf sein Wohnrecht.

Es ist selbst allerdings weder veräußerbar noch vererbbar.

Das Wohnrecht bedarf der notariellen Beurkundung und sollte immer ins Grundbuch eingetragen werden, um die Rechte des Wohnungsberechtigten zu sichern.

Auch im Falle einer Zwangsversteigerung bleibt das Wohnrecht in der Regel bestehen, wenn es im Rang vor den Gläubigern eingetragen ist, die die Zwangsvollstreckung betreiben.

Diese Rechte und Pflichten haben Wohnberechtigte:

- Aufnahmerecht von Familienangehörigen (z.B. Lebenspartner) und Pflegepersonal
- Nutzungsrecht für die vereinbarten Wohnräume und ggf. Mitnutzung von Gemeinschaftsräumen
- Plicht zu Erhaltungsreparaturen und Zahlung von Nebenkosten (laufende Betriebskosten)

Tipp

Das Wohnrecht wird oft den Eltern eingeräumt, die das Immobilieneigentum an ihre Kinder übertragen haben. Für den Fall, dass die Wohnberechtigten zum Pflegefall werden, in ein Pflegeheim umziehen müssen und ihr Wohnrecht nicht mehr nutzen können, empfiehlt sich zusätzlich die Vereinbarung eines Nießbrauchs. Dann kommen die Eltern in den Genuss der Mieterträge, die beispielsweise für die Bezahlung von Betreuungskosten verwendet werden können.

Nießbrauch

§ 1030 BGB (Gesetzlicher Inhalt des Nießbrauchs an Sachen)

(1) Eine Sache kann in der Weise belastet werden, dass derjenige, zu dessen Gunsten die Belastung erfolgt, berechtigt ist, die Nutzungen der Sache zu ziehen (Nießbrauch).

(2) Der Nießbrauch kann durch den Ausschluss einzelner Nutzungen beschränkt werden.

Der Nießbrauchberechtigte ist Nutznießer der Erträge aus einem bebauten oder unbebauten Grundstück. Das Nießbrauchrecht erlischt mit dem Tod des Nießbrauchberechtigten und ist demzufolge nicht vererbbar oder veräußerbar. Ein im Grundbuch an vorderer Rangstelle eingetragener Nießbrauch wirkt sich nachteilig auf den Kaufpreis im Verkaufsfall aus, da es auch bei Verkauf des Grundstücks bestehen bleibt (außer der Nießbrauchberechtigte verzichtet auf sein Recht). Aus diesem Grund bestehen auch Banken, die ein solches Grundstück finanzieren sollen, auf den Rangrücktritt eines vorrangigen eingetragenen Nießbrauchs.

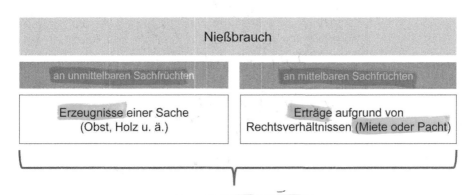

Abb. 28: Nießbrauch

Reallast

§ 1105 BGB (Gesetzlicher Inhalt der Reallast)

(1) Ein Grundstück kann in der Weise belastet werden, dass an denjenigen, zu dessen Gunsten die Belastung erfolgt, wiederkehrende Leistungen aus dem Grundstück zu entrichten sind (Reallast). Als Inhalt der Reallast kann auch vereinbart werden, dass die zu entrichtenden Leistungen sich ohne weiteres an veränderte Verhältnisse anpassen, wenn anhand der in der Vereinbarung festgelegten Voraussetzungen Art und Umfang der Belastung des Grundstücks bestimmt werden können.

(2) Die Reallast kann auch zugunsten des jeweiligen Eigentümers eines anderen Grundstücks bestellt werden.

Die Reallast ist somit das Recht einer bestimmten Person, aus einem Grundstück wiederkehrende Leistungen zu verlangen und zwar unabhängig davon, ob diese Leistungen tatsächlich aus dem Grundstück erzielt werden können (z.B. Mieterträge oder Früchte). Der Grundstückseigentümer haftet für die Leistung aus der Realschuld dementsprechend auch persönlich (§ 1108 BGB).

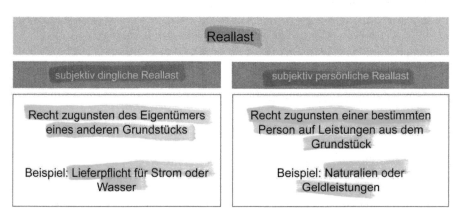

Abb. 29: Reallast

Die Reallast kann zugunsten des jeweiligen Eigentümers eines Grundstücks bestehen (subjektiv-dingliche Reallast gemäß § 1110 BGB) und ist somit übertragbar. Oder sie besteht zugunsten einer bestimmten Person (subjektiv-persönliche Reallast gemäß § 1111 BGB) und ist nicht veräußerbar, wenn die Übertragung des Leistungsanspruchs ausgeschlossen wurde.

Altenteil

Das Altenteil ist eine Kombination aus Wohnrecht und Reallast und wurde früher auch als „Leibgeding" bezeichnet. Das Altenteil ist personenbezogen, d.h. an den Begünstigten gebunden, und kann nicht übertragen oder vererbt werden. In ländlichen Regionen ist diese Grundstückslast häufiger anzutreffen und stellt die Versorgung beispielsweise der Eltern oder Großeltern sicher, die ihren Hof an die Kinder übertragen haben.

Weitere Varianten sind durch Kombinationen mit einem Nießbrauch oder einer Leibrente möglich.

Tipp

Gerade für die Absicherung von Eltern oder Großeltern im Alter ist es wichtig, dass die Verträge bezüglich beispielsweise eines Wohnrechts, Nießbrauchs oder Altenteils ausreichend von einem Anwalt geprüft werden. Insbesondere, wenn das Grundstück von den Gläubigerbanken der Kinder durch Grundpfandrechte belastet werden soll, sollten die Rechte insbesondere für den Fall der Zwangsvollstreckung ausreichend gesichert sein. Oft verlangen die Gläubigerbanken allerdings den Rangrücktritt. Auch hier empfiehlt es sich, mit einem Anwalt die Konsequenz im Verwertungsfall zu besprechen. Am besten schon, bevor man zur Bank bezüglich seiner Finanzierungsanfrage geht. Auch der Gang zum Steuerberater kann im Fall eines Wohnrechts ratsam sein, da das Finanzamt unter Umständen davon ausgeht, dass dadurch Mietkosten umgangen werden sollen und es sich um eine steuerpflichtige Schenkung (in Höhe des so genannten Kapitalwertes des Wohnrechtes) handelt.

Vorkaufsrechte

§ 1094 BGB (Gesetzlicher Inhalt des dinglichen Vorkaufsrechts)

(1) Ein Grundstück kann in der Weise belastet werden, dass derjenige, zu dessen Gunsten die Belastung erfolgt, dem Eigentümer gegenüber zum Vorkauf berechtigt ist.

(2) Das Vorkaufsrecht kann auch zugunsten des jeweiligen Eigentümers eines anderen Grundstücks bestellt werden.

Vorkaufsrechte greifen, wie der Name schon besagt, im Falle eines rechtsgültig abgeschlossenen Kaufvertrags.

§ 463 BGB (Voraussetzung der Ausübung)

Der in Ansehung eines Gegenstandes zum Vorkauf berechtigt ist, kann das Vorkaufsrecht ausüben, sobald der Verpflichtete mit einem Dritten einen Kaufvertrag über den Gegenstand geschlossen hat.

Sie können im Grundbuch aufgrund von vertraglichen Vereinbarungen eingetragen sein oder nicht, wenn sie aufgrund von gesetzlichen Regelungen bestehen (siehe Kapitel 2.3.5 Nicht eingetragene Lasten).

Wie bei der Reallast wird zwischen dem subjektiv-dinglichen (Recht zugunsten des Eigentümers eines Grundstücks) und dem subjektiv-persönlichen (Recht zugunsten einer bestimmten Person) Vorkaufsrecht unterschieden. Nur das subjektiv-dingliche Vorkaufsrecht ist vererbbar und veräußerbar in Bezug auf das Grundstück des Berechtigten.

Der Vorkaufsberechtigte muss sich schriftlich erklären, ob er sein Recht in Anspruch nimmt oder nicht. Nimmt er sein Vorkaufsrecht in Anspruch, so tritt er in den Kaufvertrag, der ursprünglich mit dem Dritten abgeschlossen wurde, ein, ohne dessen Bedingungen ändern zu können (§ 464 BGB Ausübung des Vorkaufsrechts).

Der Notar informiert im Auftrag des Verpflichteten (Grundstückseigentümers) bzw. Dritten (Grundstückskäufer) den Vorkaufsberechtigten sowohl über die eingetragenen als auch die gesetzlich Vorkaufsberechtigten. Für die Ausübung des Vorkaufsrechtes ist eine Frist von 2 Monaten zu beachten.

§ 469 BGB (Mitteilungspflicht, Ausübungsfrist)

(1) Der Verpflichtete hat dem Vorkaufsberechtigten den Inhalt des mit dem Dritten geschlossenen Vertrags unverzüglich mitzuteilen. Die Mitteilung des Verpflichteten wird durch die Mitteilung des Dritten ersetzt.

(2) Das Vorkaufsrecht kann bei Grundstücken nur bis zum Ablauf von zwei Monaten, bei anderen Gegenständen nur bis zum Ablauf einer Woche nach dem Empfang der Mitteilung ausgeübt werden. Ist für die Ausübung eine Frist bestimmt, so tritt diese an die Stelle der gesetzlichen Frist.

Auflassungsvormerkung und Rückauflassungsvormerkung

Die **Auflassungsvormerkung** in Abteilung 2 sichert die Rechte des Käufers bis zur endgültigen Eigentumsübertragung (Eintragung der Auflassung in Abteilung 1). Mit Eintragung der Auflassung wird die Auflassungsvormerkung automatisch gelöscht.

Im Kaufvertrag können Auflagen für den Erwerb des Grundstücks vereinbart werden. Die **Rückauflassungsvormerkung** sichert den früheren Eigentümer dahin gehend ab, dass die Auflassung rückgängig gemacht werden kann, wenn diese Auflagen nicht eingehalten werden. Wenn Eltern vorzeitig Ihren Immobilienbesitz an die Kinder übertragen und einen Weiterverkauf zu ihren Lebzeiten vermeiden wollen, so können sie diese Auflage im Kaufvertrag aufnehmen und sich durch die Rückauflassungsvormerkung absichern lassen. Ein weiteres Beispiel sind Grundstücke im Gemeindebesitz, die ausschließlich an Einheimische verkauft werden sollen. Auch hier kann diese Auflage mit einer Rückauflassungsvormerkung abgesichert werden.

Erbbaurecht

Das Gesetz über das Erbbaurecht (Erbbaurechtsgesetz ErbBauG) definiert in § 1 Abs. 1 ErbBauG den Begriff Erbbaurecht wie folgt:

§ 1 Abs. 1 ErbBauG

Ein Grundstück kann in der Weise belastet werden, dass demjenigen, zu dessen Gunsten die Belastung erfolgt, das veräußerliche und vererbliche Recht zusteht, auf oder unter der Oberfläche des Grundstücks ein Bauwert zu haben.

Mit dem Erbbaurecht erwirbt der Erbbauberechtigte also nicht das Grundstück, sondern nur das Bebauungsrecht. Dafür erhält der Grundstückseigentümer einen Erbbauzins vom Erbbauberechtigten, sofern dies im Erbbaurechtsvertrag vereinbart wurde. Das Gebäude ist während der Laufzeit des Erbbaurechtsvertrages wesentlicher Bestandteil des Erbbaurechtes und nicht des Grundstücks.

Im Grundbuch des Grundstücks wird in Abteilung II das Erbbaurecht als Belastung eingetragen. Gleichzeitig wird ein neues Grundbuch für das Erbbaurecht angelegt (**Erbbaugrundbuch**), da es sich bei dem Erbbaurecht um ein grundstücksgleiches Recht handelt.

Das im Grundstücksgrundbuch eingetragene Erbbaurecht nimmt immer die erste Rangstelle ein. Eine Rangänderung ist gesetzlich nicht zulässig (§ 10 Abs. 1 ErbBauG).

Die Zahlung des Erbbauzinses kann dinglich durch die Eintragung als Reallast in Abteilung 2 des Erbbaugrundbuchs abgesichert werden.

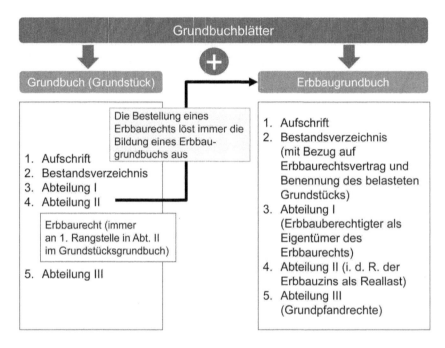

Abb. 30: Erbbaugrundbuch

Ein Erbbaurecht wird zeitlich befristet abgeschlossen. Früher waren dies 99 Jahre, mittlerweile sind auch individuelle Zeiträume möglich. Das Erbbaurechtgrundbuch wird mit Ablauf dieses Zeitraums automatisch von Amtswegen wieder gelöscht (Ausnahme: Vertragsverlängerung) und das Gebäude wird automatisch wieder zum wesentlichen Bestandteil des Grundstücks. Basis ist eine entsprechende Verpflichtung des Erbbauberechtigten, das Erbbaurecht beim Eintreten bestimmter Voraussetzungen (z.B. Vertragsende) auf den Grundstückseigentümer zu übertragen (Heimfall).

Wenn im Erbbaurechtsvertrag vereinbart, erhält der Erbbauberechtigte die vorab vereinbarte Entschädigung für diesen Heimfall.

Gemäß § 27 Abs. 1–4 ErbBauG gilt bezüglich der Entschädigung nach Heimfall:

§ 27 Abs. 1–4 ErbBauG

(1) Erlischt das Erbbaurecht durch Zeitablauf, so hat der Grundstückseigentümer dem Erbbauberechtigten eine Entschädigung für das Bauwerk zu leisten. Als Inhalt des Erbbaurechts können Vereinbarungen über die Höhe der Entschädigung und die Art ihrer Zahlung sowie über ihre Ausschließung getroffen werden.

(2) Ist das Erbbaurecht zur Befriedigung des Wohnbedürfnisses minderbemittelter Bevölkerungskreise bestellt, so muss die Entschädigung mindestens zwei Dritteile des gemeinen Wertes betragen, den das Bauwerk bei Ablauf des Erbbaurechts hat. Auf eine abweichende Vereinbarung kann sich der Grundstückseigentümer nicht berufen.

(3) Der Grundstückseigentümer kann seine Verpflichtung zur Zahlung der Entschädigung dadurch abwenden, dass er dem Erbbauberechtigten das Erbbaurecht vor dessen Ablauf für die voraussichtliche Standdauer des Bauwerks verlängert; lehnt der Erbbauberechtigte die Verlängerung ab, so erlischt der Anspruch auf Entschädigung. Das Erbbaurecht kann zur Abwendung der Entschädigungspflicht wiederholt verlängert werden.

(4) Vor Eintritt der Fälligkeit kann der Anspruch auf Entschädigung nicht abgetreten werden.

Mit dem Erbbaurecht sind für den Erbbauberechtigten die nachfolgenden Rechte und Pflichten verbunden:

- Rechte:
  - Recht auf Errichtung eines Gebäudes
  - Nutzung und Umbau eines bereits vorhandenen Gebäudes
  - Vermietung
  - Beleihung
  - Vererbung
- Pflichten:
  - Zahlung eines Erbbauzins als „Miete" für das Grundstück
  - Gebäudeversicherung
  - Zahlung aller öffentlichen und privaten Abgaben
  - Zahlung der Grundsteuer

Grundsätzlich ist ein Erbbaurecht finanzierbar und beleihbar. Der Grundstückseigentümer und der Darlehensgeber konkurrieren jedoch um die erste Rangstelle. In der Regel bedarf die Belastung des Erbbaurechtes mit einem Grundpfandrecht der Zustimmung des Grundstückseigentümers, denn dieser muss mit dem Heimfall auch die noch bestehenden Grundpfandrechte übernehmen. Bei privaten Grundstückseigentümern wird diese Zustimmung meist verweigert, da es die Rechte des Grundstückseigentümers verringert. Erbbaurechte, die beispielsweise von der Kirche vergeben werden, erhalten dagegen oftmals diese erforderliche Zustimmung.

Bei einer Zwangsversteigerung eines Erbbaurechtes gilt der Grundstückseigentümer immer als Beteiligter (§ 24 ErbBauG). Aus diesem Grund wird ein Darlehensgeber vor der Beleihung eines Erbbaurechtes auch die vertraglichen Regelungen zur Zwangsversteigerung prüfen, die ggf. auch dazu führen können, dass eine Beleihung nicht möglich ist.

Verfügungsbeschränkungen

Eine in Abteilung II des Grundbuchs eingetragene Verfügungsbeschränkung führt dazu, dass über das Grundstück nicht mehr verfügt werden kann, d.h. ein rechtsgültiger Verkauf ohne Zustimmung des Rechteinhabers ist nicht mehr möglich.

(Verfügungs-) Beschränkungen in Abteilung II des Grundbuchs

- Auflassungsvormerkung
- Insolvenzvermerk
- Zwangsversteigerungs- oder Zwangsverwaltungsvermerk
- Testamentsvollstreckungsvermerk
- Nacherbenvermerk
- Sanierungs- oder Umlegungsvermerk

Abb. 31: Verfügungsbeschränkungen

Die **Auflassungsvormerkung** sichert den schuldrechtlichen Anspruch eines Grundstückskäufers auf Übertragung des Eigentums ab (§ 883 BGB). Eintragungen und Änderungen im Grundbuch sind nun nur noch mit Zustimmung des Käufers möglich.

Nach Eröffnung eines Insolvenzverfahrens über den Grundstückseigentümer wird ein **Insolvenzvermerk** eingetragen. Eine Verfügung über das Grundstück ist nur noch durch den Insolvenzverwalter möglich (§§ 21, 22, 32 InsO).

Der **Zwangsversteigerungs- oder Zwangsverwaltungsvermerk** wird zum Schutz der Gläubiger in einem Zwangsversteigerungs- oder Zwangsverwaltungsverfahren eingetragen (§§ 19, 23 ZVG).

Ist für ein Erbe ein Testamentsvollstrecker eingesetzt, so sichert der **Testamentsvollstreckungsvermerk** die Verfügungsmacht des Testamentsvollstreckers. Die Erben können nicht mehr über das Grundstück verfügen und ein gutgläubiger Erwerb ist ebenfalls ausgeschlossen (§§ 2205 ff. BGB).

Der **Nacherbenvermerk** sichert den Anspruch des Nacherben, wenn der Erblasser einen Erben eingesetzt hat (Nacherbe), der erst nach einem zunächst anderen Erben (Vorerbe) erbt (Beispiel: Erster Erbe ist die Ehegattin, Nacherbin die Tochter, nachdem die Ehegattin und Mutter verstorben ist). Der gutgläubige Erwerb oder die Belastung des Grundstücks durch Dritte wird verhindert bzw. ist nur noch möglich, wenn das Recht des Nacherben nicht beeinträchtigt wird (§§ 2100 ff. BGB).

Im Rahmen von langfristigen städteplanerischen Vorhaben kann sich die Gemeinde ein Mitspracherecht vorbehalten, wenn das Grundstück in einem offiziellen Sanierungsgebiet liegt. Dazu wird ein entsprechender **Sanierungsvermerk** eingetragen. Das Mitspracherecht kann neben dem Verkauf und der Belastung des Grundstücks auch weitere Geschäfte umfassen, wie beispielsweise den Abschluss von Mietverträgen oder die Bestellung oder Veräußerung eines Erbbaurechts.

Amtsgericht Aichach   Grundbuch von Paar   Band 5 Blatt 1234   (Zweite Abteilung)

Laufende Nummer der Eintragung	Laufende Nummer der betroffenen Grundstücke im Bestandsverzeichnis	Lasten und Beschränkungen
1	2	3
1	1	Beschränkt persönliche Dienstbarkeit dahingehend: Die Lechwerke Augsburg sind berechtigt auf dem Grundstück Fernwärmeleitungen zu legen. Gemäß Bewilligung vom 12. Februar 2002
2	1	Vormerkung zur Sicherung des Anspruchs auf Übertragung des Eigentums mit Bezug auf die Bewilligung vom 10. Januar 2006 für die Eheleute Petra und Martin Muster –zu je einhalb Anteil – eingetragen am 2. Februar 2006

Veränderungen		Löschungen	
Laufende Nummer der Spalte 1		Laufende Nummer der Spalte 1	
4	5	6	7
		2	Gelöscht am 15. April 2006

Abb. 32: Muster: Abteilung 2

Abteilung 3

In Abteilung 3 sind die Grundpfandrechte eingetragen, die der Besicherung von Geldforderungen (Darlehen) dienen. Dazu gehören:

- Hypotheken
- Grundschulden
- Rentenschulden

Weiterhin sind die sich auf diese Rechte beziehenden Vormerkungen, Widersprüche und Veränderungen in Abteilung 3 eingetragen.

Übrigens können hier nicht nur Banken, sondern auch Privatpersonen oder das Finanzamt Grundpfandrechte auf ein Grundstück eintragen lassen.

Hypothek

Die Hypothek ist ein akzessorisches Grundpfandrecht, d.h. sie ist zwingend an eine Geldforderung gebunden. Erst mit Auszahlung des Darlehens und somit dem tatsächlichen Entstehen der Forderung wird die Hypothek rechtlich existent und wirksam.

Wird das zugrundeliegende Darlehen abbezahlt, so sinkt auch die Hypothek. Ein Wiederauflebenlassen (so genannte Revalutierung) einer Hypothek im Falle einer erneuten Darlehensaufnahme ist nicht möglich. Es muss in diesem Fall eine neue Hypothek eingetragen werden. Wie bei allen Grundpfandrechten kann der Gläubiger in das gesamte Vermögen des Darlehensnehmers vollstrecken, wenn dieser seinen Zahlungsverpflichtungen nicht mehr nachkommt.

Grundschuld

Die Grundschuld sichert die Leistung einer bestimmten Kapitalsumme ab. Diese wird als Grundschuldbetrag ins Grundbuch eingetragen.

Eine Grundschuld ist abstrakt, da sie nicht – im Gegensatz zur Hypothek – an das Vorliegen einer persönlichen Geldforderung gebunden ist.

Aus diesem Grund ist eine **Zweckbestimmungserklärung** (auch Sicherungszweckerklärung genannt) erforderlich.

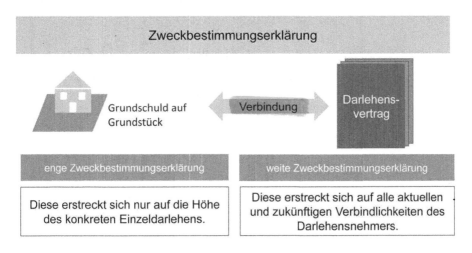

Abb. 33: Zweckbestimmungserklärung

Die Zweckbestimmungserklärung wird zwischen Darlehensnehmer und Darlehensgeber geschlossen und stellt eine rechtsverbindliche Vereinbarung darüber dar, welche Schulden durch die Grundschuld abgesichert werden.

Hinweis: Schulden, Verbindlichkeiten, Forderungen

Diese Begriffe werden synonym, d.h. gleichbedeutend, verwendet und bezeichnen den Darlehensbetrag.

Der Gläubiger kann nur die Zwangsvollstreckung in das Grundstück – nicht in das gesamte Vermögen des Darlehensnehmers – bewirken und bleibt Inhaber der Grundschuld, auch wenn das Darlehen bereits abbezahlt ist.

Tipp

Deshalb empfiehlt es sich, für den Darlehensnehmer nach kompletter Darlehensrückzahlung eine Löschungsbewilligung vom Gläubiger ausstellen zu lassen. Diese muss nicht sofort ins Grundbuch eingetragen werden, denn jeder Eintrag verursacht Kosten. Im Verkaufsfall erleichtert sie allerdings die Kaufabwicklung.

Rentenschuld

§ 1199 BGB (Gesetzlicher Inhalt der Rentenschuld)

(1) Eine Grundschuld kann in der Weise bestellt werden, dass in regelmäßig wiederkehrenden Terminen eine bestimmte Geldsumme aus dem Grundstück zu zahlen ist (Rentenschuld).

(2) Bei der Bestellung der Rentenschuld muss der Betrag bestimmt werden, durch dessen Zahlung die Rentenschuld abgelöst werden kann. Die Ablösungssumme muss im Grundbuch angegeben werden.

Die Rentenschuld ist eine Unterart der Grundschuld, denn auch sie ist zunächst abstrakt und nicht an das tatsächliche Vorliegen einer persönlichen Geldforderung gebunden. Die Besonderheit der Rentenschuld liegt darin, dass zu regelmäßig wiederkehrenden Zeitpunkten eine bestimmte Geldsumme (Geldrente) zu zahlen ist. Die Rentenschuld ist auch in einer Summe ablösbar. Dabei hat der Gläubiger selbst keinen Anspruch auf Einforderung der Einmalzahlung. Der Ablösebetrag muss ermittelt und ins Grundbuch eingetragen werden.

In der heutigen Darlehenspraxis spielt die Rentenschuld keine Rolle mehr. Soll eine wiederkehrende Zahlung abgesichert werden, wird entweder eine Reallast (für diese haftet der Schuldner auch persönlich und eine Ablösung durch Einmalzahlung ist ausgeschlossen) gewählt oder das Darlehen wird über eine Hypothek oder eine Grundschuld abgesichert.

► **Exkurs: Lastenfreiheit beim Grundstückskauf**

Beim Hauskauf erwartet der Käufer eine lastenfreie Übergabe. Dies ist allerdings nicht immer möglich, wie beispielsweise bei einem Wegerecht, das für einen Grundstücksnachbarn eingetragen ist.

Im Grundbuch eingetragene Lasten und Beschränkungen können entweder vor dem Grundstücksverkauf gelöscht werden (Löschungsbewilligung/Pfandfreigabeerkläru ng des Rechteinhabers erforderlich) oder müssen vom neuen Eigentümer übernommen werden.

Für in Abteilung 3 eingetragene Grundpfandrechte holt der Notar dazu Löschungsbewilligungen der Gläubigerbanken des Verkäufers ein. Stehen den Grundpfandrechten keine Geldforderungen mehr gegenüber, besteht die Pflicht zur Rückgabe der Sicherheiten (so genannter Rückgewährsanspruch). Sobald die Ablösebeträge (meist aus dem Kaufpreis des Grundstücks) an die Gläubigerbank überwiesen wurden, kann der Notar die Löschungsbewilligung beim Grundbuchamt einreichen. Dem Käufer steht für den Fall, dass eine im Hinblick auf die Eintragungen in Abteilung 3 lastenfreie Übergabe nicht möglich ist, ein Rücktrittsrecht vom Kaufvertrag zu.

Bei in Abteilung 2 eingetragenen Lasten sieht es etwas anders aus. Auch hier müssen die Rechteinhaber ihre Zustimmung zum Verzicht (Löschung im Grundbuch) auf das für sie eingetragene Recht (z.B. Wohnrecht) geben. Dazu sind sie jedoch nicht verpflichtet. Verweigert ein Rechteinhaber seine Zustimmung zum Verzicht, so bleibt sein Recht als Belastung in Abteilung 2 bestehen und mindert in der Regel den Kaufpreis erheblich. Ein Wegerecht für einen Grundstücksnachbar fällt dabei weniger ins Gewicht als beispielsweise ein Wohnrecht.

Ist der Rechteinhaber (bei einer personenbezogenen Belastung wie beispielsweise dem Nießbrauch) zwischenzeitlich verstorben, so genügt in der Regel der Todesnachweis für die Löschung der Belastung beim Grundbuchamt.

Im Falle einer Zwangsversteigerung kommt es auf den Rang der eingetragenen Belastung an. Vorrangige Lasten behalten auch bei einer Zwangsversteigerung in der Regel ihre Gültigkeit. Stehen sie dagegen im Nachrang zu einem vorrangigen Gläubiger, der die Zwangsversteigerung betreibt, so werden sie im besten Fall kapitalisiert (Auszahlung eines finanziellen Gegenwertes, abhängig auch von der schuldrechtlichen Vertragsausgestaltung des Rechts). ◀

Die Kapitel 3.8.2 Grundschuld und 3.8.3 Hypothek gehen auf diese Grundpfandrechte nochmal detailliert in ihrer Bedeutung als Kreditsicherheiten ein und beschreiben weitere Unterarten.

Amtsgericht Aichach   Grundbuch von Paar Band 5 Blatt 1234   (Dritte Abteilung)

Laufende Nummer der Eintragungen	Laufende Nummer der belasteten Grundstücke im Bestandsverzeichnis	Betrag	Hypotheken, Grundschulden, Rentenschulden
1	2	3	4
1	1	250.000 DM	Zweihundertfünfzigtausend Deutsche Mark Grundschuld - ohne Brief - für die Musterbank AG, München mit 10 % jährlichen Zinsen, vollstreckbar nach § 800 ZPO, jederzeit ohne Kündigung fällig. Gemäß Bewilligung vom 10. April 1996, eingetragen am 20. April 1996
2	1	200.000 EUR	Zweihunderttausend Euro Grundschuld - ohne Brief - für die Musterbank AG, München mit 12 % jährlichen Zinsen, vollstreckbar nach § 800 ZPO, jederzeit ohne Kündigung fällig. Gemäß Bewilligung vom 1. März 2006, eingetragen am 15. April 2006

Veränderungen			Löschungen		
Laufende Nummer der Spalte 1	Betrag		Laufende Nummer der Spalte 1	Betrag	
			1	250.000 DM	Gelöscht am 15. April 2006

Abb. 34: Muster: Abteilung 3

2.3.3   Reihenfolge der Eintragungen: Die Rangfolge der Rechte

Die gesetzliche Rangfolge

Für beschränkt dingliche Rechte, die in den Abteilungen 2 und 3 eingetragen sind, gilt eine **Rangfolge** (auch **Rangordnung** genannt). Der erste Rang ist der sicherste. Wird zwangsversteigert, wird zunächst der erstrangige Gläubiger ausgezahlt, dann der zweitrangige usw.

Beschränkt dingliche Rechte

Zu den beschränkt dinglichen Rechten gehören die Dienstbarkeiten (Grunddienstbarkeit und Dauerwohnrecht, beschränkt persönliche Dienstbarkeit, Nießbrauch), Erbbaurecht, Reallast, Vorkaufsrecht und Grundpfandrechte (Hypothek, Grundschuld, Rentenschuld). Sie wirken gegenüber jedermann und der Berechtigte wird Inhaber eines absoluten Rechts.

Bestehen in einem Grundbuch mehrere dieser Rechte, so muss ihr Rangverhältnis zueinander bestimmt werden. § 879 BGB legt eine gesetzliche Rangfolge fest, die allerdings durch entsprechende Vereinbarungen verändert werden kann.

§ 879 BGB (Rangverhältnis mehrerer Rechte)

(1) Das Rangverhältnis unter mehreren Rechten, mit denen ein Grundstück belastet ist, bestimmt sich, wenn die Rechte in derselben Abteilung des Grundbuchs eingetragen sind, nach der Reihenfolge der Eintragungen. Sind die Rechte in verschiedenen Abteilungen eingetragen, so hat das unter Angabe eines früheren Tages eingetragene Recht den Vorrang; Rechte, die unter Angabe desselben Tages eingetragen sind, haben gleichen Rang.

(2) Die Eintragung ist für das Rangverhältnis auch dann maßgebend, wenn die nach § 873 BGB zum Erwerb des Rechts erforderliche Einigung erst nach der Eintragung zustande gekommen ist.

(3) Eine abweichende Bestimmung des Rangverhältnisses bedarf der Eintragung in das Grundbuch.

Mit der Rangfolge wird die Reihenfolge festgelegt, mit der die Ansprüche im Falle einer Zwangsversteigerung befriedigt werden.

Wenn der in der Zwangsversteigerung erzielte Erlös nicht zur Deckung aller Ansprüche ausreicht, so entscheidet der Rang über die Erlösverteilung.

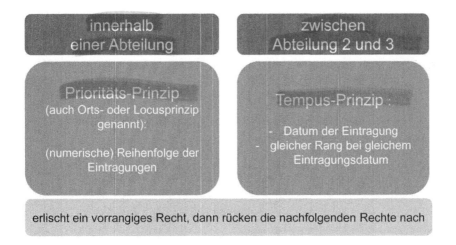

Abb. 35: Gesetzliche Rangfolge der Grundbuchrechte

Die Rangstelle ist von entscheidender Bedeutung bei der Immobilienfinanzierung und hat Auswirkungen auch auf die Konditionen (insbesondere den Zinssatz) des Darlehens.

Tipp

Wenn Sie die bestehenden Rangverhältnisse in einem Grundbuch feststellen wollen, empfiehlt sich folgendes Vorgehen:

1. Prüfung Bestandsverzeichnis: bezieht sich der Ihnen vorliegende Grundbuchauszug auf eines oder mehrere Grundstücke?

2. Prüfung Abteilung 2 und 3: sind in beiden Abteilungen Belastungen eingetragen oder nur in einer Abteilung? Und auf welche Grundstücksteile beziehen sich diese?

3. Bestehen gleichrangige Rechte durch denselben Eintragungstag?

4. Sind Rangänderungen eingetragen?

Hypothekenbanken, Sparkassen und Lebensversicherungsgesellschaften vergeben in der Regel nur erstrangige Darlehen.

Bausparkassen vergeben auch nachrangige Darlehen beispielsweise im 2. Rang. Sie verringern ihr damit verbundenes Risiko, indem sie sich vom Darlehensnehmer dessen Rückgewährsansprüche gegenüber den vorrangigen Gläubigerbanken abtreten lassen. So können sie im Laufe der Jahre im Rang aufrücken.

Dies gilt nur für vorrangige Grundschulden, denn eine Hypothek erlischt automatisch mit der Darlehensrückzahlung.

Rückgewährsanspruch

Nach vollständiger Rückzahlung des Darlehens hat der Grundstückseigentümer gegenüber dem Darlehensgeber einen Anspruch auf Rückgewähr der Darlehenssicherheit durch Übertragung oder Löschung. Rückgewähransprüche bei Grundschulden werden erfüllt durch die Erteilung einer Abtretungsurkunde (Abtretung der Grundschuld an einen neuen Gläubiger) oder Löschungsbewilligung.

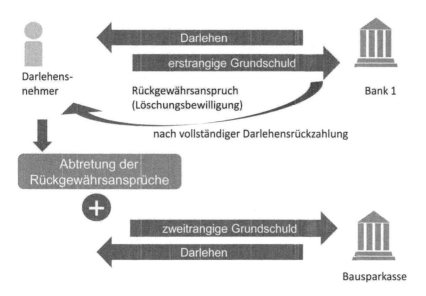

Abb. 36: Abtretung von Rückgewähransprüchen

Eine Besonderheit stellen Arbeitgeber-, Verwandten- oder auch Verkäuferdarlehen dar. Diese akzeptieren in der Regel die letzte Rangstelle und erleichtern dadurch die Finanzierung des restlichen benötigten Kapitals.

Vertragliche Rangänderungen

Die Rangfolge kann gemäß § 880 BGB (Rangänderung) durch Vereinbarungen (nachträglich) geändert werden.

Rangrücktritt

Für einen Rangrücktritt müssen folgende Voraussetzungen erfüllt sein:

- Einigung zwischen dem zurücktretenden und vortretenden Rechteinhaber
- Eintragung der Rangänderung im Grundbuch
- unwiderrufliche Zustimmung des Eigentümers, wenn eine Hypothek, Grundschuld oder eine Rentenschuld zurücktreten soll
- Zustimmung eines Dritten, wenn das zurücktretende Recht mit dem Recht eines Dritten belastet ist

Rechte, die den Rang zwischen dem zurücktretenden und dem vortretenden Recht haben, werden durch die Rangänderung nicht berührt.

Rangvorbehalt

Es besteht die Möglichkeit, einen Rang vorsorglich zu sichern, um später Kosten und Zeit zu sparen. Dies ist mittels der Eintragung einer Eigentümergrundschuld möglich.

Beispiel

Die Eltern schenken ihre Immobilie ihrem Sohn und möchten sich im Gegenzug ein Wohnrecht und einen Nießbrauch eintragen lassen. Der Sohn plant einen größeren Umbau in ca. 5. Jahren und wird für diesen eine Finanzierung benötigen, die er mit einer Grundschuld besichern möchte. Das Wohnrecht und der Nießbrauch würden zunächst vorrangig bestehen und müssten in der Regel einen Rangrücktritt zugunsten der finanzierenden Bank einräumen. Da dies Zeit in Anspruch nehmen und Zusatzkosten verursachen wird, lässt sich der Sohn bereits zum Zeitpunkt der Schenkung eine Eigentümergrundschuld in Höhe des geplanten Darlehensbetrages an erster Rangstelle vor dem Wohnrecht und dem Nießbrauch eintragen. Diese Eigentümergrundschuld kann er dann im Bedarfsfall an einen Darlehensgeber abtreten, ohne dass die Rangstelle verloren geht.

2.3.4   Änderungen im Grundbuch

Eintragungen, Änderungen oder Löschungen im Grundbuch dürfen nur vom Grundbuchamt vorgenommen werden. Eine Eintragung soll, soweit nicht das Gesetz etwas anderes vorschreibt, nur auf Antrag erfolgen. Eine Eintragung erfolgt, wenn derjenige sie bewilligt, dessen Recht von ihr betroffen wird.

Im Falle der Auflassung eines Grundstücks sowie im Falle der Bestellung, Änderung des Inhalts oder Übertragung eines Erbbaurechts darf die Eintragung nur erfolgen, wenn die erforderliche Einigung des Berechtigten und des anderen Teils erklärt ist.

Antragsberechtigt ist jeder, dessen Recht von der Eintragung betroffen wird oder zu dessen Gunsten die Eintragung erfolgen soll (§ 13 Abs. 1 und 2 Grundbuchordnung (GBO)).

Da das Grundbuch eine Art „Lebenslauf" des Grundstücks ist, werden Löschungen nicht komplett gelöscht, sondern „gerötet", d.h. rot unterstrichen.

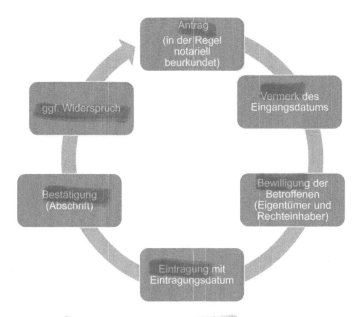

Abb. 37: Prozess der Grundbuchänderung

Je nach Vorgang gelten unterschiedliche Formvorschriften für den Änderungsantrag. Beispielsweise ist für eine Eigentumsumschreibung im Rahmen eines Erwerbsvorgangs ein notariell beurkundeter Kaufvertrag erforderlich. Löschungsbewilligungen benötigen dagegen nur die notarielle Beglaubigung.

Die zu einer Eintragung erforderlichen Erklärungen sind vor ihrer Einreichung für das Grundbuchamt von einem Notar auf Eintragungsfähigkeit zu prüfen. Dies gilt nicht, wenn die Erklärung von einer öffentlichen Behörde abgegeben wird. Dazu wird zunächst das Antragseingangsdatum vermerkt.

§ 13 GBO

(1) Eine Eintragung soll, soweit nicht das Gesetz etwas anderes vorschreibt, nur auf Antrag erfolgen. Antragsberechtigt ist jeder, dessen Recht von der Eintragung betroffen wird oder zu dessen Gunsten die Eintragung erfolgen soll.

(2) Der genaue Zeitpunkt, in dem ein Antrag beim Grundbuchamt eingeht, soll auf dem Antrag vermerkt werden. Der Antrag ist beim Grundbuchamt eingegangen, wenn er einer zur Entgegennahme zuständigen Person vorgelegt ist. Wird er zur Niederschrift einer solchen Person gestellt, so ist er mit Abschluss der Niederschrift eingegangen.

Liegen die notwendigen Einwilligungen der Betroffenen (Rechteinhaber und immer der Grundstückseigentümer) – in der Regel in öffentlich beglaubigter Form – vor, so kann es zur Eintragung kommen. Hierbei ist das Eintragungsdatum beispielsweise für die Rangfolge der eingetragenen Rechte zwischen den Abteilungen wichtig. Das Grundbuchamt verschickt als Bestätigung eine Abschrift des geänderten Grundbuchs. Auf Wunsch der

Beteiligten kann dies in beglaubigter Form erfolgen (bei neu eingetragenen Grundpfand-rechten ist dies beispielsweise die Regel).

§ 55 GBO

(1) Jede Eintragung soll dem den Antrag einreichenden Notar, dem Antragsteller und dem eingetra-genen Eigentümer sowie allen aus dem Grundbuch ersichtlichen Personen bekanntgemacht werden, zu deren Gunsten die Eintragung erfolgt ist oder deren Recht durch sie betroffen wird, die Eintragung eines Eigentümers auch denen, für die eine Hypothek, Grundschuld, Rentenschuld, Reallast oder ein Recht an einem solchen Recht im Grundbuch eingetragen ist.

Wird ein Widerspruch gegen einen Grundbucheintrag eingelegt, so beginnt der hier be-schriebene Prozess von vorne.

Die gesetzliche Grundlage der Eintragungen sind die §§ 13–55 GBO.

2.3.5 Nicht eingetragene Lasten

Nicht eingetragene Lasten betreffen weitere Rechte Dritter am Grundstück.

Dies können gesetzliche Vorkaufsrechte, Baulasten und öffentliche Lasten sein.

2.3.5.1 Gesetzliche Vorkaufsrechte

Gesetzliche Vorkaufsrechte		
Es erfolgt keine Eintragung im Grundbuch		
Mieter	Miterben	Gemeinde
bei erstmaliger Umwandlung in eine Eigentumswohnung, bestehendem Mietvertrag und Verkauf an Dritte, die keine Verwandte des bisherigen Grundstückseigentümers sind	bei Verkauf eines Miterbenanteils, solange sie ihren eigenen Anteil noch besitzen	Die Vorkaufsrechtsverzichtserklärung ist gebührenpflichtig.

Ausübungsfrist: 2 Monate nach Empfang der Mitteilung über den Verkauf

Voraussetzung: Abschluss eines rechtsgültigen Kaufvertrages mit einem Dritten
Gelten nicht bei Schenkung oder Tausch oder Erbnachfolge!
Das Vorkaufsrecht ist ausgeschlossen bei Verkauf durch
Zuschlag in einer Zwangsversteigerung.

Abb. 38: Gesetzliche Vorkaufsrechte

Das gesetzliche Vorkaufsrecht des Mieters

Nachfolgende Bedingungen sind an dieses Vorkaufsrecht geknüpft:

- Die Wohnung des Mieters wird während der Mietdauer in eine Eigentumswohnung umgewandelt (Teilungserklärung und Bildung eines separaten Wohnungsgrundbuchs)
- Erstmaliger Verkauf nach Umwandlung in eine Eigentumswohnung
- Kein Verkauf an Angehörige des bisherigen Eigentümers
- Keine Schenkung
- Kein Verkauf des gesamten Hauses

Ein Ausschluss des Vorkaufsrechts im Mietvertrag ist nicht zulässig.

Für Mieter von Häusern gibt es kein solches gesetzliches Vorkaufsrecht. Hier kann ein Vorkaufsrecht nur vertraglich vereinbart werden.

Das gesetzliche Vorkaufsrecht der Miterben

§ 2034 BGB (Vorkaufsrecht gegenüber dem Verkäufer – Rechtsverhältnisse der Erben untereinander)

(1) Verkauft ein Miterbe seinen Anteil an einen Dritten, so sind die übrigen Miterben zum Vorkauf berechtigt.

(2) Die Frist für die Ausübung des Vorkaufsrechts beträgt zwei Monate. Das Vorkaufsrecht ist vererblich.

Sofern es nicht nur einen Alleinerben, sondern eine Erbengemeinschaft gibt, so kann jeder einzelne Miterbe seinen Erbanteil nur mit Zustimmung der anderen Miterben verkaufen bzw. haben diese, solange sie selbst ihren Erbanteil noch besitzen, ein gesetzliches Vorkaufsrecht.

Bei einem Verkauf an einen anderen Miterben, greift dieses Vorkaufsrecht nicht.

Das gesetzliche Vorkaufsrecht von Gemeinden

Auch beim allgemeinen Vorkaufsrecht der Gemeinden geht es um das Recht, ein Grundstück mit dem Vertragsinhalt zu erwerben, zu dem es an einen Dritten veräußert werden soll. Voraussetzung ist auch hier das Vorliegen eines Kaufvertrags.

Der Gemeinde steht gemäß § 24 Baugesetzbuch (BauGB) beim Kauf von Grundstücken ein allgemeines Vorkaufsrecht zu:

- im Geltungsbereich eines Bebauungsplans, soweit es sich um Flächen handelt, für die nach dem Bebauungsplan eine Nutzung für öffentliche Zwecke (Verkehrs-, Grün-, Gemeinbedarfs-, Versorgungs- und Entsorgungsflächen) festgesetzt ist,
- in einem Umlegungsgebiet (zur Erschließung oder Neugestaltung von Gebieten nach Lage, Form und Größe neu zu ordnende Grundstücke),
- in einem förmlich festgelegten Sanierungsgebiet und städtebaulichen Entwicklungsbereich,

- im Geltungsbereich einer Satzung zur Sicherung von Durchführungsmaßnahmen des Stadtumbaus und einer Erhaltungssatzung (Erhaltung baulicher Anlagen und der Eigenart von Gebieten),

- im Geltungsbereich eines Flächennutzungsplans, soweit es sich um unbebaute Flächen im Außenbereich handelt, für die nach dem Flächennutzungsplan eine Nutzung als Wohnbaufläche oder Wohngebiet dargestellt ist,

- in Gebieten, die vorwiegend mit Wohngebäuden bebaut werden können, soweit die Grundstücke unbebaut sind sowie

- in Gebieten, die zum Zweck des vorbeugenden Hochwasserschutzes von Bebauung freizuhalten sind, insbesondere in Überschwemmungsgebieten.

Das Vorkaufsrecht steht der Gemeinde nicht zu beim Kauf von Rechten nach dem Wohnungseigentumsgesetz und von Erbbaurechten.

Das Vorkaufsrecht darf nur ausgeübt werden, wenn das Wohl der Allgemeinheit dies rechtfertigt. Bei der Ausübung des Vorkaufsrechts hat die Gemeinde den Verwendungszweck des Grundstücks anzugeben.

Besteht an einem Grundstück kein Vorkaufsrecht oder übt die Gemeinde das ihr zustehende Vorkaufsrecht nicht aus, ist dem Verkäufer ein **Negativzeugnis** über das Nichtbestehen oder die Nichtausübung des Vorkaufsrechts auszustellen (§ 28 Abs. 1 BauGB). Die Auflassung im Grundbuch darf dann erst erfolgen, wenn das Negativzeugnis vorliegt.

Die **Ausübungsfrist** für die gesetzlichen Vorkaufsrechte beträgt **2 Monate**.

2.3.5.2 Baulasten

Auch Baulasten werden nicht ins Grundbuch eingetragen, sondern im Baulastenverzeichnis der Bauaufsichtsbehörde. Die Ausnahme machen Bayern und Brandenburg: Hier werden die Baulasten im Grundbuch eingetragen.

Eine Baulast ist eine (freiwillige) öffentlich-rechtliche Verpflichtung des Grundstückseigentümers gegenüber der Baubehörde, bestimmte das Grundstück betreffende Dinge zu tun, zu unterlassen oder zu dulden (Beispiel: Abstandsflächenbaulast). Sie sind zu unterscheiden von den privatrechtlichen Lasten, die in Abteilung 2 des Grundbuchs eingetragen werden.

Obwohl die Baulast freiwillig entstanden ist, kann sie nur aufgrund eines Verzichts der Baubehörde wieder aufgehoben werden.

Tipp

Was ist der Grund dafür, dass sich ein Eigentümer auf eine Baulast einlässt? In der Regel wird die Baulast benötigt, um eine Baugenehmigung zu erhalten. Wenn beispielsweise ein Eigentümer zwei Grundstücke besitzt, von denen nur eines vorne an der Straße liegt und schon bebaut ist. Wenn er nun das hintere Grundstück bebauen will, dass nur über das vordere Grundstück erreichbar ist, dann wird er eine Baugenehmigung nur dann erhalten, wenn er die dauerhafte Erschließung des Grundstücks sicherstellen kann. Genau dazu dient die Baulast für das hintere Grundstück, welche zu Lasten des vorderen Grundstücks eingetragen wird. Danach kann eine Baugenehmigung erteilt werden.

Zweck der Baulast ist es somit, Bebauungshindernisse für das eigene oder benachbarte Grundstück zu überwinden und so die sonst nur schwierige oder nicht mögliche Bebauung eines Grundstücks zu ermöglichen.

Beispiele: Geh-, Fahr- und Leitungsrechte über ein Grundstück hinweg, wenn erforderliche Abstandsflächen nicht auf dem Baugrundstück selbst Platz finden.

Die Einsicht in das Baulastenverzeichnis ist nur bei berechtigtem Interesse möglich.

Die gesetzliche Grundlage für Baulasten ist die Landesbauordnung.

2.3.5.3 Öffentliche Lasten

Öffentliche Lasten sind Abgaben (einschließlich der hierauf zu entrichtenden Vorauszahlungen), die auf einem Grundstück lasten und nicht im Grundbuch eingetragen werden müssen.

Dazu gehören beispielsweise die jährlich vom jeweiligen Grundstückseigentümer zu entrichtende Grundsteuer oder Erschließungsbeiträge für die Erschließung des Wohngebietes (Straßen, Versorgungsleitungen zum Grundstück u.Ä.). Über noch offene Erschließungskosten gibt das Bauamt Auskunft. Sind die Erschließungskosten bezahlt, so verfügt der Grundstücksverkäufer über entsprechende bezahlte Rechnungen.

Nicht unter den Begriff der öffentlichen Lasten fallen z.B. die Grunderwerbsteuer, Müllabfuhrgebühren, Räum- und Streupflicht und Baubeschränkungen.

Das Wichtigste zusammengefasst:

Der Aufbau und die Funktionsweise von Grundbüchern erleichtert Ihnen das Lesen und Bewerten der Grundbuchauszüge, die Sie als Nachweis möglicher Sicherheiten für die Immobilienfinanzierung von Ihrem Kunden einholen müssen.

Sie können:

- Grundbuch und Grundakte beschreiben
- die Bestandteile eines Grundbuchs beschreiben (Aufschrift, Bestandsverzeichnis, Abteilungen 1 bis 3)
- mögliche Lasten und Beschränkungen, die in Abteilung 2 eingetragen werden, beschreiben
- die Rangfolge der Eintragungen in Abteilung 2 und 3 eines Grundbuchs festlegen
- den Prozess von Änderungen im Grundbuch beschreiben
- nicht eingetragene Lasten nennen

Sie verstehen Ihre Kenntnisse als Möglichkeit, sich ein erstes Bild der zu finanzierenden Immobilie und deren Geeignetheit als Darlehenssicherheit zu verschaffen.

Sie nutzen Ihr Wissen, um Rückfragen der Kreditabteilung vorwegzunehmen und rechtzeitig mit Ihrem Kunden zu klären.

Jetzt ist das Grundbuch kein „Buch mit sieben Siegeln" mehr für Sie, sondern Sie können Ihrem Kunden nun bereits im Erstgespräch Hinweise und Informationen geben, zu welchen Rückfragen es von Seiten Ihrer Kreditabteilung kommen kann.

Im nächsten Kapitel stehen das Immobiliar-Verbraucherdarlehen und Ihre Tätigkeit als Immobiliardarlehensvermittler/-in sowie die Regelungen auf Basis der Wohnimmobilienkreditrichtlinie im Mittelpunkt.

▶ **Aufgaben zum Kapitel 2.3 – Aufbau und Funktionsweise von Grundbüchern**

Ihr Wissen auf dem Prüfstand:

1. In welchem Teil des Grundbuchs ist die Auflassungsvormerkung eingetragen? (SC)

   a) Aufschrift

   b) Bestandsverzeichnis

   c) Abteilung 1

   d) Abteilung 2

   e) Abteilung 3

2. In welchem Teil des Grundbuchs ist der Eigentümer des Grundstücks eingetragen? (SC)

   a) Aufschrift

   b) Bestandsverzeichnis

   c) Abteilung 1

   d) Abteilung 2

   e) Abteilung 3

3. Welche Lasten werden nicht im Grundbuch eingetragen? (MC)

   a) Öffentliche Lasten

   b) Wohnrechte

   c) Gesetzliche Vorkaufsrechte

   d) Vertragliche Vorkaufsrechte

   e) Grundpfandrechte

   f) Wegerechte

4. In welchem Teil des Grundbuchs werden Rechte des jeweiligen Grundstückseigentümers an einem anderen Grundstück eingetragen? (SC)

   a) Aufschrift

   b) Bestandsverzeichnis

   c) Abteilung 1

   d) Abteilung 2

   e) Abteilung 3

5. Welches Grundpfandrecht ist akzessorisch? (SC)

   a) Grundschuld

   b) Rentenschuld

   c) Reallast

   d) Hypothek

   e) Nießbrauch

6. Für wen kann ein gesetzliches Vorkaufsrecht bestehen? (MC)

   a) Käufer

   b) Mieter

   c) Gemeinden

   d) Notar

   e) Grundbuchamt

   f) Miterben

7. Welches Prinzip gilt bezüglich der Rangfolge von Rechten in verschiedenen Abteilungen? (SC)

   a) Prioritäts-Prinzip

   b) Orts-Prinzip

   c) Locus-Prinzip

   d) Tempus-Prinzip

   e) Rangvorbehalts-Prinzip

8. Welche gesetzliche Regelung gilt für die Rangfolge innerhalb einer Abteilung? (SC)

   a) Die Rangfolge wird durch das Datum des Antragseingangs beim Grundbuchamt bestimmt

   b) Eintragungen mit gleichem Datum haben Gleichrang

   c) Die Rangfolge wird durch die Reihenfolge der Eintragung bestimmt

   d) Die Rangfolge wird durch die Zweckbestimmungserklärung bestimmt

   e) Die Rangfolge wird im Losverfahren bestimmt

9. Welches Dokument muss dem Grundbuchamt vorliegen, um ein Wohnungs- bzw. Teileigentumsgrundbuch zu bilden? (SC)

   a) Verpflichtungserklärung

   b) Teilungserklärung

c) Sondereigentumsbildungsvertrag

d) Beglaubigtes Grundbuchblatt

10. Welche Angaben sind in der Aufschrift eines Grundbuchs vermerkt? (MC)

    a) grundstücksgleiche Rechte

    b) Rangfolgen

    c) Eigentümer

    d) Wegerechte

    e) Grundbuchbezirk

    f) Grundbuchblattnummer

11. Was versteht man unter einer Grundstücksvereinigung? (SC)

    a) Ein Nebengrundstück wird einem Hauptgrundstück zugeführt.

    b) Eine Immobilie wird nach Fertigstellung zum wesentlichen Bestandteil des Grundstücks.

 c) Zwei bisher selbstständige Grundstücke werden rechtlich zu einem Grundstück zusammengelegt.

    d) Die gemeinsame Beleihung von zwei Grundstücken.

12. In welchem Teil des Grundbuchs wird ein Wegerecht an einem Nachbargrundstück eingetragen? (SC)

    a) Aufschrift

    b) Bestandsverzeichnis

    c) Abteilung 1

    d) Abteilung 2

    e) Abteilung 3

13. Welche Aussage zum Dauerwohnrecht ist richtig? (SC)

    a) Es kann veräußert, aber nicht vererbt werden.

    b) Es kann weder veräußert, noch vererbt werden.

    c) Es kann veräußert und vererbt werden.

    d) Es kann vererbt, aber nicht veräußert werden.

14. Welche Aussage zum lebenslangen Wohnrecht trifft zu? (SC)

    a) Es ist fest mit einem bestimmten Grundstück verbunden.

    b) Es kann veräußert und vererbt werden.

    c) Es erlischt mit dem Verkauf des Grundstücks.

    d) Es erlischt mit dem Tod des Grundstückseigentümers.

15. Welche Bedingungen sind an das gesetzliche Vorkaufsrecht für einen Mieter geknüpft? (MC)

    a) ungekündigter Mietvertrag zum Zeitpunkt der Ausübung des Vorkaufsrechtes

    b) eingetragenes Nießbrauchrecht zugunsten des Mieters

    c) Eintragung des Vorkaufsrechts an erster Rangstelle in Abteilung 2

    d) erstmalige Umwandlung in eine Eigentumswohnung

07

09.02.20

2.4 Rechtliche Grundlagen der Immobiliardarlehensvermittlung und -beratung

Die in diesem Kapitel beschriebenen rechtlichen Grundlagen der Immobiliardarlehensvermittlung und -beratung berücksichtigen insbesondere die Regelungen der europäischen Wohnimmobilienkreditrichtlinie, die per 21.3.2016 in deutsches Recht umgesetzt wurde. Dazu wurde das „Gesetz zur Umsetzung der Wohnimmobilienkreditrichtlinie und zur Änderung handelsrechtlicher Vorschriften" mit zahlreichen Änderungen u.a. im Bürgerlichen Gesetzbuch (BGB) und Kreditwesengesetz (KWG) beschlossen und in Kraft gesetzt.

▶ **Exkurs: Einführungsgesetz zum BGB (EGBGB)**

Das EGBGB gibt es, wie das Bürgerliche Gesetzbuch (BGB) selbst, seit dem 18.8.1896. Es wurde seither mehrmals geändert. Das EGBGB ist in Artikel und die Artikel wiederum in Paragraphen unterteilt. Es regelte bei seiner Einführung das Inkrafttreten des BGB. Und auch heute noch regelt es das Inkrafttreten von neuen oder geänderten Regelungen, die das BGB vor allem hinsichtlich des internationalen Privatrechts betreffen. Für die Immobiliardarlehensvermittlung sind die Artikel 247 und 247a des EBGBG relevant. ◀

2.4.1 Verbraucherkreditrecht

Ein Verbraucher im Sinne des § 13 BGB:

Verbraucher ist jede natürliche Person, die Rechtsgeschäfte zu Zwecken abschließt, die überwiegend weder ihrer gewerblichen, noch ihrer selbständigen beruflichen Tätigkeit zugerechnet werden können.

Der Begriff des „**Verbraucherdarlehens**" im Sinne des § 491 BGB wird als Oberbegriff der beiden Unterdarlehensarten

- Allgemein-Verbraucherdarlehen und
- Immobiliar-Verbraucherdarlehen

verwendet.

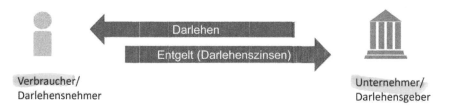

Verbraucher/
Darlehensnehmer   Unternehmer/
                                                   Darlehensgeber

Abb. 39: Verbraucherdarlehen

Verbraucherdarlehen bzw. Verbraucherdarlehensverträge sind gemäß § 491 BGB entgeltliche Darlehen zwischen einem Verbraucher als Darlehensnehmer und einem Unternehmen als Darlehensgeber.

Wie unterscheiden sich Allgemein- und Immobiliar-Verbraucherdarlehensverträge?

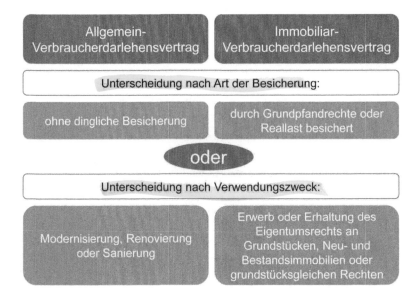

Abb. 40: Verbraucherdarlehensverträge

Die oben stehende Grafik enthält die Merkmale, wonach sich die beiden Verbraucherdarlehensarten gemäß § 491 Abs. 1 und 2 BGB voneinander unterscheiden und somit abgrenzen lassen. Welche Art von Besicherung soll vereinbart werden? Hierbei spielt es übrigens keine Rolle, ob ein Grundpfandrecht vom Darlehensnehmer oder einem anderen Grundstückseigentümer gestellt wird. Es zählt der Bezug zum Darlehen. Gibt es keine grundpfandrechtliche Absicherung und auch keine Absicherung durch eine Reallast, ist der Verwendungszweck entscheidend.

Hinweis

Was bedeutet „Erhaltung des Eigentumsrechts an Grundstücken, Neu- und Bestandsimmobilien oder grundstücksgleichen Rechten" in der Definition für Immobiliar-Verbraucherdarlehen? Hiermit ist keine Renovierung, Sanierung oder Modernisierung an einer Immobilie gemeint, sondern vielmehr die Abwendung einer Zwangsvollstreckung oder wenn einem Miteigentümer der Anteil an der gemeinsamen Immobilie abgekauft werden soll (z.B. bei einer Scheidung oder Erbauseinandersetzung). Die Finanzierung dient also nicht dem Substanzerhalt, sondern soll **das Eigentum** am Grundstück erhalten.

Hier ein paar Anwendungsbeispiele zur Verdeutlichung der Abgrenzung zwischen den beiden Arten von Verbraucherdarlehen:

- Ein Darlehen zum Erwerb einer neuen Einbauküche, das blanko, d.h. ohne Besicherung, gewährt wird, ist ein Allgemein-Verbraucherdarlehen. Wird dieses Darlehen dagegen mit einem Grundpfandrecht besichert, so wird es zu einem Immobiliar-Verbraucherdarlehen.

- Ein unbesichertes Darlehen zum Erwerb einer Immobilie ist ein Immobiliar-Verbraucherdarlehen

- Ein Darlehen zum Erwerb eines Autos, das durch eine Gehaltsabtretung besichert ist, ist ein Allgemein-Verbraucherdarlehen

- Ein Darlehen zu Renovierung einer Immobilie ohne Absicherung durch ein Grundpfandrecht oder eine Reallast ist ein Allgemein-Verbraucherdarlehen

- Ein Darlehen zur Abwendung einer Zwangsvollstreckung ist ein Immobiliar-Verbraucherdarlehen

- Ein Darlehen zur Umschuldung (= Wechsel des Darlehensgebers) eines nicht grundpfandrechtlich besicherten Darlehens ist ein Allgemein-Verbraucherdarlehen

Keine Verbraucherdarlehensverträge und insbesondere keine Immobiliar-Verbraucherdarlehensverträge sind:

- **Arbeitgeberdarlehen**, d.h. Darlehen, die von Arbeitgebern mit ihren Arbeitnehmern als Nebenleistung zum Arbeitsvertrag zu einem niedrigeren als dem marktüblichen effektiven Jahreszins (§ 6 der Preisangabenverordnung) abgeschlossen werden und anderen Personen nicht angeboten werden (§ 491 Abs. 2 Nr. 4 und Abs. 3 Satz 2 BGB)

- **KfW-Darlehen** und andere Förderdarlehen, d.h. Darlehen, die nur mit einem begrenzten Personenkreis aufgrund von Rechtsvorschriften in öffentlichem Interesse abgeschlossen werden, wenn im Vertrag für den Darlehensnehmer günstigere als marktübliche Bedingungen und höchstens der marktübliche Sollzinssatz vereinbart sind (§ 491 Abs. 2 Nr. 5 und Abs. 3 Satz 2 BGB)

- **Immobilienverzehrkredite**, d.h. Darlehen, bei denen der Kreditgeber:
  - pauschale oder regelmäßige Zahlungen leistet oder andere Formen der Kreditauszahlung vornimmt und im Gegenzug nur einen Betrag aus dem künftigen Erlös des Verkaufs einer Wohnimmobilie erhält oder ein Recht an einer Wohnimmobilie erwirbt und
  - erst nach dem Tod des Verbrauchers eine Rückzahlung fordert, außer der Verbraucher verstößt gegen die Vertragsbestimmungen, was dem Kreditgeber erlaubt, den Vertrag zu kündigen (§ 491 Abs. 3 Satz 2 BGB).

2.4.2   Immobiliar-Verbraucherdarlehensverträge

Die **Definition** eines Immobiliar-Verbraucherdarlehensvertrages haben Sie bereits im vorherigen Abschnitt dieses Kapitels erhalten.

Aus § 655 a BGB ergeben sich die **Anforderungen an die Transparenz** im Hinblick auf Inhalte des Angebotes von Immobiliar-Verbraucherdarlehen:

- statusbezogene Informationen in Bezug auf den Darlehensvermittler (gemäß Artikel 247 § 13 Absatz 2 und § 13 Absatz 1 des EGBGB) und

- vorvertragliche Informationen zum Darlehensvertrag (gemäß § 491 a BGB in Verbindung mit Artikel 247 EGBGB)

Auf die prüfungs- und praxisrelevanten Details hierzu gehe ich im nachfolgenden Unterkapitel 2.4.3 näher ein.

Welche gesetzlichen Rücktritts- oder Kündigungsmöglichkeiten bestehen bei einem Immobiliar-Verbraucherdarlehen?

Ein Rücktrittsrecht besteht für beide Vertragspartner insbesondere dann, wenn sich Umstände, die zur Grundlage des Vertrags geworden sind, nach Vertragsschluss schwerwiegend verändert haben oder wenn sich Informationen, die zur Grundlage des Vertrages geworden sind, als falsch herausstellen (§ 313 Abs. 1 und 2 BGB).

An die Stelle des Rücktrittsrechts tritt bei Dauerschuldverhältnissen – wie beispielsweise einem Immobiliar-Verbraucherdarlehen – das Recht zur Kündigung (§ 313 Abs. 3 BGB).

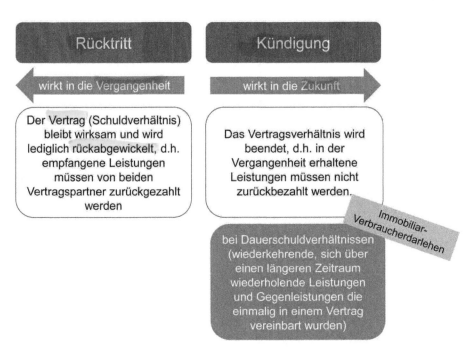

Abb. 41: Rücktritt oder Kündigung

Der Darlehensnehmer kann außerdem sein gesetzliches Widerrufsrecht in Anspruch nehmen (siehe Kapitel 2.6.1 Grundlagen des Verbraucherschutzes). Voraussetzung ist, dass es sich um eine Immobilienfinanzierung im Privatvermögen handelt (eigen- oder fremdgenutzt). Bei gewerblichen Immobilienfinanzierungen, Arbeitgeberdarlehen und in der Regel auch bei Förderdarlehen besteht kein Widerrufsrecht.

Bezüglich der Kündigungsmöglichkeiten bei einem Immobiliar-Verbraucherdarlehen gibt Ihnen die nachfolgende Grafik zunächst einen Überblick.

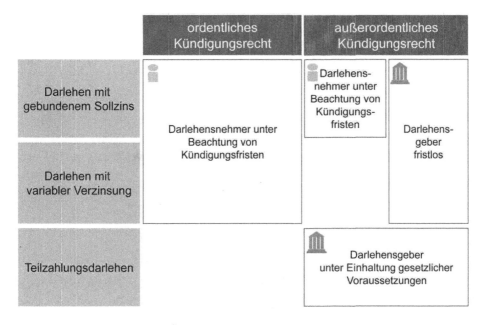

Abb. 42: Kündigungsrechte im Überblick

Der Gesetzgeber unterscheidet zwischen dem ordentlichen und außerordentlichen Kündigungsrecht. Die ordentlichen Kündigungsrechte stehen dem Darlehensnehmer gesetzlich zu und können vertraglich nicht ausgeschlossen werden. Außerordentliche Kündigungsrechte haben sowohl Darlehensnehmer als auch Darlehensgeber. Sie sind allerdings an Voraussetzungen geknüpft.

Die ordentlichen Kündigungsrechte des Darlehensnehmers hängen von der für das Darlehen getroffenen Zinsvereinbarung ab.

	ordentliches Kündigungsrecht
Darlehen mit gebundenem Sollzins	zum Ende der Sollzinsbindung **Kündigungsfrist: 1 Monat**
	nach Ablauf von 10 Jahren nach Erhalt der vollständigen Darlehenssumme **Kündigungsfrist: 6 Monate**
Darlehen mit variabler Verzinsung	jederzeit **Kündigungsfrist: 3 Monate**

! Diese gesetzlichen Kündigungsrechte können vertraglich **nicht** ausgeschlossen werden

Abb. 43: Ordentliche Kündigungsrechte des Darlehensnehmers

Ein Darlehen mit gebundenem Sollzins (umgangssprachlich auch Festzins genannt) kann mit einer Kündigungsfrist von 1 Monat frühestens für den Ablauf des Tages, an dem die Sollzinsbindung endet (§ 489 Abs. 1 Nr. 1 BGB), ganz oder teilweise gekündigt werden.

Das ordentliche Kündigungsrecht nach 10 Jahren bedeutet, dass die Rückzahlung aufgrund der zu berücksichtigenden Kündigungsfrist erstmals nach 10 Jahren + 6 Monaten erfolgen kann.

Das ordentliche Kündigungsrecht nach Ablauf von 10 Jahren bezieht sich auf den Zeitraum ab erstmaligem Empfang (Auszahlung) des Gesamtdarlehens. Wird nach dem Empfang des Darlehens eine neue Vereinbarung über die Zeit der Rückzahlung oder den Sollzinssatz getroffen, so tritt der Zeitpunkt dieser Vereinbarung an die Stelle des Zeitpunkts des Empfangs (§ 489 Abs. 1 Satz 2 BGB). Das Kündigungsrecht nach Ablauf von 10 Jahren kann jederzeit nach 10 Jahren unter Einhaltung der Kündigungsfrist in Anspruch genommen werden, so lange bis durch eine neue Sollzinsvereinbarung die 10-Jahresfrist von neuem zu laufen an beginnt.

Nimmt der Darlehensnehmer eines der ihm zustehenden gesetzlichen ordentlichen Kündigungsrechte wahr, so hat der Darlehensgeber keinen Anspruch auf Vorfälligkeitsentschädigung.

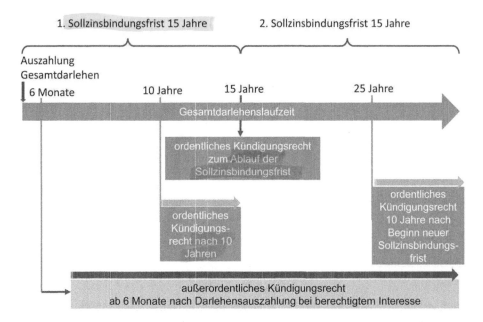

Abb. 44: Kündigungsrechte des Darlehensnehmers während der Gesamtdarlehenslaufzeit

Gebundener Sollzins

Sollzinssatz ist der gebundene oder veränderliche (variable) periodische Prozentsatz, der pro Jahr für das aufgenommene Darlehen zu zahlen ist. Der Sollzinssatz ist gebunden, wenn für die gesamte Vertragslaufzeit ein oder mehrere Sollzinssätze vereinbart sind, die als feststehende Prozentzahl ausgedrückt werden. Die Dauer einer Sollzinsbindung kann kürzer als die Gesamtdarlehenslaufzeit sein. In diesem Fall kann nach Ablauf einer Sollzinsbindungsfrist eine neue gebundene oder variable Sollzinsvereinbarung getroffen oder das Darlehens zurückgezahlt werden (§ 489 Abs. 5 BGB).

Die gesetzliche Grundlage für das ordentliche Kündigungsrecht variabel verzinster Darlehen ist § 489 Abs. 2 BGB.

Hat der Darlehensnehmer eine Kündigung ausgesprochen, so kann er diese bis zu 2 Wochen nach Ablauf der Kündigungsfrist in Anspruch nehmen oder verfallen lassen.

§ 489 Abs. 3 BGB

Eine Kündigung des Darlehensnehmers gilt als nicht erfolgt, wenn er den geschuldeten Betrag nicht binnen zwei Wochen nach Wirksamwerden der Kündigung zurückzahlt.

Bei Darlehen mit gebundenem Sollzins besteht zusätzlich zum ordentlichen Kündigungsrecht auch ein außerordentliches Kündigungsrecht.

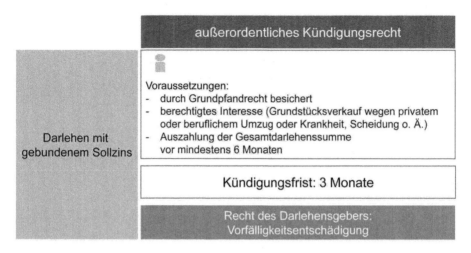

Abb. 45: Das außerordentliche Kündigungsrecht des Darlehensnehmers

Das außerordentliche Kündigungsrecht des Darlehensnehmers setzt gemäß §§ 490 bzw. 500 BGB ein berechtigtes Interesse voraus.

▶ Exkurs: Vorfälligkeitsentschädigung

Insbesondere bei einer langfristigen Immobiliardarlehensfinanzierung rechnet der Darlehensgeber mit einem langen Zeitraum an Zinseinnahmen, die durch den Darlehensnehmer für das Darlehen gezahlt werden müssen. Wird der Darlehensvertrag vorzeitig beendet, entgehen dem Darlehensgeber ein Teil dieser Einnahmen.

Eine Vorfälligkeitsentschädigung soll dem Darlehensgeber seinen durch entgangene Zinseinnahmen entstandenen Schaden ersetzen, der ihm durch eine vorzeitige Darlehensrückzahlung des Darlehensnehmers entstehen kann.

Der Darlehensgeber muss den tatsächlich entstandenen Schaden nachweisen können, ein nur angenommener Schaden darf nicht in Rechnung gestellt werden. Dazu gibt es zwei Methoden:

- Aktiv-aktiv-Methode
- Aktiv-passiv-Methode

Eine detaillierte Beschreibung der beiden Methoden finden Sie im Kapitel 3.12.2 Risiken (Vorfälligkeitsentschädigung).

Der Darlehensgeber darf keine Vorfälligkeitsentschädigung verlangen, wenn:

- er keinen tatsächlich entstandenen Schaden nachweisen kann,
- wenn der Darlehensnehmer ordentlich kündigt,
- wenn der Darlehensgeber außerordentlich (auch im Falle eines Zahlungsverzugs seitens des Darlehensnehmers) kündigt,

- wenn die Widerrufsbelehrung fehlerhaft war und der Darlehensnehmer von seinem Widerrufsrecht innerhalb von 12 Monaten und 14 Tagen Gebrauch macht.

Aufgrund der anzunehmenden Sachkenntnis hat der Gesetzgeber für den Darlehensgeber keine ordentlichen Kündigungsrechte, sondern nur außerordentliche Kündigungsrechte vorgesehen. ◄

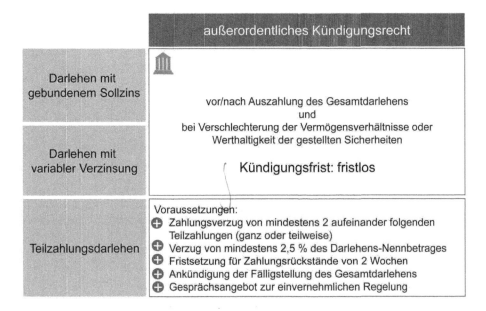

Abb. 46: Das außerordentliche Kündigungsrecht des Darlehensgebers

Das außerordentliche Kündigungsrecht des Darlehensgebers ist in § 490 Abs. 1 BGB geregelt.

§ 490 Abs. 1 BGB

Wenn in den Vermögensverhältnissen des Darlehensnehmers oder in der Werthaltigkeit einer für das Darlehen gestellten Sicherheit eine wesentliche Verschlechterung eintritt oder einzutreten droht, durch die die Rückzahlung des Darlehens, auch unter Verwertung der Sicherheit, gefährdet wird, kann der Darlehensgeber den Darlehensvertrag vor Auszahlung des Darlehens im Zweifel stets, nach Auszahlung nur in der Regel fristlos kündigen.

Das außerordentliche Kündigungsrecht des Darlehensgebers bei Teilzahlungsdarlehen ist in § 498 BGB geregelt.

Teilzahlungsdarlehen

Ein Teilzahlungsdarlehen ist der rechtliche Begriff für einen Ratenkredit. Die Darlehensrückzahlung erfolgt in gleichbleibenden monatlichen Raten inklusive Zinsen. Ein Beispiel ist das Annuitätendarlehen. Das Gegenteil eines Teilzahlungsdarlehens ist das endfällige Darlehen, bei dem die Tilgung (Rückzahlung) des Darlehens in einer Summe am Laufzeitende erfolgt.

Beispiel

Der Darlehensnehmer hat ein Darlehen über 100.000 € für den Erwerb einer Eigentumswohnung aufgenommen. Das Darlehen hat eine Laufzeit von 20 Jahren und ist in monatlichen Raten von 500 € zurückzuzahlen. Kommt der Darlehensnehmer mit den Rückzahlungen in Verzug, darf der Darlehensgeber erst kündigen, wenn wenigstens 2 Monatsraten ganz oder teilweise fehlen. Gleichzeitig müssen diese Rückstände aber mindestens einen Betrag von 2.500 € betragen (2,5 % von 100.000 €). In diesem Beispiel wäre eine Kündigung frühestens nach einem Rückstand von 5 Monatsraten zulässig.

Gemäß § 499 Abs. 3 BGB kann der Darlehensgeber ein Darlehen auch dann außerordentlich kündigen, wenn der Darlehensnehmer dem Darlehensgeber für die Kreditwürdigkeitsprüfung relevante Informationen wissentlich vorenthalten oder gefälscht hat und darauf ein Mangel der Kreditwürdigkeitsprüfung beruht. Lediglich unvollständige Angaben des Darlehensnehmers oder eine vom Darlehensgeber nicht ordnungsgemäß durchgeführte Kreditwürdigkeitsprüfung sind kein Grund für eine außerordentliche Kündigung.

2.4.3 Rechtliche Grundlagen für die Tätigkeit als Immobiliardarlehensvermittler

Mit diesen rechtlichen Grundlagen sind vor allem Ihre Verhaltens- und Informationspflichten gegenüber dem Darlehensnehmer gemeint.

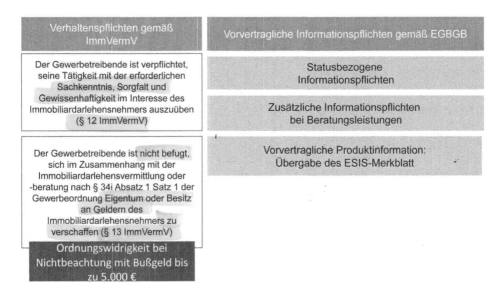

Abb. 47: Verhaltens- und Informationspflichten des Immobiliardarlehensvermittlers

Zu diesen vorvertraglichen Pflichten gehören:

- statusbezogene Informationspflichten (Informationen zum Immobiliardarlehensvermittler)
- Informationspflichten bezüglich der zu erbringenden Leistungen (Beratungsleistungen)
- Anforderungen an den Beratungsinhalt (z.B. Risikohinweise und Produktmerkmale)
- Übergabe des ESIS-Merkblattes (Europäische standardisierte Produktinformationen)

Statusbezogene Informationspflichten

Informationen, die den Immobiliardarlehensvermittler betreffen, werden vom Gesetzgeber als statusbezogene Informationen bezeichnet. Diese müssen Sie **rechtzeitig vor Beginn Ihrer Vermittlertätigkeit** Ihrem Kunden zur Verfügung stellen.

Gemäß Artikel 247 § 13 EGBGB hat der Immobiliardarlehensvermittler den Darlehensnehmer rechtzeitig vor Abschluss des Darlehensvermittlungsvertrags auf einem dauerhaften Datenträger zu unterrichten über:

1. die Höhe einer vom Verbraucher verlangten Vergütung,

2. die Tatsache, ob er für die Vermittlung von einem Dritten ein Entgelt oder sonstige Anreize erhält sowie gegebenenfalls die Höhe,

3. den Umfang seiner Befugnisse, insbesondere, ob er ausschließlich für einen oder mehrere bestimmte Darlehensgeber oder unabhängig tätig wird und

4. gegebenenfalls weitere, vom Verbraucher verlangte Nebenentgelte sowie deren Höhe, soweit diese zum Zeitpunkt der Unterrichtung bekannt sind, andernfalls einen Höchstbetrag.

Folgende zusätzliche Informationen umfassen die statusbezogenen Informationen gemäß Artikel 247 § 13b EGBGB bei einem Immobiliar-Verbraucherdarlehensvertrag:

1. seine Identität und Anschrift,

2. in welches Register er eingetragen wurde, gegebenenfalls die Registrierungsnummer und auf welche Weise der Registereintrag eingesehen werden kann,

3. ob er an einen oder mehrere Darlehensgeber gemäß § 655a Abs. 3 Satz 3 des BGB gebunden oder ausschließlich für einen oder mehrere Darlehensgeber tätig ist und wenn ja, die Namen der Darlehensgeber,

4. ob er Beratungsleistungen anbietet,

5. die Methode, nach der seine Vergütung berechnet wird, falls die Höhe noch nicht genau benannt werden kann,

6. welche interne Verfahren für Beschwerden von Verbrauchern oder anderen interessierten Parteien über Darlehensvermittler zur Verfügung stehen sowie einen möglichen Zugang des Verbrauchers zu einem außergerichtlichen Beschwerde- und Rechtsbehelfsverfahren,

7. ob ihm für seine im Zusammenhang mit dem Darlehensvertrag stehende Dienstleistung Provisionen oder sonstige Anreize von einem Dritten gewährt werden und wenn ja, in welcher Höhe; ist die Höhe noch nicht bekannt, so ist mitzuteilen, dass der tatsächliche Betrag zu einem späteren Zeitpunkt im ESIS-Merkblatt angegeben wird.

Vorvertragliche Informationspflichten bei Beratungsleistungen

Bietet der Immobiliardarlehensvermittler im Zusammenhang mit der Vermittlung des Immobiliar-Verbraucherdarlehens Beratungsleistungen an, so sind folgende Informationen gemäß Artikel 247 § 18 EGBGB vor Beginn der Beratungsleistung zusätzlich zu übermitteln:

1. wie hoch das Entgelt ist, sofern ein solches für die Beratungsleistungen verlangt wird,

2. ob der Darlehensgeber seiner Empfehlung

   a) nur oder im Wesentlichen eigene Produkte zugrunde legt oder

b) neben eigenen Produkten auch eine größere Anzahl von Produkten anderer Anbieter zugrunde legt.

Lässt sich die Höhe des Entgelts noch nicht bestimmen, ist über die Methode zu informieren, die für die Berechnung verwendet wird.

Die statusbezogenen Informationen sind dem Darlehensnehmer auf einem dauerhaften Datenträger zur Verfügung zu stellen.

Dauerhafter Datenträger

Gemäß § 126b BGB muss eine lesbare Erklärung, in der die Person des Erklärenden genannt ist, auf einem dauerhaften Datenträger abgegeben werden, wenn der Gesetzgeber die Textform vorschreibt. Ein dauerhafter Datenträger ist jedes Medium, das

1. es dem Empfänger ermöglicht, eine auf dem Datenträger befindliche, an ihn persönlich gerichtete Erklärung so aufzubewahren oder zu speichern, dass sie ihm während eines für ihren Zweck angemessenen Zeitraums zugänglich ist und

2. geeignet ist, die Erklärung unverändert wiederzugeben.
   Beispiele: USB-Sticks, CD-ROMs, DVDs, Papier, E-Mails.

Wird die Erklärung nur über das Internet zur Verfügung gestellt, so erfüllt dies nicht die Anforderungen an einen dauerhaften Datenträger.

Anforderungen an den Beratungsinhalt

1. Vorvertragliche Informationen

über die Höhe des Entgelts für die Beratungsleistung und ob der Empfehlung im Wesentlichen eigene Produkte oder auch Produkte anderer Anbieter zugrunde liegen

2. Allgemeine vorvertragliche Informationen

über vom Darlehensnehmer benötigte Informationen und Nachweise für die Durchführung der für die Darlehensvergabe erforderlichen Kreditwürdigkeitsprüfung

3. Beratungsleistung

Information über Bedarf, persönliche und finanzielle Situation, Präferenzen und Ziele des Darlehensnehmers

Realistische Annahmen hinsichtlich der Risiken, die für den Darlehensnehmer während der Laufzeit des Darlehensvertrages zu erwarten sind

Geeignetheitsprüfung einer ausreichenden Zahl an Darlehensverträgen, mindestens aus seiner Produktpalette

Individuelle Produktempfehlung oder Hinweis, dass keine Empfehlung möglich ist.

Abb. 48: Beratungsinhalte

Erbringt der Darlehensvermittler im Zusammenhang mit der Vermittlung eines Immobiliar-Verbraucherdarlehensvertrags Beratungsleistungen, so muss er dabei einiges beachten:

- Information des Darlehensnehmers vor Beginn der Beratungsleistung über die Höhe des Entgelts für die Beratungsleistung (Artikel 247 § 18 EGBGB),

- Prüfung einer ausreichenden Zahl von am Markt verfügbaren Darlehensverträgen. Ist er nur für einen Darlehensgeber oder eine begrenzte Zahl von Darlehensgebern tätig, die am Markt keine Mehrheit darstellen, so braucht der Darlehensvermittler nur Darlehensverträge aus der Produktpalette dieses Darlehensgebers zu berücksichtigen (§ 655a Abs. 3 BGB),

- Information über den Bedarf, die persönliche und finanzielle Situation sowie über die Präferenzen und Ziele des Darlehensnehmers, soweit dies für eine passende Empfehlung eines Darlehensvertrages erforderlich ist. Auf Grundlage dieser aktuellen Informationen und unter Zugrundelegung realistischer Annahmen hinsichtlich der Risiken, die für den Darlehensnehmer während der Laufzeit des Darlehensvertrages zu erwarten sind, hat er die Geeignetheit für den Darlehensnehmer aus einer ausreichenden Zahl an Darlehensverträgen zumindest aus seiner Produktpalette zu prüfen (§ 511 Abs. 2 BGB),

- Empfehlung eines geeigneten Produktes oder Hinweis, dass kein Produkt empfohlen werden kann. Beides ist dem Darlehensnehmer auf einem dauerhaften Datenträger zur Verfügung zu stellen (§ 511 Abs. 3 BGB).

§ 655c BGB (Vergütung)

Der Verbraucher ist zur Zahlung der Vergütung für die Tätigkeiten nach § 655a Abs. 1 nur verpflichtet, wenn infolge der Vermittlung, des Nachweises oder auf Grund der sonstigen Tätigkeit des Darlehensvermittlers das Darlehen an den Verbraucher geleistet wird und ein Widerruf des Verbrauchers nach § 355 nicht mehr möglich ist. Soweit der Verbraucherdarlehensvertrag mit Wissen des Darlehensvermittlers der vorzeitigen Ablösung eines anderen Darlehens (Umschuldung) dient, entsteht ein Anspruch auf die Vergütung nur, wenn sich der effektive Jahreszins nicht erhöht; bei der Berechnung des effektiven Jahreszinses für das abzulösende Darlehen bleiben etwaige Vermittlungskosten außer Betracht.

Bei einem Immobiliar-Verbraucherdarlehensvertrag muss der Darlehensgeber bzw. der Darlehensvermittler dem Darlehensnehmer gemäß Artikel 247 § 1 Abs. 1 EGBGB mitteilen:

- welche Informationen und Nachweise er
- innerhalb welchen Zeitraums von ihm benötigt,
- um eine ordnungsgemäße Kreditwürdigkeitsprüfung durchführen zu können.

Er hat den Darlehensnehmer darauf hinzuweisen, dass eine Kreditwürdigkeitsprüfung für den Abschluss des Darlehensvertrages zwingend ist und nur durchgeführt werden kann, wenn die hierfür benötigten Informationen und Nachweise richtig sind und vollständig beigebracht werden.

Bei Immobiliar-Verbraucherdarlehensverträgen hat der Darlehensvermittler dem Darlehensgeber die Informationen, die er von dem Darlehensnehmer erhalten hat, zum Zweck der Kreditwürdigkeitsprüfung richtig und vollständig zu übermitteln (Artikel 247 § 13b Abs. 2 EGBGB).

Wenn der Darlehensgeber entscheidet, den Darlehensvertrag nicht abzuschließen, muss er dies dem Darlehensnehmer unverzüglich mitteilen (Artikel 247 § 1 Abs. 4 EGBGB).

Übergabe des Europäischen Standardisierten Merkblattes (ESIS-Merkblatt)

Gemäß Artikel 247 § 1 Abs. 2 EGBGB muss der Darlehensgeber, nachdem er die Angaben zum Darlehensnehmer erhalten hat, diesem unverzüglich und rechtzeitig vor Abgabe der Vertragserklärung (Vertragsangebot) die vorvertraglichen (Produkt-)Informationen in Textform übermitteln.

Dafür muss der Darlehensgeber das entsprechend ausgefüllte Europäische Standardisierte Merkblatt gemäß dem Muster in Anlage 6 EGBGB (ESIS-Merkblatt) verwenden.

Der Wortlaut des Musters des ESIS-Merkblatt ist zu übernehmen. Text in eckigen Klammern ist durch die entsprechende Angabe zu ersetzen.

Bei Angaben, denen der Text „falls zutreffend" vorangestellt ist, hat der Kreditgeber die erforderlichen Angaben zu machen, wenn sie für den Kreditvertrag relevant sind. Ist die betreffende Information nicht relevant, ist die entsprechende Rubrik bzw. der gesamte Abschnitt vom Kreditgeber zu streichen (beispielsweise, wenn der Abschnitt nicht anwendbar ist). Wird der gesamte Abschnitt gestrichen, so ist die Nummerierung der einzelnen Abschnitte des ESIS-Merkblatts entsprechend anzupassen.

Die nachstehenden Informationen müssen in einem einzigen Dokument enthalten sein. Es ist eine gut lesbare Schriftgröße zu wählen. Zur Hervorhebung sind Fettdruck, Schattierung oder eine größere Schriftgröße zu verwenden. Sämtliche Warnhinweise sind optisch hervorzuheben.

Muster für das ESIS-Merkblatt:

(Vorbemerkungen)

Dieses Dokument wurde am [Datum] für [Name des Verbrauchers] erstellt.
Das Dokument wurde auf der Grundlage der bereits von Ihnen gemachten Angaben sowie der aktuellen Bedingungen am Finanzmarkt erstellt.
Die nachstehenden Informationen bleiben bis [Gültigkeitsdatum] gültig, (falls zutreffend) mit Ausnahme des Zinssatzes und anderer Kosten. Danach können sie sich je nach Marktbedingungen ändern.
(falls zutreffend) Die Ausfertigung dieses Dokuments begründet für [Name des Kreditgebers] keinerlei Verpflichtung zur Gewährung eines Kredits.

1. Kreditgeber

[Name]
[Telefon]
[Anschrift]
(Fakultativ) [E-Mail]
(Fakultativ) [Faxnummer]
(Fakultativ) [Internetadresse]
(Fakultativ) [Kontaktperson/-stelle]
(falls zutreffend, Informationen darüber, ob Beratungsdienstleistungen erbracht werden:) [Wir empfehlen nach Analyse Ihres Bedarfs und Ihrer Situation, dass Sie diesen Kredit aufnehmen. / Wir empfehlen Ihnen keinen bestimmten Kredit. Auf Grund Ihrer Antworten auf einige der Fragen erhalten Sie von uns jedoch Informationen zu diesem Kredit, damit Sie Ihre eigene Entscheidung treffen können.]

2. (falls zutreffend) Kreditvermittler

[Name]
[Telefon]
[Anschrift]
(Fakultativ) [E-Mail]
(Fakultativ) [Faxnummer]
(Fakultativ) [Internetadresse]
(Fakultativ) [Kontaktperson/-stelle]
(falls zutreffend, Informationen darüber, ob Beratungsdienstleistungen erbracht werden:) [Wir empfehlen nach Analyse Ihres Bedarfs und Ihrer Situation, dass Sie diesen Kredit aufnehmen. / Wir empfehlen Ihnen keinen bestimmten Kredit. Auf Grund Ihrer Antworten auf einige der Fragen erhalten Sie von uns jedoch Informationen zu diesem Kredit, damit Sie Ihre eigene Entscheidung treffen können.]
[Vergütung]

3. Hauptmerkmale des Kredits

Kreditbetrag und Währung: [Wert] [Währung]

(falls zutreffend) Dieser Kredit lautet nicht auf [Landeswährung des Kreditnehmers].

(falls zutreffend) Der Wert Ihres Kredits in [Landeswährung des Kreditnehmers] kann sich ändern.

(falls zutreffend) Wenn beispielsweise [Landeswährung des Kreditnehmers] gegenüber [Kreditwährung] um 20 % an Wert verliert, würde sich der Wert Ihres Kredits um [Betrag in der Landeswährung des Kreditnehmers] erhöhen. Allerdings könnte es sich auch um einen höheren Betrag handeln, falls [Landeswährung des Kreditnehmers] um mehr als 20 % an Wert verliert.

(falls zutreffend) Der Wert Ihres Kredits beläuft sich auf maximal [Betrag in der Landeswährung des Kreditnehmers]. (falls zutreffend) Sie erhalten einen Warnhinweis, falls der Kreditbetrag [Betrag in der Landeswährung des Kreditnehmers] erreicht. (falls zutreffend) Sie haben die Möglichkeit, [Recht auf Neuverhandlung eines Fremdwährungskreditvertrags oder Recht, den Kredit in [einschlägige Währung] umzuwandeln, und Bedingungen].

Laufzeit des Kredits: [Laufzeit]

[Kreditart]

[Art des anwendbaren Zinssatzes]

Zurückzuzahlender Gesamtbetrag:

Dies bedeutet, dass Sie [Betrag] je geliehene(n) [Währungseinheit] zurückzuzahlen haben.

(falls zutreffend) Bei dem gewährten Kredit/einem Teil des gewährten Kredits handelt es sich um einen endfälligen Kredit. Ihre Schuld nach Ablauf der Laufzeit des Kredits beträgt [Kreditbetrag nach Endfälligkeit].

(falls zutreffend) Für dieses Merkblatt zugrunde gelegter Schätzwert der Immobilie: [Betrag]

(falls zutreffend) Beleihungsgrenze (maximale Höhe des Kredits im Verhältnis zum Wert der Immobilie): [Verhältnis] oder Mindestwert der Immobilie als Voraussetzung für die Aufnahme eines Kredits in der angegebenen Höhe: [Betrag]

(falls zutreffend) [Sicherheit]

4. Zinssatz und andere Kosten

Der effektive Jahreszins entspricht den Gesamtkosten des Kredits, ausgedrückt als jährlicher Prozentsatz. Der effektive Jahreszins erleichtert den Vergleich verschiedener Angebote.

Der für Ihren Kredit geltende effektive Jahreszins beträgt [effektiver Jahreszins].

Er setzt sich zusammen aus:

Zinssatz: [Wert in Prozent oder, falls zutreffend, Angabe eines Referenzzinssatzes und Prozentwerts der Zinsmarge des Kreditgebers]

[sonstige Komponenten des effektiven Jahreszinses]

Einmalige Kosten:

(falls zutreffend) Für die Eintragung der Hypothek bzw. Grundschuld wird eine Gebühr fällig. [Gebühr, sofern bekannt, oder Grundlage für die Berechnung.]

Regelmäßig anfallende Kosten:

(falls zutreffend) Dieser effektive Jahreszins wird anhand des angenommenen Zinssatzes berechnet.

(falls zutreffend) Da es sich bei Ihrem Kredit [einem Teil Ihres Kredits] um einen Kredit mit variablem Zinssatz handelt, kann der tatsächliche effektive Jahreszins von dem angegebenen effektiven Jahreszins abweichen, falls sich der Zinssatz Ihres Kredits ändert. Falls sich der Zinssatz beispielsweise auf [unter Teil B beschriebenes Szenario] erhöht, kann der effektive Jahreszins auf [Beispiel für den gemäß diesem Szenario fälligen effektiven Jahreszins] ansteigen.

(falls zutreffend) Beachten Sie bitte, dass bei der Berechnung dieses effektiven Jahreszinses davon ausgegangen wird, dass der Zinssatz während der gesamten Vertragslaufzeit auf dem für den Anfangszeitraum festgelegten Niveau bleibt.

(falls zutreffend) Die folgenden Kosten sind dem Kreditgeber nicht bekannt und sind daher im effektiven Jahreszins nicht enthalten: [Kosten]

(falls zutreffend) Für die Eintragung der Hypothek bzw. Grundschuld wird eine Gebühr fällig.

Bitte vergewissern Sie sich, dass Sie alle im Zusammenhang mit Ihrem Kredit anfallenden Kosten und Gebühren bedacht haben.

5. Häufigkeit und Anzahl der Ratenzahlungen

Häufigkeit der Ratenzahlungen: [Zahlungsintervall]
Anzahl der Zahlungen: [Anzahl]

6. Höhe der einzelnen Raten

[Betrag] [Währung]
Ihre Einkommenssituation kann sich ändern. Prüfen Sie bitte, ob Sie Ihre [Zahlungsintervall] Raten auch dann noch zahlen können, wenn sich Ihr Einkommen verringern sollte.

(falls zutreffend) Da es sich bei dem [gewährten Kredit/einem Teil des gewährten Kredits] um einen endfälligen Kredit handelt, müssen Sie eine gesonderte Regelung für die Tilgung der Schuld von [Kreditbetrag nach Endfälligkeit] nach Ablauf der Laufzeit des Kredits treffen. Berücksichtigen Sie dabei auch alle Zahlungen, die Sie zusätzlich zu der hier angegebenen Ratenhöhe leisten müssen.

(falls zutreffend) Der Zinssatz dieses Kredits oder eines Teils davon kann sich ändern. Daher kann die Höhe Ihrer Raten steigen oder sinken. Falls sich der Zinssatz beispielsweise auf [unter Teil B beschriebenes Szenario] erhöht, können Ihre Ratenzahlungen auf [Angabe der Höhe der gemäß diesem Szenario fälligen Rate] ansteigen.

(falls zutreffend) Die Höhe der [Zahlungsintervall] in [Landeswährung des Kreditnehmers] fälligen Zahlungen kann sich ändern.

(falls zutreffend) Ihre pro [Zahlungsperiode] fälligen Zahlungen können sich auf [Höchstbetrag in der Landeswährung des Kreditnehmers] erhöhen.

(falls zutreffend) Wenn beispielsweise [Landeswährung des Kreditnehmers] gegenüber [Kreditwährung] um 20 % an Wert verliert, müssten Sie pro [Zeitraum] [Betrag in der Landeswährung des Kreditnehmers] mehr zahlen. Ihre Zahlungen könnten auch um einen höheren Betrag ansteigen.

(falls zutreffend) Bei der Umrechnung Ihrer in [Kreditwährung] geleisteten Rückzahlungen in [Landeswährung des Kreditnehmers] wird der von [Name der den Wechselkurs veröffentlichenden Einrichtung] am [Datum] veröffentlichte oder auf der Grundlage von [Bezeichnung der Bezugsgrundlage oder der Berechnungsmethode] am [Datum] errechnete Wechselkurs zugrunde gelegt.

(falls zutreffend) [Spezifische Angaben zu verbundenen Sparprodukten und Krediten mit abgegrenztem Zins]

7. (falls zutreffend) Beispiel eines Tilgungsplans

Der folgenden Tabelle ist die Höhe des pro [Zahlungsintervall] zu zahlenden Betrags zu entnehmen.

Die Raten (Spalte [Nummer]) setzen sich aus zu zahlenden Zinsen (Spalte [Nummer]) und, falls zutreffend, zu zahlender Tilgung (Spalte [Nummer]) sowie, falls zutreffend, sonstigen Kosten (Spalte [Nummer]) zusammen. (falls zutreffend) Die in der Spalte „sonstige Kosten" angegebenen Kosten betreffen [Aufzählung der Kosten]. Das Restkapital (Spalte [Nummer]) ist der nach einer Ratenzahlung noch verbleibende zurückzuzahlende Kreditbetrag.
[Tabelle]

8. Zusätzliche Auflagen

Der Kreditnehmer muss folgende Auflagen erfüllen, um in den Genuss der im vorliegenden Dokument genannten Kreditkonditionen zu kommen.
[Auflagen]

(falls zutreffend) Beachten Sie bitte, dass sich die in diesem Dokument genannten Kreditkonditionen (einschließlich Zinssatz) ändern können, falls Sie diese Auflagen nicht erfüllen.

(falls zutreffend) Beachten Sie bitte die möglichen Konsequenzen einer späteren Kündigung der mit dem Kredit verbundenen Nebenleistungen:
[Konsequenzen]

9. Vorzeitige Rückzahlung

Sie können den Kredit ganz oder teilweise vorzeitig zurückzahlen.

(falls zutreffend) [Bedingungen]

(falls zutreffend) Ablösungsentschädigung: [Betrag oder, sofern keine Angabe möglich ist, Berechnungsmethode]

(falls zutreffend) Sollten Sie beschließen, den Kredit vorzeitig zurückzuzahlen, setzen Sie sich bitte mit uns in Verbindung, um die genaue Höhe der Ablösungsentschädigung zum betreffenden Zeitpunkt in Erfahrung zu bringen.

10. Flexible Merkmale

(falls zutreffend) [Information über Übertragbarkeit/Abtretung] Sie können den Kredit auf [einen anderen Kreditnehmer] [oder] [eine andere Immobilie] übertragen. [Bedingungen]

(falls zutreffend) Sie können den Kredit nicht auf [einen anderen Kreditnehmer] [oder] [eine andere Immobilie] übertragen.

(falls zutreffend) Zusätzliche Merkmale: [Erläuterung der in Teil B aufgelisteten zusätzlichen Merkmale und – fakultativ – aller weiteren Merkmale, die der Kreditgeber im Rahmen des Kreditvertrags anbietet und die nicht in den vorausgehenden Abschnitten genannt sind.]

11. Sonstige Rechte des Kreditnehmers

(falls zutreffend) Bevor Sie sich für die Aufnahme des Kredits entscheiden, haben Sie ab dem [Zeitpunkt, zu dem die Bedenkzeit beginnt] [Dauer der Bedenkzeit] Bedenkzeit. (falls zutreffend) Sobald Sie den Kreditvertrag vom Kreditgeber erhalten haben, können Sie diesen nicht vor Ablauf einer Frist von [Zeitraum der Bedenkzeit] annehmen.

(falls zutreffend) Sie können während eines Zeitraums von [Dauer der Widerrufsfrist] ab [Zeitpunkt, zu dem die Widerruffrist beginnt] von Ihrem Widerrufsrecht Gebrauch machen. [Bedingungen] [Verfahren]

(falls zutreffend) Sie können Ihr Widerrufsrecht verlieren, wenn Sie innerhalb dieses Zeitraums eine Immobilie erwerben oder veräußern, die im Zusammenhang mit diesem Kreditvertrag steht.

(falls zutreffend) Sollten Sie beschließen, von Ihrem Recht auf Widerruf [des Kreditvertrags] Gebrauch zu machen, so prüfen Sie bitte, ob Sie durch andere [, in Abschnitt 8 genannte] Auflagen im Zusammenhang mit dem Kredit [einschließlich der mit dem Kredit verbundenen Nebenleistungen] weiter gebunden bleiben.

12. Beschwerden

Im Fall einer Beschwerde wenden Sie sich bitte an [interne Kontaktstelle und Informationsquelle zum weiteren Verfahren].

(falls zutreffend) Maximale Frist für die Bearbeitung der Beschwerde: [Zeitraum]

(falls zutreffend) Sollten wir die Beschwerde nicht intern zu Ihrer Zufriedenheit beilegen, so können Sie sich auch an [Name der externen Stelle für außergerichtliche Beschwerde- und Rechtsbehelfsverfahren] wenden

(falls zutreffend) oder Sie können weitere Informationen bei FIN-NET oder der entsprechenden Stelle in Ihrem eigenen Land erfragen.

13. Nichteinhaltung der aus dem Kreditvertrag erwachsenden Verpflichtungen: Konsequenzen für den Kreditnehmer

[Arten eines Verstoßes gegen die Verpflichtungen]

[finanzielle und/oder rechtliche Folgen]

Sollten Sie Schwierigkeiten haben, die [Zahlungsintervall] Zahlungen zu leisten, so nehmen Sie bitte umgehend Kontakt mit uns auf, damit nach möglichen Lösungen gesucht werden kann.

(falls zutreffend) Kommen Sie Ihren Zahlungsverpflichtungen nicht nach, kann als letztes Mittel Ihre Immobilie zwangsversteigert werden.

(falls zutreffend) 14. Zusätzliche Informationen

(falls zutreffend) [auf den Kreditvertrag anwendbares Recht]
(Sofern der Kreditgeber eine Sprache verwenden möchte, die sich von der Sprache des ESIS-Merkblatts unterscheidet:) Informationen und Vertragsbedingungen werden in [Angabe der Sprache] vorgelegt. Mit Ihrer Zustimmung werden wir während der Laufzeit des Kreditvertrags mit Ihnen in [Angabe der Sprache(n)] kommunizieren.
[Hinweis betreffend das Recht, dass der Kreditvertrag gegebenenfalls im Entwurf vorgelegt oder dies angeboten wird].

15. Aufsichtsbehörde

Die Aufsicht über diesen Kreditgeber obliegt: [Bezeichnung(en) und Internetadresse(n) der Aufsichtsbehörde(n)].
(falls zutreffend) Die Aufsicht über diesen Kreditvermittler obliegt: [Bezeichnung und Internetadresse der Aufsichtsbehörde].

Der Darlehensgeber hat das ESIS-Merkblatt auch jedem Vertragsangebot und jedem Vertragsvorschlag, an dessen Bedingungen er sich bindet, beizufügen. Dies gilt nicht, wenn der Darlehensnehmer bereits ein Merkblatt erhalten hat, das über die speziellen Bedingungen des Vertragsangebots oder Vertragsvorschlags informiert.

Weitere vorvertragliche Informationen sind, soweit nichts anderes bestimmt ist, in einem gesonderten Dokument zu erteilen, das dem ESIS-Merkblatt beigefügt werden kann. Die weiteren vorvertraglichen Informationen müssen auch einen deutlich gestalteten Hinweis darauf enthalten, dass der Darlehensgeber Forderungen aus dem Darlehensvertrag ohne Zustimmung des Darlehensnehmers abtreten und das Vertragsverhältnis auf einen Dritten übertragen darf, soweit nicht die Abtretung im Vertrag ausgeschlossen wird oder der Darlehensnehmer der Übertragung zustimmen muss.

Tipp

Leider ist die Regel in der Praxis, dass sich kaum ein Darlehensnehmer die vorvertraglichen Informationen im Detail anschaut. Für Sie als Immobiliardarlehensvermittler enthalten Sie ebenfalls wichtige Informationen, um auf einzelne Fragen Ihres Kunden antworten zu können. Prüfen Sie auch, ob Ihr Produktgeber Ihre Angaben zum Darlehensnehmer und dem von Ihnen empfohlenen Produkt richtig umgesetzt hat. Im Gegensatz zum Status-Informationsblatt enthält das ESIS-Merkblatt übrigens die Angabe zu Ihrer Provision in Euro.

Voraussetzungen für das Recht auf Vermittlungsvergütung

Die gesetzlichen Grundlagen hierzu finden sich in den §§ 655a und 655c BGB.

Zunächst ist zu unterscheiden, ob der Immobiliardarlehensvermittler auf Provisions- oder Honorarbasis arbeitet.

Für den Honorar-Immobiliardarlehensvermittler gilt, dass dieser – sofern er Beratungsleistungen erbringt – eine ausreichende Zahl von am Markt verfügbaren Darlehensverträgen zu prüfen hat, bevor er seine unabhängige Empfehlung abgibt.

Ist der Darlehensvermittler nur im Namen und unter der unbeschränkten und vorbehaltlosen Verantwortung nur eines Darlehensgebers tätig, der am Markt keine Mehrheit darstellt, so braucht dieser Darlehensvermittler nur Darlehensverträge aus der Produktpalette dieses Darlehensgebers zu berücksichtigen.

Der Verbraucher ist zur Zahlung einer Vermittlungsvergütung – unabhängig davon, ob diese honorar- oder provisionsbasiert ist – nur verpflichtet, wenn infolge der Vermittlung das Darlehen zustande gekommen ist und die gesetzliche Widerrufsfrist abgelaufen ist. Soweit der Verbraucherdarlehensvertrag mit Wissen des Darlehensvermittlers der vorzeitigen Ablösung eines anderen Darlehens dient, besteht der Anspruch auf eine Vermittlungsvergütung nur dann, wenn sich dadurch der effektive Jahreszins des Anschlussdarlehens nicht erhöht. Bei der Berechnung des effektiven Jahreszinses des abzulösenden Darlehens spielt eine etwaige Vermittlungsvergütung keine Rolle.

2.4.4 Besondere Anforderungen an die Beratung

An die Beratung zu Immobiliar-Verbraucherdarlehen stellt die Wohnimmobilienkreditrichtlinie besondere Anforderungen.

Der Darlehensnehmer hat das Recht, auf eine Beratung zu verzichten.

Berücksichtigung und Ermittlung der Kundensituation

Der Gesetzgeber schreibt in § 511 Abs. 1 und 2 BGB seine Vorgaben an die Beratungsleistungen vor:

- Vorvertragliche Informationen zur Höhe seines Entgeltes für die zusätzliche Beratungsleistung und ob der Immobiliardarlehensvermittler seinen Empfehlungen nur oder im Wesentlichen eigene Produkte zugrunde legt oder neben eigenen Produkten auch eine größere Anzahl von Produkten anderer Anbieter zugrunde legt (Artikel 247 § 18 EGBGB).

- Vor der Abgabe einer Produktempfehlung muss sich der Immobiliardarlehensvermittler über den Finanzierungsbedarf, die persönliche und finanzielle Situation sowie über die Präferenzen und Ziele des Darlehensnehmers informieren und die entsprechenden Nachweise vom Darlehensnehmer einholen.

- Auf Grundlage dieser Informationen und unter Zugrundelegung realistischer Annahmen hinsichtlich der Risiken, die für den Darlehensnehmer während der Laufzeit des Darlehensvertrages zu erwarten sind, hat der Immobiliardarlehensvermittler eine ausreichende Zahl an Darlehensverträgen zumindest aus seiner Produktpalette auf ihre Geeignetheit zu prüfen.

- Auf Grundlage dieser Geeignetheitsprüfung kann ein geeignetes oder mehrere geeignete Produkte empfohlen werden oder es muss der Hinweis erfolgen, dass eine Produktempfehlung nicht möglich ist.

Zum Finanzierungsbedarf gehören Fragen nach dem vorhandenen Eigenkapital, den mit dem Immobilienerwerb verbundenen Kosten (Kaufpreis, Notarkosten, Maklergebühr,

Erschließungskosten, bei einem Neubau Kosten für die Außenanlagen usw.) und dem benötigten Darlehensbetrag (Fremdkapital).

Zur persönlichen Situation gehören insbesondere Fragen nach der beruflichen Tätigkeit und der familiären Situation (alleinstehend, Familienplanung u.ä.).

Hinweis

Die Wohnimmobilienkreditrichtlinie schreibt bei der Kreditwürdigkeitsprüfung vor, dass die Tragfähigkeit der Darlehensraten bis zum Ende der Gesamtdarlehenslaufzeit geprüft werden muss. Liegt das Gesamtdarlehenslaufzeitende nach dem Zeitpunkt des Renteneintritts des Darlehensnehmers, so ist mit zusätzlichen Fragen zur vorhandenen privaten Altersvorsorge zu rechnen. Reicht diese nicht zur Deckung der Darlehensraten, so kann eine zusätzliche Altersvorsorge zur Bedingung für die Darlehensgewährung werden. Junge Paare müssen mit vermehrten Fragen zu ihrer Lebensplanung insbesondere in Bezug auf ihren Kinderwunsch und den möglichen Wegfall eines Gehaltes rechnen. Auch hieraus können sich zusätzliche Anforderungen als Voraussetzung für die Darlehensgewährung ergeben oder im schlimmsten Fall die Ablehnung des Finanzierungswunsches.

Der finanziellen Situation kommt eine besondere Bedeutung zu, da es hier um die Tragfähigkeit der Darlehensraten bis zum Gesamtlaufzeitende des Darlehens geht. Fragen nach der Einkommens- und Vermögenssituation gehören hier ebenso dazu, wie die Frage nach der Altersvorsorge, wenn das Darlehensende in die Rentenzeit des Darlehensnehmers fällt.

Präferenzen und Ziele des Darlehensnehmers sind insbesondere seine Vorstellungen zur Darlehenslaufzeit, Sondertilgungsmöglichkeiten, Tilgungs- bzw. tragbare Darlehensratenhöhe. Eventuell verfügt er über einen Bausparvertrag, den er als Baustein in die Finanzierung einbringen möchte oder ähnliche Tilgungsersatzmittel (weiteres Beispiel: Lebensversicherung).

Im Detail ist dieses Kapitelthema Gegenstand in der Teilprüfung 3. Aus diesem Grund erhalten Sie weitere Informationen an späterer Stelle in diesem Buch in Kapitel 3.3 Finanzierungsbedarf und Finanzierungsbestandteile.

Notwendigkeit der Kapitaldienstfähigkeit: die Kreditwürdigkeitsprüfung

Der Darlehensgeber hat im Rahmen seiner Kreditwürdigkeitsprüfung einige gesetzliche Vorgaben zu berücksichtigen. Die nachfolgende Grafik gibt Ihnen dazu einen Überblick.

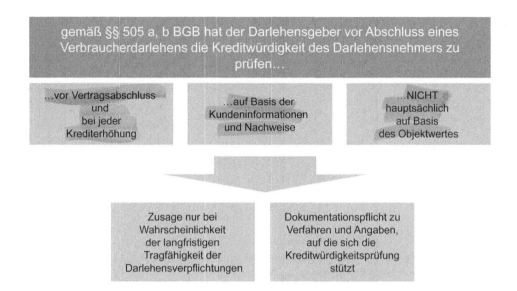

Abb. 49: Die Pflichten bei der Kreditwürdigkeitsprüfung (§§ 505a, b BGB)

Verstößt der Darlehensgeber gegen diese Pflichten, so hat dies umfassende Konsequenzen.

Für den Darlehensnehmer ergeben sich aus einer solchen Pflichtverletzung seitens des Darlehensgebers umfangreiche Rechte.

So hat er einen Anspruch auf Zinsermäßigung, sofern sich eine solche aus dem Marktzinsniveau zum Zeitpunkt des Vertragsabschlusses oder der letzten Zinsanpassung ergibt.

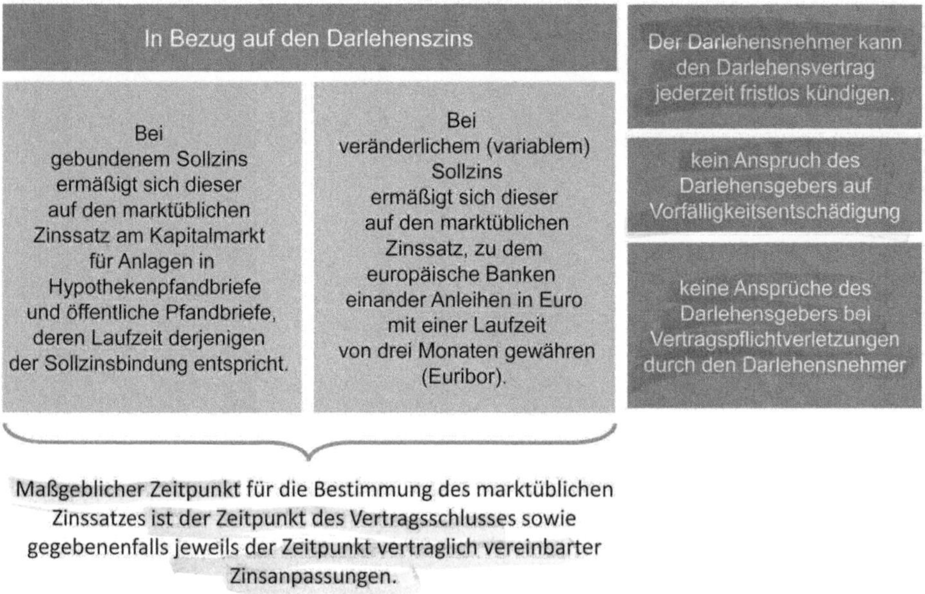

In Bezug auf den Darlehenszins		Der Darlehensnehmer kann den Darlehensvertrag jederzeit fristlos kündigen.
Bei gebundenem Sollzins ermäßigt sich dieser auf den marktüblichen Zinssatz am Kapitalmarkt für Anlagen in Hypothekenpfandbriefe und öffentliche Pfandbriefe, deren Laufzeit derjenigen der Sollzinsbindung entspricht.	Bei veränderlichem (variablem) Sollzins ermäßigt sich dieser auf den marktüblichen Zinssatz, zu dem europäische Banken einander Anleihen in Euro mit einer Laufzeit von drei Monaten gewähren (Euribor).	kein Anspruch des Darlehensgebers auf Vorfälligkeitsentschädigung
		keine Ansprüche des Darlehensgebers bei Vertragspflichtverletzungen durch den Darlehensnehmer

Maßgeblicher Zeitpunkt für die Bestimmung des marktüblichen Zinssatzes ist der Zeitpunkt des Vertragsschlusses sowie gegebenenfalls jeweils der Zeitpunkt vertraglich vereinbarter Zinsanpassungen.

Abb. 50: Folgen bei Verstoß gegen die Pflicht zur Kreditwürdigkeitsprüfung (§ 505d BGB)

Darüber hinaus kann er jederzeit den Darlehensvertrag fristlos kündigen. Eine Vorfälligkeitsentschädigung darf der Darlehensgeber in diesem Fall nicht berechnen.

§ 505d Abs. 2 BGB

Kann der Darlehensnehmer Pflichten, die im Zusammenhang mit dem Darlehensvertrag stehen, nicht vertragsgemäß erfüllen, so kann der Darlehensgeber keine Ansprüche wegen Pflichtverletzung geltend machen, wenn die Pflichtverletzung auf einem Umstand beruht, der bei ordnungsgemäßer Kreditwürdigkeitsprüfung dazu geführt hätte, dass der Darlehensvertrag nicht hätte geschlossen werden dürfen.

Diese Rechte des Darlehensnehmers entfallen, wenn sich herausstellt, dass:

- bei einer ordnungsgemäßen Kreditwürdigkeitsprüfung der Darlehensvertrag hätte geschlossen werden dürfen
- die Kreditwürdigkeitsprüfung auf vorsätzlich oder grob fahrlässig unrichtig erteilten oder vorenthaltenen Informationen des Darlehensnehmers beruhte.

Trennung von Kreditentscheidung und Objektbewertung

Diese Trennung ist eine weitere gesetzliche Vorgabe und bezieht sich auf Immobiliar-Verbraucherdarlehensverträge, die durch ein Grundpfandrecht oder eine Reallast abgesichert werden sollen.

Der interne oder externe Gutachter, der die Immobilienbewertung vornehmen soll, muss fachlich kompetent und unabhängig vom Darlehensvergabeprozess sein. Durch diese Bedingungen soll eine objektive Bewertung sichergestellt werden (§ 505c BGB).

Beratung in Bezug auf produktbasierte und lebensbasierte Risiken für die Dauer der Finanzierung

Auf der Grundlage realistischer Annahmen hinsichtlich der Risiken, die für den Darlehensnehmer während der Laufzeit des Darlehensvertrags zu erwarten sind, hat der Darlehensgeber eine ausreichende Zahl an Darlehensverträgen zumindest aus seiner Produktpalette auf ihre Geeignetheit zu prüfen.

Die mit einer Finanzierung verbundenen möglichen Risiken lassen sich grob in produktbasierte und lebensbasierte Risiken aufteilen.

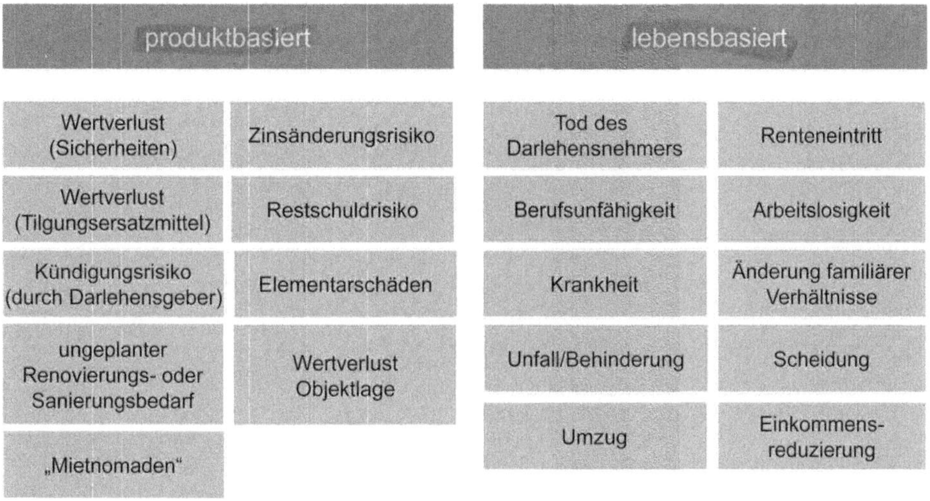

produktbasiert		lebensbasiert	
Wertverlust (Sicherheiten)	Zinsänderungsrisiko	Tod des Darlehensnehmers	Renteneintritt
Wertverlust (Tilgungsersatzmittel)	Restschuldrisiko	Berufsunfähigkeit	Arbeitslosigkeit
Kündigungsrisiko (durch Darlehensgeber)	Elementarschäden	Krankheit	Änderung familiärer Verhältnisse
ungeplanter Renovierungs- oder Sanierungsbedarf	Wertverlust Objektlage	Unfall/Behinderung	Scheidung
„Mietnomaden"		Umzug	Einkommens- reduzierung

Abb. 51: Risiken der Finanzierung

Zu den wichtigsten dieser Risiken finden Sie weitere Informationen im Kapitel 3.11 Risiken der Finanzierung.

Anforderungen an die Dokumentation

Derzeit schreibt der Gesetzgeber noch keine Beratungsgesprächsdokumentation seitens des Immobiliardarlehensvermittlers vor. In der Praxis kann diese dennoch empfehlenswert sein und viele Darlehensgeber haben diese für sich individuell geregelt.

Eine Dokumentationspflicht besteht dagegen hinsichtlich des Kreditwürdigkeitsprozesses auf Seiten des Darlehensgebers.

2.4.5   Kreditwesengesetz (KWG)

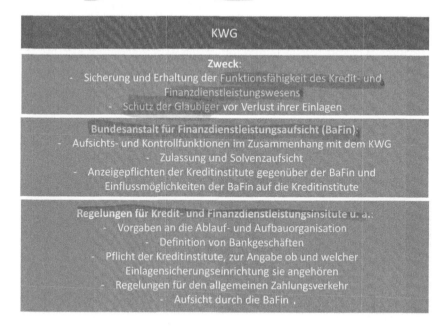

Abb. 52: Das Kreditwesengesetz (KWG)

Das Kreditwesengesetz spielt eine zentrale Rolle für den Bankensektor als Teil einer Volkswirtschaft. Waren es früher reine Wirtschaftskrisen, die das Funktionieren einer Volkswirtschaft gefährdet haben, so sind es in der modernen globalen Wirtschaftswelt immer häufiger auch Finanzmarktkrisen wie zuletzt 2008/2009.

Das Kreditwesengesetz soll aus diesem Grund die **Funktionsfähigkeit des Kredit- und Finanzdienstleistungswesens in Deutschland sichern und erhalten** und ist daher die gesetzliche Grundlage für Kreditinstitute, Finanzdienstleistungsunternehmen und andere Finanzunternehmen.

Es enthält Regelungen zu den Hauptgeschäftsfeldern der Banken, den sogenannten Bankgeschäften. Hierunter fällt auch das Kreditgeschäft.

In § 18a KWG finden sich die Regelungen und Schutzbestimmungen zu Verbraucherdarlehen und damit auch dem Immobiliar-Verbraucherdarlehen. Sie gelten für Kreditinstitute und deren mit der Vergabe von Immobiliar-Verbraucherdarlehen befassten angestellten und externen Mitarbeiter. Weitestgehend entsprechen diese Vorschriften denen für gewerbliche Immobiliardarlehensvermittler.

2.4.6   Geldwäschegesetz (GwG)

Das Geldwäschegesetz ist ein Gesetz über das Aufspüren von Gewinnen aus schweren Straftaten. Es verfolgt das Ziel, finanzielle Transaktionen mit kriminellem Hintergrund, wie insbesondere Geldwäsche und Terrorismusfinanzierung, aufzudecken und zu bekämpfen. Auch die gewerbsmäßige (= mehrjährig; Vermögensvorteil mit der Absicht der Wiederholung) Steuerhinterziehung gehört hierzu.

Die Vierte EU-Geldwäsche-Richtlinie wurde im Juni 2017 mit der neuen Fassung des Geldwäschegesetzes in deutsches Recht umgesetzt. Die Standards gegen Geldwäsche und insbesondere gegen die Terrorismusfinanzierung wurden deutlich angehoben. Das bedeutet u.a. auch eine Erweiterung um den risikobasierten Ansatz, der über den Umfang vereinfachter oder verstärkter Sorgfaltspflichten mit entscheidet.

Für die zur Mitwirkung bei der Geldwäschebekämpfung verpflichteten Berufsgruppen, wie beispielsweise den Immobiliardarlehensvermittlern, bleibt es bei den bisherigen Regelungen, wonach Transaktionen von 15.000 € oder mehr, die eine Geldbewegung oder Vermögensverschiebung bezwecken, Sorgfaltspflichten auslösen, vor allem die Identifizierung vor Begründung, d.h. Aufnahme der Geschäftsbeziehung.

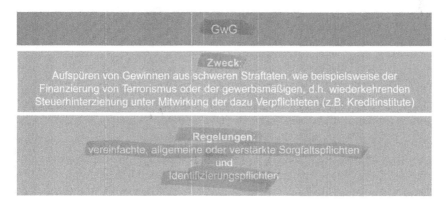

Abb. 53: Das Geldwäschegesetz (GwG)

Transaktionen

Transaktionen im Sinne des § 1 Abs. 5 GwG sind eine oder, soweit zwischen ihnen eine Verbindung zu bestehen scheint, mehrere Handlungen, die eine Geldbewegung oder eine sonstige Vermögensverschiebung bezwecken oder bewirken. Dem Bargeld ist das elektronische Geld gleichgestellt.

Um dieses Ziel zu erreichen, steht die Transparenz der Geschäftsbeziehung und jeder einzelnen Finanztransaktion im Vordergrund.

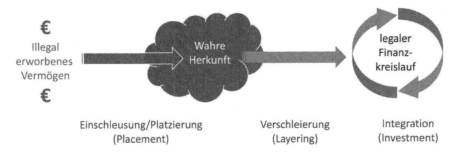

| Einschleusung/Platzierung | Verschleierung | Integration |
| (Placement) | (Layering) | (Investment) |

Abb. 54: Was ist Geldwäsche?

Geldwäsche stellt eine Verschleierung der wahren Herkunft illegal erzielter Vermögen oder Einnahmen, die in den legalen Finanzkreislauf eingeschleust werden, dar. Nicht jeder Geschäftsvorgang ist allerdings auf den ersten Blick als Geldwäsche zu erkennen, vor allem wenn es sich um grenzüberschreitende Transaktionen handelt.

Die Sorgfalts- und Identifizierungspflichten des GwG sollen diese Transparenz sicherstellen.

Als Immobiliardarlehensvermittler sind Sie zur Mitwirkung an der Geldwäscheprävention verpflichtet. Hauptverantwortlich ist der Verpflichtete (z.B. Darlehensgeber), der einen Teil der Geldwäschepflichten zur Umsetzung an Sie übertragen kann.

► Exkurs: Verpflichtete

Als Verpflichtete bezeichnet das GwG Unternehmen oder Personen, die unmittelbar für die Einhaltung der Vorschriften des GwG verantwortlich sind.

Dazu gehören u.a. Kreditinstitute, Finanzdienstleistungsinstitute, Versicherungsunternehmen, Kapitalverwaltungsgesellschaften, Wirtschaftsprüfer, Steuerberater, Güterhändler (neu seit 2017) und Immobilienmakler (neu seit 2017). Unter bestimmten Voraussetzungen gehören auch Notare und Rechtsanwälte zu den Verpflichteten.

Auch Immobilienmakler, die gewerblich den Kauf oder Verkauf von Grundstücken oder grundstücksgleichen Rechten vermitteln, müssen die Vorschriften des GwG seit 2017 beachten.

Als Immobiliardarlehensvermittler sind Sie zwar kein direkter Verpflichteter, müssen aber im Auftrag der Verpflichteten mitwirken. ◄

Sorgfaltspflichten

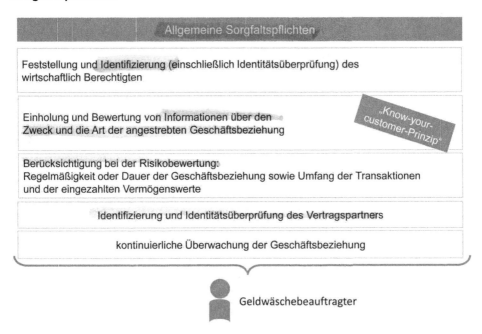

Abb. 55: Allgemeine Sorgfaltspflichten

Die **allgemeinen Sorgfaltspflichten** gemäß § 3 GwG stellen den Normalfall dar, wenn weder eine verringerte noch eine erhöhte Risikosituation vorliegt.

Bei der Einholung der Informationen vom Vertragspartner (Kunde) über Art und Zweck der Geschäftsverbindung sind die im späteren Verlauf dieses Kapitels noch beschriebenen Risikofaktoren (potenziell geringes oder erhöhtes Geldwächerisiko) gemäß Anlage 1 und 2 GwG zu beachten. Außerdem sind Informationen einzuholen über:

- die Höhe der von Kunden eingezahlten Vermögenswerte oder den Umfang der ausgeführten Transaktionen sowie
- die Regelmäßigkeit oder die Dauer der Geschäftsbeziehung.

Verpflichtete müssen gegenüber den Aufsichtsbehörden darlegen, dass der Umfang der getroffenen Maßnahmen im Hinblick auf die Risiken der Geldwäsche und der Terrorismusfinanzierung angemessen ist.

Die allgemeinen Sorgfaltspflichten sind mit Ausnahme der kontinuierlichen Überwachung der Geschäftsverbindung auch vom Finanzanlagenvermittler zu beachten.

Wirtschaftlich Berechtigter

Ein wirtschaftlich Berechtigter im Sinne des § 3 GwG ist eine natürliche Person, in deren Eigentum das Geld oder unter deren Kontrolle der Vertragspartner letztlich steht, oder die natürlich Person, auf deren Veranlassung eine Transaktion durchgeführt oder eine Geschäftsbeziehung begründet wird.

Die Identifizierung des wirtschaftlich Berechtigten soll Strohmanngeschäften entgegenwirken. Ziel ist es herauszufinden, wer der tatsächliche (rechtliche) Eigentümer des Geldes ist. Bei Unternehmen ist dies die Person, die eine entsprechende Kontrollfunktion über die Finanzen hat.

Die kontinuierliche Überwachung der Geschäftsbeziehung und das Vorhandensein eines Geldwäschebeauftragten als interne Sicherungsmaßnahme sind Aufgabe des produktgebenden Kreditinstitutes. Bei der Überwachung der Geschäftsbeziehung geht es vor allem um die Überwachung der Transaktionen, die im Verlauf der Geschäftsbeziehung durchgeführt werden. Diese müssen mit den vorhandenen Dokumenten und Informationen über den Vertragspartner oder wirtschaftlich Berechtigten sowie mit den Informationen über die Herkunft der Vermögenswerte übereinstimmen. Dazu müssen Dokumente, Daten oder Informationen – soweit risikoangemessen – in angemessenem Zeitabstand aktualisiert werden.

▶ Exkurs: Transparenzregister für wirtschaftlich Berechtigte von i.d.R. juristischen Personen des privaten Rechts, eingetragenen Personengesellschaften und sog. Trusts.

Bei Unternehmen sind wirtschaftlich Berechtigte alle natürlichen Personen, die entweder mehr als 25 % der Unternehmensanteile besitzen oder mehr als 25 % der Stimmrechte ausüben.

Der wirtschaftlich Berechtigte muss bei einer Kontoeröffnung oder bei Bargeldzahlungen erfasst werden. Mit dieser Einzelfallerfassung ist es aber nicht getan. Alle von Geldwäschemöglichkeiten betroffenen Unternehmen (juristische Personen und in Register eingetragene Personengesellschaften) müssen seit 1. Oktober 2017 Angaben zu ihrer Eigentümerstruktur und zu ihren wirtschaftlich Berechtigten an das in diesem Zusammenhang neu gebildete Transparenzregister übermitteln. Änderungen sind unverzüglich an das Transparenzregister zu melden.

Der zur Einhaltung der Vorschriften des GwG Verpflichtete kann das Transparenzregister zur Ermittlung des wirtschaftlich Berechtigten bei Unternehmen nutzen. Das Transparenzregister stellt allerdings keine Gewähr für die Vollständigkeit und Richtigkeit der Daten dar. Dies bedeutet, dass auch über das Transparenzregister hinaus Angaben zum wirtschaftlich Berechtigten vom Unternehmen eingeholt werden müssen. ◀

Vereinfachte Sorgfaltspflichten	Verstärkte Sorgfaltspflichten	
Voraussetzungen: • potenziell geringeres Risiko gemäß Risikofaktoren der Anlage 1 GwG beim Vertragspartner • kein Vorliegen von Voraussetzungen der verstärkten Sorgfaltspflichten	**Voraussetzungen:** • potenziell höheres Risiko gemäß Risikofaktoren der Anlage 2 GwG beim Vertragspartner oder wirtschaftlich Berechtigten • bei politisch exponierten Personen (PEP) und deren Familienangehörigen	
Umfang der Maßnahmen, die zur Erfüllung der allgemeinen Sorgfaltspflichten zu treffen sind, können angemessen reduziert werden	Beachtung der allgemeinen Sorgfaltspflichten	
Vereinfachte Identitätsüberprüfung	**Zusatzpflichten:**	
	verstärkte kontinuierliche Überwachung der Geschäftsbeziehung	
Die Verpflichteten müssen in jedem Fall die Überprüfung von Transaktionen und die Überwachung von Geschäftsbeziehungen in einem Umfang sicherstellen, der es ihnen ermöglicht, ungewöhnliche oder verdächtige Transaktionen zu erkennen und zu melden.	Einholung der Zustimmung zum Vertragsabschluss von einem Mitglied der Führungsebene	
	Klärung der Herkunft der Vermögenswerte mit angemessenen Mitteln	

Abb. 56: Vereinfachte und verstärkte Sorgfaltspflichten

Die **vereinfachten Sorgfaltspflichten** gemäß § 5 GwG gelten nur unter den gesetzlich vorgesehenen Voraussetzungen, wie beispielsweise geringes Geldwäscherisiko. Ein solches wird beispielsweise angenommen bei einem Notaranderkonto (unter Beachtung der Anlage 1 GwG). Hiermit wickelt ein Notar die Finanzströme seiner Klienten in deren Auftrag und im Rahmen seines Berufsstandes ab.

Die **verstärkten Sorgfaltspflichten** gemäß § 6 GwG gelten vor allem bei politisch exponierten Personen (PEP), aber auch bei grundsätzlich erhöhtem Risiko. Es sind die allgemeinen Sorgfaltspflichten zuzüglich weiterer Pflichten zu beachten:

- verstärkte kontinuierliche Überwachung der Geschäftsbeziehung durch die konto- bzw. depotführende Stelle
- bei Vertragsabschluss ist die Zustimmung eines Vorgesetzten (im Unternehmen: leitender Fachvorgesetzter, der Geldwäschebeauftragte oder der Leiter der Compliance) erforderlich.
- Die Herkunft der Vermögensgegenstände muss mit angemessenen Mitteln, d.h. Fragen an den Vertragspartner, aufgeklärt werden. Der Vertragspartner hat in diesem Fall eine Auskunftspflicht.

▶ **Exkurs: Politisch exponierte Personen (PEP)**

Eine politisch exponierte Person (PEP) im Sinne des § 1 Abs. 12 GwG ist jede natürliche Person, die ein hochrangiges wichtiges öffentliches Amt auf internationaler, europäischer oder nationaler Ebene ausübt oder ausgeübt hat oder ein öffentliches Amt unterhalb der nationalen Ebene, dessen politische Bedeutung vergleichbar ist, ausübt oder ausgeübt hat. Zu den politisch exponierten Personen gehören insbesondere:

- Staatschefs, Regierungschefs, Minister, Mitglieder der Europäischen Kommission, stellvertretende Minister und Staatssekretäre,

- Parlamentsabgeordnete und Mitglieder vergleichbarer Gesetzgebungsorgane,

- Mitglieder der Führungsgremien politischer Parteien,

- Mitglieder von obersten Gerichtshöfen, Verfassungsgerichtshöfen oder sonstigen hohen Gerichten, gegen deren Entscheidungen im Regelfall kein Rechtsmittel mehr eingelegt werden kann,

- Mitglieder der Leitungsorgane von Rechnungshöfen,

- Mitglieder der Leitungsorgane von Zentralbanken,

- Botschafter, Geschäftsträger und Verteidigungsattachés,

- Mitglieder der Verwaltungs-, Leitungs- und Aufsichtsorgane staatseigener Unternehmen,

- Direktoren, stellvertretende Direktoren, Mitglieder des Leitungsorgans oder sonstige Leiter mit vergleichbarer Funktion in einer zwischenstaatlichen internationalen oder europäischen Organisation,

- Unmittelbare Familienmitglieder, d.h. ein naher Angehöriger einer politisch exponierten Person, wie insbesondere der Ehepartner oder eingetragene Lebenspartner, ein Kind und dessen Ehepartner oder eingetragener Lebenspartner und jedes Elternteil.

Eine Person, die seit mindestens einem Jahr keine wichtigen öffentlichen Ämter im Sinne der o.g. Funktionen ausgeübt hat, ist nicht mehr als politisch exponiert zu betrachten. ◀

Was umfasst der intensivierte risikobasierte Ansatz des GwG?

Der risikobasierte Ansatz des novellierten GwG besagt, dass bei höheren Risiken mehr getan werden muss, um diese zu minimieren, während bei geringen Risiken vereinfachte Maßnahmen ausreichen. So soll schneller und effektiver auf die sich bei den Geldwäschern und Terrorismusfinanzierern wandelnden Methoden reagiert werden können.

Gemäß § 4 Abs. 1 und 2 GwG müssen die Verpflichteten zur Verhinderung von Geldwäsche und von Terrorismusfinanzierung über ein wirksames Risikomanagement verfügen, das im Hinblick auf Art und Umfang ihrer Geschäftstätigkeit angemessen ist. Das Risikomanagement umfasst eine Risikoanalyse sowie interne Sicherungsmaßnahmen.

Die Risikoanalyse umfasst gemäß § 5 GwG:

- Ermittlung und Bewertung derjenigen Risiken der Geldwäsche und der Terrorismusfinanzierung, die für Geschäfte bestehen, die vom Verpflichteten betrieben werden
- Berücksichtigung der in den Anlagen 1 und 2 GwG genannten Risikofaktoren sowie der Informationen, die auf Grundlage der nationalen Risikoanalyse zur Verfügung gestellt werden
- Abhängigkeit des Umfangs der Risikoanalyse von Art und Umfang der Geschäftstätigkeit der Verpflichteten
- Dokumentation der Risikoanalyse
- regelmäßige Überprüfung und Aktualisierung der Risikoanalyse
- auf Verlangen, der Aufsichtsbehörde die jeweils aktuelle Fassung der Risikoanalyse zur Verfügung zu stellen

Die internen Sicherungsmaßnahmen umfassen gemäß § 6 GwG:

- die Ausarbeitung von internen Grundsätzen, Verfahren und Kontrollen in Bezug auf
    - den Umgang mit Risiken
    - die Sorgfalts- und Identifizierungspflichten
    - die Erfüllung der Meldepflicht bei Verdachtsmomenten
    - die Aufzeichnung von Informationen und die Aufbewahrung von Dokumenten und
    - die Einhaltung der sonstigen geldwäscherechtlichen Vorschriften,
- die Bestellung eines Geldwäschebeauftragten und seines Stellvertreters
- die Schaffung und Fortentwicklung geeigneter Maßnahmen zur Verhinderung des Missbrauchs von neuen Produkten und Technologien zur Begehung von Geldwäsche und von Terrorismusfinanzierung oder für Zwecke der Begünstigung der Anonymität von Geschäftsbeziehungen oder von Transaktionen,
- die Überprüfung der Mitarbeiter auf ihre Zuverlässigkeit durch geeignete Maßnahmen, insbesondere durch Personalkontroll- und Beurteilungssysteme der Verpflichteten,
- die erstmalige und laufende Unterrichtung der Mitarbeiter in Bezug auf Typologien und aktuelle Methoden der Geldwäsche und der Terrorismusfinanzierung sowie die insoweit einschlägigen Vorschriften und Pflichten, einschließlich Datenschutzbestimmungen, und
- die Überprüfung der zuvor genannten Grundsätze und Verfahren durch eine unabhängige Prüfung, soweit diese Überprüfung angesichts der Art und des Umfangs der Geschäftstätigkeit angemessen ist.

Anlage 1 GwG Faktoren für ein potenziell geringes Risiko

Die Liste ist eine nicht abschließende Aufzählung von Faktoren und möglichen Anzeichen für ein potenziell geringeres Risiko nach § 14 (vereinfachte Sorgfaltspflichten):

1. Faktoren bezüglich des Kundenrisikos:

   a) öffentliche, an einer Börse notierte Unternehmen, die (aufgrund von Börsenordnungen oder von Gesetzes wegen oder aufgrund durchsetzbarer Instrumente) solchen Offenlegungspflichten unterliegen, die Anforderungen an die Gewährleistung einer angemessenen Transparenz hinsichtlich des wirtschaftlichen Eigentümers auferlegen,

   b) öffentliche Verwaltungen oder Unternehmen,

   c) Kunden mit Wohnsitz in geografischen Gebieten mit geringerem Risiko nach Nummer 3.

2. Faktoren bezüglich des Produkt-, Dienstleistungs-, Transaktions- oder Vertriebskanalrisikos:

   a) Lebensversicherungspolicen mit niedriger Prämie,

   b) Versicherungspolicen für Rentenversicherungsverträge, sofern die Verträge weder eine Rückkaufklausel enthalten noch als Sicherheit für Darlehen dienen können,

   c) Rentensysteme und Pensionspläne oder vergleichbare Systeme, die den Arbeitnehmern Altersversorgungsleistungen bieten, wobei die Beiträge vom Gehalt abgezogen werden und die Regeln des Systems den Begünstigten nicht gestatten, ihre Rechte zu übertragen,

   d) Finanzprodukte oder -dienste, die bestimmten Kunden angemessen definierte und begrenzte Dienstleistungen mit dem Ziel der Einbindung in das Finanzsystem („financial inclusion") anbieten,

   e) Produkte, bei denen die Risiken der Geldwäsche und der Terrorismusfinanzierung durch andere Faktoren wie etwa Beschränkungen der elektronischen Geldbörse oder die Transparenz der Eigentumsverhältnisse gesteuert werden (z.B. bestimmte Arten von E-Geld).

3. Faktoren bezüglich des geografischen Risikos:

   a) Mitgliedstaaten,

   b) Drittstaaten mit gut funktionierenden Systemen zur Verhinderung, Aufdeckung und Bekämpfung von Geldwäsche und von Terrorismusfinanzierung,

   c) Drittstaaten, in denen Korruption und andere kriminelle Tätigkeiten laut glaubwürdigen Quellen schwach ausgeprägt sind,

   d) Drittstaaten, deren Anforderungen an die Verhinderung, Aufdeckung und Bekämpfung von Geldwäsche und von Terrorismusfinanzierung laut glaubwürdigen Quellen (z.B. gegenseitige Evaluierungen, detaillierte Bewertungsberichte oder veröffentlichte Follow-up-Berichte) den überarbeiteten FATF (Financial Action Task Force)-Empfehlungen entsprechen und die diese Anforderungen wirksam umsetzen.

Anlage 2 GwG Faktoren für ein potenziell erhöhtes Risiko

Die Liste ist eine nicht erschöpfende Aufzählung von Faktoren und möglichen Anzeichen für ein potenziell höheres Risiko nach § 15 (verstärkte Sorgfaltspflichten):

1. Faktoren bezüglich des Kundenrisikos:

   a) außergewöhnliche Umstände der Geschäftsbeziehung,

   b) Kunden, die in geografischen Gebieten mit hohem Risiko gemäß Nummer 3 ansässig sind,

    c) juristische Personen oder Rechtsvereinbarungen, die als Instrumente für die private Vermögensverwaltung dienen,

    d) Unternehmen mit nominellen Anteilseignern oder als Inhaberpapiere emittierten Aktien,

    e) bargeldintensive Unternehmen,

    f) angesichts der Art der Geschäftstätigkeit als ungewöhnlich oder übermäßig kompliziert erscheinende Eigentumsstruktur des Unternehmens;

2. Faktoren bezüglich des Produkt-, Dienstleistungs-, Transaktions- oder Vertriebskanalrisikos:

    a) Betreuung vermögender Privatkunden,

    b) Produkte oder Transaktionen, die Anonymität begünstigen könnten,

    c) Geschäftsbeziehungen oder Transaktionen ohne persönliche Kontakte und ohne bestimmte Sicherungsmaßnahmen wie z.B. elektronische Unterschriften,

    d) Eingang von Zahlungen unbekannter oder nicht verbundener Dritter,

    e) neue Produkte und neue Geschäftsmodelle einschließlich neuer Vertriebsmechanismen sowie Nutzung neuer oder in der Entwicklung begriffener Technologien für neue oder bereits bestehende Produkte;

3. Faktoren bezüglich des geografischen Risikos:

    a) unbeschadet des Artikels 9 der Richtlinie (EU) 2015/849 ermittelte Länder, deren Finanzsysteme laut glaubwürdigen Quellen (z.B. gegenseitige Evaluierungen, detaillierte Bewertungsberichte oder veröffentlichte Follow-up-Berichte) nicht über hinreichende Systeme zur Verhinderung, Aufdeckung und Bekämpfung von Geldwäsche und Terrorismusfinanzierung verfügen,

    b) Drittstaaten, in denen Korruption oder andere kriminelle Tätigkeiten laut glaubwürdigen Quellen signifikant stark ausgeprägt sind,

    c) Staaten, gegen die beispielsweise die Europäische Union oder die Vereinten Nationen Sanktionen, Embargos oder ähnliche Maßnahmen verhängt hat oder haben,

    d) Staaten, die terroristische Aktivitäten finanziell oder anderweitig unterstützen oder in denen bekannte terroristische Organisationen aktiv sind.

Identifizierungspflichten

Identifizierung im Sinne des GwG besteht aus:

1. Der Feststellung der Identität durch Erheben von Angaben und

2. der Überprüfung der Identität.

Die Identifizierung ist Teil der Sorgfaltspflichten und hinsichtlich der zu erhebenden Angaben und deren Überprüfung (§ 13 GwG) im GwG geregelt.

Das GwG unterscheidet dabei zwischen dem eigentlichen Vertragspartner und dem wirtschaftlich Berechtigten.

Identifizierung des Vertragspartners	Identifizierung des wirtschaftlich Berechtigten
Feststellung der Identität (Erheben von Angaben)	Feststellung der Identität (Erheben von Angaben)
Überprüfung der Identität (Verifizierung/ Glaubhaftmachung der Angaben)	Überprüfung der Identität (Verifizierung/ Glaubhaftmachung der Angaben)
Zeitpunkt der Identifizierung: grundsätzlich vor Begründung der Geschäftsbeziehung	Zeitpunkt der Identifizierung: grundsätzlich vor Begründung der Geschäftsbeziehung
zu erhebende Angaben bei natürlichen Personen	zu erhebende Angaben bei natürlichen Personen
- Name (alle Vornamen und Nachname) - Geburtsort - Geburtsdatum - Staatsangehörigkeit - Wohnanschrift oder postalische Anschrift, sofern keine Wohnanschrift	Mindestangabe: Name (alle Vornamen und Nachname) mögliche Zusatzangaben: Geburtsort, Geburtsdatum und Wohnanschrift Weitere Angaben aufgrund Geldwäscherisiko im Einzelfall
Überprüfung anhand gültigem Personalausweis oder Reisepass	Nachweispflicht des Vertragspartners mit Offenlegung des wirtschaftlich Berechtigten
Art, Nummer und ausstellende Behörde des zur Überprüfung der Identität vorgelegten Dokuments	Art, Nummer und ausstellende Behörde des zur Überprüfung der Identität vorgelegten Dokuments (Personalausweis oder Reisepass)

Abb. 57: Identifizierungspflicht gemäß GwG

Während der Umfang und die Art der Überprüfung beim Vertragspartner genau festgelegt sind, lässt der Gesetzgeber beim wirtschaftlich Berechtigten einen gewissen Ermessungsspielraum beim Umfang und der Überprüfung der zu erhebenden Angaben zu.

Bei der Anschrift ist immer die Wohnsitzanschrift und kein Postfach oder eine c/o Adresse zu erheben. Allerdings kann abweichend eine postalische Adresse angegeben werden, unter der der Vertragspartner erreichbar ist.

Bei der Identifizierung hat der Vertragspartner eine Mitwirkungspflicht. Verweigert er Angaben zur Identifizierung, kann keine Geschäftsbeziehung eingegangen werden.

§ 11 GwG (Identifizierung)

(5) Bei einem wirtschaftlich Berechtigten hat der Verpflichtete abweichend von Absatz 4 (Identifizierungsumfang Vertragspartner) zur Feststellung der Identität zumindest dessen Name und, soweit dies in Ansehung des im Einzelfall bestehenden Risikos der Geldwäsche oder der Terrorismusfinanzierung angemessen ist, weitere Identifizierungsmerkmale zu erheben. Geburtsdatum, Geburtsort und Anschrift des wirtschaftlich Berechtigten dürfen unabhängig vom festgestellten Risiko erhoben werden. Der Verpflichtete hat sich durch risikoangemessene Maßnahmen zu vergewissern, dass die zur Identifizierung erhobenen Angaben zutreffend sind; dabei darf sich der Verpflichtete nicht ausschließlich auf die Angaben im Transparenzregister verlassen.

(6) Der Vertragspartner eines Verpflichteten hat dem Verpflichteten die Informationen und Unterlagen zur Verfügung zu stellen, die zur Identifizierung erforderlich sind. Ergeben sich im Laufe der Geschäftsbeziehung Änderungen, hat er diese Änderungen unverzüglich dem Verpflichteten anzuzeigen. Der Vertragspartner hat gegenüber dem Verpflichteten offenzulegen, ob er die Geschäftsbeziehung oder die Transaktion für einen wirtschaftlich Berechtigten begründen, fortsetzen oder durchführen will. Mit der Offenlegung hat er dem Verpflichteten auch die Identität des wirtschaftlich Berechtigten nachzuweisen.

Welche Anforderungen werden an die Identitätsüberprüfung gestellt?

Das novellierte Geldwäschegesetz unterscheidet bei der Identifizierung nicht mehr zwischen anwesenden und nicht anwesenden Personen. Die Abwesenheit ist nur noch ein zu berücksichtigender Risikofaktor (Anlage 2 GwG). Es existiert nunmehr ein einheitlicher Katalog von zulässigen Identifizierungsmitteln und Verfahren. So kann beispielsweise das Videoidentifizierungsverfahren von Unternehmen genutzt werden. Dabei sind die Anforderungen gemäß BaFin-Rundschreiben 3–2017 zu beachten.

Der Verpflichtete ist berechtigt und verpflichtet, vollständige Kopien der Dokumente und Unterlagen anzufertigen, die zur Überprüfung der Identität vorgelegt oder herangezogen werden. Alternativ können die Dokumente und Unterlagen auch optisch digitalisiert erfasst werden (Scan).

Zur Überprüfung der Identität ist ein gültiges Legitimationspapier vorzulegen, d.h.:

- ein gültiger amtlicher Ausweis, der ein Lichtbild des Inhabers enthält, hierunter zählen Personalausweis, Reisepass, Kinderausweis oder Pass- oder Ausweisersatz (kein Führerschein),
- eine elektronischer Identitätsnachweis nach § 18 des Personalausweisgesetzes oder nach § 78 Absatz 5 des Aufenthaltsgesetzes
- eine qualifizierte elektronische Signatur
- ein vom Auswärtigen Amt ausgestellter Dienst-, Ministerial- oder Diplomatenpass.
- Ausländische Staatsbürger sind grundsätzlich nur anhand von gültigen Ausweisen oder Reisepässen ihres Heimatlandes, oder Pass-/Ausweisersatzpapieren zu identifizieren, mit denen die Pass- und Ausweispflichten in Deutschland erfüllt werden.

Die **Identifizierung bei Abwesenheit** ist anhand nachfolgender Unterlagen in Form einer selbst vorgenommenen „Fernidentifizierung" zulässig:

- Vorlage eines amtlichen Original-Ausweises des Vertragspartners
- beglaubigte Kopie des Ausweises (bei deutschen Ausweisen durch einen Notar oder das Einwohnermeldeamt)
- Elektronischer Identitätsnachweis nach § 18 des Personalausweisgesetzes
- qualifizierte elektronische Signatur
- Einschaltung eines zuverlässigen Dritten, z.B. mittels des Postident-Verfahrens der Deutschen Post.

Wann müssen die Sorgfaltspflichten gemäß GwG beachtet werden?

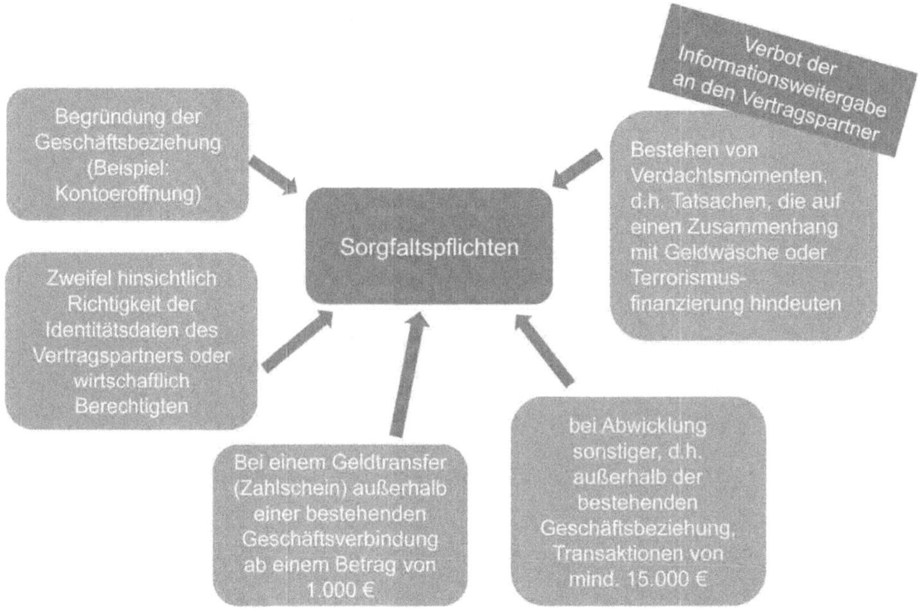

Abb. 58: Pflichtenauslösende Anlässe

Die Identifizierung muss immer bei Begründung der Geschäftsbeziehung erfolgen. Eine Ausnahme, d.h. Identifizierung nach Begründung der Geschäftsbeziehung ist nur in Fällen mit vereinfachten Sorgfaltspflichten zulässig.

Von einer Identifizierung kann abgesehen werden, wenn der Verpflichtete die zu identifizierende Person bereits bei früherer Gelegenheit im Rahmen der Erfüllung seiner Sorgfaltspflichten identifiziert hat und die dabei erhobenen Angaben aufgezeichnet hat. Muss der Verpflichtete aufgrund der äußeren Umstände Zweifel hegen, ob die bei der früheren Identifizierung erhobenen Angaben weiterhin zutreffend sind, hat er eine erneute Identifizierung durchzuführen.

Bei Zweifel an der Richtigkeit der gemachten Angaben und generell bei Verdachtsmomenten für eine Geldwäsche oder Terrorismusfinanzierung oder bei Verdacht auf Verletzung der Offenlegungspflicht eines wirtschaftlich Berechtigten ist der Geldwäschebeauftragte zu informieren.

Zu beachten ist hierbei, dass eine Informationsweitergabe über den Verdacht an den Vertragspartner verboten ist. Dies geschieht einerseits zum Schutz des Mitarbeiters und andererseits, um den Kunden nicht zu warnen. Der Geldwäschebeauftragte wird seinerseits die eventuell erforderliche Meldung an die Zentralstelle für Finanztransaktionsuntersuchungen bei der Generalzolldirektion (Bundesfinanzministerium) prüfen und vornehmen.

Die Sorgfaltspflichten sind auch und erneut im Falle der Durchführung einer außerhalb einer bestehenden Geschäftsbeziehung anfallenden Transaktion (auch unbar wie beispielsweise durch die Annahme von Edelmetallen oder Wertpapieren) im Wert von 15.000 € oder mehr zu beachten. Dies gilt auch, wenn mehrere Transaktionen durchgeführt werden, die zusammen einen Betrag im Wert von 15.000 € oder mehr ergeben (sog. **Smurfing**).

Beispiele von Verdachtsfällen

- Der Kunde kann keine Nachweise für seine Identität vorlegen.

- Die Art des Geschäfts passt nicht zu den vermuteten wirtschaftlichen Verhältnissen des Kunden.

- Zweifel an der Echtheit von vorgelegten Dokumenten.

- Der Kunde tritt plötzlich bei weiterer Recherche von seinem Wunsch nach Kontoeröffnung zurück.

- Der Kunde weicht Nachfragen aus, macht unverständliche Angaben.

- Zahlungsverpflichtungen werden durch Dritte erfüllt („Strohmanngeschäfte").

- Es handelt sich um ein „untypisches" oder ein „wirtschaftlich unsinniges" Geschäft.

Aufzeichnungs- und Aufbewahrungspflicht

Gemäß § 8 GWG müssen sowohl Kopien der Identifizierungsunterlagen als auch die jeweilige Risikoanalyse und die Entscheidungsgründe zur Risikobewertung beim jeweiligen Geschäftsvorfall nicht nur aufgezeichnet, sondern auch aufbewahrt werden

Welche Aufgabe hat die Zentralstelle für Finanztransaktionsuntersuchungen?

Die Zentralstelle für Finanztransaktionsuntersuchungen (Financial Intelligence Unit (FIU)) ist Teil der Generaldirektion, die wiederum zum Geschäftsbereich des Bundesministeriums der Finanzen gehört. Sie hat nachfolgende Aufgaben:

- Filterfunktion zur Entlastung der Strafverfolgungsbehörden, d.h. sie prüft die bei ihr eingereichten Geldwäsche-Verdachtsmeldungen und entscheidet, welche tatsächlich an die Strafverfolgungsbehörden weitergeleitet werden (Weiterleitungsfunktion).

- Datensammlung und -zusammenführung

- Koordinierungsfunktion gegenüber anderen zuständigen inländischen Behörden, insbesondere den Aufsichtsbehörden der Länder

- Kompetenzen beim Anhalten von Transaktionen und Vermögensgegenständen

▶ **Exkurs: Das „Whistleblowing"-Verfahren**

Im Rahmen der internen Sicherungsmaßnahmen beim Risikomanagement schreibt die EU-Richtlinie Artikel 61 (3) den EU-Mitgliedstaaten vor, dass die Verpflichteten über angemessene Verfahren verfügen, über die ihre Angestellten oder Personen in einer vergleichbaren Position Verstöße intern über einen speziellen, unabhängigen und anonymen Kanal melden können und die in einem angemessenen Verhältnis zu Art und Größe des betreffenden Verpflichteten stehen.

Dies wurde auch im neuen Geldwäschegesetz umgesetzt:

„Die Verpflichteten haben im Hinblick auf ihre Art und Größe angemessene Vorkehrungen zu treffen, damit es ihren Mitarbeitern und Personen in einer vergleichbaren Position unter Wahrung der Vertraulichkeit ihrer Identität möglich ist, Verstöße gegen geldwäscherechtliche Vorschriften geeigneten Stellen zu berichten." (§ 6 Abs. 5 GwG)

Die internen „Whistleblowing"-Stellen geben Mitarbeiterinnen und Mitarbeitern von Verpflichteten die Möglichkeit, unter Wahrung der Vertraulichkeit Hinweise auf Geldwäscheverstöße bzw. Verdachtsmomente zu geben. ◀

Was sind die Konsequenzen bei Nichterfüllung der Sorgfaltspflichten?

Können die allgemeinen oder die verstärkten Sorgfaltspflichten mit Ausnahme der kontinuierlichen Überwachung ganz oder teilweise nachhaltig nicht erfüllt werden, so hat dies nachfolgende Konsequenzen:

- die Geschäftsbeziehung darf nicht begründet oder fortgeführt werden
- die Transaktion darf nicht ausgeführt werden
- ggf. eine Verdachtsmeldung an den Geldwäschebeauftragten

Insbesondere bei einer möglicherweise erforderlichen Beendigung der Geschäftsbeziehung muss die Verhältnismäßigkeit abgewägt werden. Handelt es sich nur um eine kurzfristige Sorgfaltspflichtverletzung, kann die Geschäftsverbindung durchaus bestehen bleiben.

Welche Konsequenzen hat ein Verstoß gegen das GwG?

Verstoßen verpflichtete oder betroffene Unternehmen gegen die Pflichten des GwG, so können schwerwiegende, wiederholte oder systematische Verstöße mit einem Bußgeld von bis zu 1 Million Euro geahndet oder ein Bußgeld bis zum 2-fachen des wirtschaftlichen Vorteils, den das Unternehmen aus dem Verstoß erlangt hat, erhoben werden.

Bei Kreditinstituten kann sich der Maximalbetrag bis auf 5 Millionen Euro oder bis zu 10 % ihres Vorjahresumsatzes erhöhen.

Dazu kommt, dass die Aufsichtsbehörden unanfechtbar gewordene Bußgeldentscheidungen auf ihrer Internetseite veröffentlichen dürfen und werden. Neben den unter Umständen existenzgefährdenden Bußgeldern soll diese Veröffentlichung zur Einhaltung der Vorschriften des GwG anhalten.

Das Wichtigste zusammengefasst:

Die rechtlichen Grundlagen der Immobiliardarlehensvermittlung stellen einen weiteren Prüfungsschwerpunkt in der Teilprüfung 2 dar und bilden die Grundlage für Ihre Vermittlungs- und Beratungstätigkeit sowie die von Ihnen zu beachtenden vorvertraglichen Informationspflichten.

Sie kennen:

- den Unterschied zwischen einem Allgemein-Verbraucherdarlehen und einem Immobiliar-Verbraucherdarlehen
- die Merkmale eines Immobiliar-Verbraucherdarlehens
- die vorvertraglichen Informationspflichten:
  - statusbezogene Informationspflichten
  - produktbezogene Informationspflichten (ESIS-Merkblatt)
  - Anforderungen an die Beratungsinhalte
- die besonderen Anforderungen an die Beratung:
  - Berücksichtigung und Ermittlung der Kundensituation anhand von Informationen und Nachweisen des Darlehensnehmers
  - Beratung in Bezug auf produkt- und lebensbasierte Risiken
- Schutzbestimmungen aus dem Kreditwesengesetz (KWG)
- Identifizierungs- und Sorgfaltspflichten gemäß Geldwäschegesetz

Sie verstehen diese rechtlichen Grundlagen der Immobiliardarlehensvermittlung und -beratung als Basis für eine gesetzeskonforme und verbraucherorientierte Tätigkeit.

Sie nutzen Ihre Kenntnisse, um Ihre Kunden bei deren Entscheidung über den Immobilienerwerb und die benötigte Finanzierung zu unterstützen und insbesondere auf mögliche Risiken während der Darlehenslaufzeit hinzuweisen.

Zugegeben, in diesem Kapitel gab es viele Informationen, die Ihnen später im Tagesgeschäft insbesondere von Ihren Produktgebern abgenommen werden – so beispielsweise die Erstellung des ESIS-Merkblattes und die Kreditwürdigkeitsprüfung. In meiner Praxis habe ich immer wieder erlebt, dass sich die Kreditentscheidung durch unvollständige Kundeninformationen und -nachweise und die in Folge erforderlichen Nachfragen der Kreditabteilung unnötig in die Länge gezogen hat. Das Hintergrundwissen, das Sie sich in diesem Kapitel erworben haben, hilft Ihnen rechtzeitig und umfassend die für eine Kreditentscheidung notwendigen Informationen schon im ersten Kundengespräch zusammenzutragen.

Das nächste Kapitel befasst sich mit Ihrer Rechtsstellung und den Pflichten, die sich für Sie und Ihre Beschäftigten – soweit sie an der Vermittlung von Immobiliardarlehensverträgen mitwirken – insbesondere aus § 34 i der Gewerbeordnung ergeben.

▶ **Aufgaben zum Kapitel 2.4 – Rechtliche Grundlagen der Immobiliardarlehens-vermittlung und -beratung**

Ihr Wissen auf dem Prüfstand:

1. Welche Definition trifft für das Verbraucherdarlehen zu? (SC)

    a) Darlehen zwischen einem Verbraucher als Darlehensnehmer und seinem Arbeitgeber als Darlehensgeber

    b) Darlehen zwischen einem Verbraucher als Darlehensnehmer und einem anderen Verbraucher als Darlehensgeber

    c) Darlehen zwischen einem Verbraucher als Darlehensnehmer und einem Unternehmen als Darlehensgeber

    d) Darlehen zwischen einem Verbraucher als Darlehensnehmer und einem Verbraucher als Grundschuldgläubiger

2. Ihr Kunde hat einen Darlehensvertrag mit gebundenem Sollzinssatz abgeschlossen. Wann kann er das Darlehen frühestens im Rahmen seines ordentlichen Kündigungsrechts kündigen? (SC)

    a) einen Monat zum Ende der Sollzinsbindungsfrist

    b) zwei Monate zum Ende der Sollzinsbindungsfrist

    c) sechs Monate zum Ende der Sollzinsbindungsfrist

    d) einen Monat nach Ende der Sollzinsbindungsfrist

    e) sechs Monate nach Ende der Sollzinsbindungsfrist

3. Wann kann ein Darlehen mit variablem Sollzinssatz vom Darlehensnehmer ordentlich gekündigt werden? (SC)

    a) jederzeit ohne Einhaltung einer Kündigungsfrist

    b) ausschließlich nach Leistung einer ersten Sondertilgung

    c) jederzeit mit einer Kündigungsfrist von 3 Monaten

    d) ausschließlich nach Einverständniserklärung des Darlehensgebers

4. Ihr Kunde interessiert sich für ein Immobiliar-Verbraucherdarlehen mit einer 15-jährigen Sollzinsbindungsfrist und fragt Sie nach vorzeitigen Kündigungsmöglichkeiten. Wann kann er frühestens ordentlich kündigen? (SC)

    a) zum Ende der Sollzinsbindungsfrist

    b) 6 Monate nach Darlehensauszahlung

    c) jederzeit unter Einhaltung einer Kündigungsfrist von 3 Monaten

    d) 10 Jahre nach Erhalt der vollständigen Darlehenssumme

5. Ab welchem Zeitpunkt hat der Darlehensnehmer frühestens die Möglichkeit zu einer außerordentlichen Kündigung seines Darlehensvertrages? (SC)

    a) zum Ende der Sollzinsbindungsfrist

    b) 6 Monate nach vollständiger Darlehensauszahlung

    c) jederzeit unter Einhaltung einer Kündigungsfrist von 3 Monaten

    d) 10 Jahre nach Erhalt der vollständigen Darlehenssumme

6. Wonach richtet sich die Berechnung einer Vorfälligkeitsentschädigung bei einer vorzeitigen außerordentlichen Beendigung des Darlehensvertrages durch den Darlehensnehmer? (SC)

    a) nach pauschaler Schätzung des Ertragsverlustes

    b) nach dem tatsächlichen nachzuweisenden Zinsverlust

    c) nach den von den Bauämtern ausgewiesenen Schadensrichtwerten

    d) nach dem aktuellen Zinsniveau für variable verzinste Verbraucherdarlehen

7. Worum handelt es sich beim ESIS-Merkblatt? (SC)

    a) vorvertragliche Information

    b) Statusinformationsblatt des Vermittlers

    c) Darlehensvertragsentwurf

    d) Beratungsprotokoll

8. Welche Informationen enthält das Statusinformationsblatt? (MC)

    a) Angaben zum Vermittler

    b) Angaben zur Darlehenslaufzeit

    c) vorvertragliche Informationen zum Darlehen

    d) Angaben zur Vergütung einer Beratungsleistung

9. Welche Informationen enthält das ESIS-Merkblatt? (MC)

    a) Registrierungsnummer des Vermittlers

    b) Hauptmerkmale des Darlehens

    c) Kontaktdaten des Vermittlers

    d) Angaben zum wirtschaftlich Berechtigten

10. Was hat der Darlehensgeber im Rahmen der Kreditwürdigkeitsprüfung zu beachten? (MC)

    a) Entscheidung auf Basis der Kundeninformationen und Nachweise

    b) Entscheidung auf Basis der Vermittlerangaben

c) Entscheidung überwiegend auf Basis des Objektwertes

d) Entscheidung rechtzeitig zum Vertragsbeginn

e) Entscheidung vor Vertragsabschluss

11. Welche Folge hat der Darlehensgeber bei Verstoß gegen die Pflicht zur Kreditwürdigkeitsprüfung zu tragen? (SC)

a) Zahlung einer Vorfälligkeitsentschädigung an den Darlehensnehmer

b) jederzeitiges fristloses Kündigungsrecht für den Darlehensnehmer

c) sofortige Vertragsbeendigung

d) Rückerstattung der bezahlten Darlehenszinsen an den Darlehensnehmer

12. Welches Trennungsprinzip ist bei der Kreditwürdigkeitsprüfung zu beachten? (SC)

a) Trennung von Kreditentscheidung und Objektbewertung

b) Trennung von Objektbewertung und Objektverwertung

c) Trennung von Kreditentscheidung und Kreditvergabe

d) Trennung von Kreditwürdigkeit und Bonität

13. Welche Risiken zählen zu den produktbasierten Finanzierungsrisiken? (MC)

a) Umzug

b) Zinsänderungsrisiko

c) Arbeitslosigkeit

d) Restschuldrisiko

e) Einkommensrückgang

f) Objektwertverlust

14. Welche Risiken zählen zu den lebensbasierten Finanzierungsrisiken? (MC)

a) Umzug

b) Zinsänderungsrisiko

c) Arbeitslosigkeit

d) Restschuldrisiko

e) Einkommensrückgang

f) Objektwertverlust

15. Welche Sorgfaltspflichten schreibt das Geldwäschegesetz vor? (MC)

    a) Prüfung der Geschäftsfähigkeit

    b) Kreditwürdigkeitsprüfung

    c) Identifizierung des Kunden bei Geschäftsbegründung

    d) „Know your customer"-Prinzip

    e) Erstellung eines Beratungsprotokolls

2 Fehler! 22.03.20

2.5 Vermittler- und Beraterrecht

2.5.1 Rechtsstellung

§ 34f Gewerbeordnung (GewO) Finanzanlagenvermittler

§ 34i Abs. 1 GewO

Wer gewerbsmäßig den Abschluss von Immobiliar-Verbraucherdarlehensverträgen im Sinne des § 491 Abs. 3 BGB oder entsprechende entgeltliche Finanzierungshilfen im Sinne des § 506 BGB vermitteln will oder Dritte zu solchen Verträgen beraten will (Immobiliardarlehensvermittler), bedarf der Erlaubnis der zuständigen Behörde.

Abb. 59: Pflichten des Gewerbetreibenden

Erlaubnispflicht

Im Rahmen der Erlaubnispflicht muss der Antragsteller geordnete Vermögensverhältnisse nachweisen.

Geordnete Vermögensverhältnisse liegen vor, wenn kein Insolvenzverfahren über den Antragsteller eröffnet wurde und kein Eintrag im Verzeichnis des Insolvenz- oder Vollstreckungsgerichts (Schuldnerverzeichnis) vorliegt (§ 34i Abs. 2 Punkt 2 GewO).

Er muss die erforderliche Zuverlässigkeit besitzen. Die **Zuverlässigkeit** besitzt in der Regel, wer:

- in den letzten 5 Jahren vor Antragstellung nicht wegen
- eines Verbrechens oder
- wegen Diebstahls, Unterschlagung, Erpressung, Betrugs, Untreue, Geldwäsche, Urkundenfälschung, Hehlerei, Wuchers oder einer Insolvenzstraftat

rechtskräftig verurteilt wurde (§ 34i Abs. 2 Punkt 1 GewO).

Der Antragsteller muss den Nachweis einer **Berufshaftpflichtversicherung** für Vermögensschäden, die sich aus der Beratungs- und Vermittlungstätigkeit gegenüber Dritten ergeben können, oder gleichwertigen Garantie erbringen (§ 34i Abs. 2 Punkt 3 GewO). Für den Abschluss dieser Versicherung gilt:

- Die Versicherung muss bei einem im Inland zum Geschäftsbetrieb zugelassenen Versicherungsunternehmen abgeschlossen werden.
- Die Einhaltung der jeweils geltenden Mindestversicherungssummen muss gewährleistet sein. Die vereinbarte Versicherungssumme muss mindestens 460.000 € je Versicherungsfall, die Höchstleistung für alle Versicherungsfälle eines Versicherungsjahres mindestens 750.000 € betragen.
- Personenhandelsgesellschaften (OHG, KG) benötigen ebenfalls einen Versicherungsnachweis.

Der Antragsteller muss seine **Sachkunde** (über fachliche und rechtliche Grundlagen sowie über die Kundenberatung) mit einer erfolgreich vor der IHK abgelegten Prüfung nachweisen.

Der Antragsteller muss seine Hauptniederlassung oder seinen Hauptsitz im Inland haben oder seine **Tätigkeit** als Immobiliardarlehensvermittler **im Inland** ausüben.

Die **Zuständigkeit** für die **Erlaubniserteilung** ist länderabhängig geregelt und fällt entweder in den Zuständigkeitsbereich der örtlichen IHK oder des örtlich zuständigen Gewerbeamts (Erlaubnisbehörden).

Registrierungspflicht

Gewerbetreibende sind verpflichtet, sich unverzüglich nach Aufnahme der Tätigkeit über die für die Erlaubniserteilung zuständige Behörde in das Register eintragen zu lassen. Ebenso sind Änderungen bezüglich der gespeicherten Daten unverzüglich der Registerbehörde zu melden.

Gewerbetreibende haben darüber hinaus die Pflicht, unmittelbar bei der Beratung oder Vermittlung mitwirkende Beschäftigte unverzüglich nach deren Aufnahme der Tätigkeit bei der Registerbehörde zu melden und eintragen zu lassen. Auch hier sind Änderungen bezüglich der gespeicherten Daten unverzüglich der Registerbehörde zu melden.

Es werden folgende Angaben gespeichert:

- Familienname, Vorname, Firmen der Personenhandelsgesellschaften, in denen der Eintragungspflichtige als geschäftsführender Gesellschafter tätig ist
- Geburtsdatum
- Angabe, dass eine Erlaubnis nach § 34i GewO vorliegt
- Umfang der Erlaubnis
- Bezeichnung und Anschrift der zuständigen Erlaubnisbehörde und der zuständigen Registerbehörde
- Betriebliche Anschrift
- Registrierungsnummer
- Familienname, Vorname und Geburtsdatum der vom Eintragungspflichtigen beschäftigten Personen, die unmittelbar bei der Beratung und Vermittlung mitwirken

Das Vermittlerregister wird jeweils von den Industrie- und Handelskammern (IHK) geführt.

Beschäftigte des Gewerbetreibenden

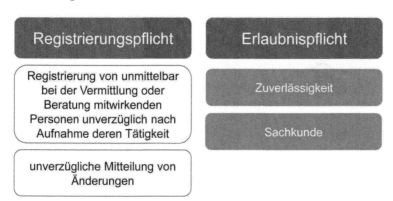

Abb. 60: Pflichten für Beschäftigte des Gewerbetreibenden gemäß § 34i GewO

Beschäftigte des Gewerbetreibenden, die bei der Vermittlung oder Beratung mitwirken, müssen ebenfalls über die notwendige **Zuverlässigkeit** und **Sachkunde** verfügen. Dies ist vom Gewerbetreibenden zu überprüfen. Auch müssen Beschäftigte durch den Gewerbetreibenden unverzüglich nach Aufnahme ihrer Tätigkeit registriert werden. Die Anmeldung zum Register ist Aufgabe des Gewerbetreibenden (§ 34i Abs. 6 GewO).

Bei Gewerbetreibenden darf die Vergütungsstruktur der in dem Gewerbebetrieb beschäftigten Personen deren Fähigkeit nicht beeinträchtigen, im besten Interesse des Darlehensnehmers zu handeln. Die Vergütungsstruktur darf nicht an Absatzziele gekoppelt sein (§ 34i Abs. 7 GewO).

Gewerbetreibender

Der Begriff des Gewerbetreibenden wird u.a. in der Gewerbeordnung und der Immo-biliardarlehensvermittlungsverordnung (ImmVermV) verwendet und bezeichnet den gewerblich tätigen Immobiliardarlehensvermittler oder Honorar-Immobiliardarlehens-berater.

Honorar-Immobiliardarlehensberater

Gewerbetreibende, die als Honorar-Immobiliardarlehensberater eine unabhängige Bera-tung anbieten oder entsprechend als unabhängige Berater auftreten:

- müssen für ihre Empfehlung für oder gegen einen Immobiliar-Verbraucherdarle-hensvertrag oder eine entsprechende entgeltliche Finanzierungshilfe **eine hin-reichende Anzahl von entsprechend auf dem Markt angebotenen Verträgen** heranziehen und

- dürfen vom Darlehensgeber **keine Zuwendungen** annehmen und von ihm **in kei-ner Weise abhängig** sein (§ 34i Abs. 5 GewO).

Für die Honorar-Immobiliardarlehensberatung gibt es keinen eigenständigen Erlaub-nistatbestand, vielmehr ist eine Erlaubnis als Immobiliardarlehensvermittler nach § 34i GewO erforderlich. Die Tätigkeit als Honorar-Immobiliardarlehensberater ist jedoch aus dem Registereintrag des Gewerbetreibenden erkennbar.

Eine provisionsbasierte Vermittlung ist auch im Einzelfall nicht zulässig. Die Erbringung von Beratungsleistungen darf ausschließlich gegen Kundenhonorare erfolgen.

▶ Exkurs: Entgeltliche Finanzierungshilfen i.S.d. § 506 BGB

Entgeltliche Finanzierungshilfen haben einen darlehensähnlichen Charakter. Der Verbraucher erhält einen wirtschaftlichen Handlungspielraum, da die Zahlungsver-pflichtung für einen bestimmten Zeitraum aufgeschoben wird (sog. Stundung). Dieser Aufschub verursacht allerdings Zusatzkosten.

Verträge zwischen einem Unternehmer und einem Verbraucher über die entgeltliche Nutzung eines Gegenstandes gelten als entgeltliche Finanzierungshilfe, wenn ver-einbart ist, dass

- der Verbraucher später zum Erwerb des Gegenstandes verpflichtet ist,

- der Unternehmer vom Verbraucher den Erwerb des Gegenstandes verlangen kann,

- der Verbraucher bei Beendigung des Vertrags für einen bestimmten Wert des Gegenstandes einzustehen hat.

- Ein Beispiel für eine entgeltliche Finanzierungshilfe ist der Mietkauf (das Eigen-tum an einer Mietsache geht zum Ende des Mietvertrages vom Vermieter auf den Mieter über).

Die Vermittlung von Bausparverträgen unterliegt nicht den Pflichten des § 34i GewO, da Bausparverträge keine Immobiliar-Verbraucherdarlehen darstellen. Sie bilden allerdings die Grundlage für den später möglichen Abschluss eines Bauspardarlehensvertrags, der ein Immobiliar-Verbraucherdarlehen sein kann. Weitere Informationen rund um den Bausparvertrag finden Sie im Kapitel 3.2.9 Bauspardarlehen und Bausparfinanzierung. ◄

2.5.2   Berufsvereinigungen

Berufsvereinigungen und Verbände bieten neben ihrer Funktion als Interessenvertreter des jeweiligen Berufsstandes oder der verschiedenen Branchen beispielsweise auch Privatanlegern auf ihren Internetseiten umfassende Informationen und oft auch kostenlos bestellbare Unterlagen oder hilfreiche Newsletter an.

Nachfolgend eine Auswahl der Berufsvereinigungen in Deutschland.

VOTUM Verband unabhängiger Finanzdienstleistungs-Unternehmen in Europa e.V.

Dieser Berufsverband ist die Interessenvertretung der europaweit tätigen unabhängigen Finanzdienstleistungs-Unternehmen. Die Mitgliedsunternehmen von VOTUM repräsentieren mehr als 80.000 Finanzdienstleister.

Der Verband wurde 1995 gegründet und zählt zu seinen Mitgliedern neben den Marktführern der unabhängigen Allfinanzvermittler auch weitere namhafte Vertriebsunternehmen und auch die maßgeblichen Produktgebergesellschaften für dieses Marktsegment.

Das VOTUM-Gütesiegel wurde als Leitbild einer qualifizierten Beratung von den Verbandsmitgliedern entwickelt. Es legt verbindliche Qualitätskriterien für die Kundenberatung und -betreuung fest, die die aktuellen gesetzlichen Anforderungen übertreffen. Mehr Informationen finden Sie unter: www.votum-verband.de

Bundesverband Finanzdienstleistung e.V. (AfW)

Der AfW – Bundesverband Finanzdienstleistung e.V. – ist der führende Berufsverband unabhängiger Finanzdienstleister.

Er wurde 1992 gegründet und repräsentiert ca. 30.000 Versicherungs- und Kapitalanlagenvermittler durch seine rund 1.400 Mitgliedsunternehmen.

Er ist als Interessenverband beim Deutschen Bundestag und beim Europäischen Parlament akkreditiert. Der AfW kümmert sich ausschließlich um die Interessen seiner Mitglieder.

Berufsbildungswerk der Deutschen Versicherungswirtschaft (BWV) e.V. (Berufsbildungsverband der deutschen Versicherungswirtschaft)

Das Bildungsnetzwerk Versicherungswirtschaft mit seinen Partnern BWV Bildungsverband, BWV Regional und DVA ist fester und integraler Bestandteil der beruflichen Qualifikation in der Assekuranz.

Die historischen Wurzeln dieses Bildungsnetzwerkes gehen bis ins Jahr 1945 zurück.

Die Leistungen des BWV e.V. werden erbracht für:

- Versicherungs- und Finanzdienstleistungsunternehmen, ihre Mitarbeiterinnen, Mitarbeiter und Auszubildende
- Vermittlerinnen und Vermittler
- Maklerinnen und Makler
- Vertriebspartner von Versicherungsunternehmen sowie deren Mitarbeiterinnen und Mitarbeiter
- Partner, mit denen der Verband in Bildungsfragen zusammenarbeitet
- Interessierte an der Branche

Mehr Informationen finden Sie unter: www.bwv.de

2.5.3 Arbeitnehmervertretungen

Hier sind die Gewerkschaften gemeint, die sich um die Interessen ihrer Mitglieder (Arbeitnehmer) kümmern. Sie vertreten diese Interessen gegenüber Arbeitgebern.

Die Aufgaben einer Gewerkschaft umfassen:

- Abschluss von überbetrieblichen Tarifverträgen
- Verhandlungsführung mit Arbeitgebern
- Organisation von Lohnkämpfen wie beispielsweise Streiks
- Beratung und Unterstützung bei arbeitsrechtlichen Fragen

Das Wichtigste zusammengefasst:

Die Berufsbezeichnungen Immobiliardarlehensvermittler und Honorar-Immobiliardarlehensberater sind geschützt und erfordern den Nachweis der entsprechenden Sachkunde.

Sie kennen:

- Ihre Rechtsstellung als § 34i GewO Immobiliardarlehensvermittler bzw. Honorar-Immobiliardarlehensberater und die damit verbundenen Registrierungs- und Erlaubnispflichten
- Berufsvereinigungen
- Arbeitnehmervertretungen

Sie begreifen die erforderlichen Pflichten als vertrauensbildende Maßnahme für Ihren Berufsstand gegenüber Ihren Kunden.

Sie nutzen die Branchenverbände als allgemeine Informationsquelle für sich.

In diesem Kapitel ging es um Rechte und Pflichten, die Sie als Immobiliardarlehensvermittler aufgrund Ihrer Rechtsstellung beachten müssen.

Im nächsten Kapitel steht der Verbraucher im Mittelpunkt.

▶ **Aufgaben zum Kapitel 2.5 – Vermittler- und Beraterrecht**

Ihr Wissen auf dem Prüfstand:

1. Welche Aussagen zur Registrierungspflicht treffen zu? (MC)

   a) Registrierung unmittelbar nach Aufnahme der Tätigkeit

   b) Registrierung von Beschäftigten durch den Gewerbetreibenden

   c) Registrierung als Beschäftigter vor dem ersten Beratungsgespräch

   d) Registrierung nach bestandener Sachkundeprüfung durch den Vertriebspartner

2. Welche Voraussetzungen gelten im Zusammenhang mit der Erlaubnispflicht? (MC)

   a) Abschluss einer fondsgebundenen Rentenversicherung

   b) Zuverlässigkeit und geordnete Vermögensverhältnisse

   c) Abschluss einer Vermögensschadenshaftpflichtversicherung

   d) geordnete Kundendatenarchivierung und fairer Wettbewerb

   e) Sachkundeprüfung

   f) Genehmigung durch die BaFin

3. Beschäftigte eines gewerblichen Immobiliar-Darlehensvermittlers unterliegen ebenfalls der Erlaubnispflicht. Was umfasst diese bei Beschäftigten? (MC)

   a) geordnete Vermögensverhältnisse

   b) Zuverlässigkeit

   c) Registrierungspflicht

   d) Sachkunde

   e) Berufshaftpflichtversicherung

4. Der Gewerbetreibende muss seine Beschäftigten registrieren lassen. Zu welchem Zeitpunkt ist dies erforderlich? (SC)

   a) unmittelbar vor Aufnahme der Tätigkeit

   b) rechtzeitig vor Abschluss der Sachkundeprüfung

   c) unmittelbar nach Aufnahme der Tätigkeit

   d) rechtzeitig nach Unterzeichnung des Arbeitsvertrages

5. Was sind Voraussetzungen für die Unabhängigkeit eines Honorar-Immobiliar-darlehensberaters? (MC)

a) finanzielle Unabhängigkeit vom Darlehensnehmer

b) Unabhängigkeit vom Darlehensgeber

c) provisionsunabhängiges Einkommen aus Zuwendungen

d) Empfehlung aus allen am Markt angebotenen Verträgen

e) Empfehlung aus einer hinreichenden Anzahl von am Markt angebotenen Verträgen

2.6 Verbraucherschutz

2.6.1 Grundlagen des Verbraucherschutzes

Welche Gesetze regeln den Verbraucherschutz?

Regelungen zum Schutz der Verbraucher mit Bezug zur Immobiliardarlehensvermittlung finden sich in nachfolgenden Gesetzen:

- Bürgerliches Gesetzbuch (BGB):
  - Allgemeine Geschäftsbedingungen (AGBs)
  - Widerrufsrechte
  - Bedenkzeit
- Gesetz gegen den unlauteren Wettbewerb (UWG)
- Preisangabenverordnung (PAngV)

Die **allgemeinen Geschäftsbedingungen (AGB)** stellen die Bedingungen eines Vertrags dar, die allgemein und unabhängig von weiteren individuellen Vereinbarungen gelten.

Allgemeine Geschäftsbedingungen sind gemäß §§ 305–310 BGB ein zentraler Bestandteil der Grundlagen des Verbraucherschutzes.

Für Bausparverträge gelten die Allgemeinen Geschäftsgrundsätze (AGG) (Inhalte sind z.B. Ermittlung der Reihenfolge der Zuteilung) und die Allgemeinen Bedingungen für Bausparverträge (ABB) (Inhalte sind z.B. die Bedingungen des Bauspardarlehens). Diese sind in § 5 des Bausparkassengesetzes detailliert beschrieben.

> **Verbraucher**
>
> Verbraucher ist gemäß § 13 BGB jede natürliche Person, die ein Rechtsgeschäft abschließt, dessen Zweck weder ihrer gewerblichen noch ihrer selbstständigen beruflichen Tätigkeit zugerechnet werden kann.

Die Vorschriften des Verbraucherschutzes gelten nur für den Verbraucher. Ein Unternehmer kann sich deshalb nicht auf den Verbraucherschutz berufen.

> **Unternehmer**
>
> Ein Unternehmer ist gemäß § 14 BGB eine natürliche oder juristische Person oder eine rechtsfähige Personengesellschaft, die bei Abschluss eines Rechtsgeschäfts in Ausübung ihrer gewerblichen oder selbstständigen beruflichen Tätigkeit handelt.

Das **Gesetz gegen den unlauteren Wettbewerb (UWG)** dient u.a. auch dem Verbraucherschutz. Ausführliche Beschreibungen dieses Gesetzes finden Sie im Kapitel 2.7.2 Unzulässige Werbung.

Als drittes Gesetz im Verbraucherschutz-Bunde gehört das **Bürgerliche Gesetzbuch (BGB)** mit seinen Regelungen zum gesetzlichen Widerrufsrecht und zur Bedenkzeit dazu.

Welche Widerrufsrechte gelten für Verbraucher im Zusammenhang mit einem Immobiliar-Verbraucherdarlehensvertrag?

Dem Darlehensnehmer steht gemäß § 495 Abs. 1 BGB bei einem Immobiliar-Verbraucherdarlehensvertrag ein Widerrufsrecht nach § 355 BGB zu.

Die Widerrufsfrist beginnt, sobald der Darlehensgeber dem Darlehensnehmer die Vertragsurkunde zur Verfügung gestellt hat.

Dieses Widerrufsrecht umfasst folgende Regelungen:

- Erklärung des Widerrufs durch den Darlehensnehmer gegenüber dem Darlehensgeber
- Eine Begründung ist nicht erforderlich.
- **Widerrufsfrist von 14 Tagen nach Vertragsabschluss** bzw. dem Zeitpunkt, zu dem dem Darlehensnehmer vom Darlehensgeber eine Abschrift der Vertragsurkunde zur Verfügung gestellt wurde.
- Zur Fristwahrung genügt die rechtzeitige Absendung des Widerrufs.
- Die empfangenen Leistungen sind unverzüglich nach Widerruf zurückzugewähren (die Gefahr, dass bei der Rücksendung die Ware verloren geht, trägt der Darlehensgeber).

Hinweis

Das gesetzliche Widerrufsrecht kann vertraglich nicht ausgeschlossen werden.

Die Folgen eines Widerrufs sind:

- Der Darlehensnehmer hat innerhalb von 30 Tagen das Darlehen, soweit es bereits ausbezahlt wurde, zurückzuzahlen.
- Diese Frist beginnt mit der Absendung der Widerrufserklärung.
- Sollzinszahlung bei bereits ausbezahltem Darlehen für den Zeitraum der Auszahlung bis zur Rückzahlung.

Ein Widerrufsrecht besteht gemäß § 495 Abs. 2 BGB nicht bei Darlehensverträgen,

- die zur Abwendung eines gerichtlichen Verfahrens ergänzend abgeschlossen wurden, nachdem der Darlehensgeber zur Kündigung des ursprünglichen Darlehensvertrages wegen Zahlungsverzugs des Darlehensnehmers berechtigt war. Der Gesamtbetrag muss dabei geringer sein als die Restschuld des ursprünglichen Darlehensvertrags.
- die notariell zu beurkunden sind, wenn der Notar bestätigt, dass die Rechte des Darlehensnehmers gemäß den vorvertraglichen Informationspflichten gewahrt sind.

In welchen Fällen gilt anstelle des Widerrufsrechts eine Bedenkzeit?

Handelt es sich um einen Immobiliar-Verbraucherdarlehensvertrag, wie oben beschrieben ohne Widerrufsrecht, so ist dem Darlehensnehmer eine **Bedenkzeit von mindestens 7 Tagen** einzuräumen (§ 495 Abs. 3 BGB). Sie beginnt mit Aushändigung des Vertragsangebotes an den Darlehensnehmer.

Während der Bedenkzeit ist der Darlehensgeber an sein Angebot gebunden.

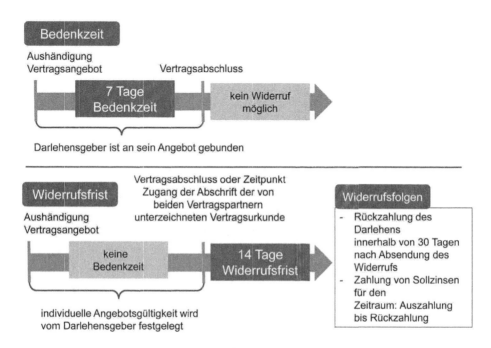

Abb. 61: So wirken Widerrufsfrist und Bedenkzeit

Welche Konsequenzen haben fehlende oder fehlerhafte Angaben zum Widerrufsrecht?

Der Verbraucherdarlehensvertrag muss die vorgeschriebenen Angaben zum Widerrufsrecht enthalten. Fehlen diese oder sind fehlerhaft oder werden erst verspätet nachgeholt, so gelten verlängerte Widerrufsfristen, wie sie in der nachfolgenden Grafik dargestellt sind.

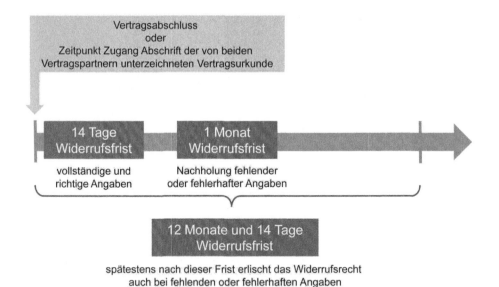

Abb. 62: Widerrufsfrist bei fehlenden oder fehlerhaften Angaben zum Widerrufsrecht

Gemäß § 356b Abs. 2 BGB gilt: Enthält bei einem Immobiliar-Verbraucherdarlehensvertrag die dem Darlehensnehmer zur Verfügung gestellte Urkunde die Pflichtangaben zum Widerrufsrecht nicht oder nur fehlerhaft, so beginnt die Widerrufsfrist erst mit Nachholung der richtigen Angaben. Die Widerrufsfrist beträgt in diesem Fall einen Monat.

Das Widerrufsrecht bei einem Immobiliar-Verbraucherdarlehensvertrag erlischt spätestens nach zwölf Monaten und 14 Tagen.

Artikel 247 EGBGB § 6 Abs. 2

Besteht ein Widerrufsrecht nach § 495 BGB, müssen im Vertrag Angaben zur Frist und zu anderen Umständen für die Erklärung des Widerrufs sowie ein Hinweis auf die Verpflichtung des Darlehensnehmers enthalten sein, ein bereits ausbezahltes Darlehen zurückzuzahlen und Zinsen zu vergüten. Der pro Tag zu zahlende Zinsbetrag ist anzugeben. Enthält der Verbraucherdarlehensvertrag eine Vertragsklausel in hervorgehobener und deutlich gestalteter Form (bei Immobiliar-Verbraucherdarlehensverträgen entsprechend der Anlage 8 zu Artikel 247 EGBGB § 6 Abs. 2), genügt diese Vertragsklausel den Anforderungen.

Muster für eine Widerrufsinformation für Immobiliar-Verbraucherdarlehensverträge
Anlage 8 (zu Artikel 247 § 6 Abs. 2)

Widerrufsinformation

Widerrufsrecht

Der Darlehensnehmer kann seine Vertragserklärung innerhalb von 14 Tagen ohne Angabe von Gründen widerrufen. Die Frist beginnt nach Abschluss des Vertrags, aber erst, nachdem der Darlehensnehmer diese Widerrufsinformation erhalten hat. Der Darlehensnehmer hat diese Widerrufsinformation erhalten, wenn sie in der für den Darlehensnehmer bestimmten Ausfertigung seines Antrags oder in der für den Darlehensnehmer bestimmten Ausfertigung der Vertragsurkunde oder in einer für den Darlehensnehmer bestimmten Abschrift seines Antrags oder der Vertragsurkunde enthalten ist und dem Darlehensnehmer eine solche Unterlage zur Verfügung gestellt worden ist. Über eine in den Vertragstext nicht aufgenommene Angabe zum Widerrufsrecht kann der Darlehensnehmer nachträglich auf einem dauerhaften Datenträger informiert werden; die Widerrufsfrist beträgt dann einen Monat. Der Darlehensnehmer ist mit der nachgeholten Widerrufsinformation nochmals auf den Beginn der Widerrufsfrist hinzuweisen. Zur Wahrung der Widerrufsfrist genügt die rechtzeitige Absendung des Widerrufs, wenn die Erklärung auf einem dauerhaften Datenträger (z.B. Brief, Telefax, E-Mail) erfolgt. Der Widerruf ist zu richten an:

Information über das Erlöschen des Widerrufsrechts

Das Widerrufsrecht erlischt spätestens zwölf Monate und 14 Tage nach dem Zeitpunkt des Vertragsschlusses oder, sofern dieser Zeitpunkt nach dem Vertragsschluss liegt, dem Zeitpunkt zu dem dem Darlehensnehmer eine für ihn bestimmte Ausfertigung oder Abschrift seines Antrags oder der Vertragsurkunde zur Verfügung gestellt worden ist. Das Widerrufsrecht erlischt auch dann, wenn die Widerrufsinformation oder die Angaben hierzu im Vertrag fehlerhaft waren oder ganz unterblieben sind.

Widerrufsfolgen

Der Darlehensnehmer hat innerhalb von 30 Tagen das Darlehen, soweit es bereits ausbezahlt wurde, zurückzuzahlen und für den Zeitraum zwischen der Auszahlung und der Rückzahlung des Darlehens den vereinbarten Sollzins zu entrichten. Die Frist beginnt mit der Absendung der Widerrufserklärung. Für den Zeitraum zwischen Auszahlung und Rückzahlung ist bei vollständiger Inanspruchnahme des Darlehens pro Tag ein Zinsbetrag in Höhe von ((Abb)) Euro zu zahlen. Dieser Betrag verringert sich entsprechend, wenn das Darlehen nur teilweise in Anspruch genommen wurde. Wenn der Darlehensnehmer nachweist, dass der Wert seines Gebrauchsvorteils niedriger war als der Vertragszins, muss er nur den niedrigeren Betrag zahlen. Dies kann z.B. in Betracht kommen, wenn der marktübliche Zins geringer war als der Vertragszins.

Welche Angaben schreibt die Preisangabenverordnung (PAngV) vor?

Die PAngV verpflichtet Unternehmen zu transparenten und umfassenden Preisangaben gegenüber dem Verbraucher. Hierunter fallen insbesondere die Regelungen zur Angabe der Gesamtkosten in Form des effektiven Jahreszinses (siehe Kapitel 3.4.2 Effektiver Jahreszins).

Der effektive Jahreszins ist in der Werbung mindestens genauso hervorzuheben wie jeder andere Zinssatz. Wird in der Werbung für Darlehen mit einem Beispiel gerechnet, so muss dieses repräsentativ für zwei Drittel der zustande gekommenen Verträge zu dem im Beispiel genannten effektiven Jahreszins sein.

Wie unterscheiden sich direkter und indirekter Verbraucherschutz?

Der direkte Verbraucherschutz regelt Verbraucherrechte, die der Verbraucher selbst und direkt gegenüber seinen Vertragspartnern in Anspruch nehmen kann.

Der indirekte Verbraucherschutz stellt dem Verbraucher einen Verbraucherinteressens-vertreter (hier: BaFin und Gewerbeaufsicht) zur Seite bzw. regelt die Gestaltung von Werbung und Informationen rund um die Immobiliardarlehensvermittlung und -beratung.

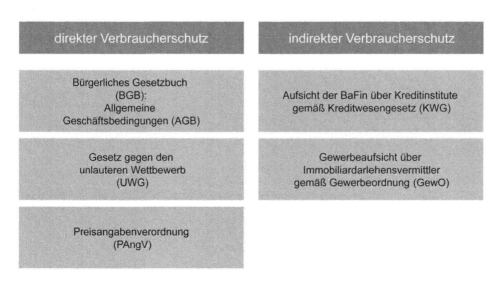

Abb. 63: Verbraucherschutz im Überblick

Welche Rolle spielt die BaFin beim Verbraucherschutz?

Die BaFin spielt eine zentrale Rolle beim Verbraucherschutz:

- Aufsicht über Kreditinstitute einschließlich Darlehensgeber von Immobiliar-Verbrau-cherdarlehen
- Kollektiver Verbraucherschutz, d.h. Schutz der Verbraucher in ihrer Gesamtheit
- Schlichtungsstelle und Informationen für Verbraucher

BaFin

Auftrag zum kollektiven Verbraucherschutz gemäß § 4 Abs.1a FinDAG:

ggü. von der BaFin beaufsichtigten Instituten und Unternehmen

Anordnungen, die geeignet und erforderlich sind, um verbraucherschutzrelevante Missstände zu verhindern oder zu beseitigen

- Schutz der Verbraucher in ihrer Gesamtheit
- im öffentlichen Interesse
- keine Durchsetzung individueller Rechtsansprüche

Missstände: erheblicher, dauerhafter oder wiederholter Verstoß gegen ein Verbraucherschutzgesetz, der nach seiner Art und seinem Umfang die Interessen nicht nur einzelner Verbraucher gefährden oder beeinträchtigen kann.

Abb. 64: Kollektiver Verbraucherschutz durch die BaFin

Der gesetzliche Auftrag der BaFin zum kollektiven Verbraucherschutz greift vor allem dann, wenn eine generelle Klärung im Interesse des Verbraucherschutzes geboten ist. Die gesetzliche Grundlage ist § 4 Abs. 1a Finanzdienstleistungsaufsichtsgesetz (FinDAG).

Hinweis

Trotz ihrer Aufsichtspflichten darf die BaFin keine Empfehlungen aussprechen. So wird die BaFin keine Auskunft darüber geben, wo ein an einer Immobilienfinanzierung interessierter Darlehensnehmer die günstigsten Kredite abschließen kann. Die Ausnahmefälle, in denen die BaFin vor einem bestimmten Unternehmen warnen darf, sind gesetzlich streng geregelt.

Welche gesetzlichen Vorgaben gilt es zu Preisangaben bei Immobiliar-Verbraucherdarlehensverträgen zu beachten?

Die **Preisangabenverordnung (PAngV)** enthält die auch bei einem Immobiliar-Verbraucherdarlehensvertrag vom Darlehensgeber zu beachtenden Vorgaben an die Angabe und Berechnung der Gesamtkosten in Form des **effektiven Jahreszinses.**

Effektiver Jahreszins

Der effektive Jahreszins ist der Preis eines Verbraucherdarlehens, der die Gesamtkosten des Verbraucherdarlehens ausdrückt und als jährlicher Prozentsatz des Nettodarlehensbetrages vom Darlehensgeber anzugeben ist.

Bei der Berechnung des effektiven Jahreszinses gelten nachfolgende Annahmen:

- Der Verbraucherdarlehensvertrag gilt für den vereinbarten Zeitraum.
- Darlehensgeber und Darlehensnehmer kommen ihren Verpflichtungen zu den im Verbraucherdarlehensvertrag festgelegten Bedingungen vereinbarungsgemäß nach.
- Die Berechnung des effektiven Jahreszinses ist sehr mathematisch und komplex und wird in der Praxis heutzutage nur noch von Computern durchgeführt.

Hinweis

Die Preisangabenverordnung (PAngV) enthält die Formel zur Berechnung des effektiven Jahreszinses. Aufgrund ihrer Komplexität ist die mathematische Berechnung des effektiven Jahreszinses nicht Gegenstand der IHK-Prüfung. Aus diesem Grund verzichtet dieses Fachbuch auf umfassende Rechenbeispiele. In der Praxis wird Ihnen der effektive Jahreszins von Ihren Produktgebern zur Verfügung gestellt.

Die nachfolgende Tabelle zeigt Ihnen, welche Kosten in die Berechnung des effektiven Jahreszinses einbezogen werden und welche nicht.

bezieht alle dem Darlehensgeber bekannten und bestimmbaren Kosten im Zusammenhang mit dem Verbraucherdarlehensvertrag ein	Nicht einbezogen
Sollzinssatz (ggf. Zinsbegrenzungsprämie (Cap), Disagio oder Agio)	Notarkosten
Vermittlungsprovision	Kosten für Nebenleistungen (z.B. Versicherungen), die keine Kopplungsgeschäfte sind
Grundbuchamtskosten für Eintragung Grundpfandrechte oder Reallast ins Grundbuch	Kosten, die der Verbraucher bei Nichterfüllung seiner Vertragspflichten zu zahlen hat (z.B. Mahngebühren, Verzugszinsen)
Tilgungssatz und Tilgungsverrechnungsart	
Kosten für Nebenleistungen (z.B. Versicherungen), die Voraussetzung für die Darlehensgewährung sind (Kopplungsgeschäfte)	Teilvaluticrungszuschläge, Bereitstellungszinsen, Nichtabnahmeentschädigung, Vorfälligkeitsentschädigung
Darlehenslaufzeit	
Kosten für Immobilienbewertung, sofern für Darlehensgewährung erforderlich	Grundbuchamtskosten für Eintragung Eigentumsübertragung oder Übertragung grundstücksgleicher Rechte im Grundbuch
Kontoführungsgebühr, wenn Voraussetzung für Darlehensgewährung	

Abb. 65: Der effektive Jahreszins gemäß § 6 Abs. 3 PAngV

Tipp

Der Blick ins Kleingedruckte lohnt sich:

Auch die Tilgungsleistung beeinflusst den effektiven Jahreszins. Dabei wird die vereinbarte Tilgung nicht selbst in den effektiven Jahreszins mit eingerechnet, sondern die Art der Verrechnung der Tilgungsleistungen. Manche Darlehensverträge sehen eine spätere Verrechnung beispielsweise erst zum Monatsende vor, obwohl die Kreditrate bereits zum 1. des Monats fällig ist. Der Darlehensnehmer zahlt in diesem Fall Zinsen für einen bereits getilgten Darlehensteil. Dieser gesamtkostenerhöhende Faktor kann durch eine Verrechnung der Tilgungsleistung zum Zeitpunkt des Zahlungseingangs vermieden werden.

Bei der Angabe und Berechnung des effektiven Jahreszinses wird – unabhängig davon, ob dem tatsächlich so ist – angenommen, dass der Sollzinssatz und die sonstigen Kosten bis zum Ende der Gesamtlaufzeit des Darlehens unverändert gelten.

Bei der Berechnung des effektiven Jahreszinses wird ein vereinbartes Sondertilgungsrecht nicht berücksichtigt.

Ist der Abschluss einer Nebenleistung (Kopplungsgeschäft), wie beispielsweise eines Versicherungsvertrages, zwingende Voraussetzung für die Darlehensgewährung und können die Kosten hierfür nicht im Voraus bestimmt werden, so ist der Verbraucher in klarer, eindeutiger und auffallender Art und Weise darauf hinzuweisen.

▶ **Exkurs: Der Unterschied zwischen Sollzins und effektivem Jahreszins**

Im Darlehensvertrag finden sich zwei Zinsangaben:

- Sollzins (auch Nominalzins genannt): Diesen Zinssatz zahlt der Darlehensnehmer an den Darlehensgeber. Vom **gebundenen Sollzins** spricht man, wenn dieser für eine bestimmte Laufzeit festgeschrieben ist.
- Effektiver Jahreszins (umgangssprachlich: Effektivzins): Diese Zinsangabe bezieht alle Kosten mit ein, die im Zusammenhang mit dem Darlehensvertrag vom Darlehensnehmer zu bezahlen sind und dem Darlehensgeber bekannt und von ihm bestimmbar sind. Der effektive Jahreszins stellt somit einen Wert für die tatsächlichen jährlichen Finanzierungs-Gesamtkosten dar und soll dem Darlehensnehmer helfen, verschiedene Zinsangebote miteinander zu vergleichen. Der effektive Jahreszins fällt in der Regel höher aus als der Sollzins. Zu berücksichtigen sind beim Angebotsvergleich unbedingt auch die Kosten, die nicht im effektiven Jahreszins enthalten sind (z.B. Notarkosten). ◀

Was ist hinsichtlich der Angaben zum effektiven Jahreszins bei Bauspardarlehen zu beachten?

Gemäß § 6 Abs. 8 PAngV gelten für **Bauspardarlehen** nachfolgende Regelungen im Zusammenhang mit dem effektiven Jahreszins:

- **grundsätzliche Annahme**: zum Zeitpunkt der Kreditauszahlung ist das vertragliche Mindestsparguthaben angespart
- Berücksichtigung der **Abschlussgebühr** in Höhe des Anteils des Darlehensanteils an der Bausparsumme
- Annahme bei **Krediten zur Vor- bzw. Zwischenfinanzierung von Leistungen aus Bausparverträgen**: Laufzeit entspricht Zuteilungsfrist, die sich aus der Zielbewertungszahl für Bausparverträge gleicher Art ergibt
- bei **vor- oder zwischenfinanzierten Bauspardarlehen** (siehe Kapitel 3.2.9 Bauspardarlehen und Bausparfinanzierung) ist der effektive Jahreszins für die Gesamtlaufzeit aus Bauspardarlehen und Bausparvertrag (Kombi-Darlehen) anzugeben
- bei möglichen **Zinssatz- oder Kostenänderungen**, die nicht zahlenmäßig benennbar sind, ist von den anfänglich feststehenden Zinsen und Kosten bis zum Vertragsende auszugehen
- bei **Darlehen mit Tilgungsaussetzung**, beispielsweise über einen Bausparvertrag (Zinszahlungsdarlehen/Bankvorausdarlehen), werden die Ansparbeiträge für die geplante Tilgung nicht in die Effektivzinsberechnung mit einbezogen

Was ist bei der Werbung für Immobiliar-Verbraucherdarlehen gemäß Preisangabenverordnung (PAngV) zu beachten?

Hier ist zunächst nachfolgender Grundsatz zu beachten:

§ 6a Abs. 1 PAngV:

Jegliche Kommunikation für Werbe- und Marketingzwecke, die Verbraucherdarlehen betrifft, hat den Kriterien der Redlichkeit und Eindeutigkeit zu genügen und darf nicht irreführend sein. Insbesondere sind Formulierungen unzulässig, die beim Verbraucher falsche Erwartungen in Bezug auf die Möglichkeit ein Verbraucherdarlehen zu erhalten oder in Bezug auf die Kosten eines Verbraucherdarlehens wecken.

In der Werbung für ein Verbraucherdarlehen gegenüber Verbrauchern ist der effektive Jahreszins mindestens genauso hervorzuheben (klar, eindeutig und auf auffallende Art und Weise) wie jeder andere Zinssatz:

1. Identität und Anschrift des Darlehensgebers und gegebenenfalls des Darlehensvermittlers

2. Nettodarlehensbetrag

3. Sollzinsen mit Angabe, ob es sich um einen festen oder variablen Zinssatz oder eine Kombination aus beiden handelt und Einzelheiten über alle anfallenden, in die Gesamtkosten einbezogenen Kosten

4. effektiver Jahreszins

5. der vom Verbraucher zu zahlende Gesamtbetrag (Nettodarlehensbetrag zuzüglich der über die Gesamtlaufzeit zu zahlenden Sollzinsen)

6. die Laufzeit des Verbraucherdarlehensvertrages

7. die Höhe der Raten

8. die Anzahl der Raten

9. bei Immobiliar-Verbraucherdarlehen der Hinweis, dass dieser durch ein Grundpfandrecht oder eine Reallast besichert wird

10. bei Immobiliar-Verbraucherdarlehen in Fremdwährung ein Warnhinweis, dass sich mögliche Wechselkursschwankungen auf die Höhe des vom Verbraucher zu zahlenden Gesamtbetrages auswirken könnten (siehe hierzu auch Kapitel 3.11.1 Zinsänderungsrisiko)

Die Angaben zu den oben genannten Punkten (mit Ausnahme von den Punkten 1, 9 und 10) sind mit einem Beispiel zu versehen. Der hierfür zugrunde gelegte effektive Jahreszins muss dem effektiven Jahreszins entsprechen, der für mindestens zwei Drittel der aufgrund der Werbung zustande kommenden Verträge erwartet werden darf (§ 6a Abs. 4 PAngV).

Verlangt der Werbende den Abschluss eines Versicherungsvertrags oder eines Vertrags über andere Zusatzleistungen und können die Kosten für diesen Vertrag nicht im Voraus bestimmt werden, ist auf die Verpflichtung zum Abschluss dieses Vertrags klar und verständlich an gestalterisch hervorgehobener Stelle zusammen mit dem effektiven Jahreszins hinzuweisen.

Die Informationen müssen in Abhängigkeit vom Medium, das für die Werbung gewählt wird, akustisch gut verständlich oder deutlich lesbar sein.

Hinweis

Für KfW-Darlehen oder andere öffentlichen Darlehen gilt hinsichtlich der Werbung nur der oben genannte Grundsatz gemäß § 6a Abs. 1 PAngV.

Was ist bei der Angabe des effektiven Jahreszinses bei variabel verzinsten Darlehen zu beachten?

Erforderlich sind Angaben zu:

- Annahmen, die der Berechnung des effektiven Jahreszinses zugrunde liegen
- ggf. geltende Unter- und Obergrenzen (bei Cap-Darlehen)
- Warnhinweis, dass sich der variable Sollzinssatz negativ auf die tatsächliche Höhe des effektiven Jahreszinses auswirken könnte

Welche Angaben zum effektiven Jahreszins muss das ESIS-Merkblatt enthalten?

Im ESIS-Merkblatt müssen nachfolgende Angaben zum effektiven Jahreszins gemacht werden:

- **Warnhinweis** im Hauptteil in größerer Schrift einschließlich eines Beispiels
- **mit Sollzins-Obergrenze**: Annahme für das Beispiel, dass der Sollzins zum frühestmöglichen Zeitpunkt auf das höchste im Darlehensvertrag vorgesehen Niveau ansteigt
- **ohne Sollzins-Obergrenze**: Annahme für das Beispiel, dass der höchste Sollzins der mindestens letzten 20 Jahre gilt oder des längsten Zeitraums, für den solche Daten vorliegen
- **sonstige Komponenten** des effektiven Jahreszinses:
  - alle sonstigen im effektiven Jahreszins enthaltenen Kosten, einschließlich einmaliger Kosten und regelmäßiger Kosten
  - Auflistung nach Kategorien:
    - einmalige Kosten
    - in den Raten enthaltene regelmäßig anfallende Kosten
    - in den Raten nicht enthaltene regelmäßig anfallende Kosten
  - Angabe der Beträge, der Zahlungsempfänger und der Fälligkeitszeitpunkte
  - ggf. Näherungswerte oder Erläuterung der Berechnung, optischer Hinweis auf nicht enthaltene, weil nicht bekannte Kosten

- **Wünsche des Verbrauchers** (Laufzeit, Gesamtkreditbetrag u.ä.) müssen vom Darlehensgeber aufgegriffen werden. Bei unterschiedlichen Verfahren der Inanspruchnahme des Darlehens müssen die Mechanismen, die zu unterschiedlichen effektiven Jahreszinsen führen, genannt werden.
- **Gebühr für Eintragung von Grundpfandrechten**: Ausweis als einmalige Kosten in der Berechnung des effektiven Jahreszinses
- zusätzliche Annahmen:
  - ist dem Verbraucher der Zeitpunkt der Inanspruchnahme des Darlehens freigestellt, so gilt das Darlehen als sofort in voller Höhe in Anspruch genommen
  - ist dem Verbraucher der Zeitpunkt der Inanspruchnahme des Darlehens generell freigestellt, jedoch mit Beschränkungen in Bezug auf den Darlehensbetrag und Zeitraum, so gilt das Darlehen als zum frühesten Zeitraum mit den entsprechenden Beschränkungen in Anspruch genommen
  - Sieht der Darlehensvertrag verschiedene Arten der Inanspruchnahme mit unterschiedlichen Kosten und Sollzinssätzen vor, so gilt das gesamte Darlehen als zu den höchsten Kosten und zum höchsten Sollzinssatz in Anspruch genommen.

2.6.2   Schlichtungsstellen

Schlichtungsstellen

Die Schlichtungsstelle führt auf Antrag eines Verbrauchers Verfahren zur außergerichtlichen Beilegung von Streitigkeiten aus einem Verbrauchervertrag durch; arbeitsvertragliche Streitigkeiten sind hiervon ausgenommen.

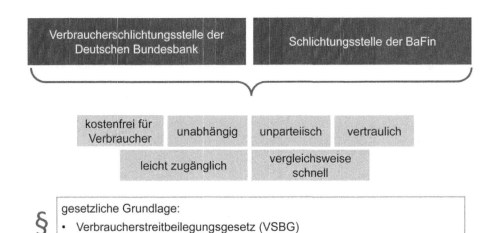

Abb. 66: Schlichtungsstellen

Der Verbraucher hat die Möglichkeit, bei Streitigkeiten mit dem Darlehensgeber eine außergerichtliche Schlichtungsstelle anzurufen.

Das Schlichtungsverfahren ist auf eine einvernehmliche Lösung von Konflikten ausgerichtet.

Ziel ist es, Verbrauchern i.S.d. § 13 BGB unter Mitwirkung einer unabhängigen Instanz eine leicht zugängliche, kostengünstige, effiziente und vergleichsweise schnelle Möglichkeit zur Streitbeilegung im Zusammenhang mit Vorschriften nach dem Kapitalanlagegesetzbuch zu eröffnen.

Das Verfahren vor der Schlichtungsstelle ist für den Verbraucher (Antragsteller) kostenfrei. Auslagen, wie z.B. Porto oder Anwaltskosten, werden ihnen aber nicht erstattet.

Die Durchführung eines Schlichtungsverfahrens kann abgelehnt werden, wenn:
- kein ausreichender Antrag gestellt wurde
- die ausgewählte Schlichtungsstelle nicht zuständig ist
- wegen derselben Streitigkeit bereits ein Schlichtungsverfahren bei einer Verbraucherschlichtungsstelle durchgeführt wurde oder anhängig ist
- die Streitigkeit bereits bei einem Gericht anhängig ist oder ein Gericht durch Sachurteil über die Streitigkeit entschieden hat
- die Streitigkeit durch Vergleich oder in anderer Weise beigelegt wurde oder
- der Anspruch, der Gegenstand der Streitigkeit ist, bereits verjährt ist
- eine grundsätzliche Rechtsfrage, die für die Schlichtung erheblich ist, nicht geklärt ist

Die Verjährung ist während der Dauer des Schlichtungsverfahrens gehemmt (§ 204 Abs. 1 Nr. 4 BGB).

Der Antragsteller kann seinen Schlichtungsantrag jederzeit zurücknehmen. Damit endet in Folge das Schlichtungsverfahren.

Die Schlichter sind zur Verschwiegenheit über das Schlichtungsverfahren verpflichtet.

Der nachfolgenden Grafik können Sie den Ablauf des Schlichtungsverfahrens entnehmen.

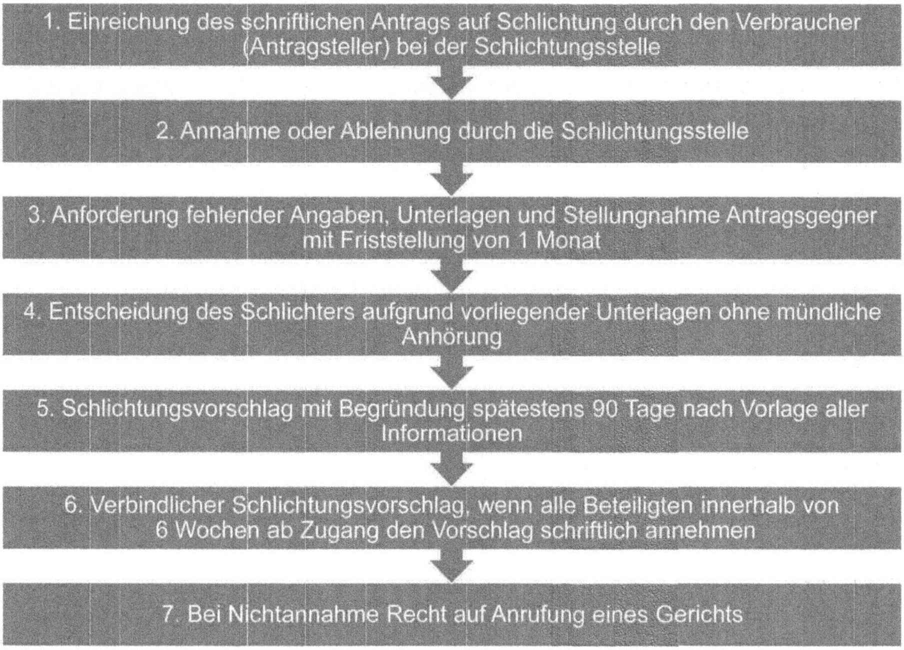

1. Einreichung des schriftlichen Antrags auf Schlichtung durch den Verbraucher (Antragsteller) bei der Schlichtungsstelle

2. Annahme oder Ablehnung durch die Schlichtungsstelle

3. Anforderung fehlender Angaben, Unterlagen und Stellungnahme Antragsgegner mit Friststellung von 1 Monat

4. Entscheidung des Schlichters aufgrund vorliegender Unterlagen ohne mündliche Anhörung

5. Schlichtungsvorschlag mit Begründung spätestens 90 Tage nach Vorlage aller Informationen

6. Verbindlicher Schlichtungsvorschlag, wenn alle Beteiligten innerhalb von 6 Wochen ab Zugang den Vorschlag schriftlich annehmen

7. Bei Nichtannahme Recht auf Anrufung eines Gerichts

Abb. 67: Das Schlichtungsverfahren

Das Wichtigste zusammengefasst:

Für die Immobiliardarlehensvermittlung gelten neben den speziellen Anforderungen auch die allgemeinen Grundlagen zum Verbraucherschutz und die Möglichkeit zur außergerichtlichen Beilegung von Streitigkeiten mit den Produktanbietern mittels der zuständigen Schlichtungsstellen.

Sie kennen:

- die Gesetze, die den Verbraucherschutz regeln (AGBs, UWG, PAngV),
- die Widerrufsrechte und die Bedenkzeit nach BGB und können diese voneinander abgrenzen,
- die Grundlagen des indirekten Verbraucherschutzes (Aufsicht der BaFin über Kreditinstitute bzw. Gewerbeaufsicht),
- die zuständigen Schlichtungsstellen und deren Aufgaben.

Sie beachten den Verbraucherschutz im Zusammenhang mit Ihren Beratungsleistungen.

Sie nutzen Ihr Wissen, um Unterlagen und Informationen, die Ihnen Ihr Produktgeber zur Verfügung stellt, im Hinblick auf den Verbraucherschutz einordnen zu können.

Im nächsten Kapitel sollten Sie auf viele alte Bekannte stoßen. Denn das Wettbewerbsrecht, vertreten durch das Gesetz gegen den unlauteren Wettbewerb (UWG), gilt nicht nur für die Immobiliardarlehensvermittlung.

▶ **Aufgaben zum Kapitel 2.6 – Verbraucherschutz**

Ihr Wissen auf dem Prüfstand:

1. Worum handelt es sich beim effektiven Jahreszins? (SC)

    a) jährliche Gesamtkosten eines Verbraucherdarlehens ausgedrückt in Prozent

    b) monatlich zu zahlender Sollzins nach Abzug der Erwerbsnebenkosten ausgedrückt in Euro

    c) gebundener prozentualer Sollzinssatz, der für ein Immobiliardarlehen zu zahlen ist

    d) tatsächlich im Jahr bezahlte Zinsen ausgedrückt in Euro

2. Welche Aufgabe hat die Schlichtungsstelle? (SC)

    a) außergerichtliche Klärung von Verbraucherstreitigkeiten vor Gericht

    b) Rechtsberatung für gerichtliche Verbraucherstreitigkeiten

    c) außergerichtliche Beilegung von Streitigkeiten zwischen Verbraucher und Produktanbieter

    d) Klärung von Streitigkeiten zwischen Verbrauchern

3. Welche Kosten werden bei der Berechnung des effektiven Jahreszinses berücksichtigt? (MC)

    a) Notarkosten

    b) Bereitstellungszinsen

    c) Teilvalutierungszuschläge

    d) Sollzinsen

    e) Grundbuchkosten für die Grundschuldeintragung

    f) Kosten für Kopplungsgeschäfte

4. Welche Aussage zum gesetzlichen Widerrufsrecht trifft zu? (SC)

    a) Es kann vertraglich eingeschränkt oder ausgeschlossen werden, wenn beide Vertragspartner damit einverstanden sind.

    b) Es kann vertraglich nicht ausgeschlossen werden.

    c) Während des gesetzlichen Widerrufsrechts ist der Vertrag schwebend unwirksam.

    d) Das gesetzliche Widerrufsrecht beinhaltet eine zusätzliche Bedenkzeit von sieben Tagen.

5. Welche Angaben sind zwingend in der Werbung für ein Verbraucherdarlehen erforderlich? (MC)

   a) Ertragserwartung des Darlehensgebers bei Abschluss eines Vertrags

   b) Identität und Anschrift des Darlehensgebers

   c) Effektiver Jahreszins

   d) Zukunftsprognose zur Zinsentwicklung über die Gesamtdarlehenslaufzeit

   e) Höhe der Vorfälligkeitsentschädigung bei vorzeitiger Vertragskündigung

   f) Anzahl und Höhe der zu zahlenden Raten

6. Welche Aufgaben nimmt die Bundesanstalt für Finanzdienstleistungsaufsicht wahr? (MC)

   a) Vereinheitlichung der Sollzinssätze bei Immobiliardarlehensverträgen zur Wahrung der Markttransparenz

   b) Aufsicht über Verbraucherschutzverbände

   c) Aufsicht über Kreditinstitute einschließlich Darlehensgeber von Immobiliar-Verbraucherdarlehen

   d) Kollegialer Verbraucherschutz

   e) Schlichtungsstelle für Verbraucher

7. Bei der Nachholung von fehlenden Pflichtangaben zum Widerrufsrecht beginnt die Widerrufsfrist erst mit Nachholung der richtigen Angaben. Wie lange beträgt in diesem Fall die gesetzliche Widerrufsfrist? (SC)

   a) 14 Tage

   b) 1 Monat

   c) 3 Monate

   d) 6 Monate

   e) 12 Monate und 14 Tage

8. Was kennzeichnet ein Schlichtungsverfahren? (MC)

   a) kostenfrei für den Antragsteller

   b) produktneutral

   c) unabhängig

   d) verbraucherfreundlich

2.7   Unlauterer Wettbewerb

2.7.1   Allgemeine Wettbewerbsgrundsätze

Als Grundsätze des Wettbewerbs werden allgemein angesehen:

- die Wettbewerbsfreiheit
- die Wahrung guter kaufmännischer Sitten (Vertrauenssicherung)
- der Anspruch auf Unterlassung und Schadensersatzpflicht
- die Firmenwahrheit und -klarheit
- Angabe der Titel- und Berufsbezeichnung
- Verbot unlauterer und irreführender geschäftlicher Handlungen

Wettbewerbsfreiheit bedeutet, dass der Anbieter das Recht hat, seine Produkte oder Neuerungen frei zu bewerben. Demgegenüber stehen die möglichen Kunden, die aus einem vielfältigen Angebot ihre Auswahl treffen können.

Der Produktanbieter soll gemäß § 817 BGB die guten Sitten berücksichtigen, d.h. vor allem das Gerechtigkeits- und Anstandsgefühl von Menschen nicht verletzen. Verbraucher haben dabei einen Anspruch auf Unterlassung und der Anbieter, der gegen diesen Grundsatz verstößt, eine Schadensersatzpflicht.

Unter Firmenwahrheit und -klarheit versteht man, dass die Firmierung den Geschäftsgegenstand klar, vollständig und richtig erkennen lässt. Das Führen von Titel- und Berufsbezeichnungen, die einen falschen Eindruck über die Aufgaben, Zuständigkeiten und Vollmachten des Vermittlers/Beraters (Firmenvertreter) hervorrufen können, ist unzulässig. Der Vertreter darf im Geschäftsverkehr nur die ihm aufgrund des Vertretungsverhältnisses ausdrücklich verliehenen Titel führen.

2.7.2   Unzulässige Werbung

Beim Wettbewerbsrecht geht es zum einen um Werbemaßnahmen und zum anderen um das geschäftliche Gebaren (geschäftliche Handlungen) gegenüber Mitbewerbern und Kunden.

Die Allgemeinheit hat einen gesetzlichen Anspruch auf einen unverfälschten Wettbewerb und kann von den Anbietern ein faires und kaufmännisch korrektes Verhalten erwarten.

Abb. 68: Das Gesetz gegen den unlauteren Wettbewerb (UWG)

Wettbewerb und Werbung sind also zulässig, solange sie sich innerhalb der gesetzlich festgelegten Grenzen bewegen. Diese Grenzen sind im Gesetz gegen den unlauteren Wettbewerb (UWG) unter verschiedenen Begrifflichkeiten geregelt:

- unlautere und irreführende Handlungen,
- vergleichende Werbung,
- unzumutbare Belästigungen.

Das Ziel des UWG ist der Schutz der Verbraucher, Mitbewerber und sonstiger Marktteilnehmer.

Die nachfolgenden Grafiken geben Ihnen einen strukturierten Überblick über diese gesetzlichen Regelungen.

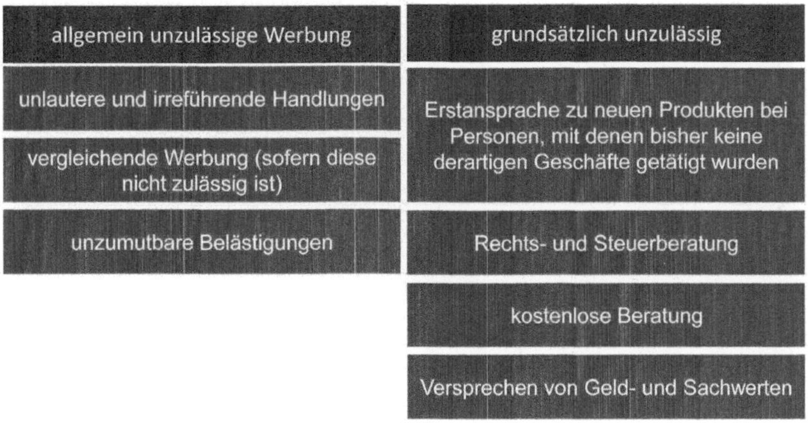

allgemein unzulässige Werbung	grundsätzlich unzulässig
unlautere und irreführende Handlungen	Erstansprache zu neuen Produkten bei Personen, mit denen bisher keine derartigen Geschäfte getätigt wurden
vergleichende Werbung (sofern diese nicht zulässig ist)	
unzumutbare Belästigungen	Rechts- und Steuerberatung
	kostenlose Beratung
	Versprechen von Geld- und Sachwerten

Abb. 69: Unzulässige Werbung gemäß UWG

Das UWG definiert zunächst allgemein unzulässige Werbung, zu der es entsprechend allgemein zulässige Werbung gibt, d.h. es gibt je nach Gestaltung unzulässige und zulässige vergleichende Werbung. Dazu erfahren Sie im nächsten Abschnitt mehr.

Es gibt aber auch grundsätzlich und somit generell unzulässige werbliche oder geschäftliche Handlungen. Dazu gehört u.a. das Verbot der Rechts- und Steuerberatung, die nur von Rechtsanwälten und Steuerberatern erbracht werden darf. Als Immobiliardarlehensvermittler dürfen Sie Ihre Kunden zwar über steuerliche Regelungen im Zusammenhang mit Immobilien und den Erwerbsnebenkosten und Finanzierungskosten (Werbungskosten, Absetzung für Abnutzung AfA, Grunderwerbsteuer, Grundsteuer) informieren. Sie dürfen darüber hinaus aber nicht steuergestaltend oder -beratend tätig werden.

Abb. 70: Unlautere und irreführende Handlungen und unzulässige vergleichende Werbung

Unlauter kann man sich umgangssprachlich auch als unfair merken. Das Anschwärzen oder Behindern des Wettbewerbs von Mitbewerbern (Bsp.: Boykottaufruf) sowie die Druckausübung (moralisch oder als rechtswidrige Nötigung) gegenüber dem Kunden sind solche unlauteren Handlungen.

Als unlautere Werbung gelten:

- Verkaufsförderungsmaßnahmen, wenn die Bedingungen für Preisnachlässe nicht eindeutig angegeben sind
- Preisausschreiben mit Werbecharakter ohne klare Angabe der Teilnahmebedingungen

Irreführend bezieht sich nicht nur auf die Aussagen an sich, sondern auch auf deren Darstellung. So darf Wichtiges nicht kleingedruckt werden. Auch mit Selbstverständlichkeiten zu werben, gilt als irreführend. Ein Beispiel hierfür ist das Werben mit der gesetzlichen Widerrufsfrist.

Irreführend ist eine Werbung oder geschäftliche Handlung, die vom Beworbenen missverstanden werden kann und die ihn zu einer geschäftlichen Entscheidung veranlasst, die er anderenfalls nicht getroffen hätte.

Vergleichende Werbung ist unzulässig, wenn auch hier unfair agiert wird. Dazu gehört u.a. das **Ausnutzen fremden Ansehens**, wie beispielsweise das der BaFin. Die Zulassung eines Finanzanlageproduktes zum Vertrieb durch die BaFin gilt für alle Produkte und bedeutet keine Aussage über den Erfolg der Anlage.

Zulässige vergleichende Werbung liegt vor:

- wenn der Mitbewerber bzw. dessen Produkt erkennbar ist
- wenn die vergleichenden Aussagen wahr und klar sind.

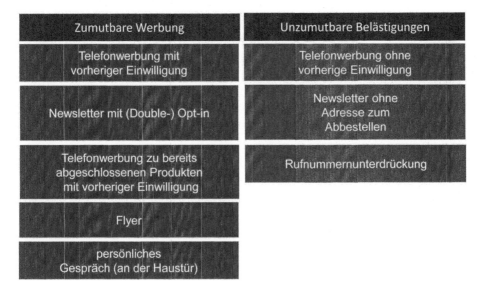

Zumutbare Werbung	Unzumutbare Belästigungen
Telefonwerbung mit vorheriger Einwilligung	Telefonwerbung ohne vorherige Einwilligung
Newsletter mit (Double-) Opt-in	Newsletter ohne Adresse zum Abbestellen
Telefonwerbung zu bereits abgeschlossenen Produkten mit vorheriger Einwilligung	Rufnummernunterdrückung
Flyer	
persönliches Gespräch (an der Haustür)	

Abb. 71: Zumutbare Werbung und unzumutbare Belästigung

Die Abgrenzung zwischen einer zumutbaren Werbung und einer unzumutbaren Belästigung ist nicht immer einfach. Geht es um den telefonischen (Werbe-)Kontakt zum Kunden, muss dessen Einwilligung vorher vorliegen.

Bei einem Newsletter ist mindestens das **Opt-in-Verfahren** zu beachten und es muss jederzeit eine Möglichkeit (Angabe einer entsprechenden Adresse oder E-Mail) bestehen, den Newsletter wieder abzubestellen.

Opt-in und Double-Opt-in

Bei der telefonischen Beratung, der E-Mail-Werbung und Newslettern gilt das sogenannte Opt-in-Verfahren (engl. to opt in something bedeutet sich für etwas zu entscheiden). Danach muss der Endverbraucher explizit einer Kontaktaufnahme per Telefon oder E-Mail ausdrücklich (schriftlich) zustimmen, da sich andernfalls der Unternehmer bei einer nicht erlaubten Kontaktaufnahme wettbewerbswidrig verhält und abgemahnt werden kann.

Die Gerichte fordern darüber hinaus bei E-Mail-Werbung oder Newslettern immer häufiger das so genannte **Double-Opt-in-Verfahren**. Der Einwilligende muss dabei für eine Anmeldung die Einwilligung nochmals bestätigen, bevor der Newsletter-Versand an den Neukunden zulässig wird. Nur so kann gewährleistet werden, dass auch wirklich der Verbraucher die Einwilligung erteilt hat und die zunächst erklärte (Single) Opt-In nicht von einem Dritten stammt.

Persönliche Besuche – auch beim Neukunden – sind ohne vorherige Einwilligung erlaubt.

§ 7 UWG

Eine unzumutbare Belästigung bei einer Werbung unter Verwendung elektronischer Post ist nicht anzunehmen, wenn:

- der Unternehmer im Zusammenhang mit dem Waren- oder Dienstleistungsverkauf die elektronische Postadresse des Kunden erhalten hat und

- die Adresse für die Direktwerbung für eigene ähnliche Waren/Dienstleistungen verwendet wird und

- der Kunde der Verwendung nicht widersprochen hat und

- der Kunde bei der Erhebung der Adresse und bei jeder Verwendung klar und deutlich darauf hingewiesen wird, dass er der Verwendung jederzeit widersprechen, kann, ohne dass hierfür andere als die Übermittlungskosten nach den Basistarifen entstehen.

Tipp

Wenn Sie von einem Ihrer Kunden eine Empfehlungsadresse erhalten haben, so dürfen Sie diese Person ebenfalls nur mit deren ausdrücklicher vorheriger Einwilligung telefonisch kontaktieren. Ein schriftlicher Kontakt ist dagegen zulässig. Oder Sie bitten Ihren Kunden, den ersten persönlichen Kontakt herzustellen.

Info

Seit der UWG-Reform 2009 wurde auch eine so genannte „Schwarze Liste" (umgangssprachliche Bezeichnung des Anhangs zu § 3 Abs. 3 UWG) zu den unzulässigen geschäftlichen Handlungen eingeführt.

Werbung für Verbraucherdarlehen gemäß Preisangabenverordnung (PAngV)

§ 6a PAngV enthält Regelungen für die Werbung für Verbraucherdarlehen.

In § 6a Abs. 1 PAngV werden nachfolgende Anforderungen an die Werbung gestellt:

- Redlichkeit und Eindeutigkeit
- nicht irreführend
- klare Formulierungen in Bezug auf die Möglichkeit, ein Verbraucherdarlehen zu erhalten
- klare Formulierungen in Bezug auf die Kosten eines Verbraucherdarlehens.

Wird für den Abschluss eines Verbraucherdarlehens mit Zinssätzen oder sonstigen Zahlen, die die Kosten betreffen, geworben, so sind nachfolgende Angaben gemäß § 6a Abs. 2 PAngV in klarer, eindeutiger und auffallender Art und Weise anzugeben:

- Identität und Anschrift des Darlehensgebers oder ggf. des Darlehensvermittlers
- Nettodarlehensbetrag (mit Beispiel)
- Sollzinssatz mit Angabe, ob es sich um einen festen oder einen variablen Zinssatz oder um eine Kombination aus beiden handelt, sowie Einzelheiten aller für den Verbraucher anfallenden, in die Gesamtkosten einbezogenen Kosten (mit Beispiel)
- Effektiver Jahreszins (mit Beispiel)

§ 6a Abs. 2 Satz 2 PAngV

In der Werbung ist der effektive Jahreszins mindestens genauso hervorzuheben wie jeder andere Zinssatz.

§ 6a Abs. 3 PAngV fordert für die Werbung für Verbraucherdarlehen weitere Angaben – sofern zutreffend:

- zu zahlender Gesamtbetrag (mit Beispiel)
- Laufzeit des Verbraucherdarlehensvertrags (mit Beispiel)
- Höhe der Raten (mit Beispiel)
- Anzahl der Raten (mit Beispiel)
- bei Immobiliar-Verbraucherdarlehen der Hinweis, dass der Vertrag durch ein Grundpfandrecht oder eine Reallast besichert wird
- bei Immobiliar-Verbraucherdarlehen in Fremdwährung ein Warnhinweis, dass sich mögliche Wechselkursschwankungen auf die Höhe des vom Verbraucher zu zahlenden Gesamtbetrags auswirken können.

§ 6a Abs. 5 PAngV

Verlangt der Werbende den Abschluss eines Versicherungsvertrags oder eines Vertrags über andere Zusatzleistungen und können die Kosten für diesen Vertrag nicht im Voraus bestimmt werden, ist auf die Verpflichtung zum Abschluss dieses Vertrages klar und verständlich an gestalterisch hervorgehobener Stelle zusammen mit dem effektiven Jahreszins hinzuweisen.

Das Wichtigste zusammengefasst:

Der Wettbewerb zwischen Produktanbietern und gegenüber dem Verbraucher unterliegt klaren gesetzlichen Regelungen, die den Wettbewerb ermöglichen und Mitbewerber und Verbraucher schützen sollen.

Sie kennen:

- Allgemeine Wettbewerbsgrundsätze
- Das Gesetz gegen den unlauteren Wettbewerb (UWG) mit seinen wichtigsten Regelungen hinsichtlich zulässiger und unzulässiger Handlungen, Werbung, Belästigungen und Zumutungen im Wettbewerb

Sie verstehen die Regelungen rund um Werbung als Grundlage des fairen Wettbewerbs.

Wenden Sie die zulässigen und erlaubten Möglichkeiten erfolgreich in Ihren eigenen Flyern oder Newslettern und bei der Kundenansprache an.

In diesem Kapitel haben Sie die Grundlagen über den zulässigen und unzulässigen Wettbewerb erfahren. Im nächsten Kapitel geht es um die Voraussetzungen der Datenspeicherung und somit den Datenschutz.

▶ **Aufgaben zum Kapitel 2.7 – Unlauterer Wettbewerb**

Ihr Wissen auf dem Prüfstand:

1. Welche der folgenden werblichen Handlungen sind grundsätzlich unzulässig? (MC)

   a) Druckausübung auf den Verbraucher

   b) vergleichende Werbung

   c) Angabe von Gebühren und Preisen

   d) Versprechen von Geld- und Sachwerten

2. Welche der folgenden geschäftlichen Handlungen sind irreführend und als solche in der Werbung verboten? (MC)

   a) Werbung mit unwahren Aussagen

   b) vergleichende Werbung mit einem Mitbewerber

   c) Telefonwerbung ohne vorherige Kundeneinwilligung

   d) Werbung mit Selbstverständlichkeiten

   e) Wichtiges kleingedruckt

   f) Werbung innerhalb der Geschäftsräume

3. Welche der folgenden Handlungen erfüllen die Voraussetzungen einer unzumutbaren Belästigung? (MC)

   a) Ansprache eines Kunden an dessen Haustür

   b) Telefonwerbung ohne vorherige Zustimmung des Verbrauchers

   c) Telefonwerbung mit vorheriger Zustimmung des Verbrauchers

   d) Ansprache des Kunden in den Verkaufsräumen des Vermittlers

   e) Rufnummernunterdrückung bei telefonischer Kontaktaufnahme

   f) Zusendung eines Newsletters ohne Angabe einer Adresse zum Abbestellen

4. Welches Gesetz schützt sowohl Verbraucher als auch Mitbewerber vor missbräuchlicher Werbung? (SC)

   a) Kreditwesengesetz (KWG)

   b) Gesetz gegen den unlauteren Wettbewerb (UWG)

   c) Bundeskontrollgesetz für Werbung (BfW)

   d) Gewerbeordnung (GewO)

   e) Wohnimmobilienkreditrichtlinie (WKR)

5. Sie verschicken Ihren monatlichen Newsletter an Ihre Kunden, die dieser Form der Kontaktaufnahme ausdrücklich zugestimmt haben. Wie heißen die hierfür vorgeschriebenen Verfahren? (MC)

    a) Post-Ident-Verfahren

    b) Check-in-Verfahren

    c) Opt-in-Verfahren

    d) News-in-Verfahren

    e) Double-Opt-in-Verfahren

    f) Hop-on-and-off-Verfahren

2.8 Datenschutz

2.8.1 Datensicherheit

Die Datensicherheit umfasst in puncto Datenverarbeitung alle technischen und organisatorischen Maßnahmen zum Schutz von Daten vor Verfälschung, Zerstörung und unzulässiger Weitergabe.

2.8.2 Umgang mit Informationen

Unternehmen und ihre Mitarbeiter, aber beispielsweise auch Immobiliardarlehensvermittler, müssen die gesetzlichen Grundlagen für den Datenschutz beachten. Dazu gehören die Pflichten auf Seiten der Unternehmen und Rechte auf Seiten der betroffenen Kunden.

Hier sehen Sie einen Überblick dieser Pflichten und Rechte:

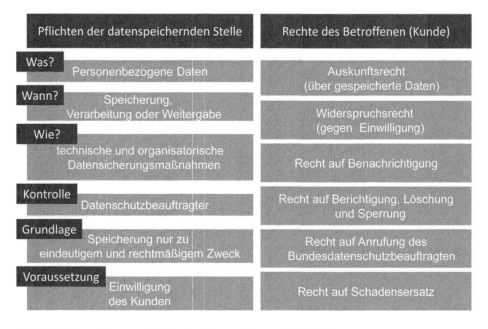

Abb. 72: Datenschutz gemäß Bundesdatenschutzgesetz (BDSG)

Ein zentraler Punkt ist die Einwilligung des Kunden zur Speicherung und Verarbeitung seiner personenbezogenen Daten. Personenbezogene Daten unterliegen gemäß dem Bundesdatenschutzgesetz (BDSG) einem besonderen Schutz, den die Unternehmen durch technische und organisatorische Maßnahmen sicherstellen müssen.

Personenbezogene Daten

Personenbezogene Daten im Sinne des Bundesdatenschutzgesetzes (BDSG) sind Einzelangaben über persönliche und sachliche Verhältnisse einer bestimmten oder bestimmbaren natürlichen Person. Hierunter fallen beispielsweise Name, Anschrift, Geburtsdatum, Beruf und Bankverbindung, aber auch alle besonders sensitiven Daten, wie beispielsweise Einkommensverhältnisse und finanzielle Bonität.

Auch die Weitergabe von Daten unterliegt dem Datenschutz. Aus diesem Grund enthält der Darlehensantrag einen entsprechenden Hinweis bzw. der Darlehensnehmer erklärt sein Einverständnis mit der Datenweitergabe.

2.8.3   Verschwiegenheit

Das Bundesdatenschutzgesetz (BDSG) schützt die Daten von natürlichen Personen, nicht jedoch von juristischen Personen. Nachfolgen finden Sie beispielhaft einige Auszüge aus den Regelungen des BDSG:

§ 1 BGSG

Zweck dieses Gesetzes ist es, den Einzelnen davor zu schützen, dass er durch den Umgang mit seinen personenbezogenen Daten in seinem Persönlichkeitsrecht beeinträchtigt wird.

§ 3 BDSG

(1) Personenbezogene Daten sind Einzelangaben über persönliche oder sachliche Verhältnisse einer bestimmten oder bestimmbaren natürlichen Person (Betroffener).

(3) Erheben ist das Beschaffen von Daten über den Betroffenen.

(4) Verarbeiten ist das Speichern, Verändern, Übermitteln, Sperren und Löschen personenbezogener Daten […].

(5) Nutzen ist jede Verwendung personenbezogener Daten, soweit es sich nicht um Verarbeitung handelt.

(9) Besondere Arten personenbezogener Daten sind Angaben über die rassische und ethnische Herkunft, politische Meinungen, religiöse oder philosophische Überzeugungen, Gewerkschaftszugehörigkeit, Gesundheit oder Sexualleben.

§ 4 BDSG

(1) Die Erhebung, Verarbeitung und Nutzung personenbezogener Daten sind nur zulässig, soweit dieses Gesetz oder eine andere Rechtsvorschrift dies erlaubt oder anordnet oder der Betroffene eingewilligt hat.

§ 4a BGSG

(1) Die Einwilligung ist nur wirksam, wenn sie auf der freien Entscheidung des Betroffenen beruht. Er ist auf den vorgesehenen Zweck der Erhebung, Verarbeitung oder Nutzung sowie, soweit nach den Umständen des Einzelfalles erforderlich oder auf Verlangen, auf die Folgen der Verweigerung der Einwilligung hinzuweisen. Die Einwilligung bedarf der Schriftform, soweit nicht wegen besonderer Umstände eine andere Form angemessen ist. Soll die Einwilligung zusammen mit anderen Erklärungen schriftlich erteilt werden, ist sie besonders hervorzuheben.

§ 28 Abs. 1 BDSG

(1) Das Erheben, Speichern, Verändern oder Übermitteln personenbezogener Daten oder ihre Nutzung als Mittel für die Erfüllung eigener Geschäftszwecke ist zulässig:

- wenn es für die Begründung, Durchführung oder Beendigung eines rechtsgeschäftlichen oder rechtsgeschäftsähnlichen Schuldverhältnisses mit dem Betroffenen erforderlich ist,

- soweit es zur Wahrung berechtigter Interessen der verantwortlichen Stelle erforderlich ist und kein Grund zu der Annahme besteht, dass das schutzwürdige Interesse des Betroffenen an dem Ausschluss der Verarbeitung oder Nutzung überwiegt, oder

- wenn die Daten allgemein zugänglich sind oder die verantwortliche Stelle sie veröffentlichen dürfte, es sei denn, dass das schutzwürdige Interesse des Betroffenen an dem Ausschluss der Verarbeitung oder Nutzung gegenüber dem berechtigten Interesse der verantwortlichen Stelle offensichtlich überwiegt.

Welche Rolle spielt der Datenschutzbeauftragte?

Unternehmen, die personenbezogene Daten automatisiert verarbeiten, haben einen Beauftragten für den Datenschutz zu bestellen. Das Gleiche gilt, wenn personenbezogene Daten auf andere Weise erhoben, verarbeitet oder genutzt werden. Dies gilt jedoch nicht für Unternehmen, die in der Regel höchstens 9 Personen ständig mit der automatisierten Verarbeitung personenbezogener Daten beschäftigen.

Ein Datenschutzbeauftragter (DSB) wirkt gemäß § 4f und g BDSG im Unternehmen auf die Einhaltung des Datenschutzes hin. Die Person kann Mitarbeiter der Organisation sein oder als externer Datenschutzbeauftragter bestellt werden.

Wer überwacht die Einhaltung der Datenschutzbestimmungen?

Die Datenschutzaufsichtsbehörde überprüft gemäß § 38 BDSG im Einzelfall die Einhaltung der Datenschutzbestimmungen der nichtöffentlichen Stellen (d.h. keine Behörden, sondern privatrechtliche Unternehmen) und führt ein Register, in dem die Datenverarbeitungsverfahren der meldepflichtigen Unternehmen registriert werden.

Wie ergänzen sich BDSG und die Allgemeinen Geschäftsbedingungen (AGB)?

Die Allgemeinen Geschäftsbedingungen (AGB) stellen generelle Vereinbarungen mit dem Vertragspartner dar und enthalten u.a. einen Hinweis auf den notwendigen sorgfältigen und vertrauensvollen Umgang mit Daten. Das BDSG ist das entsprechende Gesetz zur Detaillierung dieses Schutzes.

Das Wichtigste zusammengefasst:

Der Datenschutz genießt einen besonderen Stellenwert im Geschäftsleben.

Sie kennen:

- die Bedeutung und Methode der Sicherung von geschäfts- und kundenbezogenen Daten
- die Bedeutung des vorsichtigen Umgangs mit sensiblen Daten im Geschäftsverkehr
- die Bedeutung des Schutzes personenbezogener Daten vor der aktiven Weitergabe an Dritte
- Rechte und Pflichten rund um den Datenschutz gemäß dem Bundesdatenschutzgesetz (BDSG)

Sie verstehen den Datenschutz als Bestandteil der Geschäftsbeziehung mit Ihren Kunden.

Beachten Sie die Vorgaben des Datenschutzes und geben Sie Ihren Kunden Sicherheit durch die Einhaltung der für ihn geltenden Rechte.

Damit verfügen Sie nun auch über das Grundlagenwissen zum Datenschutz als Teil des Verbraucherschutzes.

Im nächsten Kapitel erläutere ich Ihnen die Aufgaben der Bundesanstalt für Finanzdienstleistungsaufsicht (BaFin) als zuständige Aufsichtsbehörde für Ihre Produktgeber.

▶ **Aufgaben zum Kapitel 2.8 – Datenschutz**

Ihr Wissen auf dem Prüfstand:

1. Welche der folgenden Aussagen über den Inhalt des Bundesdatenschutzgesetzes sind korrekt? (MC)

    a) Personenbezogene Kundendaten wie Anschrift, Familienstand und Geburtsdatum dürfen ohne die Zustimmung des Kunden für rechtmäßige Zwecke gespeichert und genutzt werden.

    b) Personenbezogene Kundendaten dürfen ohne Zustimmung des Kunden an Dritte weitergegeben werden, sofern diese dem Datenschutz unterliegen.

    c) Die Speicherung personenbezogener Daten bedarf der Zustimmung des Betroffenen.

    d) Der Betroffene hat ein Auskunftsrecht über die über ihn erfassten Daten.

    e) Für die Sicherung der Kundendaten müssen entsprechende technische und organisatorische Maßnahmen gewährleistet sein.

    f) Der Kunde hat lediglich bei berechtigtem Interesse das Recht, Informationen über seine gespeicherten Daten zu erhalten.

2. Welche Daten werden durch das Bundesdatenschutzgesetz geschützt? (SC)

    a) personenbezogene Daten

    b) immobilienbezogene Daten

    c) vermittlerbezogene Daten

    d) produktgeberbezogene Daten

    e) sachbezogene Daten

3. Welche Rechte hat der Betroffene in Bezug auf seine Daten? (SC)

    a) Auskunftsrecht

    b) Widerrufsrecht

    c) Widerspruchsrecht

    d) Bedenkzeit

    e) Benachrichtigungsrecht

    f) Aufzeichnungsrecht

4. Wer kontrolliert laufend innerhalb des Unternehmens die Einhaltung des Datenschutzes? (SC)

    a) Bundesdatenschutzbeauftragter

    b) Geldwäschebeauftragter

    c) Datenschutzbeauftragter

    d) Verbraucherschutzbeauftragter

    e) Sicherheitsbeauftragter

5. Welches Recht hat der Betroffene, wenn das datenspeichernde Unternehmen seine Pflichten nicht einhält? (SC)

    a) Rückerstattungsanspruch der Datenspeicherungsgebühr

    b) Sonderkündigungsrecht des Darlehensvertrages

    c) verlängertes Widerrufsrecht

    d) Recht auf Schadensersatz

2.9 Zuständigkeit und Befugnis der Aufsicht

Die Bundesanstalt für Finanzdienstleistungsaufsicht (BaFin)

Die BaFin ist zuständig für die Aufsicht über die Produktanbieter von Immobiliendarlehen und deren angestellten Mitarbeiter. Insbesondere durch die Aufsicht der Produktanbieter spielt sie eine wesentliche Rolle beim Verbraucherschutz.

Abb. 73: Bundesanstalt für Finanzdienstleistungsaufsicht (BaFin)

Die örtlichen Gewerbeämter oder Industrie- und Handelskammern (IHK)

Die für die Aufsicht der gewerblichen Immobiliardarlehensvermittler (einschließlich der Untergruppe der gewerblichen Honorar-Immobiliardarlehensberater) zuständige Behörde kann das örtliche Gewerbeamt oder die örtliche Industrie- und Handelskammer (IHK) sein.

Sie ist gemäß § 15 der Immobiliardarlehensverordnung (ImmVermV) zu **außerordentlichen Prüfungen** berechtigt. Aus besonderem Anlass kann die für die Erlaubniserteilung zuständige Behörde anordnen, dass der Gewerbetreibende sich auf seine Kosten durch einen geeigneten Prüfer auf die **Einhaltung seiner Pflichten** überprüfen lässt und der Behörde den Prüfungsbericht übermittelt.

Der Prüfer wird von der zuständigen Behörde bestimmt.

Als **geeignete Prüfer** kommen gemäß § 15 Abs. 2 und 3 ImmVermV in Frage:

- Wirtschaftsprüfer, vereidigte Buchprüfer, Wirtschaftsprüfungs- und Buchprüfungsgesellschaften,
- Prüfungsverbände, zu deren gesetzlichem oder satzungsmäßigem Zweck die regelmäßige außerordentliche Prüfung ihrer Mitglieder gehört,

- andere Personen, die öffentlich bestellt oder zugelassen worden sind und die aufgrund ihrer Vorbildung oder Erfahrung in der Lage sind, eine ordnungsgemäße Prüfung durchzuführen.

Ungeeignet für die außerordentliche Prüfung sind Personen, bei denen die Besorgnis der Befangenheit besteht (§ 15 Abs. 4 ImmVermV).

Nachfolgende Pflichten sind vom Gewerbetreibenden einzuhalten:

- Die Vorgaben gemäß § 34i Abs. 5 GewO für Honorar-Immobiliardarlehensberater (Empfehlung aus einer hinreichenden Anzahl von auf dem Markt angebotenen Verträgen; Verbot der Annahme von Zuwendungen vom Darlehensgeber und die Vorgabe, von diesem in keiner Weise abhängig zu sein)
- Die Anforderungen für beschäftigte Personen und Personen in leitender Position gemäß § 34i Abs. 6 GewO (Zuverlässigkeit und Sachkunde)
- Die Anforderungen an die Vergütungsstruktur für Beschäftigte gemäß § 34i Abs. 7 GewO (Vergütungsstruktur darf insbesondere nicht an Absatzziele gekoppelt sein)
- Die Anforderungen gemäß § 14 ImmVermV hinsichtlich der Aufzeichnungs- und Aufbewahrungsfristen (u.a. Aufbewahrungsfrist von 5 Jahren)

Das Wichtigste zusammengefasst:

Die Aufsicht durch die zuständigen Stellen über die Beteiligten bei der Immobiliardarlehensvermittlung spielt eine wichtige Rolle beim Verbraucherschutz.

Sie kennen:

• die Aufsichtsbefugnisse der zuständigen Stellen

Sie verstehen die Einhaltung Ihrer Pflichten, die sich für die Erlaubniserteilung Ihrer Tätigkeit als Immobiliardarlehensvermittler aus der Gewerbeordnung und der Immobiliardarlehensverordnung ergeben, als vertrauensbildende Grundlage gegenüber Ihren Kunden.

Beachten Sie die Pflichten, um im Falle einer außerordentlichen Prüfung Ihre Erlaubnis zur Immobiliardarlehensvermittlung nicht zu gefährden.

Nach dem Blick auf die Aufsichtsbefugnisse der BaFin, der Gewerbeämter und der IHKs werfe ich mit Ihnen im nächsten Kapitel einen Blick auf die Möglichkeiten außerhalb Deutschlands, Immobiliardarlehen zu vermitteln.

▶ **Aufgaben zum Kapitel 2.9 – Zuständigkeit und Befugnis der Aufsicht**

Ihr Wissen auf dem Prüfstand:

1. Welche zuständigen Stellen teilen sich die Aufsicht über Produktanbieter und Personen, die Immobiliardarlehen vermitteln? (MC)

    a) Industrie- und Handelskammer

    b) Bundesanstalt für Finanzdienstleistungsaufsicht

    c) Bundes-Schlichtungsstelle für Immmobiliardarlehensvermittlung

    d) Gewerbeamt

    e) Industrie- und Ordnungsamt

    f) Bundesdarlehensbeauftragter

2. Welche Aussagen treffen auf die außerordentliche Prüfung von gewerblichen Immobiliardarlehensvermittlern zu? (MC)

    a) Der Immobiliardarlehensvermittler hat einen geeigneten Prüfer zu benennen

    b) Diese Prüfung ist alle 5 Jahre vorgeschrieben

    c) Geeignete Prüfer sind Wirschaftsprüfer

    d) Der Prüfungsbericht ist der BaFin vorzulegen

    e) Diese erfolgt auf Kosten des Immobiliardarlehensvermittlers

2.10 Dienstleistungs- und Niederlassungsfreiheit im europäischen Binnenmarkt

Als Immobiliardarlehensvermittler haben Sie die Möglichkeit des Tätigwerdens auch außerhalb Deutschlands. Um eine Erlaubnis nach § 34i GewO zu erhalten, müssen Sie Ihre Hauptniederlassung oder den Hauptsitz in Deutschland haben und auch hier Immobiliardarlehen vermitteln (§ 34i Abs. 2 Nr. 5 GewO).

Niederlassungsfreiheit

In der Europäischen Union sind EU-Bürger und nach den Gesetzen eines Mitgliedsstaates gegründete Gesellschaften mit Sitz, Hauptverwaltung oder Hauptniederlassung innerhalb der EU, berechtigt, sich in jedem Mitgliedstaat der Europäischen Union niederzulassen. Niederlassung ist definiert als die tatsächliche Ausübung einer wirtschaftlichen Tätigkeit mittels einer festen Einrichtung in einem anderen Mitgliedstaat auf unbestimmte Zeit. Geregelt ist die Niederlassungsfreiheit in Art. 49 bis Art. 55 Vertrag über die Arbeitsweise der Europäischen Union (AEUV).

Hat ein Immobiliardarlehensvermittler eine entsprechende Erlaubnis durch einen anderen Mitgliedstaat der Europäischen Union erteilt bekommen, so benötigt er keine weitere Erlaubnis nach § 34i GewO (§ 34i Abs. 4 GewO). Es muss dazu ein Verfahren nach Artikel 32 Abs. 3 der Richtlinie 2014/17/EU stattgefunden haben.

Artikel 32 Abs. 3 der Richtlinie 2014/17/ EU

Jeder zugelassene Kreditvermittler, der erstmalig in einem oder mehreren Mitgliedstaaten im Rahmen des freien Dienstleistungsverkehrs oder im Rahmen der Errichtung einer Zweigniederlassung tätig werden will, teilt dies den zuständigen Behörden des Herkunftsmitgliedstaats mit. Innerhalb eines Monats nach ihrer Unterrichtung teilen diese zuständigen Behörden den zuständigen Behörden der Aufnahmemitgliedstaaten die Absicht des Kreditvermittlers mit und informieren gleichzeitig den betreffenden Kreditvermittler darüber, dass eine entsprechende Mitteilung erfolgt ist. Sie unterrichten die zuständigen Behörden der betreffenden Aufnahmemitgliedstaaten über die Kreditgeber, an die der Kreditvermittler gebunden ist, und darüber, ob die Kreditgeber unbeschränkt und vorbehaltlos für das Handeln des Kreditvermittlers haften. Der Aufnahmemitgliedstaat nutzt die vom Herkunftsmitgliedstaat erhaltenen Informationen dazu, die erforderlichen Angaben in sein Register einzutragen.

Der Kreditvermittler kann seine Tätigkeit einen Monat nach dem Zeitpunkt aufnehmen, zu dem er von den zuständigen Behörden des Herkunftsmitgliedstaats von der Mitteilung nach Unterabsatz 2 unterrichtet worden ist.

Bevor die Zweigniederlassung eines Immobiliardarlehensvermittlers ihre Tätigkeit aufnimmt oder innerhalb von zwei Monaten nach Eingang der in Abs. 3 Unterabsatz 2 genannten Mitteilung, treffen die zuständigen Behörden des Aufnahmemitgliedstaats die Vorbereitungen für die Beaufsichtigung des Immobiliardarlehensvermittlers und teilen ihm erforderlichenfalls die Bedingungen mit, die in Bereichen, die nicht durch das Unionsrecht harmonisiert sind, für die Ausübung dieser Tätigkeiten im Aufnahmemitgliedstaat gelten.

2.11 Finanzwirtschaftliche und wirtschaftliche Grundlagen

2.11.1 Markt der Immobilien und Baufinanzierung

Welche Bedeutung hat die Immobilienwirtschaft in Deutschland?

Immobilien sind eine besondere Güterart, denn sie zeichnen sich durch nachfolgende Merkmale aus:

- großes Investitionsvolumen
- langlebig
- standortgebunden
- Entwicklung und Bewirtschaftung erfordert viele verschiedene Marktakteure
- Abdeckung von elementaren Bedürfnissen (Schutz, Wärme)

Immobilien spielen eine wirtschaftlich und ebenso kulturell und emotional wichtige Rolle.

Die deutsche Immobilienwirtschaft ist eine der größten und wichtigsten Wirtschaftszweige Deutschlands und das mit steigenden Beschäftigungszahlen und einer Zunahme der Bruttowertschöpfung.

> **Bruttowertschöpfung**
>
> Die Bruttowertschöpfung gibt den Gesamtwert aller produzierten Waren und Dienstleistungen an, abzüglich der sogenannten Vorleistungen. Das sind alle Waren und Dienstleistungen, die während der Produktion verarbeitet oder verbraucht wurden. Eine Bäckerei erzielt ihren Umsatz mit dem Verkauf von Brot, Brötchen und Kuchen. Die Vorleistungen sind Backzutaten, Strom, Miete u.a. und müssen vom Umsatz abgezogen werden. Das Ergebnis ist die Bruttowertschöpfung, also der Mehrwert, den die Bäckerei innerhalb einer Volkswirtschaft schafft.

Die Immobilienwirtschaft umfasst in ihrer engeren Definition die Selbstnutzer, Vermieter, Vermittler, Verwalter und Immobilienhändler (inklusive Bauträger).

Die Immobilienwirtschaft in der weiteren Definition umfasst zusätzlich alle Unternehmen, die an der Planung, Erstellung, Finanzierung und Bewirtschaftung der Immobilien im Lebenszyklus beteiligt sind (z.B. Bauunternehmer, Architekten, Ingenieure, Planer, Hausmeisterdienste, Gebäudereiniger, Darlehensgeber).

Nachfolgend auf Stand des Jahres 2015 ein paar weitere Fakten (Quelle: Studie „Wirtschaftsfaktor Immobilien 2017" der Gesellschaft für immobilienwirtschaftliche Forschung (gif) und den großen Immobilienverbänden BID, Haus & Grund und DV) zur deutschen Immobilienwirtschaft (nach weiterer Definition)):

- rund 817.000 Unternehmen: Das sind rund 25,1 % aller Unternehmen in Deutschland
- rund 3 Millionen sozialversicherungspflichtige Beschäftigte: Das sind rund 9,5 % aller Beschäftigten in Deutschland

- rund 3,9 Millionen private Vermieter

- rund 16 Millionen Selbstnutzer

- rund 500 Mrd. € Bruttowertschöpfung: Das sind rund 18,2 % der gesamten deutschen Bruttowertschöpfung und damit größer als die Automobilwirtschaft oder der Einzelhandel

- Deutschland verfügt über das größte absolute Immobilienvermögen in Europa; in Relation zur Einwohnerzahl und zum Einkommen ist Deutschland allerdings nur Mittelfeld in Europa

- Haushalte mit Wohneigentum der gleichen Einkommensklasse verfügen im Durchschnitt über höhere Vermögen als Miethaushalte

- Die Wohnungseigentumsquote in Deutschland beträgt 45,5 % (niedrigster Wert in Berlin mit 14,2 % und Hamburg mit 22,6 % und höchster Wert im Saarland mit 62,6 % und Rheinland-Pfalz mit 57,6 %: unterer Rang im europäischen Vergleich (Frankreich: 65 %, Spanien: 78 %, osteuropäische Länder: 90 %) und leichter Rückgang seit 2013 in der Altersgruppe unter 45 Jahren)

- Der Durchschnitt der Haushalte in Deutschland verfügt über ein Nettoimmobilienvermögen von 125.000 €

- rund 9 % der Haushalte verfügt über vermietetes Wohneigentum

- mehr als 50 % aller Darlehen in Deutschland sind durch Immobilien besichert

- durchschnittlich finanzieren deutsche Wohneigentumserwerber mit 27 % Eigenkapital

Die deutsche Immobilienwirtschaft zeichnet sich durch einen hohen Grad an Stabilität, insbesondere im internationalen Vergleich aus. Dazu kommt ein vergleichsweise gut funktionierender Mietwohnungsmarkt.

Mieten und Immobilienpreise sind ein wichtiger Indikator für die Attraktivität der Städte und sie spiegeln die wirtschaftliche Stärke der Städte wieder. Der Wert der Stadt kann auch zunehmen, wenn sich das Flächenangebot verknappt oder knapp gehalten wird.

Wie funktioniert die Preisbildung in der freien Marktwirtschaft?

Die Grundlage der Preisbildung bilden Angebot und Nachfrage.

Die Grundregel „Angebot und Nachfrage regeln den Preis" kann man sich gut anhand einer Waage verdeutlichen: nimmt die Nachfrage bei gleichbleibendem Angebot zu, steigt der Preis. Steigt das Angebot bei rückläufiger Nachfrage, sinkt der Preis.

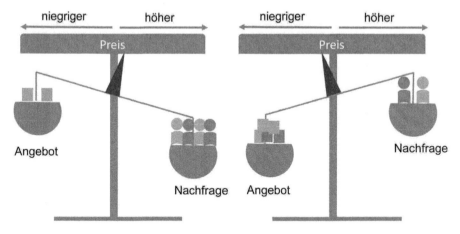

Abb. 74: Die Preiswaage

Käufer- und Verkäufermarkt

Bei einem Verkäufermarkt übersteigt die Nachfrage das Angebot. Das bedeutet, der Verkäufer bestimmt den Preis. Bei einem Käufermarkt verhält es sich umgekehrt: Das Angebot übersteigt die Nachfrage und der Käufer bestimmt den Preis.

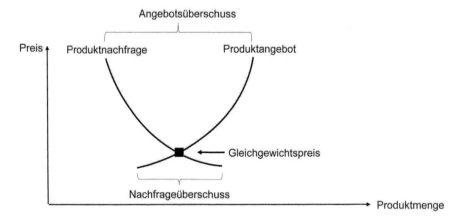

Abb. 75: Der Gleichgewichtspreis

Die Kurve der Produktnachfrage ist von rechts nach links zu lesen und besagt, dass bei niedrigen Preisen grundsätzlich eine höhere Gütermenge nachgefragt wird und umgekehrt bei höheren Preisen die Nachfrage sinkt.

Die Kurve des Produktangebots ist von links nach rechts zu lesen und besagt, dass es sich für den Anbieter lohnt, bei steigenden Preisen durch erhöhte Nachfrage auch die Produktionsmenge zu erhöhen. Als Gleichgewichtspreis wird der Preis bezeichnet, bei dem die angebotenen Güter genau der Menge der zu diesem Preis nachgefragten Gütern entsprechen.

Doch Angebot und Nachfrage haben ihre eigene Dynamik. Sehen Sie hier wie sich mögliche Veränderungen auf die jeweils andere Seite auswirken können:

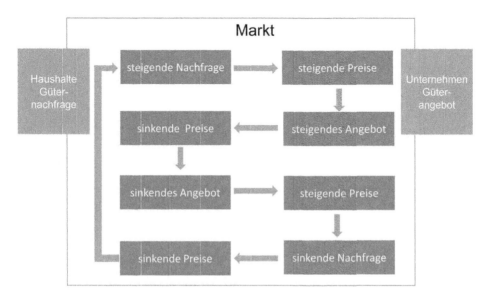

Abb. 76: Der Prozess der Preisbildung

Welche besonderen Einflussfaktoren wirken auf die Preisbildung am Immobilienmarkt?

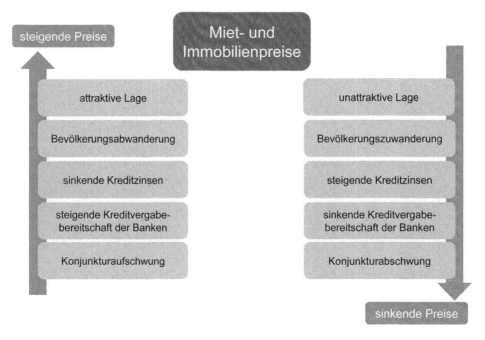

Abb. 77: Einflussfaktoren auf Preise am Immobilienmarkt

Die Entwicklung der Mieten und Immobilienpreise betrifft letztlich jeden Haushalt und jedes Unternehmen. Mietpreise sind als Wohnkosten ein großer Teil der Konsumausgaben. Die Immobilienpreise sind sowohl für den Privatanleger, als auch für institutionelle Investoren ein wichtiger Renditefaktor.

Ein Einflussfaktor ist die Lage der Immobilie. In attraktiven und wirtschaftlich starken Städten sind die Mieten und Immobilienpreise dementsprechend höher als in anderen Städten. Das gilt auch für gewerbliche Immobilien. Standorte mit steigenden Bürobeschäftigungszahlen lassen die Mieten und Preise von Büroimmobilien steigen. Für Einzelhandelsflächen in ländlichen oder strukturschwachen Gegenden lassen sich weniger hohe Mieten oder Preise erzielen.

Die Nachfrage nach Wohnraum steigt durch Zuwanderung aus dem In- und Ausland. Davon profitieren vor allem große Städte wie München, Berlin oder Frankfurt. Wächst das Angebot nicht in gleichem Maße, weil zu wenig neu gebaut wird, wirkt sich dies ebenfalls preissteigernd aus.

Ein niedrigeres Zinsniveau für Baufinanzierungen lässt die Nachfrage ebenfalls steigen. Dies wirkt sich vor allem auf die Immobilienpreise aus.

Befindet sich die Gesamtwirtschaft in einer stabilen positiven Konjunkturphase, so fördert auch dies die Nachfrage nach Immobilien und Wohnraum zur Miete.

Das Immobilienmarkt-Preisniveau wird auch durch die Struktur des Immobilienmarktes beeinflusst. Die nachfolgende Grafik gibt Ihnen einen Überblick über die verschiedenen Immobilienmarktsegmente.

Abb. 78: Struktur des Immobilienmarktes

Wer sind die preisbildenden Akteure auf dem Immobilienmarkt?

Zu den wichtigsten preisbildenden Akteuren gehören diejenigen Marktteilnehmer, die auch der weiteren Immobilienwirtschaft zugerechnet werden:

- Bauunternehmen
- Architekten und Ingenieure
- Immobilienfinanzierer
- Vermittler
- Verwalter
- Vermieter

Welche Nutzungsarten werden bei Immobilienobjekten unterschieden?

Die Nutzungsarten gliedern sich wie folgt auf:

- eigengenutzt
- fremdgenutzt
- gewerblich genutzt
- gemischt genutzt

Welchen Einfluss hat das Zinsniveau auf die Immobilienpreise?

Das Zinsniveau für Immobiliardarlehen hat einen großen Einfluss auf die Nachfrage nach Immobilien und somit die Immobilienpreise. Vor allem, wenn ein niedriges Zinsniveau auf weitere preissteigernde Faktoren wie beispielsweise eine erhöhte Zuwanderung trifft.

Das Zinsniveau wiederum wird beeinflusst durch:

- Geldpolitik der Europäischen Zentralbank („Leitzins" u.a.)
- Wirtschaftspolitik des Staates:
  - Ordnungspolitik
  - Fiskalpolitik
  - Strukturpolitik
  - Prozesspolitik

Geldpolitik

Die Geldpolitik umfasst alle Maßnahmen der Europäischen Zentralbank (EZB) zur Stabilisierung des Euro-Wertes und der Inflation im Euroraum (Länder, die den Euro als Hauptwährung eingeführt haben). Die Geldpolitik beeinflusst zwar das wirtschaftliche Handeln der Marktbeteiligten im Euroraum, agiert trotzdem unabhängig von den Regierungen der Euroländer.

Unternehmen in Deutschland können unter Beachtung der Gesetze in Deutschland weitestgehend selbstständig handeln und ihre Produktpreise und Löhne festlegen oder verhandeln. Im Falle eines Missbrauchs dieser Selbständigkeit (Beispiel: Monopolbildung) oder einer Wirtschaftskrise (Beispiel: Finanzmarktkrise in 2008/2009) kann der Staat zusätzliche Regeln festlegen.

Die **Wirtschaftspolitik** des Staates umfasst die Gesamtheit all dieser Maßnahmen zur Beeinflussung und Stabilisierung der Wirtschaft. Innerhalb der Wirtschaftspolitik wird unterschieden zwischen Ordnungs-, Struktur- und Prozesspolitik.

Die **Ordnungspolitik** setzt die rechtlichen Rahmenbedingungen durch gesetzliche Regelungen, innerhalb derer der Wirtschaftsprozess abläuft. Sie lenkt damit das Verhalten der Menschen, ohne direkt in den Wirtschaftsprozess einzugreifen. Die Ordnungspolitik beinhaltet allgemeine Regeln, die die gesamte Volkswirtschaft betreffen, wie beispielsweise die Wettbewerbspolitik, die für einen gerechten Wettbewerb sorgen soll.

Im Rahmen der **Strukturpolitik** werden zeitlich begrenzte Maßnahmen ergriffen, um einzelne Regionen oder Industriezweige/Branchen zu fördern.

Beispiel für Strukturpolitik

Abwrackprämie (auch Umweltprämie genannt), die in der Finanzkrise 2009 die deutschen Autobauer unterstützen sollte. Der Staat investierte rund 5 Mrd. € und der einzelne Autobesitzer erhielt bei Verschrottung eines mindestens 9 Jahre alten Autos eine Prämie in Höhe von 2.500 € vom Staat, um einen Neuwagen zu kaufen, der die so genannte Euro-4-Abgasnorm erfüllte. Rund 2 Millionen Autokäufer machten hiervon Gebrauch.

Die **Prozesspolitik** steuert die Wirtschaftspolitik direkt, indem sie in die wirtschaftlichen Abläufe steuernd eingreift und somit auch direkt Einfluss auf die Preisbildung nimmt. Es besteht dabei die Gefahr, dass die staatliche Intervention immer weitere Interventionen nach sich zieht, anstelle einer unbeeinflussten Regulierung durch die Marktmechanismen selbst.

Beispiele der Prozesspolitik

Gerät ein Unternehmen in die Gefahr einer Insolvenz, kann der Staat einen Kredit oder eine Bürgschaft vergeben. Dies ist im August 2017 im Fall von Air Berlin geschehen. Das Unternehmen musste Insolvenz anmelden und der Staat hat mit einem Kredit insbesondere die Flugreisenden vor einem größeren Schaden schützen wollen. Auch Vorgaben zur Preiskontrolle, wie beispielsweise die Mietpreisbremse, zählen zu den Maßnahmen im Rahmen der Prozesspolitik.

Die **Fiskalpolitik** umfasst alle staatlichen Maßnahmen, mit denen die konjunkturelle Entwicklung beeinflusst und gelenkt werden soll. Dazu gehören beispielsweise Steuererhöhungen bzw. -senkungen, Erhöhungen oder Senkungen von Sozialleistungen und Erhöhung und Senkung von Subventionen. Der Staat beeinflusst mit seiner Fiskalpolitik die gesamtwirtschaftliche Nachfrage, um konjunkturelle Schwankungen auszugleichen und ein stabiles Wirtschaftswachstum zu sichern.

Subventionen und Transferleistungen

Leistungen des Staates, die mit keiner Gegenleistung verbunden sind, werden als Subventionen (für Unternehmen) oder Transferleistungen (für Privathaushalte) bezeichnet. Das Kindergeld oder Hartz IV sind Beispiele für Transferleistungen.

Fiskalpolitische Maßnahmen erfolgen in der Regel antizyklisch:

- Rezession (Wirtschaftsabschwung): Durch Erhöhung der öffentlichen Ausgaben (Staatsausgaben) soll die Konjunktur wiederbelebt werden.
- Boom (Hochphase): Durch Ausgabenverringerung und Steuererhöhungen soll die wirtschaftliche Entwicklung gebremst werden.

Die Herausforderung dabei ist es, beispielsweise Staatsausgaben zur Ankurbelung der Wirtschaft rechtzeitig wieder zu reduzieren.

Welche Ziele verfolgt die deutsche Wirtschaftspolitik?

Der Stabilitäts- und Wachstumspakt (Stabilitätsgesetz) aus dem Jahre 1967 hat die vier wirtschaftspolitischen Ziele definiert, die Sie in nachfolgender Grafik sehen:

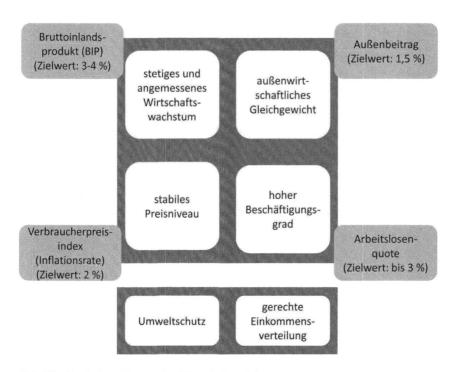

Abb. 79: Magisches Viereck der Wirtschaftspolitik

Das magische Viereck der Wirtschaftspolitik stellt ein Idealbild dar, denn alle wirtschaftspolitischen Ziele sind kaum gleichzeitig zu erreichen und stehen teilweise in einem Zielkonflikt zu einander.

So bedeutet ein Wirtschaftswachstum gleichzeitig ein steigendes Preisniveau, da sich von den Produktgebern aufgrund der zunehmenden Nachfrage auch steigende Preise durchsetzen lassen.

Jedem wirtschaftspolitischen Ziel kann ein Indikator zugeordnet werden, der die jeweilige Zielerreichung messbar macht.

In der modernen Volkswirtschaftslehre sind zwei weitere Aspekte für die Wirtschaftspolitik von Bedeutung und machen aus dem Viereck ein Sechseck: der Umweltschutz und eine gerechte Einkommensverteilung.

Das Bruttoinlandsprodukt (BIP)

Das **Bruttoinlandsprodukt** misst die Summe aller Güter und Dienstleistungen abzüglich eventueller Vorleistungen, die innerhalb eines bestimmten Zeitraums (in der Regel 1 Jahr) in den Grenzen einer Volkswirtschaft hergestellt werden. Dies wird auch als **Inlandsprinzip** bezeichnet, da die Frage „Wo werden die Leistungen erbracht?" unabhängig davon, wer die Leistungen erbracht hat, im Mittelpunkt steht.

> ### Bruttoinlandsprodukt (BIP)
>
> Das BIP ist die Summe aller Güter und Dienstleistungen von In- und Ausländern, abzüglich der Vorleistungen (d.h. Waren, die für den Endverbrauch und nicht als Vorleistung für die Produktion anderer Waren gedacht sind) in einem bestimmten Zeitraum – in der Regel 1 Jahr – , die innerhalb der Landesgrenzen einer Volkswirtschaft hergestellt werden (Inlandsprinzip).

Beim **Bruttonationalprodukt** werden dagegen nur die Leistungen von Inländern, egal wo diese ihre wirtschaftliche Leistung erbracht haben, betrachtet.

> ### Bruttonationalprodukt (früher: Bruttosozialprodukt)
>
> Das Bruttonationalprodukt misst den Wert aller Waren und Dienstleistungen, die innerhalb eines bestimmten Zeitraums von Inländern im In- oder Ausland hergestellt werden. Es entspricht dem Einkommen aus Erwerbstätigkeit und Kapitalvermögen (Zinsen, Dividenden u.a.), das Inländern zugeflossen ist. Es gilt als Einkommensindikator einer Volkswirtschaft.

Dies wird auch als **Inländerprinzip** bezeichnet, da die Frage „Wer hat die Leistung erbracht?" im Mittelpunkt steht.

> ### Inländer
>
> Inländer sind Menschen und Unternehmen, die ihren Wohnort oder Unternehmenssitz im Inland haben, unabhängig von der Staatsangehörigkeit.

Verbraucherpreisindex (VPI)/Inflationsrate

Der Verbraucherpreisindex ergibt sich aus dem Wert einer repräsentativen Auswahl von Waren und Dienstleistungen. Dieser so genannte **Warenkorb** setzt sich aus rund 600 unterschiedlich gewichteten Waren und Dienstleistungen und ca. 300.000 Einzelpreisen zusammen. Die Berechnung erfolgt in regelmäßigen Zeitabständen. Die Veränderung gegenüber dem vorherigen Zeitraum ergibt den **Verbraucherpreisindex** bzw. die **Inflationsrate** in Prozent.

Verbraucherpreisindex/Inflationsrate

Als Verbraucherpreisindex (umgangssprachlich Inflationsrate) wird eine anhaltende Steigerung des allgemeinen Verbraucherpreisniveaus bezeichnet. Der Anstieg einzelner Preise ist noch keine Inflation. Die Auswirkung einer Inflation ist ein Kaufkraftverlust bzw. eine Geldentwertung.

Anhaltend steigende Preise werden als **Inflation** bezeichnet und sinkende Preise als **Deflation**.

Vorteil für:	Nachteil für:
• Kreditnehmer • Anleger in Sach- und Substanzwerte wie Aktien, Immobilien oder Rohstoffe (z.B. Gold)	• Sparer und Anleger von gering verzinsten geldwerten Anlageformen (Sparbuch, Festgeld, Anleihen) • Bezieher fester Einkommen

Abb. 80: Inflation

Von Nachteil ist die Inflation für Sparer und Inhaber geldwerter Anlageformen (Sparbuch, Festgelder, verzinsliche Wertpapiere (Anleihen)). Steigt die Inflationsrate noch dazu über das aktuelle Zinsniveau, dann bedeutet dies einen zusätzlichen Wertverlust. Umgekehrt wirkt sich eine Inflation für Kreditnehmer positiv aus. Denn auch ihr Kredit wird „weniger wert". Davon profitieren nicht nur private Haushalte oder Unternehmen, sondern auch hoch verschuldete Staaten mit einer hohen Inflationsrate.

Anlagealternativen sind Sachwerte, wie beispielsweise Aktien, Aktienfonds, direkte Immobilienanlagen, offene oder geschlossene Immobilien-Sondervermögen oder Rohstoffe. Allerdings sind bei diesen Anlagen ggf. höhere Risiken als bei den oben genannten geldwerten Anlageformen zu beachten und in die Anlageentscheidung mit einzubeziehen.

Deflation

Die Preise sinken über einen längeren Zeitraum während des Konjunkturabschwungs oder der Depression durch Marktsättigung und sinkende Nachfrage aufgrund der unsicheren Wirtschaftslage. Die negativen Auswirkungen sinkender Preise sind u.a. sinkende Unternehmensgewinne und in Folge Gefährdung und Abbau von Arbeitsplätzen und somit rückläufiger Konsum auf der Seite der Privathaushalte.

Außenbeitrag

Das außenwirtschaftliche Gleichgewicht bezeichnet das Gleichgewicht zwischen Export (Warenausfuhr ins Ausland und Geldforderungen gegenüber dem Ausland) und Import (Wareneinfuhr aus dem Ausland und Zahlungsverpflichtungen gegenüber dem Ausland).

Außenbeitrag = Export abzgl. Import

Ein positiver Außenbeitrag bedeutet einen Exportüberschuss. Da die Nachfrage aus dem Ausland ein Antriebsmotor für das Wirtschaftswachstum darstellt, ist der Zielwert ein leicht positiver Außenbeitrag.

Außenbeitragsquote

Die Außenbeitragsquote setzt den Außenbeitrag ins Verhältnis zum Wirtschaftswachstum und berechnet sich nach der Formel:

$$\left(\frac{Au\text{ß}enbeitrag}{nominales\ BIP} \right) \times 100$$

In der modernen Volkswirtschaftslehre ist zwischenzeitlich aus dem Viereck ein Vieleck geworden und beispielsweise um die Ziele Umweltschutz und gerechte Einkommensverteilung erweitert worden. Allerdings fehlen hier aussagekräftige Indikatoren.

Arbeitslosigkeit

Um die Arbeitslosenquote beurteilen und daraus Entscheidungen für Gegenmaßnahmen ableiten zu können, ist ein Blick hinter die Kulissen erforderlich. Es gibt verschiedene Arten von Arbeitslosigkeit und kurzfristig ist Arbeitslosigkeit sogar unvermeidlich.

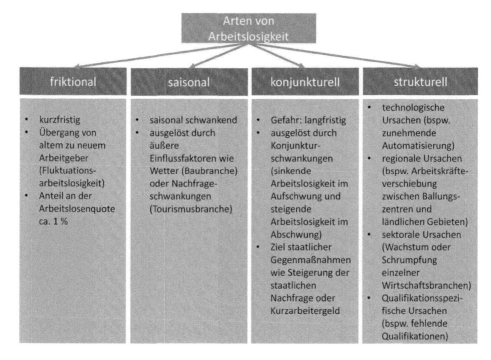

Abb. 81: Arbeitslosigkeit

2.11.2 Konjunkturzyklen und deren Wirkung auf das Kreditgeschäft

Die wirtschaftliche Entwicklung in Konjunkturphasen

Die Konjunktur weist Schwankungen auf und verläuft in 4 Konjunkturphasen.

Konjunktur

Als Konjunktur werden die in mehr oder weniger regelmäßigen Zeitabständen auftretenden Schwankungen der wirtschaftlichen Aktivitäten (Güterproduktion, Beschäftigung, Preise u.a.) einer Volkswirtschaft bezeichnet.

Gemessen wird der Konjunkturverlauf anhand des Bruttoinlandsproduktes.

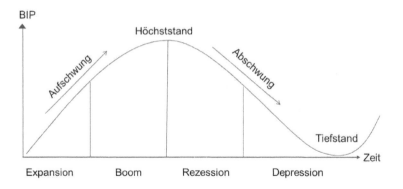

Abb. 82: Konjunkturphasen

Wie wirken sich die Konjunkturphasen auf die wirtschaftlichen Aktivitäten aus?

Grundsätzlich gilt, dass der Verlauf der wirtschaftlichen Aktivitäten dem Verlauf der Konjunkturphase entspricht. D.h. beispielsweise, dass im Konjunkturaufschwung die Produktion, die Unternehmensgewinne, die Kreditvergabebereitschaft der Banken und die Einkommen steigen, während sie im Konjunkturabschwung sinken.

Eine Ausnahme stellen die Anleihekurse dar. Diese verlaufen quasi antizyklisch.

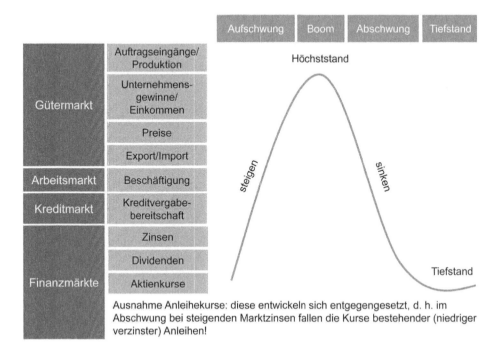

Abb. 83: Konjunkturauswirkungen

Was sind die Auswirkungen der Aufschwungphase?

- Der Aufschwung, d.h. eine wirtschaftliche Erholung, folgt auf eine Depressionsphase.
- Die Auftragseingänge steigen.
- Die Produktion wird gesteigert, verbunden mit steigenden Umsatzzahlen.
- Neue Arbeitsplätze werden geschaffen: Die Beschäftigungszahlen steigen (dies entspricht sinkenden Arbeitslosenzahlen).
- Steigende private und staatliche Nachfrage führt zu steigenden Preisen, die wiederum zu steigenden Unternehmensgewinnen, Neuinvestitionen, Einkommenssteigerungen und erhöhten Dividendenzahlungen führen.
- Die steigende Kreditnachfrage (Konsum und Investitionen) führt zu steigenden Zinsen.
- Die Kreditvergabebereitschaft der Banken steigt durch die steigende Kundenbonität und wachsende Margen.
- Die positiven Unternehmensaussichten lassen Aktienkurse steigen.
- Die Anleihekurse fallen dagegen durch die sinkende Nachfrage nach bestehenden Anleihen mit einer unter dem Marktzinsniveau liegenden Verzinsung.

Was sind die Auswirkungen des Booms?

- Zunächst eine weitere wirtschaftliche Expansion
- Wirtschaftswachstum ebenso wie Preise (Inflation), Beschäftigungszahlen u.a. auf Höchststand
- Zunehmende Marktsättigung spürbar und erster Rückgang der Nachfrage

Was sind die Auswirkungen der Abschwungphase?

- Die Konsumenten können sich zunehmend die hohen Preise nicht mehr leisten.
- Mit der sinkenden Nachfrage gehen auch die Umsätze der Unternehmen zurück.
- Die Kreditvergabebereitschaft der Banken sinkt.
- Die Gewinne, Einkommen, Produktionszahlen, Beschäftigung und die Preise sinken.
- Insolvenzen und Unternehmenskonkurse nehmen zu.
- An den Finanzmärkten sinken die Zinsen und die Aktienkurse, wogegen die Anleihekurse steigen (Zinsniveau bestehender Anleihen über Marktniveau).
- Aus Angst vor Arbeitsplatzverlust und weiterem Nachfragerückgang geht die Nachfrage zurück. Das ist auch begründet im Abwarten auf noch weiter sinkende Preise.

Was sind die Auswirkungen des Tiefstands?

- Der wirtschaftliche Abschwung verstärkt sich weiter und erreicht seinen Tiefstand. Die wirtschaftlichen Aktivitäten kommen nahezu zum Stillstand.
- Es besteht hohe Deflationsgefahr.

- Die Zinsen werden weiter gesenkt, um Neuinvestitionen für die Wirtschaft bezahlbar zu machen und zu fördern.

Lassen sich wirtschaftliche Entwicklungen vorhersagen?

Eine „Glaskugel der Wahrsager" gibt es nicht, allerdings geben Konjunkturindikatoren messbare Hinweise auf die Konjunkturphasen.

- **Frühindikatoren** zeigen mit einem gewissen zeitlichen Vorlauf die zukünftig zu erwartende konjunkturelle Entwicklung auf
- **Präsenzindikatoren** sind die Bestandsaufnahme des gegenwärtigen Zustandes der wirtschaftlichen Aktivitäten
- **Spätindikatoren** zeigen mit einem gewissen zeitlichen Nachlauf die konjunkturelle Entwicklung

Abb. 84: Konjunkturindikatoren

Welche Einflussmaßnahmen hat der Staat auf die konjunkturelle Entwicklung?

Der Staat kann im Rahmen seiner Wirtschaftspolitik verschiedene Maßnahmen ergreifen, um die Konjunktur zu beleben oder eine Überhitzung zu vermeiden.

Nachfolgend sehen Sie die staatlichen Maßnahmen zur Konjunkturbelebung:

- **Infrastrukturmaßnahmen**: Erhöhung der Staatsausgaben, beispielsweise durch Investitionen in den Straßenbau

- **Subventionen** (staatliche Finanzhilfen an Unternehmen ohne direkte Gegenleistungen): beispielsweise Förderprogramme für Unternehmensgründungen oder Förderung bestimmter Branchen (Solarförderung u.a.)

- **Transferleistungen** (staatliche Finanzhilfen an Privathaushalte ohne direkte Gegenleistungen), wie beispielsweise erweiterte Sozialleistungen (Kindergeld, Hartz IV u.a.)

- **Steuersenkungen**: beispielsweise zeitlich begrenzte Steuersenkungen oder erhöhte Abschreibungsmöglichkeiten

Wie funktioniert der Export als Konjunkturmotor?

In den letzten Jahren belegte Deutschland immer wieder die oberen Plätze der erfolgreichsten Export-Nationen und erzielte neben China auch immer wieder den Titel des Exportweltmeisters. Das zeigt die Bedeutung des Exports für die deutsche Wirtschaft. Ebenso wird der Export immer wieder als der Motor für die positive konjunkturelle Entwicklung in Deutschland genannt.

So kann der Export zum Konjunkturmotor einer Volkswirtschaft werden:

1. Wenn im Verlauf eines Konjunkturaufschwungs zunächst die Inlandsnachfrage steigt, steigen die Preise im Inland. Kommt das Angebot der Nachfrage nicht mehr nach, können die fehlenden Waren oder Dienstleistungen aus dem Ausland eingeführt werden. Zunächst steigen also die Importzahlen.

2. Handelt es sich um einen internationalen Konjunkturaufschwung und befinden sich die ausländischen Volkswirtschaften in einer ähnlichen Situation, dann steigt auch die Nachfrage aus dem Ausland nach unseren inländischen Waren und Dienstleistungen.

3. Dies stabilisiert die Nachfragesituation und das wirtschaftliche Wachstum.

Welchen Einfluss hat der Wert des Euro auf den Export bzw. den Import?

Dieser Zusammenhang lässt sich sehr gut mit Hilfe des Ölpreises darstellen, denn dieser wird international einheitlich in US-Dollar notiert.

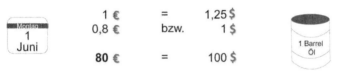

	1 €	=	1,25 $	
1 Juni	0,8 €	bzw.	1 $	1 Barrel Öl
	80 €	=	100 $	

Ein schwacher Euro gegenüber dem US-Dollar erhöht den Preis für 1 Barrel Öl

	1 €	=	1,35 $	
1 Aug	0,74 €	bzw.	1 $	1 Barrel Öl
	74 €	=	100 $	

Alleine durch den gestiegenen Wert des Euro hat sich der Preis für
1 Barrel Öl verbilligt.

Abb. 85: Auswirkung Wechselkurs auf Preisniveau

Der Wert einer Währung entwickelt sich ebenfalls durch Angebot und Nachfrage. Wird die Nachfrage beispielsweise durch Währungsinterventionen der Nationalbanken (in Europa: EZB, in den USA: FED) gesteigert, spricht man von einer Aufwertung. Devisengeschäfte zählen deshalb auch zu den geldpolitischen Steuerungsinstrumenten von Zentralbanken.

Ab- und Aufwertung

Als Aufwertung wird die Wertsteigerung einer Währung (beispielsweise Euro) gegenüber einer anderen Währung (beispielsweise US-Dollar) bezeichnet. Umgekehrt verhält es sich mit der Abwertung, d.h. dem Wertverlust einer Währung gegenüber einer anderen Währung.

Ein starker Euro gegenüber dem Dollar verbilligt die Einfuhrkosten für Öl und hat somit positive Auswirkungen auf das inländische Preisniveau.

Eine gegenüber anderen Volkswirtschaften starke Währung hat umgekehrt den Nachteil, dass sich die Waren für ausländische Käufer verteuern. Handelt es sich hier um wichtige ausländische Handelspartner, hat dies entsprechende negative Auswirkungen auf die Exportzahlen.

2.11.3   Geld- und Notenbankpolitik

Wer ist die EZB?

Die Europäische Zentralbank ist die Zentralbank des Euroraums, d.h. der Mitgliedstaaten der Europäischen Union, die den Euro als Landeswährung eingeführt haben. Sie besitzt eine eigene Rechtspersönlichkeit. Sie ist politisch unabhängig und somit an keine Weisungen der europäischen Regierungen gebunden.

Sie teilt sich ihre Aufgaben mit den ebenfalls unabhängigen nationalen Zentralbanken (in Deutschland: Deutsche Bundesbank).

Zentralbank

Eine Zentralbank ist eine öffentliche Institution, die für die Währung eines Landes oder mehrerer Länder zuständig ist. Sie ist verantwortlich für die Geldversorgung und betreibt Geldpolitik durch Festlegung der Zinssätze für die Anlage oder das Ausleihen von Zentralbankgeld. Sie ist keine Geschäftsbank, bei der Privatkunden Konten eröffnen können. Sie ist vielmehr die Bank der Geschäftsbanken. Die Zentralbank ist Teil der Bankenaufsicht.

Das oberste Beschlussorgan der EZB ist der EZB-Rat. Er setzt sich aus den 6 Mitgliedern des Direktoriums und der Präsidenten der nationalen Zentralbanken der Mitgliedstaaten, die den Euro eingeführt haben, zusammen.

Eurosystem

Die EZB und die nationalen Zentralbanken der EU-Mitgliedstaaten, die den Euro eingeführt haben, bilden zusammen das so genannte Eurosystem. Daneben existiert das so genannte Europäische System der Zentralbanken, das auch die nationalen Zentralbanken der EU-Mitgliedstaaten umfasst, die den Euro noch nicht eingeführt haben.

Der EZB-Rat legt die Geldpolitik (z.B. Festlegung der Leitzinsen) für den Euroraum fest. Er tagt in der Regel zweimal im Monat am Hauptsitz der EZB in Frankfurt am Main. Bei diesen Tagungen werden die wirtschaftlichen und monetären Entwicklungen im Euroraum bewertet. Alle 6 Wochen werden die geldpolitischen Beschlüsse gefasst und im Rahmen einer Pressekonferenz veröffentlicht.

Auch die Ausgabe von Euro-Banknoten und die Anzahl der Euro-Münzen, die von den einzelnen Eurostaaten ausgegeben werden, müssen von der EZB genehmigt werden. Die EZB darf keine Kredite oder Vergünstigungen an die Regierungen der Euro-Staaten gewähren.

Wie finanziert sich die EZB?

Das Kapital der EZB stammt von den nationalen Zentralbanken aller Mitgliedstaaten der Europäischen Union (EU). Die Bevölkerungszahl und das Bruttoinlandsprodukt bestimmen, wieviel Kapital die einzelnen Notenbanken der EZB zur Verfügung stellen müssen. Alle 5 Jahre und immer, wenn ein neues Land der EU beitritt, erfolgt eine Anpassung der Kapitalanteile.

Welche Ziele und Aufgaben verfolgt die EZB?

Die obersten Ziele (gemäß Artikel 127 Abs. 1 des AEU-Vertrages) sind:

- die Gewährleistung der **Preisstabilität im Euroraum** (stabile Inflationsrate nahe 2 %) und
- die Erhaltung der **Kaufkraft (Wert) des Euro**.

Die grundlegenden Hauptaufgaben (gemäß Artikel 127 Abs. 2 des AEU-Vertrages) sind:

- Festlegung und Ausführung der **Geldpolitik** innerhalb des Euro-Währungsgebietes
- Durchführung von **Devisengeschäften**
- Verwaltung der **Währungsreserven** der Mitgliedstaaten des Eurogebietes
- Förderung und Sicherstellung des reibungslosen **Funktionierens der Zahlungs-systeme**
- Mitwirkung bei der Aufsicht über Kreditinstitute des Euro-Währungsgebietes (Artikel 127 Abs. 6 des AEU-Vertrages und Verordnung (EU) Nr. 1024/2013 des Rates)

Die weiteren Aufgaben sind:

- Genehmigung der Ausgabe von Euro-Banknoten und **Menge der Euro-Geldmün-zen** (die Prägung der Münzen obliegt den nationalen Zentralbanken)
- Erhebung und Aufbereitung von **Statistiken** zur Wahrnehmung ihrer Aufgaben
- Mitwirkung bei der **Finanzstabilität** und **Aufsichtsfragen**
- **Internationale und europäische Zusammenarbeit** mit relevanten Organen, Einrichtungen und Foren zur Wahrnehmung ihrer Aufgaben

Harmonisierter Verbraucherpreisindex (HVPI)

Das Statistische Amt der EU ermittelt den HVPI sowohl für die EU als auch für den Euroraum. Die EZB nutzt den Index für den Euroraum, um die Erreichung ihres Inflationszieles (2 % p.a.) zu überprüfen.

Wie funktioniert die Geldpolitik der EZB?

Die EZB versorgt die Geschäftsbanken mit Geld, das diese in Umlauf bringen. Das Guthaben, das die Geschäftsbanken bei der EZB unterhalten, nennt man Zentralbankgeld. Das Geld in den Händen von Nichtbanken ist die Geldmenge. Die EZB steuert die Geldmenge, indem sie die Geschäftsbanken mit mehr oder weniger Liquidität, d.h. Geld, versorgt.

Die EZB stellt mit ihrer Geldpolitik nicht nur die Liquiditätsversorgung der Banken sicher, sondern verfolgt damit auch das Ziel, die Kreditvergabe durch die Geschäftsbanken zu erleichtern oder einzuschränken. Dies steuert sie vor allem über ihre Zinspolitik (Preis für das Zentralbankgeld).

Zentralbankguthaben

Geld, das Geschäftsbanken auf ihren Konten bei der EZB unterhalten. Dieses Geld ist kein Bestandteil der für die EZB ausschlaggebenden Geldmenge M3.

Nichtbanken beschaffen sich Geld von den Geschäftsbanken entweder über die Aufnahme eines Kredites oder verfügen über ihre Kontoguthaben (bar und unbar). Der Teil, der in den Konsum oder in Investitionen geht, fließt auf diesen Wegen in den Wirtschaftskreislauf ein.

Nichtbanken

Nichtbanken sind private Haushalte, private Organisationen ohne Erwerbscharakter, wie beispielsweise Vereine, öffentliche Haushalte und alle Wirtschaftsunternehmen, die keine Banken sind.

Die Wirksamkeit der Geldpolitik der EZB hängt jedoch in starkem Maße davon ab, ob die Geschäftsbanken tatsächlich ihre Kreditvergabepolitik ausweiten oder einschränken. Denn eine Verpflichtung hierzu besteht nicht. Die Banken können das Geld der Zentralbank auch nutzen, um beispielsweise ihre eigenen Kapitalreserven aufzufüllen. Aus diesem Grund zeigt die Geldpolitik der EZB meist erst nach 2–3 Jahren Wirkung auf die Wirtschaft.

Wie setzt sich die Geldmenge zusammen?

Die Geldmenge setzt sich aus insgesamt 4 Stufen zusammen.

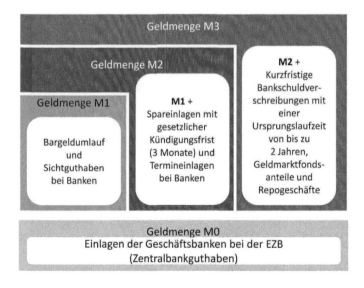

Abb. 86: Die Geldmengen

Für die Geldpolitik der EZB ist die Geldmenge M3 ausschlaggebend. Dieses Geld beeinflusst die kurzfristige Nachfrage am Markt und kann somit preissteigernde oder -senkende Effekte in der Wirtschaft auslösen.

Repogeschäfte

Repogeschäfte sind Wertpapiergeschäfte mit einer Rückkaufsvereinbarung (auch Pensionsgeschäfte genannt). Es handelt sich um kurzfristige Kreditgeschäfte in Form eines Wertpapierverkaufs gegen Geldzahlung und der Verpflichtung, diese Wertpapiere nach der vereinbarten Laufzeit zurückzunehmen. Repogeschäfte finden zwischen den Geschäftsbanken und der EZB und den Geschäftsbanken und ihren eigenen Kunden statt.

Ebenso ist die Geldmenge M3 der ausschlaggebende Indikator dafür, ob und wie die Geldpolitik der EZB greift. Im Bedarfsfall nimmt sie mit den ihr zur Verfügung stehenden geldpolitischen Instrumenten Einfluss auf diese Geldmenge.

Geldmenge

Die Geldmenge ist der volkswirtschaftliche Bestand an Geld in den Händen von Nichtbanken (private Haushalte, private Organisationen ohne Erwerbscharakter, wie beispielsweise Vereine, öffentliche Haushalte und alle Wirtschaftsunternehmen, die keine Banken sind).

Welche geldpolitischen Instrumente stehen der EZB für ihre Geldpolitik zur Verfügung?

Die EZB nimmt mit ihren geldpolitischen Instrumenten, beispielsweise über die Veränderung der Leitzinsen, Einfluss auf das Wirtschaftsgeschehen und die Entwicklung des Preisniveaus.

Der EZB stehen nachfolgende geldpolitische Instrumente zur Verfügung:
- Offenmarktgeschäfte
- Ständige Fazilitäten
- Mindestreserven
- Sondermaßnahmen

Leitzinsen

Leitzinsen sind einseitig von der EZB festgesetzte Zinssätze für ihre Geschäfte mit den Geschäftsbanken. Sie beeinflussen unmittelbar die Geldaufnahme oder Geldanlage der Geschäftsbanken bei der EZB. Die Leitzinsen wirken sich auch auf den Geldmarkt, an dem Banken untereinander Liquidität handeln, aus. Der wichtigste Leitzins ist der Zinssatz für die Hauptrefinanzierungsgeschäfte.

Offenmarktgeschäfte

Bei Offenmarktgeschäften handelt es sich vereinfacht beschrieben um den An- und Verkauf von notenbankfähigen Wertpapieren, die am Finanzmarkt (= offener Markt) gehandelt werden und an dem alle zugelassenen Geschäftspartner des Eurosystems teilnehmen können.

Notenbankfähige Sicherheiten

Für Kreditgeschäfte mit der EZB müssen die Geschäftspartner ausreichende Sicherheiten stellen. Diese notenbankfähigen Sicherheiten müssen bestimmte Qualitätsvoraussetzungen (z.B. Bonität der Emittenten) erfüllen.

Hintergrund bei den Wertpapierankäufen ist es, die Geschäftsbanken mit Zentralbankgeld zu versorgen. Umgekehrt entziehen Wertpapierverkäufe seitens der EZB den Banken Zentralbankguthaben. Die Refinanzierungsgeschäfte (Bezeichnung für die Kreditvergabe an Banken) können befristet in Form von Repogeschäften oder unbefristet abgeschlossen werden. Welches Instrument in welchem Umfang innerhalb der Offenmarktgeschäfte bereitgestellt wird, liegt in der Entscheidung der EZB.

Die Ziele der Offenmarktgeschäfte sind:

- Einflussnahme auf die kurzfristigen Zinssätze und die Liquidität am Interbankenmarkt (Geldmarkt)
- Liquiditätsabschöpfung (Reduzierung der Geldmenge) durch den Verkauf von Wertpapieren bzw. umgekehrt Liquiditätszuführung (Erhöhung der Geldmenge) durch den Ankauf von Wertpapieren
- Ausgleich von unerwarteten Liquiditätsschwankungen der Banken durch ad hoc durchgeführte Offenmarktgeschäfte
- Strukturelle Organisation von beispielsweise längerfristiger Liquiditätsversorgung des Interbankenmarktes

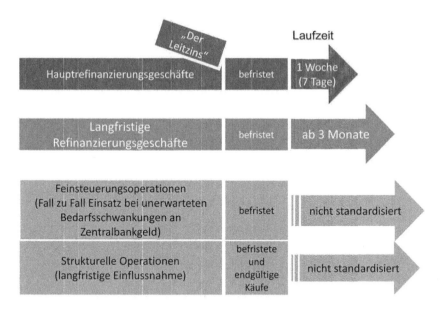

Abb. 87: Die Instrumente der Offenmarktgeschäfte

Nachfolgend die zwei wichtigsten Instrumente der Offenmarktgeschäfte im Detail:

- **Hauptrefinanzierungsgeschäfte**: Das Volumen dieser Geschäfte wird von der EZB festgelegt. Diese berücksichtigt neben ihrem eigentlichen geldpolitischen Ziel dabei auch, ob sich der Bedarf der Geschäftsbanken an Zentralbankgeld beispielsweise aufgrund des Bargeldbedarfs für das Weihnachtsgeschäft verändert hat. Der Zinssatz für das Hauptrefinanzierungsgeschäft ist der wichtigste Leitzins im Euroraum. Hebt der EZB-Rat die Leitzinsen an, wird dies oft als „Straffung" der Geldpolitik bezeichnet, da das Zentralbankgeld damit verteuert wird. Bei einer Zinssenkung ist von einer „Lockerung" die Rede.

- **Längerfristige Refinanzierungsgeschäfte**: Die längerfristigen Refinanzierungsgeschäfte dienen dazu, dem Bankensystem längerfristig Zentralbankgeld zur Verfügung zu stellen.

Refinanzierung

Damit Banken die Wirtschaft mit Geld versorgen können (Bargeld oder Kreditvergabe), müssen sie selbst über das entsprechende Kapital verfügen. Dazu gehört vor allem die Beschaffung von Zentralbankgeld über die Zentralbanken (auch Notenbanken genannt). Diesen Refinanzierungsbedarf nutzt die EZB für ihre Geldpolitik und wickelt die Refinanzierung in der Regel über Offenmarktgeschäfte ab.

Ständige Fazilitäten

Ständige Fazilitäten sind „Möglichkeiten" der Geschäftsbanken, sich von der EZB über Nacht benötigte Liquidität auszuleihen oder überschüssige Liquidität anzulegen. Die Initiative für die Inanspruchnahme dieser Möglichkeiten liegt bei den Geschäftsbanken. Die Geschäftsbanken haben alternativ zur EZB die Möglichkeit, sich direkt untereinander über den Geldmarkt mit Liquidität zu versorgen bzw. Liquidität anzulegen. Ausschlaggebend dafür, welche Möglichkeit in Anspruch genommen wird, ist hierbei unter anderem die Höhe der angebotenen bzw. zu zahlenden Zinssätze.

Dementsprechend gibt es zwei Arten von ständigen Fazilitäten:

- **Einlagenfazilitäten**: „Über-Nacht"-Anlagemöglichkeit
- **Spitzenrefinanzierungsfazilitäten**: „Über-Nacht"-Kreditaufnahmemöglichkeiten

Diese Geschäfte haben eine Laufzeit bis zum nächsten Geschäftstag und werden deshalb auch als „Über-Nacht"-Geschäfte bezeichnet. Die hierfür geltenden Zinssätze zählen ebenfalls zu den so genannten Leitzinsen. Der Zinssatz für die Einlagenfazilität ist die Untergrenze für Tagesgeld am Geldmarkt. Der Zinssatz für die Spitzenrefinanzierungsfazilität ist die Obergrenze für Tagesgelder am Geldmarkt.

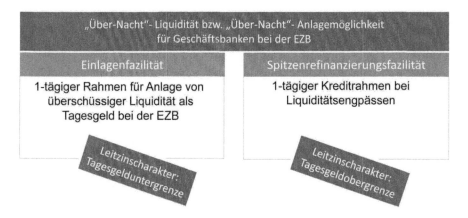

Abb. 88: Ständige Fazilitäten

EONIA (Euro Over Night Index Average)

Dieser Zinssatz wird zwischen Banken für unbesicherte, auf Euro lautenden „Über-Nacht"-Kredite am Geldmarkt gezahlt. Vereinfacht ausgedrückt ist es ein gewichteter Durchschnittszinssatz, der sich aus den einzelnen Kreditabschlüssen des Tages ergibt. Die tägliche Berechnung des EONIA übernimmt die EZB.

Mindestreserve

Die Pflicht der Geschäftsbanken zur Hinterlegung einer Mindestreserve auf ihren Zentralbankkonten bezweckt, dass die Geschäftsbanken dauerhaft einen stabilen Bedarf an Zentralbankgeld haben und dadurch darauf angewiesen sind, direkt oder indirekt an den Refinanzierungsgeschäften des Eurosystems teilzunehmen. Der vorgeschriebene Umfang an Mindestreserven (Stand seit Oktober 2013) beträgt 1 % der Verbindlichkeiten der Banken gegenüber ihren Kunden unter Anrechnung eines Freibetrages in Höhe von 100.000 €.

Sondermaßnahmen

In besonderen Krisensituationen stehen der EZB weitere geldpolitische Instrumente zur Verfügung.

- **Vollzuteilungspolitik** anstelle der sonst üblichen Teilzuteilungspolitik (Tenderverfahren) bei den Offenmarktgeschäften
- **Erweiterung des Sicherheitenrahmens**: Lockerung der Anforderungen an zentralbankfähige Sicherheiten bei Refinanzierungsgeschäften
- **Ankaufprogramme**: Ankauf von besicherten Wertpapieren über Banken: Anleihen privater und öffentlicher Emittenten (Beispiel ist das derzeitige Ankaufprogramm der EZB in Form eines Quantitative Easing (QE), d.h. die Wirtschaft wird über die Anleihekäufe der EZB direkt mit Kapital versorgt. Wichtig hierbei: Die EZB investiert in die Wertpapiere über den Kapitalmarkt, wie jeder andere Anleger auch. Eine direkte Unternehmens- oder Staatsfinanzierung ist der EZB verboten.)
- **Forward Guidance**: Hierbei handelt es sich um eine Kommunikationsstrategie, bei der Informationen über die langfristige Ausrichtung der Geldpolitik veröffentlicht werden.

Tenderverfahren

Im Prinzip handelt es sich bei einem Tenderverfahren um eine Versteigerung. Die EZB setzt die Rahmenbedingungen fest, beispielsweise wieviel Zentralbankgeld sie den Geschäftsbanken zur Verfügung stellen will und zu welchem Mindestzinssatz. Danach können die Geschäftsbanken Gebote abgeben (Menge und Zinssatz). Die EZB erteilt dann, je nach Detailbedingungen des Tenderverfahrens, den Zuschlag für die gewünschten Teilgeldbeträge.

Wie wirken sich die geldpolitischen Maßnahmen auf die Geldmenge aus?

Nachfolgend sehen Sie die Auswirkungen der einzelnen geldpolitischen Maßnahmen auf die Geldmenge und somit auf die Inflation. Steigende Geldmenge bedeutet, dass der Wirtschaft über die Geschäftsbanken mehr Geld für Konsum und Investitionen zur Verfügung gestellt wird. Mit dem daraus möglichen Wirtschaftswachstum sind Preissteigerungen und somit Inflation verbunden. Umgekehrt verhält es sich mit einer sinkenden Geldmenge.

Abb. 89: Geldpolitik und Geldmenge

Geschäftsbanken, die mit der EZB zusammenarbeiten können, werden auch als Geschäftspartner bezeichnet. Geschäftspartner sind alle Finanzinstitute, die u.a. der Mindestreservepflicht und der Überwachung durch eine nationale Aufsichtsbehörde (in Deutschland: Bundesanstalt für Finanzdienstleistungsaufsicht (BaFin)) unterliegen.

Wie setzt die EZB ihre Geldpolitik in Abhängigkeit von der jeweiligen Konjunkturphase im Euroraum ein?

Die geldpolitischen Instrumente der EZB besitzen unterschiedliche Wirkungskraft.

Dazu kommt, dass die EZB in Europa mit einer durchaus komplexen Situation konfrontiert ist. Während mit Deutschland eine Volkswirtschaft mit einem nachhaltigen und anhaltenden Wirtschaftswachstum zum Euroraum gehört, kämpfen am anderen Ende zahlreiche, vor allem südeuropäische Staaten mit Wirtschaftsproblemen und einer entsprechenden Deflationsgefahr. Maßnahmen der EZB zielen derzeit vor allem auf die Stabilisierung des Preisniveaus und der Inflation in den wirtschaftlich schwachen Ländern des Euroraums. Eigentlich müsste sich die EZB in Bezug auf die Konjunkturlage in Deutschland genau entgegengesetzt ihrer aktuellen Geldpolitik verhalten. Da die EZB keine „Zweiklassen"-Geldpolitik verfolgen kann, können auch die deutschen Banken das historisch niedrige Leitzinsniveau nutzen, was die deutsche Wirtschaft weiter ankurbelt.

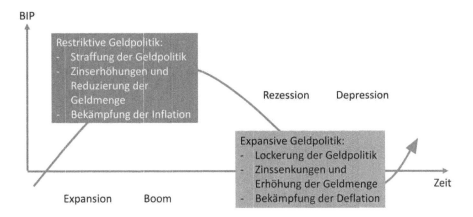

Abb. 90: Geldpolitik in unterschiedlichen Konjunkturphasen

Die beiden geldpolitischen Grundausrichtungen der EZB werden wie folgt bezeichnet:

- **Expansive Geldpolitik**:
  - Einsatz in der Rezession
  - Zinssenkungen zur Erhöhung der Geldmenge und Kreditvergabemöglichkeiten
  - Ziel: Unternehmen und Privathaushalte können sich günstige Kredite bei den Banken beschaffen, was die gesamtwirtschaftliche Nachfrage und in Folge die Produktion und Beschäftigung steigert und einen Wirtschaftsaufschwung fördert.

- **Restriktive Geldpolitik**:
  - Einsatz in einer Expansion mit Übergang zum Boom
  - Zinserhöhung zur Verknappung der Geldmenge
  - Ziel: Die Inflationsrate soll wieder auf den von der EZB verfolgten Zielwert gesenkt und Preisstabilität hergestellt werden. Die Refinanzierung der Geschäftsbanken verteuert sich, ebenso wie die Kredite an Unternehmen und Privathaushalte. Die Nachfrage nach Krediten sinkt und Konsum und Investitionen werden zurückgestellt.

Die Maßnahmen der EZB sind keine Garantie für deren Wirksamkeit. In welchem Umfang Zinsveränderungen der EZB von den Geschäftsbanken an deren Kunden weitergegeben werden, ist Sache der Geschäftsbanken. Außerdem können die allgemeinen Wirtschaftsaussichten die tatsächliche Investitionspolitik der Unternehmen und das Konsumverhalten der privaten und öffentlichen Haushalte stärker beeinflussen als die Maßnahmen der EZB. Auch unvorhersehbare Einflussfaktoren aus dem nationalen und internationalen politischen Umfeld können die geldpolitischen Maßnahmen der EZB verstärken oder ausbremsen.

Was bedeutet die Umlaufgeschwindigkeit des Geldes im Zusammenhang mit der Geldmenge?

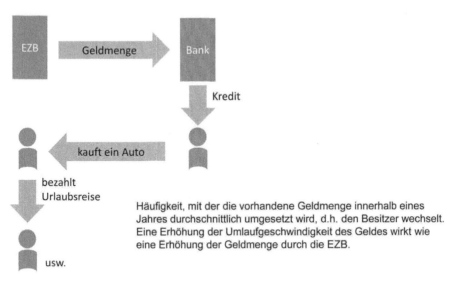

Häufigkeit, mit der die vorhandene Geldmenge innerhalb eines Jahres durchschnittlich umgesetzt wird, d.h. den Besitzer wechselt. Eine Erhöhung der Umlaufgeschwindigkeit des Geldes wirkt wie eine Erhöhung der Geldmenge durch die EZB.

Abb. 91: Die Umlaufgeschwindigkeit des Geldes

Ob ihre Geldpolitik erfolgreich ist, kann die EZB nicht nur am Volumen der Geldmenge in den Händen der Nichtbanken feststellen. Vielmehr ist eine weitere Kennzahl wichtig: die Umlaufgeschwindigkeit des Geldes.

Einmal in den Händen einer Nichtbank angekommen, wird Geld weiter investiert bzw. ausgegeben. Der Privathaushalt kauft sich ein neues Auto, der Autohändler finanziert damit seinen nächsten Urlaub, das Reiseunternehmen kann in neue Büroausstattungen investieren usw. Je schneller das Geld innerhalb eines bestimmten Zeitraums den Eigentümer wechselt, umso höher ist dadurch die Umlaufgeschwindigkeit des Geldes. Und diese wirkt so wiederum wie eine Geldmengenerhöhung.

Die Geschwindigkeit, mit der das Geld wieder ausgegeben wird, hängt von unterschiedlichen Einflussfaktoren ab. Dazu gehören Zahlungsgewohnheiten (bar oder unbar), Konsumbereitschaft und die Erwartungen an die zukünftige Preis- und Zinsentwicklung.

Wie funktioniert die Auf- und Abwertung des Euro durch die EZB?

Die EZB kann im Rahmen ihrer Devisengeschäfte Euro kaufen oder verkaufen und so den Wert des Euro aktiv beeinflussen.

Eine Aufwertung des Euro bedeutet, dass der Euro gegenüber anderen Währungen mehr wert wird. Dadurch werden vom Euroraum importierte ausländische Waren günstiger. Im Gegenzug verteuern sich allerdings die aus dem Euroraum exportierten Waren und Dienstleistungen, da umgekehrt die ausländischen Geschäftspartner weniger Euro für ihre Währung erhalten.

Eine Abwertung des Euro verteuert die Importe und verbilligt exportierte Waren und Dienstleistungen im Ausland.

Somit ist die Auf- bzw. Abwertung des Euros eine weitere geldpolitische Möglichkeit, auf das Preisniveau im Euroraum Einfluss zu nehmen.

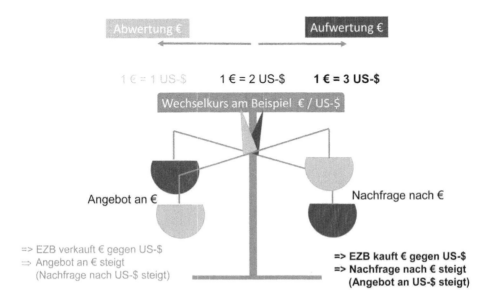

Abb. 92: Auf- und Abwertung des Euro durch die EZB

2.11.4 Unmittelbare Einflüsse auf das Zinsniveau

In den vorhergehenden Kapiteln war bereits immer wieder die Rede von den Einflussfaktoren auf das Zinsniveau.

In diesem Teilkapitel stelle ich Ihnen die wichtigsten unmittelbaren Einflüsse auf das Zinsniveau abschließend als Zusammenfassung dar.

Inflation

Steigende Nachfrage oder ein knappes Angebot führen zu steigenden Preisen. Das ist die Kehrseite eines Konjunkturaufschwungs. Auf der Kreditseite ist der Zinssatz der Preis für ein Darlehen. Mit steigender Nachfrage nach Darlehen steigt auch der Zins. Umgekehrt entwickelt sich das Zinsniveau im Konjunkturabschwung und bei zunehmender Gefahr einer Deflation.

Konjunkturentwicklung

In einer positiven Konjunkturphase wie dem Konjunkturaufschwung können sich immer mehr Menschen eine Immobilie leisten. Die Nachfrage steigt und mit ihr die Preise für Immobilien und aufgrund des damit verbundenen steigenden Finanzierungsbedarfs auch die Darlehenszinsen. Umgekehrt verhält sich die Situation in einem Konjunkturabschwung.

Leitzinsniveau

Die Leitzinsen der EZB haben zeitversetzt auch Einfluss auf die Zinsen für mittel- bis langfristige Darlehen. Und das hängt mit der so genannten Refinanzierung der Banken zusammen, denn um ein Darlehen gewähren zu können, muss die Bank sich selbst das dafür notwendige Geld – auch Kapital genannt – beschaffen. Dazu hat sie verschiedene Möglichkeiten:

- Refinanzierung aus einem Teil ihrer Kundeneinlagen (beispielsweise Spar- und Termingeldguthaben)
- Ausgabe von Pfandbriefen oder Bankanleihen und Beschaffung von Kapital am Kapitalmarkt
- Refinanzierung über ihre „Hausbank", die EZB.

Verfolgt die EZB eine expansive Geldpolitik, so wird sie die Leitzinsen senken, um den Geschäftsbanken die Refinanzierung zu erleichtern und um deren Kreditvergabebereitschaft zur Ankurbelung der Wirtschaft zu erhöhen.

Markterwartung

An einem funktionierenden Markt bestimmen nicht nur Fakten die Entwicklung von Preisen und Zinsen. Bereits die Erwartung von steigenden oder fallenden Preisen – auch wenn die faktischen Rahmenbedingungen dazu noch gar nicht bestehen, wie beispielsweise eine Leitzinserhöhung – lassen die Preise steigen oder fallen. Das ist Marktpsychologie. Die Marktteilnehmer des Immobilienmarktes beschäftigt derzeit u.a. die Frage: „Wie lange werden die Immobilienpreise noch weiter steigen?" Denn unabhängig vom Bedarf an Wohnraum muss dieser auch bezahlbar für die Nachfrager sein. Ist dies nicht mehr der Fall, können die Immobilienpreise durch die fehlende Nachfrage beginnen zu fallen. Auch Erwartungen für die zukünftige Bevölkerungsentwicklung in einzelnen Ballungsgebieten oder ländlicheren Gebieten beeinflussen die Preisentwicklung positiv oder negativ.

2.11.5 Grundlagen der Verzinsung

Bei einem Darlehen stehen insbesondere drei Ausgestaltungsmerkmale in einem engen Zusammenhang:

- Zins
- Tilgung
- Laufzeit

Die Tilgung kann zusammen mit den monatlichen Darlehensraten erfolgen und wird dann als Tilgung p.a. (pro Jahr) im Darlehensvertrag ausgedrückt.

Das in Deutschland mit am häufigsten verkaufte Darlehen ist das Annuitätendarlehen. Dieses weist als Besonderheit auf, dass monatlich eine über die Laufzeit gleichbleibend hohe Darlehensrate (hier als Annuität bezeichnet) gezahlt wird, die sich aus einem Zins- und einem Tilgungsanteil zusammensetzt. Mit jeder Darlehensrate reduziert sich das Darlehen um den jeweiligen Tilgungsanteil und der Zinsanteil der Darlehensrate fällt. Der sinkende Zinsanteil wird genutzt, um den Tilgungsanteil fortlaufend innerhalb der Darlehensrate zu erhöhen. Der Vorteil ist eine verkürzte Gesamtdarlehenslaufzeit im Vergleich zu einer Darlehensrate mit einem gleichbleibenden Tilgungsanteil. Die Darlehensrate wird am Anfang berechnet und festgelegt und ergibt sich aus dem vereinbarten Sollzinssatz und dem anfänglichen Tilgungssatz.

Je höher die Tilgung, umso kürzer die Darlehenslaufzeit und umgekehrt.

Vergleicht man zwei Annuitätendarlehen mit gleichem Tilgungssatz p.a. aber unterschiedlichem Sollzinssatz p.a., dann weist das Annuitätendarlehen mit dem höheren Sollzinssatz die kürzere Darlehenslaufzeit auf. Dieser Effekt entsteht, weil der betraglich höhere Zinsanteil sich durch die laufend erhöhende Tilgung schneller reduziert. Allerdings führt der höhere Sollzinssatz, über die Gesamtlaufzeit betrachtet, trotz der kürzeren Darlehenslaufzeit zu einem höheren Gesamtzinsbetrag, den der Darlehensnehmer zahlen muss.

Beispiel

Berechnung einer Rate bei gegebenem Zins- und Tilgungssatz

Annahmen: 3 % p.a. Sollzins und 2 % p.a. anfängliche Tilgung für ein Darlehen in Höhe von 100.000 €

$$\text{Monatliche Rate} = \frac{100.000\ € \times (3\% + 2\%) \times 5\% \times 100}{12} = 416,67\ €$$

Oft weiß der Kunde nicht, wieviel Tilgung er sich leisten kann. Stehen die Höhe des benötigten Darlehens, der Sollzinssatz und die Ratenhöhe, die sich der Kunde maximal leisten kann, fest, so können Sie ihm seinen möglichen jährlichen Tilgungssatz ausrechnen.

Beispiel

Berechnung des Tilgungssatzes bei gegebener Rate, gegebenem Darlehens-betrag und gegebenem Sollzinssatz

Annahmen: 2.000 € monatliche Darlehensrate, 250.000 € Darlehensbetrag, 5 % p.a. Sollzins

Rechenschritt 1: Darlehensraten p.a. = 2.000 € x 12 = 24.000 €

Rechenschritt 2: Zinsen p.a. = 250.000 € x 5 % = 12.500 €

Rechenschritt 3: Tilgung p.a. in € = 24.000 € abzgl. 12.500 € = 11.500 €

Rechenschritt 4: Tilgung p.a. in % = $\dfrac{11.500\ € \times 100}{250.000\ €}$ = 4,6 %

Nachfolgend können Sie dem beispielhaften Tilgungsplan die Entwicklung des Zins- und Tilgungsanteils über die vereinbarte Sollzinsbindungsfrist und die sich daraus ergebende Restschuld zum Ende der Sollzinsbindungsfrist entnehmen.

Tilgungsplan

Darlehensumme:	100.000 EUR	Sollzinssatz p.a.:	3,50%
	100%	Zinsbindungsdauer:	10 Jahre
Darlehensbeginn:	01. Januar 2018	anfänglicher Tilgungssstz p.a.	2,50%

Jahr	Zinsen	Tilgung	Restschuld
2018	3.460,00 €	2.540,00 €	97.460,00 €
2019	3.369,00 €	2.631,00 €	94.829,00 €
2020	3.276,00 €	2.724,00 €	92.104,00 €
2021	3.179,00 €	2.821,00 €	89.283,00 €
2022	3.078,00 €	2.922,00 €	86.361,00 €
2023	2.974,00 €	3.026,00 €	83.336,00 €
2024	2.867,00 €	3.133,00 €	80.202,00 €
2025	2.755,00 €	3.245,00 €	76.958,00 €
2026	2.640,00 €	3.360,00 €	73.598,00 €
2027	2.520,00 €	3.480,00 €	70.118,00 €

Quelle: eigene Berechnung

Weitere Informationen zum Annuitätendarlehen und weiteren Darlehensarten finden Sie in Kapitel 3.2 Kreditprodukte.

Das Wichtigste zusammengefasst:

Die finanzwirtschaftlichen und wirtschaftlichen Grundlagen erleichtern Ihnen das Verständnis für die Preisentwicklung am Immobilienmarkt, die Entwicklung der Darlehenszinsen und die Kreditvergabebereitschaft der Darlehensgeber.

Sie können:

- Darlehensgeber, Darlehensvermittler, Immobilienmärkte und deren Preisbildung sowie die Kreditmärkte und deren Preisbildung beschreiben:
  - Bedeutung der Immobilienwirtschaft
  - Grundlagen der Preisbildung
  - besondere Einflussfaktoren auf die Preisbildung auf dem Immobilienmarkt
  - preisbeeinflussende Akteure (Bauunternehmer, Architekten, Vermieter u.a.)
  - unterschiedliche Immobilienobjekte
  - Einfluss der Geld- und Wirtschaftspolitik auf die Immobilienpreise
- Konjunkturzyklen und die Auswirkung auf die Bereitschaft zur Kreditvergabe nennen
- Einflussfaktoren der Geld- und Notenbankpolitik auf das Zinsniveau nennen
- Unmittelbare Einflussfaktoren auf das Zinsniveau nennen
- Grundlagen der Verzinsung nennen

Sie begreifen Ihre Marktkenntnisse als Möglichkeit, Ihren Kunden die Einflussfaktoren auf den aktuellen und möglichen zukünftigen Wert seiner Immobilie und die zukünftige Zinsentwicklung zu erläutern.

Sie nutzen Ihr Wissen über die Zinseinflussfaktoren, um Ihren Kunden die Hintergründe und Spielräume Ihres Konditionsangebotes zu beschreiben.

In diesem Kapitel haben Sie volkswirtschaftliche Grundlagen und Einflussfaktoren auf die Immobilienpreise und die Darlehenszinsen kennen gelernt.

Das folgende Kapitel macht Ihre Kenntnisse zur Immobiliardarlehensvermittlung bzw. -beratung mit den steuerlichen Aspekten des Immobilienerwerbs komplett.

▶ **Aufgaben zum Kapitel 2.11 – Finanzwirtschaftliche und wirtschaftliche Grundlagen**

Ihr Wissen auf dem Prüfstand:

1. Welche Aussagen zur allgemeinen Preisbildung treffen zu? (MC)

    a) Angebot und Nachfrage bestimmen den Preis.

    b) Steigende Nachfrage bei gleichbleibendem Angebot führt zu fallenden Preisen.

    c) Steigende Preise können zu sinkender Nachfrage führen.

    d) Steigende Preise erhöhen die Nachfrage.

    e) Sinkende Preise erhöhen das Angebot.

2. Welche Ziele gehören gemäß Stabilitätspakt zur Wirtschaftspolitik? (MC)

    a) angemessene Außenbeitragsquote

    b) stetiges Wirtschaftswachstum

    c) expansives Preisniveau

    d) stabiles Beschäftigungswachstum

    e) außenwirtschaftliches Gleichgewicht

    f) hoher Beschäftigungsgrad

3. Welche Aussagen zu den Indikatoren der wirtschaftspolitischen Ziele sind richtig zugeordnet? (MC)

    a) Das Bruttoinländerprodukt misst das Wirtschaftswachstum.

    b) Die Arbeitslosenquote misst den Beschäftigungsgrad.

    c) Die Außenbeitragsquote entspricht dem Wirtschaftswachstum.

    d) Die Inflationsrate ist Indikator für das Preisniveau.

4. Welcher Indikator dient als Maßstab für den Konjunkturverlauf? (SC)

    a) Arbeitslosenquote

    b) Außenbeitragsquote

    c) Inflationsrate

    d) Verbraucherpreisindex

    e) Bruttoinlandsprodukt

5. Welche Auswirkungen sind typisch für die Rezession? (MC)

   a) Rückgang der Investitionen

   b) höchste Arbeitslosenquote

   c) sinkende Immobilienpreise

   d) starke Immobilienpreiserhöhungen

   e) steigende Beschäftigungszahlen

   f) Konsumrückgang

6. Welche Aufgaben und Ziele hat die Europäische Zentralbank (EZB)? (MC)

   a) Sicherung der Preisstabilität in Europa

   b) Sicherung des Immobilienpreisniveaus in der EU

   c) Festlegung der Geldpolitik

   d) Durchführung von Devisengeschäften

   e) Sicherung der Preisstabilität im Euro-Währungsgebiet

   f) Festlegung der Wirtschaftspolitik für Europa

7. Welche geldpolitischen Instrumente stehen der EZB zur Verfügung? (MC)

   a) Mindestreserve

   b) Offenmarktgeschäfte

   c) laufende Fazilitäten

   d) Geldmarktgeschäfte

   e) ständige Fazilitäten

   f) Geldmengenreserve

8. Welche Merkmale kennzeichnen eine expansive Geldpolitik der EZB? (MC)

   a) Erhöhung der Geldmenge

   b) Senkung der Geldmenge

   c) Senkung der Leitzinsen

   d) Erhöhung der Mindestreserve

   e) Erhöhung der Leitzinsen

9. Welche Bedingungen herrschen bei einem Käufermarkt? (SC)

   a) Angebot und Nachfrage halten sich die Waage.

   b) Die Nachfrage übersteigt das Warenangebot.

c) Das Warenangebot übersteigt die Nachfrage.

d) Der Import von Waren übersteigt den Export.

10. Welche der folgenden Faktoren können zu sinkender Immobiliennachfrage führen? (MC)

a) steigende Kreditzinsen

b) sinkende Kreditzinsen

c) unattraktive Lagen

d) attraktive Lagen

e) Konjunkturaufschwung

f) Konjunkturabschwung

11. Sie planen den Kauf eines neuen PKW mit Elektromotor. Der Staat unterstützt diese Anschaffung bis zum Jahresende mit einer einmaligen Prämie. Zu welcher Art von Politik gehört diese Maßnahme? (SC)

a) Ordnungspolitik

b) Prozesspolitik

c) Außenpolitik

d) Strukturpolitik

12. Das Bruttoinlandsprodukt ist der Indikator für das Wirtschaftswachstum einer Volkswirtschaft. Wie wird dieses noch bezeichnet? (SC)

a) Inländerprinzip

b) Auslandsprinzip

c) Inflation

d) Außenbeitragsquote

e) Inlandsprinzip

13. Welche der folgenden Szenarien können eine Folge von Deflation sein? (MC)

a) sinkende Preise

b) steigende Kreditvergabebereitschaft

c) sinkende Unternehmensgewinne

d) steigender Konsum

e) steigende Immobilienpreise

f) sinkender Beschäftigungsgrad

14. Wobei handelt es sich um Phasen des Konjunkturzyklus? (MC)

    a) Inflation

    b) Depression

    c) Degression

    d) Rezession

    e) Inklusion

15. Welche Konjunkturphase folgt in der Regel einem längeren Höchststand? (SC)

    a) Aufschwung

    b) Abschwung

    c) Expansion

    d) Inflation

16. Ihr Kunde benötigt ein Darlehen in Höhe von 250.000 €. Sie bieten ihm einen Soll-zinssatz in Höhe von 2 % p.a. an. Als anfängliche Tilgung vereinbaren Sie 5 % p.a. Welche monatliche Darlehensrate ergibt sich hieraus (kaufmännisch gerundet)? (SC)

    a) 1.458,33 €

    b) 416,56 €

    c) 5.000 €

    d) 17.500 €

17. Welche Einflussfaktoren wirken in der Regel unmittelbar auf das Darlehens-zinsniveau? (MC)

    a) Darlehenslaufzeiten im Marktdurchschnitt

    b) Leitzins der EZB

    c) Inflation

    d) Konjunktur

    e) Heizölpreise

    f) Arbeitslosenquote

18. Die EZB berücksichtigt bei ihren geldpolitischen Entscheidungen neben der Inflationsentwicklung einen weiteren Faktor, der sich auf die Geldmengenentwicklung auswirkt. Welcher Faktor ist hier gemeint? (SC)

    a) Außenbeitragsquote

    b) Leitzins

    c) Umlaufgeschwindigkeit des Geldes

    d) Euribor®

19. Wie bezeichnet man ein Geschäft, mit dem sich die Banken Kapital für ihr Kreditgeschäft besorgen? (SC)

    a) Regenerierung

    b) Rückversicherung

    c) Rekapitalisierung

    d) Refinanzierung

20. Was wird als Geldmenge bezeichnet? (SC)

    a) volkswirtschaftlicher Bestand von Geld in den Händen von Nichtbanken

    b) weltweiter Bestand von Geld in den Händen von Geschäftsbanken

    c) gesamtwirtschaftlicher Bestand von Geld in der Hand von Privathaushalten

    d) europäischer Bestand von Geld in der Hand der Europäischen Zentralbank

2.12 Steuerliche Grundlagen

Auf der einen Seite steht das Verbot der Steuerberatung für Immobiliardarlehensvermittler – außer Sie sind Steuerberater –, doch auf der anderen Seite benötigen Sie steuerliches Grundlagenwissen, um Ihren Kunden das passende Finanzierungsangebot unterbreiten zu können. So ist beispielsweise für einen Privatkunden, der seine Immobilie vermieten will, das klassische Annuitätendarlehen nicht immer die geeignete Darlehensform, sondern vielmehr ein endfälliges Darlehen. Beim endfälligen Darlehen erfolgt keine laufende Darlehenstilgung, denn hier wird das Darlehen am Laufzeitende in einer Summe getilgt. So bleibt der Zinsaufwand hoch, was dem Kunden steuerliche Vorteile bringen kann, da die Zinsaufwendungen steuerlich als Werbungskosten absetzbar sind. Die Überprüfung des tatsächlichen Steuervorteils ist Sache des Steuerberaters. Sie können aufgrund Ihres steuerlichen Grundlagenwissens die passende Finanzierungsform anbieten.

2.12.1 Grundzüge des Einkommensteuerrechts

Einkommen unterliegen der Einkommensteuer.

Das Einkommensteuergesetz (EStG) unterscheidet zunächst 7 Einkunftsarten, die Sie der nachfolgenden Grafik entnehmen können.

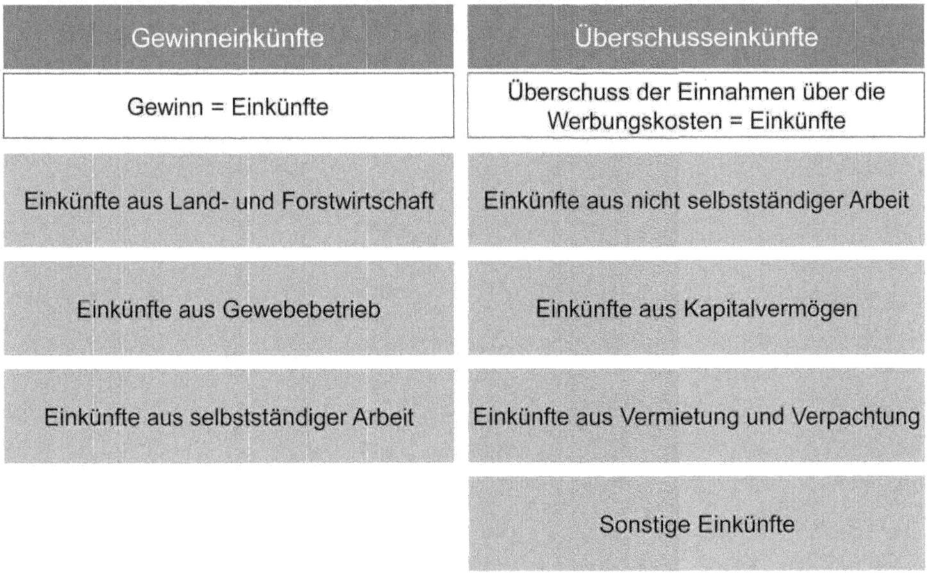

Gewinneinkünfte	Überschusseinkünfte
Gewinn = Einkünfte	Überschuss der Einnahmen über die Werbungskosten = Einkünfte
Einkünfte aus Land- und Forstwirtschaft	Einkünfte aus nicht selbstständiger Arbeit
Einkünfte aus Gewebebetrieb	Einkünfte aus Kapitalvermögen
Einkünfte aus selbstständiger Arbeit	Einkünfte aus Vermietung und Verpachtung
	Sonstige Einkünfte

Abb. 93: Die sieben Einkunftsarten

Wie berechnet sich das zu versteuernde Einkommen?

Da die Einkommensteuer eine Jahressteuer ist, wird auch das Einkommen als Jahreseinkommen berechnet. Das zu versteuernde (Jahres-)Einkommen wird nach einem festen Schema berechnet, dessen gesetzliche Grundlage § 2 Abs. 3, 4 und 5 EStG ist.

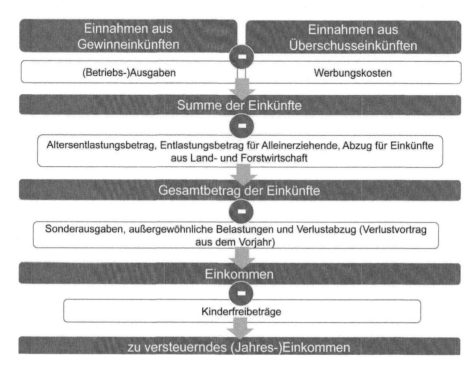

Abb. 94: Die Berechnung des zu versteuernden Einkommens

Zu den **Sonderausgaben** zählen:

- Vorsorgeaufwendungen (Beiträge zur Altersvorsorge, Kranken- und Pflegeversicherung und zu anderen Versicherungen, wie beispielsweise Unfall- und Haftpflichtversicherung)
- Gezahlte Kirchensteuer
- Spenden und Mitgliedsbeiträge
- Kosten für die Erstausbildung
- Unterhalt an den geschiedenen oder getrennt lebenden Ehegatten

Teilweise gelten Höchstbeträge für die Absetzbarkeit von Sonderausgaben. Für Versicherungsbeträge (einschließlich Kranken- und Pflegeversicherung) beträgt dieser beispielsweise 1.900 € pro Jahr, während die Kirchensteuer in unbegrenzter Höhe absetzbar ist.

Der Kinderfreibetrag wird in der Regel jährlich verändert und beträgt für 2018 4.788 €.

Auf das zu versteuernde (Jahres-)Einkommen ist dann der jeweilige Einkommensteuersatz (abhängig von Einkommenshöhe, Steuerklasse und Familienstand) anzuwenden.

Innerhalb des **Grundfreibetrages** bleiben Einkommen steuerfrei. Der Grundfreibetrag wird in der Regel jährlich verändert und beträgt für 2018 9.000 € pro Steuerpflichtigem (Bei einer Zusammenveranlagung gelten bei Ehepartnern oder Lebenspartnern jeweils doppelte Beträge.).

Danach steigt der Einkommensteuersatz stufenweise von 14 % (**Eingangssteuersatz**) bis auf 45 % (**Spitzensteuersatz**) an (Progressions- bzw. Proportionalzonen).

Progression

Im Steuerrecht versteht man unter der Progression das Ansteigen des Einkommensteuersatzes in Abhängigkeit vom zu versteuernden Einkommen. Je höher das Einkommen, umso höher ist die Einkommensteuer und der Einkommensteuersatz.

Abschließend kommt es bezüglich der Höhe der zu zahlenden Einkommensteuer auf die Veranlagungsvariante an:

- **Grundtabelle** (auch Grundtarif genannt) für Ledige oder wenn Ehepartner die Einzelveranlagung wählen
- **Splittingtabelle** für die Zusammenveranlagung von nicht dauernd getrennt lebenden (im Sinne von: nicht in Scheidung lebend) Ehegatten (daher auch die Bezeichnung als „Ehegattensplitting") oder eingetragenen Lebenspartnergemeinschaften

Die Wahl der Splittingtabelle bedeutet einen steuerlichen Vorteil gegenüber der Grundtabelle. Dies ist vor allem dann der Fall, wenn die Ehegatten unterschiedlich viel verdienen.

So funktioniert das Splitting:

1. Die beiden zu versteuernden Einkommen der Ehe- oder Lebenspartner werden addiert.

2. Das Ergebnis wird durch 2 geteilt.

3. Von diesem halbierten Einkommen wird dann der sich daraus ergebende Einkommensteuersatz berechnet.

4. Die Einkommensteuer wird mit 2 multipliziert und ergibt die Steuerbelastung des Ehe- bzw. Lebenspaares.

Der Vorteil ergibt sich aus dem Prinzip der Steuerprogression, das besagt, dass mit steigendem Einkommen auch der Steuersatz steigt. Da beim Splitting nur die Hälfte des gemeinsamen Einkommens die Basis für den Einkommensteuersatz ist, ergibt sich vor allem dann ein Vorteil, wenn ein Partner deutlich mehr verdient als der andere oder nur ein Partner Einkünfte erzielt.

Aufgrund einer bevorstehenden Scheidung kann der in dauerhafter Trennung lebende Noch-Ehegatte im Jahr der Trennung ebenfalls die Splittingtabelle anwenden.

Was unterscheidet das Bruttoeinkommen vom Nettoeinkommen?

Als Bruttoeinkommen werden alle Einnahmen eines Haushalts bezeichnet, bevor Sozialabgaben und Steuern abgezogen werden. Das Nettoeinkommen ist dementsprechend das Einkommen nach Abzug von Sozialabgaben und Steuern.

2.12.2 Steuerliche Aspekte des Immobilienerwerbs

2.12.2.1 Grunderwerbsteuer (GESt)

einmalig
bei Erwerb von
bebauten oder unbebauten Grundstücken und
grundstücksgleichen Rechten im Inland

Grunderwerbsteuer:
Prozentsatz in Höhe der Gegenleistung

Erwerber

Finanzamt

§ gesetzliche Grundlage: Grunderwerbsteuergesetz (GrEStG)

Abb. 95: Die Grunderwerbsteuer

Grunderwerbsteuerpflichtige Erwerbsvorgänge

Der Grunderwerbsteuer unterliegen insbesondere nachfolgende Rechtsvorgänge, wenn sie sich auf **inländische Grundstücke** (bebaut oder unbebaut, Erbbaurechte, Gebäude auf fremden Boden und Eigentumswohnungen) beziehen (§§ 1 und 2 Grunderwerbsteuergesetz GrEStG):

- Kaufvertrag, der den Anspruch auf Übereignung des Grundstücks begründet
- Auflassung, auch wenn kein Rechtsgeschäft vorausgegangen ist
- Übergang des Eigentums durch Meistgebot im Zwangsversteigerungsverfahren

Steuersatz

Die Grunderwerbsteuer ist eine Ländersteuer, d.h. die Höhe wird von den einzelnen Bundesländern individuell festgelegt. Derzeit sind beispielsweise in Bayern nur 3,5 % und in Schleswig-Holstein dagegen 6,5 % zu zahlen. Sie wird auf volle Euro nach unten abgerundet (§ 11 GrEStG).

Gegenleistung

Die Grunderwerbsteuer bemisst sich nach dem Wert der Gegenleistung (§ 8 GrEStG). Sie wird der Gegenleistung weder hinzugerechnet, noch von ihr abgezogen.

Als Gegenleistung gelten insbesondere:

- bei einem Kauf: Kaufpreis
- bei einem Tausch: Tauschleistung des anderen Vertragsteils
- beim Meistgebot im Zwangsversteigerungsverfahren: das Meistgebot einschließlich der bestehen bleibenden Rechte

Bei einem Grundstückskaufvertrag sind die wesentlichen Bestandteile (Beispiel: Gebäude) und das Zubehör mitverkauft, sofern keine gesonderten Vereinbarungen zwischen den Vertragspartnern getroffen wurden.

Das BGB definiert das Grundstück einerseits als abgegrenzten Teil der Erdoberfläche und unterscheidet andererseits zwischen der Immobilie (Grundstück und wesentliche Bestandteile) und den beweglichen Sachen (Zubehör und Inventar). Im Kapitel 2.2.1.1 Grundstücksarten haben Sie diese Begriffe bereits kennengelernt.

Immobilie		Bewegliche Sachen	
Grundstück	Wesentlicher Bestandteil	Zubehör	Sonstige bewegliche Sachen (Inventar)
Kaufgegenstand	Beispiel: Gebäude, Heizung	Beispiel: Alarmanlage	Beispiel: Gartenschaukel
immer grunderwerbsteuerpflichtig	mit Grund und Boden fest verbunden	bewegliche Sachen, die dem wirtschaftlichem Zweck des Grundstücks dienen	bewegliche Sachen, die nicht wesentlicher Bestandteil oder Zubehör sind
	immer grunderwerbsteuerpflichtig		
		ggf. grunderwerbsteuerpflichtig	grunderwerbsteuerfrei

Abb. 96: Grunderwerbsteuerpflichtige Gegenleistung

Bei der grunderwerbsteuerpflichtigen Gegenleistung ist zu beachten, dass nur das Grundstück und seine wesentlichen Bestandteile der Grunderwerbsteuer unterliegen. Das Zubehör kann grunderwerbsteuerfrei sein. Dies unterliegt im Einzelfall der Entscheidung der Finanzgerichte. Sonstige bewegliche Sachen (Inventar) sind, auch wenn sie im Ausnahmefall mitverkauft werden, grunderwerbsteuerfrei.

Beispiel

Wesentlicher Bestandteil oder Zubehör

Eine Markise stellt keinen wesentlichen Bestandteil, sondern Zubehör dar, wenn sie nur mit Dübeln und Schrauben befestigt ist und jederzeit wieder ohne Schaden vom Gebäude entfernt werden kann.

Einbaumöbel oder eine Einbauküche sind nur dann Zubehör, wenn es sich um Serienanfertigungen handelt, die jederzeit auch in einem anderen Haus oder einer anderen Wohnung aufgebaut werden können. Bei individuell eingebauten Einbaumöbeln/-küchen wird in der Regel auf einen wesentlichen Bestandteil entschieden.

Das Zubehör sollte im Grundstückskaufvertrag separat aufgeführt werden. Darüber hinaus sollte der auf das Zubehör entfallende Teilkaufpreis im Kaufvertrag ausgewiesen werden.

Hinweis

Für den Käufer hat die Zuordnung von beweglichen Sachen zum Zubehör oft den Vorteil, dass diese dadurch von Grunderwerbsteuer befreit werden. Das Finanzamt schaut hier allerdings ganz genau hin. Übersteigt der Wert des Zubehörs 15 % der Gesamtgegenleistung oder den Betrag von 50.000 €, so ist auf jeden Fall mit Rückfragen zu rechnen (die hier genannten Beträge sind Pauschalwerte der Finanzverwaltung zur Vereinfachung der Steuerprüfung). Im Zweifelsfall sollte hierzu ein Steuerberater eingebunden werden.

Steuerschuldner

Steuerschuldner sind regelmäßig die an einem Erwerbsvorgang als Vertragsteile beteiligte Personen (Beispiel: Käufer und Verkäufer). Sie haften gesamtschuldnerisch gegenüber dem Finanzamt (§ 13 Grunderwerbsteuergesetz GrEStG).

Gesamtschuldnerische Haftung

Eine gesamtschuldnerische Haftung setzt zunächst mehrere Schuldner voraus. Bei einer gesamtschuldnerischen Haftung kann der Gläubiger von jedem einzelnen Schuldner die volle Leistung einfordern. Insgesamt allerdings nur einmal. D.h. zahlt ein Schuldner die geforderte Leistung, so erlischt der Anspruch gegenüber den verbleibenden Schuldnern.

Im Kaufvertrag wird in der Regel vereinbart, dass die Grunderwerbsteuer vom Käufer zu zahlen ist. Eine Abschrift des Kaufvertrages wird vom Notar an das zuständige Finanzamt geschickt. Dieses erstellt dann einen entsprechenden Steuerbescheid. Zahlt der Käufer nicht fristgerecht, so könnte sich das Finanzamt auch an den Verkäufer wenden. Zahlen beide nicht, hat das Finanzamt die Möglichkeit, eine Sicherungshypothek auf das Grundstück eintragen zu lassen.

Zwangs-/Sicherungshypothek

Kommt ein Steuerpflichtiger seiner steuerlichen Verpflichtung nicht nach, so sieht das Steuerrecht (§ 322 Abs. 1 Abgabenordnung AO) die Vollstreckung in das unbewegliche Vermögen des Steuerpflichtigen vor. Dazu kann der Staat zunächst seine Ansprüche durch die Eintragung einer so genannten Zwangshypothek ins Grundbuch sichern lassen und später auch die Grundstücks-Zwangsversteigerung veranlassen.

Steuerschuldner beim Meistgebot im Zwangsversteigerungsverfahren ist alleine der Meistbietende, der den Zuschlag erhalten hat.

Fälligkeit

Die Steuer wird einen Monat nach der Bekanntgabe des Steuerbescheides (meist innerhalb von 4–8 Wochen nach Beurkundung des Kaufvertrages) fällig, außer das Finanzamt setzt eine längere Frist (§ 16 GrEStG).

Zuständigkeit

Für die Besteuerung ist das örtliche Finanzamt zuständig, in dessen Bezirk das Grundstück oder der wertvollste Teil des Grundstücks liegt (§ 17 GrEStG).

Ausnahmen von der Besteuerung

Keine Grunderwerbsteuer fällt an (§ 3 GrEStG):
- Wenn die Gegenleistung die **Freigrenze von 2.500 €** nicht übersteigt
- Grundstückserwerb im Todesfall des Grundstückseigentümers (Erbschaft)
- Grundstücksschenkung unter Lebenden
- Erwerbsvorgänge zwischen Miterben (oder deren Ehegatten oder Lebenspartner) im Rahmen der Nachlassteilung
- Erwerbsvorgänge zwischen Ehegatten oder Lebenspartnern des Veräußerers
- Erwerb durch den früheren Ehegatten oder Lebenspartner im Rahmen der Vermögensauseinandersetzung nach der Scheidung oder Aufhebung der Lebenspartnerschaft
- Erwerbsvorgänge zwischen Personen, die in gerader Linie mit dem Veräußerer des Grundstücks verwandt sind

Freibetrag, Freigrenze oder Pauschbetrag

Im Steuerrecht stoßen Sie immer wieder auf Freibeträge, Freigrenzen und Pauschbeträge. Bei einer Freigrenze (Beispiel: Grunderwerbsteuer) muss der Gesamtbetrag versteuert werden, wenn die Grenze der Bemessungsgrundlage überschritten wird. Nun innerhalb der Freigrenze bleiben die Erträge steuerfrei. Ein Freibetrag bleibt dagegen auf jeden Fall von der Steuer befreit (Beispiele: Grundfreibetrag bei der Einkommensteuer oder der Freibetrag bei Gewinnen aus privaten Veräußerungsgeschäften). Nur der den Freibetrag übersteigende Ertrag muss versteuert werden. Pauschbeträge werden pauschal, d.h. ohne weitere Angaben und Nachweise automatisch vom steuerpflichtigen Ertrag abgezogen (Beispiel: Sparer-Pauschbetrag bei den Einkünften aus Kapitalvermögen).

Unbedenklichkeitsbescheinigung

Der Erwerber eines Grundstücks darf erst dann in das Grundbuch eingetragen werden, wenn die Unbedenklichkeitsbescheinigung des für die Besteuerung zuständigen Finanzamtes vorliegt (§ 22 GrEStG). Unbedenklichkeit bedeutet, dass der Eintragung des neuen Eigentümers ins Grundbuch keine steuerlichen Bedenken entgegenstehen.

Das Finanzamt hat die Unbedenklichkeitsbescheinigung zu erteilen, wenn die Grunderwerbsteuer bezahlt oder wenn Steuerfreiheit gegeben ist (§ 22 GrEStG).

2.12.2.2   Grundsteuer

Gesetzliche Grundlage

Die gesetzliche Grundlage für die Grundsteuer ist das Grundsteuergesetz (GrStG) in Verbindung mit dem Bewertungsgesetz.

► **Exkurs zum Bewertungsgesetz**

Das Bewertungsgesetz enthält allgemeine und besondere Bewertungsvorschriften für öffentlich-rechtliche Abgaben und Einzelsteuergesetze, wie beispielsweise das Grundsteuergesetz. Es definiert u.a. den Begriff des Grundvermögens, wie er für die Grundsteuer anzuwenden ist.   ◄

§ 68 Bewertungsgesetz (Begriff des Grundvermögens)

(1) Zum Grundvermögen gehören

1. der Grund und Boden, die Gebäude, die sonstigen Bestandteile und das Zubehör,

2. das Erbbaurecht,

3. das Wohnungseigentum, Teileigentum, Wohnungserbbaurecht und Teilerbbaurecht nach dem Wohnungseigentumsgesetz, soweit es sich nicht um land- und forstwirtschaftliches Vermögen (§ 33) oder um Betriebsgrundstücke (§ 99) handelt.

(2) In das Grundvermögen sind nicht einzubeziehen

1. Bodenschätze,

2. die Maschinen und sonstigen Vorrichtungen aller Art, die zu einer Betriebsanlage gehören (Betriebsvorrichtungen), auch wenn sie wesentliche Bestandteile sind.

Einzubeziehen sind jedoch die Verstärkungen von Decken und die nicht ausschließlich zu einer Betriebsanlage gehörenden Stützen und sonstigen Bauteile wie Mauervorlagen und Verstrebungen.

Steuergegenstand der Grundsteuer

Die Grundsteuer wird erhoben auf:

- Betriebe der Land- und Forstwirtschaft
- Betriebsgrundstücke und Gebäude
- Grundstücke und Gebäude, die weder Betriebe der Land- und Forstwirtschaft, noch Betriebsgrundstücke sind, wie beispielsweise private Grundstücke, Wohnungseigentum, Erbbaurechte.

Heberecht und Steuerbefreiungen

Die Grundsteuer ist neben den Straßenreinigungs-, Abfallentsorgungs- und Wasserverbandsgebühren eine weitere Grundbesitzabgabe, die von der Gemeinde oder der Stadt erhoben wird, in der das Grundstück liegt (§ 1 GrStG).

Steuerbefreiungen gibt es nur in Ausnahmefällen, wie beispielsweise für den Grundbesitz der öffentlichen Hand, von Religionsgemeinschaften, der Wissenschaft sowie Schulen und Krankenhäuser. Dazu kommen Grundstücke für einen unmittelbaren mildtätigen Zweck.

Die Grundsteuer zählt ebenso wie die Grunderwerbsteuer zu den direkten Steuern.

▶ Exkurs: direkte und indirekte Steuern

Bei direkten Steuern ist derjenige, der gesetzlich zur Zahlung der Steuer verpflichtet ist (Steuerschuldner) und derjenige, der wirtschaftlich belastet wird, d.h. der die Steuer zahlt (Steuerträger), identisch. Direkte Steuern werden auf Einkommen und Vermögen erhoben.

Bei indirekten Steuern ist dies nicht der Fall. Hier zahlt beispielsweise der Verbraucher die Mehrwertsteuer auf Waren zwar mit dem Kaufpreis mit. Der Verkäufer ist jedoch der tatsächliche Steuerschuldner und muss die Verbrauchsteuern an das Finanzamt überweisen. ◀

Beispiele für direkte Steuern:

- Einkommensteuer
- Erbschaftsteuer
- Grundsteuer
- Grunderwerbsteuer

Beispiele für indirekte Steuern:

- Umsatzsteuer (Mehrwertsteuer)
- Verbrauchsteuern (Mineralölsteuer, Kaffeesteuer, Zweitwohnsitzsteuer u.ä.)

Steuerschuldner und Haftung

Schuldner der Grundsteuer sind (§ 10 GrStG):

- der Grundstücks- oder Wohnungs- bzw. Teileigentümer
- der Erbbauberechtigte

Bei mehreren Grundstückseigentümern als Steuerschuldner (z.B. Miteigentümer) haften diese gesamtschuldnerisch gegenüber dem Finanzamt für die Bezahlung der Steuern.

Der **persönlichen Haftung** für die Grundsteuer unterliegt neben dem Steuerschuldner (§ 11 GrStG):

- ein Nießbrauchberechtigter
- der Erwerber eines Grundstücks neben dem früheren Eigentümer für die Grundsteuer, die für die Zeit seit dem Beginn des letzten vor der Übereignung liegenden Kalenderjahres zu entrichten ist

Die Grundsteuer ruht auf dem Steuergegenstand als öffentliche Last (**dingliche Haftung**). Öffentliche Lasten müssen nicht im Grundbuch eingetragen werden (§ 12 GrStG).

Hinweis

Als laufende öffentliche Last gehört die Grundsteuer zu den Betriebskosten eines Grundstücks und kann im Fall der Vermietung oder Verpachtung des Grundstücks auf den Mieter/Pächter umgelegt werden.

Bemessung der Grundsteuer

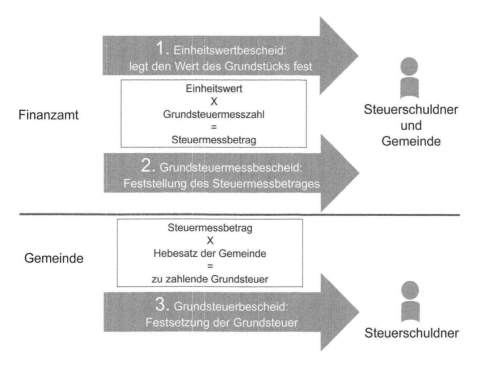

Abb. 97: Grundsteuer: Berechnung in drei Stufen

Die Höhe der Grundsteuer ist abhängig vom Grundsteuermessbetrag, der von der zuständigen Finanzbehörde (Finanzamt, in dessen Zuständigkeit das Grundstück liegt) festgelegt wird und vom Hebesatz, der von der Gemeinde bzw. Stadt festgelegt wird, in dem das Grundstück liegt.

Der **Einheitswert** ist kein tatsächlicher Markt- oder Verkehrswert, sondern wird zu einem Stichtag anhand eines gesetzlich geregelten und standardisierten Verfahrens berechnet. Er hängt von der Nutzungsart des Grundstücks ab wie beispielsweise Nutzung zu privaten Wohnzwecken. Im Falle der Grundsteuer gelten:

- für die „alten" Bundesländer: Werte aus 1964 und
- für die „neuen" Bundesländer: Werte aus 1935

Die **Grundsteuermesszahl** richtet sich ebenfalls nach der Nutzungsart und wird in ‰ vom Finanzamt festgelegt. Für privat genutzte Grundstücke bzw. Immobilien gilt:

- für die „alten" Bundesländern: zwischen 2,6–3,5 ‰ und
- für die „neuen" Bundesländern: zwischen 5–10 ‰

Da die Einheitswerte nicht mehr den aktuellen Marktwerten entsprechen, kommt der Hebesatz zum Einsatz, der von jeder Gemeinde individuell festgelegt werden kann. Einheitlich ist der Hebesatz nur für die in einer Gemeinde liegenden Grundstücke. Die Bandbreite der Hebesätze ist sehr groß und reicht von 250 % bis über 800 %.

Der Steuerschuldner erhält im Zusammenhang mit der Festsetzung der Grundsteuer insgesamt drei Bescheide:

1. Einheitswertbescheid: Das Finanzamt legt mit diesem Grundlagenbescheid – der noch kein Steuerbescheid ist und keine Steuer festsetzt – den Einheitswert fest. Der Einheitswertbescheid wird sowohl an den Steuerschuldner, als auch an die Gemeinde verschickt.

2. Grundsteuermessbescheid: Das Finanzamt stellt mit diesem Bescheid den Steuermessbetrag fest und verschickt auch diesen Bescheid sowohl an den Steuerschuldner, als auch an die Gemeinde.

3. Grundsteuerbescheid: Dieser wird von der Gemeinde erstellt. Basis sind der vom Finanzamt ermittelte Steuermessbetrag und der von der Gemeinde festgesetzte Hebesatz. Bei diesem Bescheid handelt es sich um den Steuerbescheid, der nur noch an den Steuerschuldner geht und zur Steuerzahlungspflicht führt.

Tipp

Bei so vielen Bescheiden stellt sich die Frage nach Einspruchsmöglichkeiten. Vor allem ist es empfehlenswert, den Einheitswertbescheid zu prüfen. Gegen diesen kann nur innerhalb eines Monats nach Zugang Einspruch eingelegt werden. Da er für die Folgebescheide die Basis darstellt, kommt der Prüfung dieses Grundlagenbescheides entsprechend hohe Bedeutung zu. Bei der Einschätzung der Richtigkeit sollte ggf. ein Rechtsanwalt hinzugezogen werden.

Dazu kommt, dass die Grundsteuer regional einen hohen Betrag erreichen kann, der in die laufenden Ausgaben im Zusammenhang mit dem Immobilienerwerb einzuplanen ist. Der Kaufinteressent sollte sich somit unbedingt bereits im Vorfeld über die mögliche Höhe der zu zahlenden Grundsteuer informieren.

Die Grundsteuer teilt sich in 2 Arten auf:

- Grundsteuer A: agrarisch, d.h. für landwirtschaftlich genutzte Grundstücke
- Grundsteuer B: baulich, d.h. für bebaubare sowie bebaute Grundstücke.

Beispiel

Berechnung Grundsteuer

Berechnung mit einem allgemeinen Hebesatz Grundsteuer B in Berlin (Stand 2017):

1. Das Finanzamt Berlin hat den Einheitswert für ein Grundstück auf 100.000 € festgesetzt.

2. Die Steuermesszahl beträgt 3,5 ‰

3. Der Steuermessbetrag wird mit jährlich 350 € festgesetzt (100.000 € x 3,5 ‰)

4. Berlin erhebt einen Hebesatz von 810 %, woraus sich eine Grundsteuer in Höhe von 2.825 € p.a. ergibt (350 € x 810 %)

5. Vierteljährlich fällige Grundsteuer in Höhe von 708,75 €

Die Finanznot der Kommunen führte in den letzten Jahren zu deutlichen Steuererhöhungen auch bei der Grundsteuer. In den Jahren 2011–2016 sind die Hebesätze (Grundsteuer B) um durchschnittlich 61 % gestiegen. Waren es 2005 nur 20 %, so haben 2016 rund 70 % der Kommunen einen Hebesatz über 350 % berechnet.

Eine Reform der Grundsteuer ist seit Jahren in der Diskussion, scheiterte bisher jedoch immer wieder am Einspruch einzelner Bundesländer.

Gemeindebezeichnung	Einwohnerzahl 31.12.2015	Hebesätze 2017
		GrStB
Augsburg	286.374	555
Berlin, Stadt	3.520.031	810
Bremen, Stadt	557.464	695
Darmstadt, Wissenschaftsstadt	155.353	535
Dresden, Stadt	543.825	635
Düsseldorf, Stadt	612.178	440
Frankfurt am Main, Stadt	732.688	500
Hamburg, Freie und Hansestadt	1.787.408	540
Hannover, Landeshauptstadt	532.163	600
Kiel, Landeshauptstadt	246.306	500
Köln, Stadt	1.060.582	515
Leipzig, Stadt	560.472	650
Magdeburg, Landeshauptstadt	235.723	495
Mainz, Stadt	209.779	480
München, Landeshauptstadt	1.450.381	535
Münster, Stadt	310.039	510
Rostock, Hansestadt	206.011	480
Saarbrücken, Landeshauptstadt	178.151	460
Stuttgart, Landeshauptstadt	623.738	520

Abb. 98: Hebesätze (allgemeine Grundsteuer B) ausgewählter Großstädte
Quelle: https://www.dihk.de/themenfelder/recht-steuern/steuern/finanz-und-haushaltspolitik/
realsteuer-hebesaetze

Fälligkeit

Die Grundsteuer ist zu je einem Viertel des Jahresbetrages am 15.2., 15.5., 15.8. und am 15.11. zu entrichten (§ 28 GrStG).

Für Kleinbeträge können Sonderregeln von der Gemeinde bestimmt werden:

- Grundsteuer bis zu 15 € p.a.: fällig am 15.8. als Jahresbetrag
- Grundsteuer bis zu 30 € p.a.: fällig am 15.2. und 15.8. zu je der Hälfte des Jahresbetrages

Auf Antrag des Steuerschuldners können die Quartalsfälligkeiten bei der Grundsteuer für das folgende Kalenderjahr in eine Jahresfälligkeit umgewandelt werden. Dann sind die gesamten Beträge zum 1.7. des jeweiligen Jahres fällig.

Hinweis zum Stichtag der Festsetzung der Grundsteuer:

Gemäß § 9 Abs. 1 GrStG wird die Grundsteuer nach den Verhältnissen zu Beginn eines Kalenderjahres festgesetzt. Wird ein Grundstück im Laufe eines Jahres verkauft, ändert das Finanzamt den Einheitswertbescheid mit Wirkung zum folgenden 1.1. Das hat wiederum zur Folge, dass die grunderwerbsteuererhebende Gemeinde die Grundsteuer für das laufende Jahr vom Alteigentümer fordern und sich erst ab dem folgenden Jahr an den neuen Eigentümer wenden wird.

► Exkurs: Was unterscheidet Bund, Länder, Kommunen, Städte und Gemeinden?

Deutschland verfügt über einen mehrteiligen Verwaltungsaufbau, den die nachfolgende Grafik darstellt.

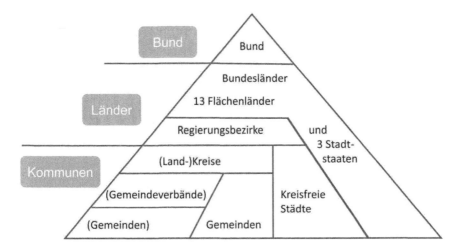

Abb. 99: Verwaltungsaufbau in Deutschland

Neben dem Bund gibt es 16 Bundesländer (davon 3 Stadtstaaten) und rund 11.298 Kommunen. Die größte Kommune ist Berlin mit über 3 Mio. Einwohnern und die kleinste Kommune ist Dierfeld in Rheinland-Pfalz mit 8 Einwohnern.

Die Kommunen teilen sich auf in eigenständige kreisfreie Städte und die einem (Land-)Kreis angehörenden kleineren Städte und Gemeinden.

Die drei Stadtstaaten Berlin, Hamburg und Bremen sind Bundesland und Kommune zugleich.

Im Landkreis werden jene Aufgaben gebündelt, die nicht von jeder noch so kleinen Gemeinde selbst erledigt werden müssen.

Städte sind in der Regel einwohnerstarke Gemeinden mit Stadtrecht.

Die Gemeinde ist die unterste Stufe im Verwaltungsaufbau von Deutschland. ◀

2.12.2.3   Einkommensteuer

Einkünfte aus Vermietung und Verpachtung

Einnahmen	• Miet- bzw. Pachteinnahmen • Mietvorauszahlungen • Einnahmen aus Umlagen (Wasser, Heizung, Strom u. Ä.) • Einnahmen aus Vermietung und Verpachtung von Garagen, Werbeflächen, Antennen • Erbbauzinsen

abzgl. Werbungskosten

- Finanzierungskosten
- Sonstige Werbungskosten (Nebenkosten = Betriebskosten)
- Erhaltungsaufwendungen
- Absetzung für Abnutzung (AfA) auf den Gebäudeteil

= Einkünfte aus Vermietung und Verpachtung

Abb. 100: Berechnung der Einkünfte aus Vermietung und Verpachtung

Einkünfte aus Vermietung und Verpachtung unterliegen der Einkommensteuer.

Unter diese Einkunftsart fallen Einnahmen, die aus der Vermietung und Verpachtung eines im Privatvermögen gehaltenen Grundstücks erzielt werden.

▶ **Exkurs: Der Unterschied zwischen Vermietung und Verpachtung**

Das Steuerrecht macht keinen Unterschied zwischen Vermietung und Verpachtung. In beiden Fällen sind alle Einnahmen – vermindert um die Werbungskosten – zu versteuern. Vermietungsrechtlich besteht durchaus ein Unterschied.

Bei der **Vermietung** wird beispielsweise eine Wohnung dem Mieter für den privaten Gebrauch überlassen. Der Vermieter bekommt dafür die vereinbarte Miete. Gleiches gilt für die Vermietung zur gewerblichen Nutzung.

Bei der **Verpachtung** darf der Pächter die Sache nicht nur nutzen, sondern darüber hinaus auch so genannte „Früchte" und einen Gewinn daraus ziehen. Der Pächter einer landwirtschaftlichen Fläche darf diese nach seinen Vorstellungen bestellen und die Ernte und den Gewinn aus der Ernte behalten. Ein weiteres häufiges Beispiel sind Restaurants, die fertig eingerichtet verpachtet werden. Die Nutzungsrechte sind bei der Verpachtung umfangreicher als bei der Vermietung. ◀

Werbungskosten

§ 9 EStG

(1) Werbungskosten sind Aufwendungen zur Erwerbung, Sicherung und Erhaltung der Einnahmen. Sie sind bei der Einkunftsart abzuziehen, bei der sie erwachsen sind. Werbungskosten sind auch:

1. Schuldzinsen [...] soweit sie mit einer Einkunftsart in wirtschaftlichem Zusammenhang stehen [...].

2. Steuern vom Grundbesitz, sonstige öffentliche Abgaben und Versicherungsbeiträge, soweit solche Ausgaben sich auf Gebäude oder auf Gegenstände beziehen, die dem Steuerpflichtigen zur Einnahmenerzielung dienen [...].

3. Absetzungen für Abnutzung und für Substanzverringerung und erhöhte Absetzungen [...].

Aufwendungen für ein Grundstück, die sich auf eine Vermietung bzw. Verpachtung beziehen, können als **Werbungskosten** abgesetzt, d.h. von den Einnahmen abgezogen werden.

Die Grunderwerbsteuer zählt nicht zu den laufenden Werbungskosten im Zusammenhang mit einer Vermietung oder Verpachtung der Immobilie. Sie ist ein Teil der Erwerbsnebenkosten und kann anteilig, d.h. ohne den Teil, der auf das Grundstück entfällt, im Rahmen der AfA (Voraussetzung: Vermietung und Verpachtung einer Immobilie im Privatvermögen) steuerlich berücksichtigt werden.

Sofort in voller Höhe absetzbare Werbungskosten sind insbesondere:

- Finanzierungskosten:
  - Sollzinsen
  - Disagio
  - Bereitstellungszinsen
  - Teilvalutierungszuschläge

- Finanzierungsvermittlungskosten
- Notar- und Grundbuchkosten für die Bestellung von Grundpfandrechten
- Nebenkosten (Betriebskosten gemäß Betriebskostenverordnung BetrKV, die auf den Mieter umgelegt werden können) als **sonstige Werbungskosten**:
  - Grundsteuer
  - Kosten für:
    - Wasserversorgung
    - Entwässerung (Abwasser)
    - Zentralheizung und Abgasanlage
    - Zentrale Warmwasserversorgungsanlage
    - Betrieb von Personen- und Lastenaufzug
    - Straßenreinigung und Müllbeseitigung
    - Gebäudereinigung und Ungezieferbekämpfung
    - Gartenpflege
    - Beleuchtung (Außenanlage und gemeinschaftlich genutzte Räume)
    - Schornsteinreinigung
    - Sach- und Haftpflichtversicherung (Feuer-, Sturm-, Wasser- sowie Elementarschäden, Glasversicherung, Haftpflichtversicherung für das Gebäude, den Öltank und den Aufzug)
    - Hauswart (Hausmeister)
    - Gemeinschafts-Antennenanlage oder Breitbandnetz
    - Einrichtungen für Wäschepflege
    - Sonstige Betriebskosten

Hinweis

Aufwendungen im Zusammenhang mit einem Immobilienverkauf sind keine Werbungskosten bei Vermietung und Verpachtung. Da die Veräußerung einer Immobilie den sonstigen Einkünften zugeordnet ist, können auch die Kosten im Zusammenhang mit einem Verkauf nur dort als Werbungskosten gegengerechnet werden. Gleiches gilt für Kosten im Zusammenhang mit einem nicht zustande gekommenen Grundstücksverkauf (z.B. Notar- und Grundbuchkosten).

Weitere Werbungskosten sind:

- Absetzung für Abnutzung (AfA) auf die Anschaffungs- und Herstellungskosten des Gebäudes sowie die anteiligen Erwerbsnebenkosten des Gebäudes
- Erhaltungsaufwendungen (Reparaturen, Austausch von Türen und Fenstern u.ä. zum Werterhalt der Immobilie): Diese können sofort absetzbare Werbungskosten und Werbungskosten im Rahmen der AfA sein. Weitere Details folgen im Verlauf dieses Kapitels.

Hinweis

Nutzt der Eigentümer die Immobilie zu eigenen Wohnzwecken oder überlässt diese unentgeltlich zu Wohnzwecken einer anderen Person, so erzielt er demzufolge keine Einnahmen aus der Immobilie und kann Aufwendungen nicht als Werbungskosten absetzen. Lediglich für haushaltsnahe Beschäftigungsverhältnisse, Dienst- oder Handwerkerleistungen kann eine Steuerermäßigung möglich sein.

Die 66 %-Regel

§ 21 Abs. 2 EStG

Beträgt das Entgelt für die Überlassung einer Wohnung zu Wohnzwecken weniger als 66 % der ortsüblichen Marktmiete, so ist die Nutzungsüberlassung in einen entgeltlichen und einen unentgeltlichen Teil aufzuteilen. Beträgt das Entgelt bei auf Dauer angelegter Wohnungsvermietung mindestens 66 % der ortsüblichen Miete, gilt die Wohnungsvermietung als entgeltlich.

Wird eine Wohnung verbilligt – beispielsweise an nahe Verwandte – vermietet, so sind die Werbungskosten nur dann in voller Höhe absetzbar, wenn die so genannte 66 %-Regel eingehalten wird. Liegt die verlangte Miete unterhalb von 66 % der ortsüblichen Miete, so können die Werbungskosten vom Vermieter nur noch anteilig für den entgeltlichen Teil als Werbungskosten geltend gemacht werden.

▶ Exkurs: Berechnung der ortsüblichen Miete

Die Oberfinanzdirektion (OFD) Frankfurt erklärt ihren Finanzämtern mit Verfügung vom 22.1.2015, mit welchen Methoden die ortsübliche Marktmiete ermittelt werden soll.

Als ortsübliche Marktmiete wird die ortsübliche Bruttomiete (Warmmiete), d.h. die Kaltmiete zuzüglich der nach der Betriebskostenverordnung umlagefähigen Kosten angesetzt (siehe auch BFH Urteil vom 10.5.2016 Aktenzeichen XI R 44/15).

Die Methoden der OFD Frankfurt umfassen 7 Stufen:

1. Sofern die Wohnung zuvor an fremde Dritte vermietet war, kann die zuvor vereinbarte Miete als ortsübliche Kaltmiete zugrunde gelegt werden.

2. Sofern die Wohnung zuvor nicht fremdvermietet war, ist der örtliche Mietspiegel zugrunde zu legen.

3. Existiert kein Mietspiegel, soll auf verwaltungseigene Mietwertkalkulationen zurückgegriffen werden.

4. Sofern die Stufen 1 bis 3 nicht möglich sind oder die Wertfindung noch einmal überprüft werden soll, so kann auf Internetportale wie www.immoscout24.de zurückgegriffen werden.

5. Sind die Stufen 1–4 nicht möglich, so soll die Ermittlung aufgrund alter Mietpreisspiegel und einer Anpassung an die aktuelle Marktlage anhand von Preisindizes erfolgen.

6. Hilfsweise darf auf bundesdurchschnittliche Bruttokaltmieten je qm für Wohnungen laut Mikrozensus 2010 ermittelt werden. Dazu ist eine jährliche Fortschreibung anhand des Preisindex für Mieten erforderlich.

7. Sind die Stufen 1–6 nicht möglich, so kann ausnahmsweise ein Gutachten eines Bausachverständigen eingefordert werden.

OFD Frankfurt, Verfügung v. 22.1.2015, S 2253 A – 85 – St 227   ◄

Die Darlehenstilgungen stellen keine Werbungskosten dar, da sie der Kapitalrückzahlung dienen und keine Kosten sind.

Absetzung für Abnutzung (AfA) bei Vermietung (Kapitalanlage im Privatvermögen)

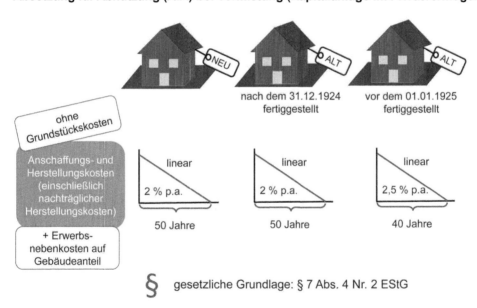

Abb. 101: Absetzung für Abnutzung (AfA) bei vermieteten Immobilien im Privatvermögen

Die Anschaffungs- und Herstellungskosten sind bei einem vermieteten oder verpachteten Grundstück ebenfalls Werbungskosten. Allerdings können die Anschaffungs- und Herstellungskosten nicht wie andere Werbungskosten auf einmal abgezogen werden, sondern sie sind, verteilt auf die voraussichtliche Nutzungsdauer des Gebäudes, nur ratenweise im Wege der Absetzung für Abnutzung (AfA) – kurz Abschreibungen genannt – als Werbungskosten abzugsfähig (§ 9 Abs. 1 Satz 3 Nr. 7 EStG).

Ab dem Zeitpunkt der Fertigstellung (Bezugsfertigkeit) kann ein Gebäude abgeschrieben werden. Beim Kauf einer Bestandsimmobilie ist dies der Übergang von Besitz, Gefahren, Nutzen und Lasten.

Anschaffungskosten

Das Steuerrecht greift bei der Begriffsdefinition auf § 255 Abs. 1 Handelsgesetzbuch (HGB) zurück: Anschaffungskosten eines bebauten Grundstücks sind alle Aufwendungen, die geleistet werden, um das Grundstück zu erwerben. Dazu kommen alle Aufwendungen, die getätigt werden, um das Gebäude in einen betriebsbereiten Zustand (Beispiel: wohnwirtschaftliche Nutzung) zu versetzen. Nebenkosten und später anfallende Aufwendungen, die dem Eigentumserwerb dienen, gehören ebenfalls zu den Anschaffungskosten.

Je nach Gebäudealter und Nutzungsart und je nachdem, ob die Immobilie im Privat- oder Betriebsvermögen gehalten wird, geht der Gesetzgeber von einer unterschiedlichen Nutzungsdauer und einem unterschiedlichen AfA-Umfang aus.

Herstellungskosten

Herstellungskosten eines Gebäudes sind nach § 255 Abs. 2 Satz 1 HGB Aufwendungen für die erstmalige Herstellung eines Gebäudes sowie Aufwendungen, die für die Erweiterung (Beispiel: Anbau, Aufstockung, Schaffung von Wohnraum durch Dachgeschossausbau) oder für die über den ursprünglichen Zustand hinausgehende wesentliche Verbesserung eines Gebäudes (Beispiel: eine über die zeitgemäße substanzerhaltende Erneuerung hinausgehende Instandsetzung oder Modernisierung) entstehen (nachträgliche Herstellungskosten).

Bemessungsgrundlagen für die AfA (vermietete Immobilie im Privatvermögen)	
Anschaffungs- und Herstellungskosten sowie Erwerbsnebenkosten	
abschreibungsfähig	nicht abschreibungsfähig
Gebäudeanteil am Kaufpreis	Grundstücksanteil am Kaufpreis
anteilige (Gebäudeanteil) direkte Erwerbsnebenkosten (Grunderwerbsteuer, Notar-/ Grundbuchgebühren, Maklercourtage)	anteilige (Grundstücksanteil) direkte Erwerbsnebenkosten (Grunderwerbsteuer, Notar-/ Grundbuchgebühren, Maklercourtage)

Abb. 102: Bemessungsgrundlage für die AfA

Bemessungsgrundlage für die Gebäude-AfA sind die Anschaffungs- oder Herstellungskosten (AHK) für das Gebäude einschließlich der auf den Gebäudeanteil entfallenden **Erwerbsnebenkosten**. Gebäude sind bis zur vollen Absetzung der Anschaffungs- und Herstellungskosten abzuschreiben, d.h. zu 100 %.

Wird eine zunächst eigengenutzte Immobilie zu einem späteren Zeitpunkt vermietet, so gelten die eigengenutzten Jahre steuerlich als verbraucht und mindern den Restwert der Immobilie entsprechend. Die AfA ist nur noch für den verminderten Restwert möglich.

Zu den Anschaffungskosten eines Grundstücks gehört insbesondere der Kaufpreis bei Kauf oder Meistgebot im Rahmen einer Zwangsversteigerung.

Zu den Erwerbsnebenkosten (die in Klammern genannten Prozentsätze beziehen sich auf die Kosten vor Herausrechnen des auf das Gebäude entfallenden Anteils) gehören insbesondere:

- Grunderwerbsteuer (3,5–6,5 % der Bemessungsgrundlage, in der Regel der Kaufpreis)
- Notar- und Grundbuchkosten im Zusammenhang mit dem Immobilienerwerb und der Eigentumsumschreibung (ca. 2 % des Kaufpreises auf Basis einheitlicher Gebührensätze gemäß Gerichts- und Notarkostengesetz)
- Maklercourtage (keine gesetzliche Regelung, in der Regel ca. 3,5–8 % des Kaufpreises)
- Schätzgebühren eines Gutachters
- Inseratskosten und Reisekosten zur Besichtigung des gekauften Grundstücks und bei Vermietung auch zu den nicht erworbenen Grundstücken
- Versteigerungs- und Gutachterkosten bei Erwerb im Rahmen einer Zwangsversteigerung

Keine Anschaffungskosten sind insbesondere:

- Notargebühren für die Bestellung eines Grundpfandrechts und weitere Finanzierungskosten
- Vermittlergebühren für die Finanzierung oder Maklergebühren für die Suche nach einem neuen Mieter

Zu den Herstellungskosten eines Gebäudes gehören insbesondere:

- Lohn- und Materialkosten
- Planungskosten durch Architekt und Statiker
- Baugenehmigungsgebühr
- Vermessungskosten
- Erdaushub und Deponiegebühren
- Baukosten für Rohbau und Innenausbau (Maurer, Zimmerer, Tischler, Elektriker, Maler, Fliesenleger, Heizungsbauer u.a.)
- Kosten für den unmittelbaren Anschluss an die öffentlichen Versorgungs- und Entsorgungsnetze

- Richtfestkosten
- Fahrtkosten des Steuerpflichtigen zur Baustelle
- Kosten für Wege zum Haus und zur Garage sowie Zäune oder Hecken

▶ **Exkurs: Steuerliche Behandlung von Erschließungsbeiträgen**

Die Beiträge (Kosten) für den erstmaligen Versorgungsanschluss an Gas, Wasser, Strom, Fernwärme oder die Entwässerung, die an die Gemeinde zu zahlen sind, gehören zu den Anschaffungskosten von Grund und Boden und können nicht als AfA geltend gemacht werden. Zweiterschließungskosten sind bei unveränderter Größe von Grund und Boden Erhaltungsaufwendungen und somit sofort abziehbare Werbungskosten. Der unmittelbare Anschluss des Gebäudes an die öffentlichen Versorgungsnetze stellt Herstellungskosten des Gebäudes dar und fällt in die Bemessungsgrundlage der Gebäude-AfA. ◀

Im Steuerrecht gilt, dass der Grund und Boden keiner Abnutzung unterliegt und dementsprechend kein Wertverlust durch Abnutzung erfolgt. Eine AfA ist aus diesem Grund auf den Grundstücksanteil (Grund und Boden) nicht möglich, dieser muss entsprechend aus den Anschaffungs- und Herstellungskosten und auch den Erwerbsnebenkosten herausgerechnet werden:

- Bei einem unbebauten Grundstück, das erst nach Kauf bebaut werden soll, wird der komplette Kaufpreis dem Grund und Boden zugerechnet und ist nicht absetzbar.
- Bei einem bebauten Grundstück ist eine Aufteilung des Kaufpreises in den Anteil Grund und Boden (in der Regel ca. 15–25 % des Kaufpreises) und den Anteil Gebäude (AfA-Bemessungsgrundlage) erforderlich. Wird dies bereits im Kaufvertrag aufgeschlüsselt, akzeptiert das Finanzamt in der Regel diese Aufteilung.

Wird ein Gebäude sowohl selbst genutzt, als auch in Teilen vermietet, so hat dies Einfluss auf die AfA. Die Anschaffungs- und Herstellungskosten sind auf die jeweils unterschiedlich genutzten Teile aufzuteilen. Eine AfA ist dann nur noch für die Anschaffungs- und Herstellungskosten des vermieteten Gebäudeteils möglich.

Vereinfachungsregel zu den nachträglichen Herstellungskosten gemäß Einkommensteuerrichtlinie (EStR) R 21.1 Abs. 2 Satz 2:

R 21.1 Abs. 2 Satz 2 (EStR)

Betragen die Aufwendungen nach Fertigstellung eines Gebäudes für eine einzelne Baumaßnahme nicht mehr als 4.000 € netto (Rechnungsbetrag ohne Umsatzsteuer) je Gebäude, ist auf Antrag dieser Aufwand stets als sofort im Jahr der Zahlung in voller Höhe absetzbarer Erhaltungsaufwand zu behandeln. Auf Aufwendungen, die der endgültigen Fertigstellung eines neu errichteten Gebäudes dienen, ist die Vereinfachungsregelung jedoch nicht anzuwenden.

Im Regelfall nutzt der Erwerber das Gebäude ab dem Zeitpunkt der Anschaffung, d.h. ab Übergang von Besitz, Gefahr, Nutzungen und Lasten, zur Vermietung oder zu eigenen Wohnzwecken. Mit der Nutzung gilt das Grundstück/Gebäude als betriebsbereit. Die nach diesem Zeitpunkt anfallenden Instandsetzungs- und Modernisierungsaufwendungen stellen dann keine Anschaffungskosten mehr dar, sondern Erhaltungsaufwand bzw. anschaffungsnahe Herstellungskosten.

Wird das Gebäude einer anderen Person unentgeltlich zur Nutzung überlassen oder zu eigenen Wohnzwecken genutzt, so kann der Eigentümer auf die betreffenden Teile des Gebäudes entfallende AfA aufgrund der fehlenden Einnahmen nicht als Werbungskosten abziehen.

Unentgeltlicher Erwerb

Bei einem unentgeltlichen Erwerb (Schenkung oder Erbschaft) einer Immobilie wird die AfA nach den Anschaffungs- und Herstellungskosten des Rechtsvorgängers (Schenker, Erblasser) zuzüglich den vom Rechtsnachfolger (Erwerber) geleisteten nachträglichen Herstellungskosten bemessen. Der Erwerber setzt somit die durch seinen Vorgänger begonnene AfA fort (§ 11d EStDV).

Die lineare Gebäude-AfA wird im Jahr der Anschaffung oder Fertigstellung und im Jahr der Veräußerung zeitanteilig nach Monaten berücksichtigt.

Bei jedem Eigentümerwechsel beginnt die AfA aus den Anschaffungskosten für den jeweiligen Käufer neu.

Nachträgliche Anschaffungs- oder Herstellungskosten erhöhen die bis dahin angesetzte Bemessungsgrundlage für die AfA ab dem Jahr der Entstehung für das volle Kalenderjahr, unabhängig vom Zeitpunkt der Zahlung.

Erhöhte AfA für Baudenkmäler, Gebäude in Sanierungsgebieten und städtebaulichen Entwicklungsbereichen

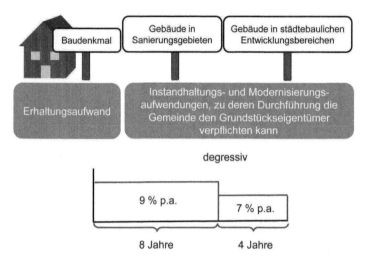

degressiv

9 % p.a.	7 % p.a.
8 Jahre	4 Jahre

§ gesetzliche Grundlage: §§ 7i und h EStG und § 177 BauGB

Abb. 103: Erhöhte Absetzung für Abnutzung (AfA) bei vermieteten Immobilien im Privatvermögen

Bei diesen Objekten setzt sich der Kaufpreis in der Regel aus drei Komponenten zusammen:

- Grundstücksanteil
- Teil für die Altbausubstanz
- Teil für die Wiederherstellungs- und Modernisierungskosten

Entsprechend werden auch die Erwerbsnebenkosten steuerlich auf diese drei Komponenten aufgeteilt.

Auch bei diesen Objekten kann der Grundstücksanteil steuerlich nicht abgesetzt werden.

Die Altbausubstanz kann linear über 40 bzw. 50 Jahre – je nach Fertigstellungsdatum des Gebäudes – abgesetzt werden.

Die Wiederherstellungs- und Modernisierungskosten (Sanierungsobjekt bzw. städtebaulicher Entwicklungsbereich) bzw. der Erhaltungsaufwand (Baudenkmal) können wie in der oben stehenden Grafik dargestellt, über 12 Jahre abgeschrieben werden.

Beispiel

Wohnwirtschaftlich vermietetes Baudenkmal (im Privatvermögen); Fertigstellung im Jahr 1923

Kaufpreis Immobilie	100.000 €
Davon Altsubstanz	75.000 €
Erhaltungsaufwand	250.000 €
Mieteinnahmen p.a.	25.000 €
Finanzierungszinsen p.a. für den Erhaltungsaufwand	10.000 €

So verringern die Abschreibungen das zu versteuernde Einkommen (vereinfachte Darstellung):

zu versteuerndes Jahreseinkommen (vorher)	75.000 €
zuzüglich Mieteinnahmen	25.000 €
abzüglich lineare AfA auf Altbausubstanz (2,5 % von 75.000 €)	1.875 €
abzüglich Denkmal-AfA (9 % von 250.000 €)	22.500 €
abzüglich Finanzierungszinsen	10.000 €
zu versteuerndes Einkommen (nachher)	65.625 €

Die AfA für Gebäude in Sanierungsgebieten und städtebaulichen Entwicklungsbereichen gibt es nur, wenn der Steuerpflichtige durch eine Bescheinigung der zuständigen Gemeindebehörde die Voraussetzungen für das Gebäude und die Maßnahmen nachweist.

Hinweis

Werden Zuschüsse aus Sanierungs- oder Entwicklungsförderungsmitteln in Anspruch genommen, so kann gleichzeitig keine erhöhte AfA in Anspruch genommen werden.

Ein Baudenkmal liegt nur vor, wenn es entsprechend in eine Denkmalliste eingetragen ist. Die Denkmal-AfA kann nur in Anspruch genommen werden, wenn eine entsprechende Bescheinigung des Denkmalamtes vorgelegt werden kann.

Steuerbegünstigung bei Eigennutzung

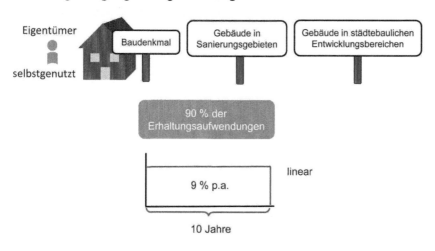

§ gesetzliche Grundlage: § 10f EStG

Abb. 104: „Sonder-AfA" bei selbst genutzten Immobilien

Privat genutzte Gebäude können grundsätzlich nicht abgeschrieben werden. Es gibt allerdings eine Ausnahme von dieser Grundregel.

Baudenkmäler und Gebäude in Sanierungsgebieten und städtebaulichen Entwicklungsbereichen können auch von Eigennutzern (Nutzung zu eigenen Wohnzwecken) steuerlich genutzt werden:

90 % der Erhaltungsaufwendungen können über 10 Jahre zu gleichen Teilen, verteilt als **Sonderausgaben**, abgesetzt werden. Als erstes Jahr gilt das Kalenderjahr, in dem die Baumaßnahme abgeschlossen wurde.

Dies gilt für alle Eigentümer, die das Gebäude ab dem Jahr der Aufwendungen selbst bewohnen.

Hinweis

> Um in den Genuss der Denkmal-AfA zu kommen, muss zuerst das Objekt gekauft (Unterzeichnung des notariell beurkundeten Kaufvertrages) werden. Erst danach darf mit den Baumaßnahmen begonnen werden. Wird das Objekt von einem Bauträger erworben, der auch die Modernisierung vornimmt, so wird auch dieser erst mit den Baumaßnahmen beginnen, wenn alle Einheiten des Objektes verkauft sind.

Die Inanspruchnahme der linearen Gebäude-AfA auf die Altbausubstanz ist für Eigennutzer ausgeschlossen.

AfA Methode	gesetzliche Grundlage	Voraussetzung	Dauer in Jahren	AfA in %	AfA im 1. Jahr bzw. Umfang
linear	§ 7 Abs. 4 EStG	Fertigstellung vor dem 1.1.1925	40	2,5 %	zeitanteilig/ Altbausubstanz
linear	§ 7 Abs. 4 EStG	Fertigstellung nach dem 31.12.1924	50	2 %	zeitanteilig/ Altbausubstanz
degressiv	§ 7 h EStG	Gebäude in Sanierungsgebieten und städtebaulichen Entwicklungsgebieten	8 / 4	9 % / 7 %	in voller Höhe der Herstellungskosten für Modernisierungs- und Instandhaltungsmaßnahmen
degressiv	§ 7 i EStG in Verbindung mit § 177 BauGB	Baudenkmal	8 / 4	9 % / 7 %	in voller Höhe der Herstellungskosten für Baumaßnahmen zur Erhaltung des Gebäudes
degressiv als Sonderausgaben	§ 10 f EStG	Eigennutzung von Gebäuden in Sanierungsgebieten und städtebaulichen Entwicklungsgebieten bzw. Baudenkmal	10	9 %	in voller Höhe der Herstellungskosten für Baumaßnahmen zur Erhaltung des Gebäudes

(linke Randbeschriftung: vermietet im Privatvermögen / Eigennutzung)

Abb. 105: Übersicht AfA (angelehnt an Broschüre Wohneigentum der Württembergischen&Wüstenrot)

Erhaltungsaufwand

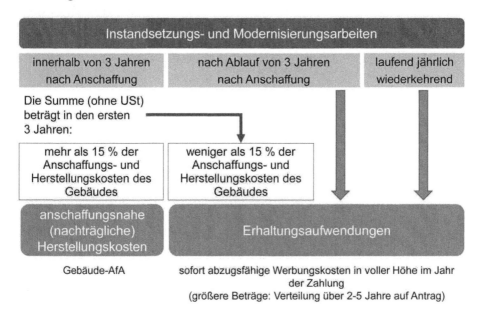

Abb. 106: Erhaltungsaufwendungen und anschaffungsnahe Herstellungskosten

Erhaltungsaufwendungen können – unabhängig von ihrer Höhe – sofort im Jahr der Zahlung als Werbungskosten abgesetzt werden. Wahlweise kann bei größeren Beträgen auf Antrag eine gleichmäßige Verteilung auf 2–5 Jahre gewählt werden. Voraussetzung ist, dass es sich bei diesen Aufwendungen nicht um (nachträgliche) Herstellungskosten handelt. Herstellungskosten können nur im Rahmen der AfA steuerlich berücksichtigt werden.

Hinweis

Mit einer Verteilung der Erhaltungsaufwendungen auf mehrere Jahre kann in Abhängigkeit vom persönlichen Grenzsteuersatz bei der Einkommensteuer in Summe eine höhere Steuerminderung erreicht werden als beim sofortigen Einmal-Abzug. Herauszufinden, ob dies bei Ihrem Kunden tatsächlich der Fall ist, ist Sache eines Steuerberaters.

Bei einem Erhaltungsaufwand wird etwas bereits Vorhandenes instand gesetzt, instand gehalten oder zeitgemäß modernisiert.

Um Erhaltungsaufwand handelt es sich bei:

- Aufwendungen für Instandsetzungs- und Modernisierungsarbeiten, d.h. keine reinen Schönheitsreparaturen
- Pflege- und Wartungskosten (laufend bzw. jährlich wiederkehrend)

Die hierbei zugrundeliegenden Maßnahmen können technische, wirtschaftliche oder rechtliche Ursachen haben.

Erhaltungsaufwand

Aufwendungen für die Erneuerung von bereits vorhandenen Teilen, Einrichtungen oder Anlagen sind regelmäßig Erhaltungsaufwand (Einkommensteuerrichtlinie 21.1 Abs. 1 Satz 1).

Nachträgliche Herstellungskosten sind Bestandteile, die nach Fertigstellung des Gebäudes eingefügt werden und die es bisher noch nicht gab. Ebenfalls vom Erhaltungsaufwand abzugrenzen sind Instandsetzung- und Modernisierungskosten – unabhängig von ihrer Höhe –, wenn sie für eine Erweiterung oder zu einer über den ursprünglichen Zustand hinausgehenden wesentlichen Verbesserung des Gebäudes führen (§ 255 Abs. 2 Satz 2 HGB).

Anschaffungsnahe Herstellungskosten

Bei einer vermieteten Immobilie sind Instandhaltungs- und Modernisierungskosten grundsätzlich sofort absetzbare Werbungskosten.

Allerdings werden diese gemäß § 6 Abs. 1 Nr. 1a EStG steuerlich in anschaffungsnahe Herstellungskosten umqualifiziert und müssen über die Nutzungsdauer des Gebäudes als AfA abgesetzt werden, wenn sie:

- innerhalb von 3 Jahren nach Anschaffung oder Fertigstellung des Gebäudes durchgeführt werden.
- (ohne Umsatzsteuer) 15 % der Anschaffungskosten oder Herstellungskosten des Gebäudes übersteigen.

Zu den anschaffungsnahen Herstellungskosten gehören keine Kosten für die Erhaltung des Gebäudes (Erhaltungsaufwand), die jährlich üblicherweise anfallen und auch keine Herstellungskosten, einschließlich jener Herstellungskosten für die Erweiterung oder für eine über seinen ursprünglichen Zustand hinausgehende wesentliche Verbesserung des Gebäudes (§ 255 Abs. 2 Satz 1 HGB).

In den 3-Jahres-Zeitraum sind sämtliche Baumaßnahmen einzubeziehen, die innerhalb dieses Zeitraums ausgeführt werden. Die Maßnahmen müssen dabei nicht innerhalb der 3 Jahre abgeschlossen, abgerechnet oder bezahlt sein.

Hinweis

Was genau als anschaffungsnahe Herstellungskosten eingestuft werden kann und wie die Grenze von 15 % ermittelt wird, beschäftigt die Gerichte immer wieder. Der Bundesfinanzhof hat zuletzt 2016 in drei Entscheidungen die bisherige Praxis weiter konkretisiert und die Regelungen insgesamt verschärft. Grundsätzlich gehören alle Sanierungskosten zu den Aufwendungen für Instandhaltung und Modernisierung. Dabei spielt es keine Rolle, ob es sich um reine Schönheitsreparaturen, um echte Anschaffungskosten oder um Kosten für eine wesentliche Verbesserung des Gebäudezustands handelt. Alle Kosten werden zusammengerechnet, eine Aufsplittung ist nicht zulässig.

Die Regelungen zu den anschaffungsnahen Herstellungskosten finden bei einem unentgeltlichen Erwerb im Rahmen einer Erbschaft oder Schenkung keine Anwendung. Erfolgt nach Antritt der Erbschaft oder Schenkung eine Vermietung oder Verpachtung des Gebäudes, so können Erhaltungsaufwendungen unabhängig von ihrer Höhe sofort als Werbungskosten abgesetzt werden. Wurden jedoch Zahlungen an Miterben geleistet oder wurden eingetragene Grundpfandrechte einer geschenkten Immobilie mit übernommen, so wird dies als entgeltlicher Erwerb eingestuft und die Regelungen zu anschaffungsnahen Herstellungskosten greifen in vollem Umfang.

Steuerliche Behandlung einer Immobilie bei Veräußerung

Abb. 107: Besteuerung Veräußerungsgewinn von Immobilien im Privatvermögen

Die gesetzliche Grundlage für die Besteuerung von privaten Veräußerungsgewinnen bildet § 23 EStG.

Zunächst gilt folgender Grundsatz: Wird ein bebautes oder unbebautes Grundstück bzw. ein grundstücksgleiches Recht mit Gewinn verkauft, so ist dieser Veräußerungsgewinn steuerpflichtig, wenn zwischen Anschaffung oder Fertigstellung weniger als 10 Jahre liegen („Spekulationsfrist").

Ausgenommen sind Objekte, die in diesem Zeitraum oder im Jahr der Veräußerung und in den beiden vorangegangenen Jahren ausschließlich zu eigenen Wohnzwecken selbst genutzt wurden.

Bei unentgeltlichem Erwerb (Schenkung oder Erbschaft) gilt als Anschaffungszeitpunkt der Zeitpunkt, zu dem das Objekt in das Privatvermögen des Rechtsvorgängers (Schenker, Vererber) übergegangen ist.

Der zu versteuernde Veräußerungsgewinn berechnet sich aus der Differenz zwischen dem Veräußerungspreis und den:

- Anschaffungs- und Herstellungskosten (inkl. der nach dem Kauf des Grundstücks errichteten (Teil-)Gebäude und Außenanlagen = nachträgliche Anschaffungs- und Herstellungskosten) und Werbungskosten im Zusammenhang mit der Veräußerung
- abzüglich der steuerlich geltend gemachten Gebäude-AfA (Absetzung für Abnutzung, erhöhte Absetzung und Sonderausgaben)

Beispiel

Berechnung des steuerpflichtigen Veräußerungsgewinns aus privaten Veräußerungsgeschäften

Kauf einer Immobilie (Fertigstellung 1965) am 1.5.2013

Kaufpreis	200.000 €
abzgl. AfA für 5 Jahre	20.000 €

Verkauf am 1.5.2018

Verkaufspreis	350.000 €
abzgl. steuerlicher Anschaffungspreis (Kaufpreis abzgl. AfA)	180.000 €
abzgl. Werbungskosten im Zusammenhang mit dem Verkauf	5.000 €
= steuerpflichtiger Veräußerungsgewinn:	**165.000 €**

Gewinne aus privaten Veräußerungsgeschäften bleiben steuerfrei, wenn der erzielte Gesamtgewinn aus privaten Veräußerungsgeschäften im Kalenderjahr weniger als **600 €** beträgt **(Freibetrag).**

Schenkung und Vererbung von Immobilien

Die Erbschafts- und Schenkungsbesteuerung ist im Erbschafts- und Schenkungssteuergesetz (ErbStG) geregelt.

Der Erwerb von Todes wegen und die Schenkung unter Lebenden ist erbschafts- bzw. schenkungssteuerpflichtig.

Sowohl bei unbebauten, als auch bei bebauten Grundstücken ist der Verkehrswert die Berechnungsgrundlage für die Erbschafts- bzw. Schenkungssteuer.

In den nachfolgenden Fällen bleibt die Vererbung steuerfrei:

- selbst genutzte Wohnimmobilie
- Vererbung an den Ehegatten oder eingetragenen Lebenspartner
- 10 Jahre nach Erwerb von Todes wegen und Selbstnutzung zu Wohnzwecken durch den Erben („Zehnjahresregel")

Wird die Immobilie an die Kinder oder Enkel, deren Elternteil bereits verstorben ist, vererbt, so fällt ebenfalls keine Erbschaftssteuer an, wenn:

- Die Wohnfläche bis max. 200 qm groß ist (Grundbesitz darüber hinaus ist anteilig zu versteuern)
- Die „Zehnjahresregel" im Hinblick auf die Selbstnutzung durch den Erben eingehalten wird.

Werden die Voraussetzungen der Steuerbefreiung nicht eingehalten – insbesondere bei Verkauf oder Vermietung innerhalb von 10 Jahren nach Erbschaft – dann entfällt die Steuerbefreiung auch rückwirkend und es erfolgt eine Nachversteuerung.

Ausnahme von der Nachversteuerung sind zwingende Gründe, wie beispielsweise Tod oder erhebliche Pflegebedürftigkeit.

Das Wichtigste zusammengefasst:

Mit dem Wissen um die steuerlichen Aspekte des Immobilienerwerbs können Sie Ihren Kunden erste Informationen wie beispielsweise über die steuerlichen Erwerbsnebenkosten und laufende Grundsteuer geben. Auch die steuerlichen Angaben eines Darlehensnehmers, der den Immobilienerwerb zur Kapitalanlage tätigt, können Sie so sachkundig hinterfragen. Eine Steuerberatung im Zusammenhang mit dem Immobilienerwerb bleibt einem Steuerberater vorbehalten.

Sie können:

- Steuerliche Aspekte des Immobilienerwerbs schildern:
  - Grunderwerbsteuer
  - Grundsteuer
  - Einkommensteuer (Absetzbarkeit, Werbungskosten, steuerliche Behandlung der Immobilie bei Veräußerung)
- Grundzüge des Einkommensteuerrechtes nennen (Werbungskosten, Sonderausgaben, Überschusseinkünfte, Einkunftsarten)

Sie verstehen Ihr steuerliches Grundlagenwissen als Basis, um steuerliche Angaben Ihres Kunden einschätzen zu können.

Sie nutzen Ihr Wissen, um steuerliche Aspekte in der Gesamtkostenerfassung und der Einnahmen-Ausgaben-Erfassung berücksichtigen zu können.

Dieses Kapitel hat Ihre Kenntnisse für die Immobiliardarlehensvermittlung und -beratung und somit die Teilprüfung 2 der IHK-Sachkundeprüfung zur/zum Immobiliardarlehensfachfrau/-mann vervollständigt.

In der Teilprüfung 3 geht es um Details der Finanzierung und Kreditprodukte. Im Kapitel 3.1 starte ich hierzu mit den Finanzierungsanlässen.

▶ **Aufgaben zum Kapitel 2.12 – Steuerliche Grundlagen**

Ihr Wissen auf dem Prüfstand:

1. Welche Einkünfte gehören zu den Überschusseinkünften? (MC)

    a) Einkünfte aus nichtselbstständiger Arbeit

    b) Einkünfte aus Gewerbebetrieb

    c) Einkünfte aus selbstständiger Arbeit

    d) Einkünfte aus Vermietung und Verpachtung

    e) Einkünfte aus Land- und Forstwirtschaft

    f) Sonstige Einkünfte

2. Die Unbedenklichkeitserklärung ist eine Voraussetzung für die Eigentumsüber-
    tragung beim Immobilienkauf. Wer erteilt diese? (SC)

    a) Finanzamt

    b) Notar

    c) finanzierende Bank des Verkäufers

    d) Grundbuchamt

    e) Baubehörde

3. Bei den direkten Steuern sind der Steuerpflichtige und die Person, der die Steu-
    ern belastet werden, identisch. Welche Steuerarten gehören hierzu? (MC)

    a) Umsatzsteuer

    b) Einkommensteuer

    c) Heizölsteuer

    d) Grunderwerbsteuer

4. Wer legt die Höhe der Grunderwerbsteuer fest? (SC)

    a) Bund

    b) Städte und Gemeinden

    c) Bundesländer

    d) Landkreise

5. Welche Vorgänge unterliegen der Grunderwerbsteuerpflicht? (MC)

    a) Immobilienerwerb durch Zuschlag in einer Zwangsversteigerung

    b) Kaufvertrag über ein Grundstück

    c) Die Gegenleistung für einen Grundstückskauf überschreitet den Freibetrag von 2.000 €

    d) Grundstücksschenkung unter Lebenden

6. In welchem Fall fällt keine Grunderwerbsteuer an? (SC)
   Wenn die Gegenleistung…

    a) … die Freigrenze von 2.000 € nicht übersteigt

    b) … die Freigrenze von 2.500 € nicht übersteigt

    c) … den Freibetrag von 2.500 € nicht übersteigt

    d) … den Freibetrag von 2.000 € nicht übersteigt

7. Von welchen Faktoren ist die Grundsteuer abhängig? (SC)

    a) Hebesatz und Grunderwerbsteuersatz

    b) Hebesatz und Mehrwertsteuer

    c) Hebesatz und Grundsteuermessbetrag

    d) Grundsteuermessbetrag und Mehrwertsteuer

8. Welche Aussagen treffen auf die Grundsteuer zu? (MC)

    a) Die Grundsteuer ist eine indirekte Steuer

    b) Die Grundsteuer wird auf den Grundstückskaufpreis erhoben

    c) Die Grundsteuer ist eine öffentliche Last

    d) Die Grundsteuer wird vom Finanzamt erhoben

9. Welcher Grundstückswert fließt in die Berechnung der Grundsteuer ein? (SC)

    a) Verkehrswert

    b) Sachwert

    c) Beleihungswert

    d) Einheitswert

10. Einkünfte aus Vermietung und Verpachten berechnen sich aus den Einnahmen abzüglich der Werbungskosten. Was zählt zu den laufenden Werbungskosten? (MC)

    a) Grunderwerbsteuer

    b) Absetzung für Abnutzung (AfA)

    c) Erbbauzinsen

    d) Mietvorauszahlungen

    e) Finanzierungskosten

11. Was besagt die 66-Prozent-Regel? (SC)

    a) beträgt die Miete für eine Wohnung mehr als 66 % der ortsüblichen Markt-
    miete, so sind Werbungskosten in vollem Umfang absetzbar

    b) 66 % der Betriebskosten sind bei vermietetem Wohnraum steuerlich absetzbar

    c) bei der Vermietung an Verwandte darf die Miete 66 % der ortsüblichen Markt-
    miete nicht übersteigen

    d) die Werbungskosten müssen mindestens 66 % der verlangten Miete ausma-
    chen, um steuerlich absetzbar zu sein

12. Wie funktioniert die lineare Abschreibung für Abnutzung (AfA)? (SC)

    a) über die gewöhnliche Nutzungsdauer abnehmende Abschreibung

    b) über die gewöhnliche Nutzungsdauer zunehmende Abschreibung

    c) über die gewöhnliche Nutzungsdauer gleichmäßig verteilte Abschreibung

    d) über die gewöhnliche Nutzungsdauer gestaffelte Abschreibung

13. Aus welchen Bestandteilen errechnet sich u.a. die Bemessungsgrundlage für die
    AfA? (MC)

    a) Anschaffungs- und Herstellungskosten des Gebäudes

    b) Anschaffungs- und Herstellungskosten des Grundstücks

    c) der auf das Grundstück entfallende Anteil der Grunderwerbsteuer

    d) der auf das Gebäude entfallende Anteil der Notarkosten für den Erwerb

14. Für zu eigenen Wohnzwecken genutzte Baudenkmäler und Gebäude in Sanie-
    rungsgebieten ist ein steuerlicher Sonderausgabenabzug auf die Abnutzung
    möglich. Welche Angabe zur Höhe trifft zu? (SC)

    a) 8 Jahre lang: 9 % p.a. der Anschaffungs- und Herstellungskosten

    b) lineare AfA in Höhe von 2,5 % p.a. des Erhaltungsaufwands

    c) lineare AfA in Höhe von 2 % p.a. der Anschaffungs- und Herstellungskosten

    d) 10 Jahre lang: 9 % p.a. der Kosten der Baumaßnahme

15. In welchen Fällen bleibt ein bei einem Verkauf der Immobilie realisierter Veräu-
    ßerungsgewinn steuerfrei? (MC)

    a) Die Immobilie wird innerhalb der Spekulationsfrist von 10 Jahren verkauft.

    b) Die verkaufte Immobilie wurde ausschließlich selbst genutzt.

    c) Die verkaufte Immobilie wurde im Jahr der Veräußerung und in den beiden
    Jahren davor selbst genutzt.

    d) Die verkaufte Immobilie wurde in den ersten beiden Jahren nach Erwerb
    selbst genutzt.

3 Finanzierung und Kreditprodukte

In diesem Kapitel geht es darum, welche Anforderungen und Möglichkeiten die alltägliche Finanzierungspraxis stellt bzw. bietet:

- Welche Finanzierungsanlässe gibt es?
- Welche Kreditprodukte können Sie Ihren Kunden anbieten?
- Wie ermitteln Sie den Finanzierungsbedarf Ihres Darlehenskunden?
- Worauf gilt es beim Konditionenvergleich zu achten?
- Was umfasst ein Finanzierungsangebot?
- Worauf ist bei der Kreditwürdigkeitsprüfung in der Praxis zu achten?
- Welche Möglichkeiten der Kreditsicherung gibt es?
- Wie werden Kreditsicherheiten bewertet?
- Welche Risiken bestehen bei einer Immobilienfinanzierung?
- Wie kann ein Darlehensvertrag beendet werden?

Einige der im Kapitel 2 behandelten rechtlichen Grundlagen werden Ihnen hier wieder begegnen.

Auch dieses Kapitel orientiert sich am Aufbau des Rahmenplans „Geprüfte Fachfrau/ geprüfter Fachmann für Immobiliardarlehensvermittlung IHK".

3.1 Finanzierungsanlässe

Finanzierungsanlässe bieten sich zunächst einmal beim:

- Grundstückskauf
- Kauf einer bereits bestehenden Immobilie
- Kauf einer Eigentumswohnung
- Haus-Neubau auf einem vorhandenen Grundstück

Die Immobilie kann für die Eigennutzung oder als Kapitalanlage zur Vermietung gedacht sein.

Ein Immobilienbesitzer kann einen Finanzierungsbedarf haben für:

- Renovierung, Modernisierung, Sanierung
- Umbau, Ausbau, Erweiterungsausbau
- Liquiditätsbeschaffung, beispielsweise für eine Erbauszahlung oder nach einer Scheidung
- Prolongation, Umschuldung

Was bewegt Kunden, sich eine Immobilie zu kaufen, anstatt ein Haus oder eine Wohnung zu mieten?

Hier können nachfolgende Argumente eine Rolle spielen:

- Kapitalanlage
- steuerliche und renditeorientierte Gesichtspunkte bei vermieteten Immobilien
- staatliche Förderung
- Altersvorsorge
- Prestige und Ansehen
- Sicherheit
- höhere Lebensqualität
- Inflationsschutz durch den Sachwert Immobilie

Was auch immer die Beweggründe Ihres Kunden sind, als Berater unterstützen Sie Ihren Kunden nicht nur, indem Sie ihm eine Finanzierung vermitteln, sondern auch, indem Sie sein Vorhaben einem Realitätscheck unterziehen.

Der Selbstnutzer lässt sich viel schneller vom Lebensstil mit einer eigenen Immobilie verleiten als ein Investor, der Aufwand und Rendite in den Fokus stellt.

Derzeit ist eine Immobilienfinanzierung immer noch zu historisch niedrigen Zinsen möglich. Allerdings haben steigende Nachfrage und begrenztes Angebot zu erheblichen Preissteigerungen geführt. Ein günstiges Darlehen darf deshalb nicht davon abhalten zu prüfen, ob die Immobilie noch eine reale und nachhaltige Chance auf Werterhalt oder sogar Wertzuwachs bietet.

Viele Kunden übersehen bei ihrer ersten Finanzierungsplanung die mit dem Immobilienerwerb und dessen Finanzierung verbundenen Nebenkosten oder die nicht zu unterschätzenden Kosten für die Außenanlagen bei einem Neubau. Bleibt ein finanzieller Spielraum trotz Finanzierung erhalten, um Rücklagen für spätere Renovierungen oder Modernisierungen zu bilden? Was passiert, wenn ein Einkommen wegfällt, weil sich Nachwuchs einstellt? Welche Konsequenzen hat eine Finanzierung, die sich der Kunde nur aufgrund einer sehr geringen laufenden Tilgung leisten kann? Gerade diese Fragen machen eine kompetente und kundenorientierte Finanzierungsberatung aus. Denn keiner Seite ist am Ende mit einer Situation geholfen, in der es keine Alternative zur Zwangsversteigerung mehr gibt.

Auf diese Punkte komme ich im Kapitel 3.3 Finanzierungsbedarf und Finanzierungsbestandteile noch einmal zurück.

Zusammenfassend spielen nachfolgende Faktoren bei der Immobilienfinanzierung eine wichtige Rolle:

- Kaufpreis inkl. Erwerbsnebenkosten und Finanzierungskosten
- Verhältnis Eigen- und Fremdmittel
- Marktzinsniveau zum Finanzierungszeitpunkt
- Lage, Ausstattung und Qualität der Immobilie
- Wünsche, Bedürfnisse und Ziele des Kunden

Im Fokus dieser Bedarfsermittlung stehen die Fragen:

- Was will der Kunde? (z.B. Finanzierungswunsch und Darlehensausgestaltung)
- Was hat der Kunde? (z.B. Einkommen/Vermögen)
- Was kann sich der Kunde leisten?

3.2   Kreditprodukte

Abb. 108: Darlehensgrundformen

Bei den Kreditprodukten gibt es drei Grundformen von Darlehensarten:

- Das Annuitätendarlehen, bei dem die Zins- und laufenden Tilgungszahlungen miteinander verbunden sind, d.h. der Zinsanteil in der Darlehensrate nimmt schrittweise ab und der Tilgungsanteil erhöht sich entsprechend. Der Darlehensnehmer zahlt eine gleichbleibende monatliche Rate, die hier Annuität genannt wird.
- Das Zinszahlungsdarlehen, bei dem der Kunde zunächst nur Zinsen bezahlt und die Darlehensrückzahlung (Tilgung) endfällig, d.h. in einer Summe am Laufzeitende, erfolgt.
- Das Tilgungsdarlehen, bei dem neben den Zinsen eine über die gesamte Laufzeit gleichbleibende Tilgungszahlung zu leisten ist.

3.2.1 Annuitätendarlehen

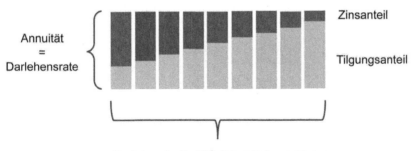

Abb. 109: Annuitätendarlehen

Die häufigste und klassische Darlehensform stellt das Annuitätendarlehen dar.

Funktionsweise

Die Rückzahlung erfolgt in über die Laufzeit bzw. Sollzinsbindungsdauer gleichbleibenden Raten, den so genannten Annuitäten, die sich aus einem Zins- und einem Tilgungsanteil zusammensetzen. Dabei wird zunächst der Zinsanteil aus dem (Rest-)Darlehensbetrag errechnet (Zinsanteil) und danach wird der verbleibende Teil der Annuität als Tilgung verwendet (Tilgungsanteil). Der Tilgungsanteil reduziert die Restschuld und führt so zu einem laufend sinkenden Zinsanteil innerhalb der Annuität, während sich der Tilgungsanteil entsprechend erhöht. Daher spricht man bei der Konditionsvereinbarung einerseits von dem „anfänglich vereinbarten Tilgungssatz", der sich andererseits im Verlauf der Darlehenslaufzeit „zuzüglich ersparter Zinsen" erhöht.

Annuität

Bei einer Annuität handelt es sich um eine gleichbleibende Jahresleistung (in der Regel aufgeteilt in monatlichen Raten), die sich aus einem Zins- und einem Tilgungsteil zusammensetzt. Neben dem zu vereinbarenden Sollzins ist der anfängliche Tilgungssatz in % der Darlehenssumme zu vereinbaren. Die Tilgung reduziert die Restschuld und führt zu einem sinkenden Zins- und steigenden Tilgungsanteil innerhalb der gleichbleibenden Annuität.

Anbieter

Annuitätendarlehen werden von Geschäftsbanken, Sparkassen, Volks- und Raiffeisenbanken und Hypothekenbanken im Rahmen einer Immobilienfinanzierung angeboten.

Vorteile und Risiken

Der spezielle Vorteil eines Annuitätendarlehens stellt die gleichbleibende Rate aus Zins und Tilgung (Annuität), verbunden mit einem steigenden Tilgungsanteil innerhalb der Annuität dar. So lassen sich der Gesamtzinsaufwand und die Laufzeit des Darlehens optimieren und reduzieren.

Ein Risiko des Annuitätendarlehens ist das Zinsänderungsrisiko, wenn die Sollzinsbindungsdauer nicht mit der Gesamtdarlehenslaufzeit übereinstimmt. Noch während der Darlehenslaufzeit muss eine neue, sich anschließende Sollzinsbindung vereinbart werden und dies bedeutet in der Regel einen veränderten, dem jeweiligen Marktzinsniveau angepassten Sollzinssatz. Sind die Marktzinsen im Vergleich zur bisherigen Sollzinsvereinbarung gesunken, kann die Annuität reduziert werden. Sind die Marktzinsen zwischenzeitlich allerdings gestiegen, wird die Annuität erhöht werden müssen, um die ursprünglich kalkulierte Gesamtdarlehenslaufzeit einhalten zu können.

> Volltilgerdarlehen
>
> Wird der Tilgungssatz so gewählt, dass das Darlehen während der Sollzinsbindungsfrist vollständig getilgt wird, so spricht man von einem Volltilgerdarlehen. So lässt sich das Zinsänderungsrisiko nach Ablauf der Sollzinsbindung am einfachsten vermeiden.

Aus diesem Grund ist es empfehlenswert, bei Darlehensabschluss entweder eine längere Sollzinsbindungsdauer zu vereinbaren oder den Tilgungsanteil zu erhöhen.

Annuitätendarlehen zählen zu den Vertragsarten, die eine staatliche Förderung durch Wohn-Riester ermöglichen (siehe Kapitel 3.2.10.2 Förderung nach AVmG).

Zusammenspiel von Zins, Tilgung und Laufzeit

Nachfolgende Faustregeln gelten für das Annuitätendarlehen:

- Je höher der Sollzinssatz, umso kürzer die Gesamtlaufzeit des Annuitätendarlehens und umso höher der Gesamtzinszahlungsbetrag (im Vergleich zu einem Annuitätendarlehen mit gleichem anfänglichen Tilgungssatz bei niedrigerem Sollzinssatz).
- Je niedriger der Sollzinssatz, umso schneller steigt der Tilgungsanteil an.
- Je höher der anfängliche Tilgungssatz, umso kürzer die Gesamtlaufzeit des Annuitätendarlehens.

Jährlicher Zinssatz	Anfangstilgung				
	1 %	2 %	3 %	4 %	5 %
	Tilgungsjahre/-monate				
1,0 %	69/05	40/07	28/10	22/04	18/03
1,25 %	64/11	38/11	27/11	21/10	17/11
1,50 %	61/02	37/04	27/01	21/03	17/07
1,75 %	57/11	36/00	26/04	20/10	17/02
2,00 %	55/00	34/09	25/07	20/04	16/11
2,25 %	52/06	33/07	24/11	19/11	16/07
2,50 %	50/02	32/06	24/04	19/06	16/03
3,00 %	46/04	30/07	23/02	18/09	15/09
3,50 %	43/01	29/00	22/02	18/00	15/03
3,75 %	41/08	28/03	21/08	17/08	15/00

Annahme: monatliche Tilgungsverrechnung

Finanzierungen werden in der Regel maximal mit einer
Gesamtdarlehenslaufzeit von 30 Jahren angeboten!

Abb. 110: Darlehenslaufzeiten Teil 1

Jährlicher Zinssatz	Anfangstilgung				
	1 %	2 %	3 %	4 %	5 %
	Tilgungsjahre/-monate				
4,00 %	40/04	27/07	21/03	17/05	14/09
4,50 %	38/00	26/03	20/05	16/10	14/04
5,00 %	35/11	25/02	19/08	16/04	13/11
5,50 %	34/02	24/02	19/00	15/10	13/07
6,00 %	32/07	23/02	18/05	15/04	13/03
6,50 %	31/01	22/04	17/10	14/11	12/11
7,00 %	29/10	21/07	17/04	14/06	12/07
7,50 %	28/08	20/11	16/10	14/02	12/04
8,00 %	27/07	20/03	16/04	13/10	12/00

Annahme: monatliche Tilgungsverrechnung

Abb. 111: Darlehenslaufzeiten Teil 2

Beispiel: Darlehen über 100.000 €, gebundener Sollzinssatz: 3 % p.a.

	Anfangstilgung				
	1 %	2 %	3 %	4 %	5 %
Monatsrate in €	333,33 €	416,67 €	500,00 €	583,33 €	666,67 €
Restschuld in € nach 10 Jahren	88.355 €	76.709 €	65.065 €	53.420 €	41.774 €
Laufzeit Jahr/Monat	46/04	30/07	23/02	18/9	15/09
Getilgter Betrag nach 10 Jahren	11.645 €	23.291 €	34.935 €	46.580 €	58.226 €
Summe geleisteter Zinsen in € nach 10 Jahren	28.355 €	26.710 €	25.065 €	23.420 €	21.774 €

Abb. 112: Beispiel Annuitätendarlehen

Tilgungsplan

Tilgungsplan

Beispiel:
Darlehenssumme 100.000 €   Sollzinssatz 2,5 % p.a.,
Sollzinsbindungsfrist: 10 Jahre   anfängliche Tilgung: 3 % p.a.

Periode	Rate in €	Zinsanteil in €	Tilgungs- anteil in €	Restschuld am Ende der Periode in €
April 2018	458,33	208,33	250,00	99.750,00
Mai 2018	458,33	207,81	250,52	99.499,48
Juni 2018	458,33	207,29	251,04	99.248,44
Juli 2018	458,33	206,77	251,56	98.996,88
Aug 2018	458,33	206,24	252,09	98.744,79
Sept 2018	458,33	205,72	252,61	98.492,18
Okt 2018	458,33	205,19	253,14	98.239,04
Nov 2018	458,33	204,66	253,67	97.985,37
Dez 2018	458,33	204,14	254,19	97.731,18
Jan 2019	458,33	203,61	254,72	97.476,46
Feb 2019	458,33	203,08	255,25	97.221,21
Mär 2019	458,33	202,54	255,79	96.965,42
Apr 2019	458,33	202,01	256,32	96.709,10
Mai 2019	458,33	201,48	256,85	96.452,25
Juni 2019	458,33	200,94	257,39	96.194,86
Juli 2019	458,33	200,41	257,92	95.936,94
Aug 2019	458,33	199,87	258,46	95.678,48
Sept 2019	458,33	199,33	259,00	95.419,48
Okt 2019	458,33	198,79	259,54	95.159,94
Nov 2019	458,33	198,25	260,09	94.899,86
Dez 2019	458,33	197,71	260,62	94.639,24
2020	5.499,96	2.329,82	3.170,14	91.469,10
2021	5.499,96	2.249,65	3.250,31	88.218,79
2022	5.499,96	2.167,46	3.332,50	84.886,29
2023	5.499,96	2.083,18	3.416,78	81.469,51
2024	5.499,96	1.996,78	3.503,18	77.966,33
2025	5.499,96	1.908,20	3.591,76	74.374,57
2026	5.499,96	1.817,34	3.682,62	70.691,95
2027	5.499,96	1.724,22	3.775,74	66.916,21
Jan-Mär 2028	1.374,99	416,23	958,76	65.957,45

Abb. 113: Beispiel Tilgungsplan

Restschuldverlauf

Restschuld in % nach 10 Jahren (monatliche Tilgungsverrechnung)

Sollzinssatz in %	Jährliche Tilgung in % des Darlehens				
	1 %	2 %	3 %	4 %	5 %
1 %	89,49	78,98	68,47	57,95	47,44
1,5 %	89,22	78,44	67,65	56,87	46,09
2 %	88,94	77,88	66,82	55,76	44,70
2,5 %	88,65	77,30	65,96	54,61	43,26
3 %	88,36	76,71	65,06	53,42	41,77
3,5 %	88,05	76,10	64,14	52,19	40,24
4 %	87,73	75,46	63,19	50,92	38,63

Abb. 114: Restschuldverlauf

3.2.2 Zinszahlungsdarlehen

Funktionsweise

Bei einem Zinszahlungsdarlehen – auch **Vorausdarlehen** oder **Tilgungsaussetzungsdarlehen** genannt – handelt es sich um ein **endfälliges Darlehen**, d.h. während der Darlehenslaufzeit erfolgt keine laufende Tilgung. Stattdessen wird der Darlehensbetrag zum Laufzeitende in einer Summe zurückbezahlt. Da die Darlehenshöhe fest bis zum Laufzeitende bestehen bleibt, wird diese Darlehensform auch als **Festdarlehen** bezeichnet.

Während der Laufzeit werden nur Zinsen bezahlt.

Parallel zum Zinszahlungsdarlehen wird ein Tilgungsersatzmittel bespart, welches an den Darlehensgeber als Darlehenssicherheit abgetreten wird.

Einsatzbereiche

Diese Darlehensvariante ist vor allem für Kunden geeignet, die über ein Tilgungsersatzmittel verfügen, d.h. einen Vermögenswert, über den sie derzeit noch nicht verfügen können und der am Laufzeitende zur Darlehenstilgung verwendet werden soll.

Das Zinszahlungsdarlehen eignet sich aufgrund der gleichbleibenden Zinszahlungen auch für die Finanzierung einer vermieteten Immobilie. Die Zinsen können als Werbungskosten geltend gemacht werden und durch die fehlende Tilgung und gleichbleibend hohe Zinszahlung wird der Steuervorteil optimiert.

Raten

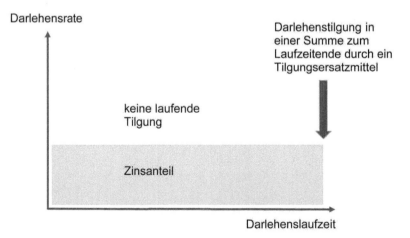

Abb. 115: Ratenentwicklung Zinszahlungsdarlehen

Die Rate besteht einerseits aus den Zinsen auf die Darlehenssumme und kann ergänzt werden um die Ansparrate für das Tilgungsersatzmittel. Um ein Zinsrisiko zum Ende der Sollzinsbindung auszuschließen, sollte das Tilgungsersatzmittel zum Ende des Zinszahlungsdarlehens in voller Höhe angespart und zur Tilgung verfügbar sein.

Tilgungsersatzmittel

Als Tilgungsersatzmittel kommen in Frage:

- Bausparverträge
- Kapitalbildende Lebensversicherungen
- Investmentfondssparpläne
- Sparpläne

Spezifische Vorteile und Risiken

Die Chance eines Zinszahlungsdarlehens liegt darin, die Vorteile des Tilgungsersatzmittels mit dem Darlehen zu verbinden.

Ein weiterer Vorteil kann sein, dass die Ansparraten für das Tilgungsersatzmittel staatlich gefördert (Arbeitnehmer-Sparzulage auf vermögenswirksame Leistungen oder Zulagen und Sonderausgabenabzug auf „Riester-Produkte") werden, sofern der Kunde die Einkommensgrenzen erfüllt.

Das Risiko liegt ebenfalls im Tilgungsersatzmittel: Kann die benötigte Ansparsumme rechtzeitig erreicht werden? Beispielsweise kann sich die Wertentwicklung von Investmentfonds durch die Abhängigkeit von aktuellen Kursentwicklungen am Kapitalmarkt negativ entwickeln.

Ein weiterer Nachteil ist, dass sich die Darlehenssumme während der Laufzeit durch die fehlenden laufenden Tilgungen nicht reduziert und somit auch die Zinszahlungen in gleichbleibender Höhe über die Gesamtdarlehenslaufzeit zu erbringen sind.

3.2.3   Tilgungsdarlehen

Funktionsweise

Bei einem Tilgungsdarlehen wird eine über die Gesamtdarlehenslaufzeit immer gleich-bleibende (lineare) Tilgungsleistung vereinbart. Das Restdarlehen reduziert sich konti-nuierlich und der Zinsanteil der Rate sinkt. Im Gegensatz zum Annuitätendarlehen zahlt der Kunden keine gleichbleibende Darlehensrate, sondern diese reduziert sich laufend entsprechend dem sich verringernden Zinsanteil.

Einsatzbereiche

Bei Immobiliardarlehen, die der Finanzierung selbst genutzter Immobilien dienen, kommt das Tilgungsdarlehen eher selten vor. Hier überwiegt der Nachteil der gleichbleibenden Tilgung.

Bei vermieteten Immobilien, für die eine lineare AfA genutzt werden kann, bietet das Tilgungsdarlehen den Vorteil, die lineare Tilgungsleistung durch die lineare AfA zu finan-zieren.

Raten

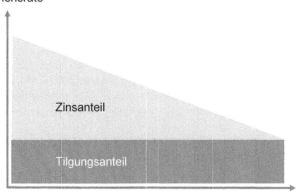

Abb. 116: Ratenentwicklung Tilgungsdarlehen

Durch den linearen Tilgungsverlauf lässt sich die Laufzeit exakt berechnen:

Bei einer jährlichen Tilgung von 4 % beträgt die Laufzeit exakt 25 Jahre.

Je geringer die vereinbarte Tilgung ist, umso länger ist die Gesamtdarlehenslaufzeit bzw. je höher die vereinbarte Tilgung, umso kürzer ist die Gesamtdarlehenslaufzeit.

Beispiel

Tilgungsdarlehenshöhe	100.000 €
Tilgung	5 %
Zinssatz	2,5 %
Ratenhöhe im ersten Jahr	5.000 € Tilgung + 2.500 € Zins
	= 7.500 € p.a. / 12
	= 625 € monatliche Rate

Ratenhöhe im letzten Jahr: Der jährliche Tilgungsanteil beträgt immer noch 5.000 €, die Rate hat sich durch den geringeren Zinsanteil aufgrund des sich kontinuierlich verringernden Restdarlehens reduziert.

Spezifische Vorteile und Risiken

Der Vorteil des Tilgungsdarlehens ist die kontinuierlich sinkende Darlehensrate.

Das spezielle Risiko des Tilgungsdarlehens besteht darin, dass sich bei einem geringen Tilgungsbeitrag lange Darlehenslaufzeiten ergeben. Im Vergleich bedeutet diese Raten-gestaltung anfänglich eine schnellere Tilgung als bei einem Annuitätendarlehen. Da sich der Tilgungsanteil innerhalb der Rate aber nicht erhöht, verlangsamt sich dieser Effekt über die Gesamtdarlehenslaufzeit zunehmend. Das führt zu höheren Gesamtdarlehens-kosten.

3.2.4   Zwischenfinanzierung

Funktionsweise

Eine Zwischenfinanzierung dient dazu, den Zeitraum zwischen einem Finanzierungsbe-darf und der Verfügbarkeit vorhandener Eigenmittel vergleichsweise kurzfristig zu über-brücken. Aus diesem Grund wird in der Regel keine laufende Tilgung vereinbart. Die Funktionsweise entspricht somit im Prinzip dem des Zinszahlungsdarlehens.

Beispiele hierfür sind:

- noch nicht fällige Kapitallebensversicherung
- Wertpapiere, die aufgrund der aktuellen Kurssituation noch nicht verkauft werden sollen (Vermeidung von Kursverlusten) oder noch nicht fällig sind und vorzeitig nur mit Kursverlust verkauft werden können
- eine Altimmobilie konnte noch nicht verkauft werden oder der Verkaufspreis ist noch nicht fällig
- besparte, aber noch nicht zuteilungsreife Bausparverträge

Abgrenzung Zwischenfinanzierung und Vorausdarlehen (Zinszahlungsdarlehen oder Vorfinanzierung):

- Zwischenfinanzierung: Das Tilgungsersatzmittel ist bereits angespart, aber noch nicht verfügbar (z.B. fehlende Zuteilung eines Bausparvertrages trotz Erreichen der Mindestansparsumme).

- Vorausdarlehen (Zinszahlungsdarlehen): Das Tilgungsersatzmittel muss erst noch angespart werden.

Die Ablösung erfolgt in beiden Fällen durch das Tilgungsersatzmittel. Beide Darlehensarten sehen keine laufende Tilgungsleistung und eine gleichbleibende Zinszahlungshöhe vor.

Die Zwischenfinanzierung ist eine vergleichsweise kurzfristige Finanzierung, die durch eine endgültige (bereits feststehende) Finanzierung (Bauspardarlehen oder verfügbare Vermögenswerte) abgelöst wird. Sie wird deshalb auch als Vorfinanzierung bezeichnet.

Die zwischenfinanzierten Vermögenswerte müssen in der Regel an den Darlehensgeber abgetreten werden.

Der häufigste Einsatzbereich ist die Überbrückung des Zeitraums zwischen dem Erreichen des Mindestbausparguthabens und der Zuteilung eines Bausparvertrages.

Dabei gibt es zwei Varianten:

1. Zwischenfinanzierung eines bereits bestehenden Bausparvertrages

2. Zwischenfinanzierung, verbunden mit dem gleichzeitigen Neuabschluss eines Bausparvertrags.

Ratenberechnung

Die nachfolgende Grafik erläutert Ihnen die Ratenberechnung am Beispiel einer Zwischenfinanzierung eines Bausparvertrages:

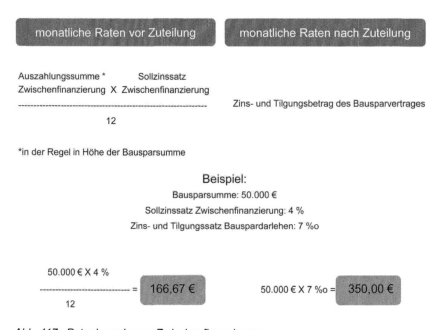

Abb. 117: *Ratenberechnung Zwischenfinanzierung*

Spezifische Vor- und Nachteile

Ein großer **Vorteil** bei einer Zwischenfinanzierung ist, dass sie jederzeit ohne Vorfälligkeitsentschädigung zurück bezahlt werden kann.

Während der Darlehenslaufzeit zahlt der Darlehensnehmer nur Zinsen.

Da der Zwischenfinanzierung vorhandene Vermögenswerte (Bausparguthaben, Rückkaufswert Lebensversicherung, Kaufpreis der noch nicht verkauften Altimmobilie etc.) zugrunde liegen, wird sie bei der Gesamtfinanzierung in der Regel als Eigenkapital anerkannt und verbessert den Beleihungsauslauf (Verhältnis von Beleihungswert der Immobilie und Immobiliardarlehenshöhe).

Zu den **Nachteilen** zählt der im Vergleich zur endgültigen Finanzierung in der Regel erhöhte Sollzinssatz während der Laufzeit der Zwischenfinanzierung. Oft wird ein variabler Zinssatz vereinbart, der mit den aktuellen Marktentwicklungen schwanken kann und dadurch auch nicht fest kalkulierbar ist. Dazu kommt, dass sich durch die fehlende laufende Tilgung auch die Darlehnshöhe nicht laufend reduziert. Zusammengenommen macht dies eine Zwischenfinanzierung zu einer vergleichsweise teuren Finanzierungsform.

Die Zinsen für die Zwischenfinanzierung lassen sich in der Regel nicht durch die Zinsen auf das Bausparguthaben ausgleichen.

Ein weiteres Risiko ist, dass sich die zwischenfinanzierten Vermögenswerte am Ende nicht als so werthaltig herausstellen wie erwartet (Altimmobilie kann nur zu einem Preis unter Marktwert verkauft werden, die Kurse eines Wertpapierdepots sind gefallen u.a.).

3.2.5   Forward-Darlehen

Darlehenszins

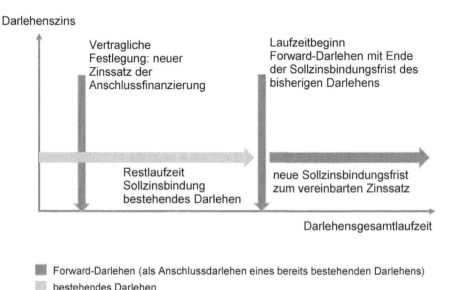

Abb. 118: Forward-Darlehen (als Anschlussdarlehen)

Funktionsweise

Das Forward-Darlehen ist häufig ein Anschlussdarlehen im Rahmen einer Prolongation (Kreditverlängerung beim selben Darlehensgeber), da es dem Darlehensnehmer die Möglichkeit bietet, sich das aktuelle Marktzinsniveau für seine in der Zukunft liegende Anschlussfinanzierung zu sichern. Es eignet sich insbesondere ein Zeitraum 1–5 Jahre vor Ablauf der Sollzinsbindungsfrist des bisherigen Darlehens. Für diese vorzeitige Absicherung muss der Darlehensnehmer allerdings einen Zinsaufschlag auf das aktuelle Zinsniveau zahlen.

Das Forward-Darlehen wird nach Ablauf der vereinbarten Vorlaufzeit – in der Regel bis zu 5 Jahre – ausbezahlt. Während der Forward-Periode fallen weder Sollzinsen noch Bereitstellungszinsen an. Das aktuelle Zinsniveau und die Dauer der Forward-Periode bestimmen den Zinsaufschlag, den der Darlehensnehmer für diese Zinsabsicherung zu zahlen hat.

Anschlussfinanzierung

Als Anschlussfinanzierung wird der Abschluss einer neuen Zinsfestschreibung für eine verbliebene Restdarlehenssumme eines bereits bestehenden Darlehens nach Ablauf einer vorherigen Sollzinsfestschreibung bezeichnet. Erfolgt kein Darlehensgeberwechsel, wird dies auch als Prolongation bezeichnet.

Ein Forward-Darlehen kann aber nicht nur im Rahmen einer Anschlussfinanzierung eingesetzt werden, sondern auch jederzeit genutzt werden, um sich aktuell günstige Zinsen für einen zukünftigen Darlehensbedarf zu sichern.

Echtes Forward-Darlehen

Die Zinsbindungsfrist beginnt beim **echten Forward-Darlehen** erst mit dem Tag der Darlehensauszahlung.

Beim **unechten Forward-Darlehen** beginnt die Zinsbindungsfrist dagegen sofort mit dem Abschluss des Forward-Darlehensvertrags. Darlehensgeber wählen diese Variante oft bei einer nur kurzen Vorlaufzeit.

Beispiel

Bei einem Angebot über 10 Jahre Zinsbindung verbleiben bei einem unechten Forward-Darlehen und einer Vorlaufzeit von 12 Monaten nur noch 9 Jahre Zinsbindung (und nicht 10 Jahre). Die Lösung wäre hier eine höher anzusetzende Anfangstilgung.

Der Darlehensnehmer sollte deshalb die Vertragsbedingungen hinsichtlich der Zinsbindungsdauer aufmerksam lesen.

Einsatzbereiche

Der Darlehensnehmer geht von steigenden Zinsen bis zum Ende der Sollzinsbindungsfrist seines bestehenden Darlehens aus. Gleichzeitig verfügt er nicht über das notwendige Eigenkapital, um das Restdarlehen zum Ende der Sollzinsbindungsfrist ablösen zu können. Somit benötigt er eine Anschlussfinanzierung mit einer neuen Zinsvereinbarung.

Kosten

Während der Laufzeit des Forward-Darlehens fallen keine Bereitstellungszinsen an.

Spezifische Vorteile und Risiken

Das Forward-Darlehen ist eine Möglichkeit, das Zinsänderungsrisiko zum Ende der ursprünglichen Sollzinsbindungsfrist zu reduzieren oder rechtzeitig auszuschließen. Dieser Vorteil besteht, wenn das Zinsniveau tatsächlich weiter steigt.

Fallen die Marktzinsen nach Abschluss des Forward-Darlehens, so bleibt es bei der Pflicht des Darlehensnehmers, das Darlehen zum vereinbarten Zeitpunkt abzunehmen.

Eine weitere Anpassung des vereinbarten Sollzinssatzes auf das günstigere Marktzins-niveau ist dann nicht mehr möglich.

3.2.6 Cap-Darlehen

Funktionsweise

Das Cap-Darlehen ist ein variabel verzinstes Darlehen mit einer vereinbarten Zinsober-grenze (Cap). Der vereinbarte variable Zinssatz wird in Abhängigkeit von der Entwick-lung eines Referenzzinssatzes (in der Regel Euribor® – Zinssatz im Handel von kurz-fristiger Liquidität der Banken untereinander) regelmäßig (in der Regel alle 3 Monate) an das Marktzinsniveau angepasst. Diese Anpassungen sind maximal bis zur Höhe der Zinsobergrenze möglich.

> **Floor-Darlehen**
>
> Beim Floor-Darlehen handelt es sich, im Gegensatz zum Cap-Darlehen, um ein vari-abel verzinstes Darlehen mit einer Zinsuntergrenze.

Einsatzbereiche

Mit dieser Darlehensform kann sich der Darlehensnehmer insbesondere gegen erwarte-te starke Zinserhöhungen absichern.

Kosten

Der Darlehensnehmer zahlt für den Vorteil der Zinsbegrenzung einmalig die so genannte Cap-Prämie.

Spezifische Vorteile und Risiken

Ein Vorteil des Cap-Darlehens ist, dass bei einer vorzeitigen Rückzahlung – unter Be-achtung der ordentlichen Kündigungsfrist von 3 Monaten – keine Vorfälligkeitsentschä-digung anfällt.

Bei fallenden oder gleichbleibenden Marktzinsen ist ein variables Darlehen ohne Cap günstiger.

Bei steigenden Marktzinsen ist ein Cap-Darlehen gegenüber einem Darlehen mit gebun-denem Sollzins nur solange günstiger, als das Zinsniveau des Darlehens mit gebunde-nem Sollzins über der vereinbarten Obergrenze liegt.

3.2.7 Festdarlehen

Das Festdarlehen ist ein endfälliges Darlehen, bei dem der Darlehensbetrag zum Lauf-zeitende in einer Summe getilgt wird und während der Darlehenslaufzeit nur Zinsen zu zahlen sind.

Weitere Bezeichnungen für ein Festdarlehen sind Zinszahlungsdarlehen und Vorausdarlehen.

Weitere Details entnehmen Sie bitte dem Kapitel 3.2.2 Zinszahlungsdarlehen.

Details für die Kombination eines Festdarlehens mit einem Bausparvertrag finden Sie in Kapitel 3.2.9 Bauspardarlehen und Bausparfinanzierung. Die Kombination eines Voraus- oder Festdarlehens mit einem Bausparvertrag wird auch als **Konstantdarlehen** bezeichnet, da die anfallende Rate über die Laufzeit des jeweiligen Finanzierungsbausteins (Festdarlehen und Bauspardarlehen) konstant bleibt.

3.2.8   Policendarlehen

Funktionsweise

Darlehensgeber ist im Falle des Policendarlehens eine Lebensversicherungsgesellschaft. Der Versicherungsnehmer kann bis zur Höhe des Rückkaufswertes seiner Versicherung ein Policendarlehen erhalten. Die Besicherung erfolgt durch die zugrundeliegende kapitalgedeckte oder fondsgebundene Lebensversicherung, die auch als Tilgungsersatzmittel dient. Die Bestellung einer Grundschuld ist dadurch nicht erforderlich.

Das Policendarlehen ist rechtlich eine Vorauszahlung auf die später fällige Lebensversicherungsleistung und unterliegt insofern nicht den Anforderungen an ein Immobiliar-Verbraucherdarlehen. So entfällt beispielsweise eine Kreditwürdigkeitsprüfung (Bonitätsprüfung), da der Versicherer kein Risiko aufgrund des bereits vorhandenen Rückkaufswertes eingeht.

Bei den monatlichen Ausgaben ist zu beachten, dass die Versicherungsprämie auch weiterhin zu zahlen ist.

Einsatzbereiche

Der Darlehensnehmer kann im Falle eines Liquiditätsengpasses durch die Möglichkeit eines Policendarlehens die vorzeitige Kündigung seiner Versicherung vermeiden.

Kosten

Der Darlehensnehmer muss während der Laufzeit des Policendarlehens nur den vereinbarten Zinssatz zahlen.

Spezifische Vorteile und Risiken

Das Policendarlehen bietet den Vorteil, dass sich der Darlehensnehmer keiner umfassenden Bonitätsprüfung unterziehen muss.

Unabhängig von der Fälligkeit der Versicherung kann der Darlehensnehmer das Policendarlehen jederzeit ganz oder teilweise tilgen.

3.2.9   Bauspardarlehen und Bausparfinanzierung

Funktionsweise und Phasen

Durch einen Bausparvertrag kann ein Bauspardarlehen bereits zu einem frühen Zeitpunkt vereinbart, aber erst später bei Bedarf in Anspruch genommen werden. Bis zur tatsächlichen Inanspruchnahme des Darlehens wird Eigenkapital in Form des Bausparguthabens auf einem Bausparkonto angespart. Sowohl die Ansparkonditionen, als auch die Darlehenskonditionen sind von Anfang an fest vereinbart.

Der Bausparvertrag wird in Höhe der so genannten Bausparsumme abgeschlossen:

Bausparsumme = Bausparguthaben + Bauspardarlehen

Im Rahmen der Zuteilung wird die Bausparsumme ausbezahlt. Nimmt der Bausparer das Darlehen nicht in Anspruch, so erhält er nur sein angespartes Bausparguthaben zzgl. Zinsen der Sparphase und ggf. einen Teil der Abschlussgebühr ausbezahlt und sein Darlehensanspruch verfällt.

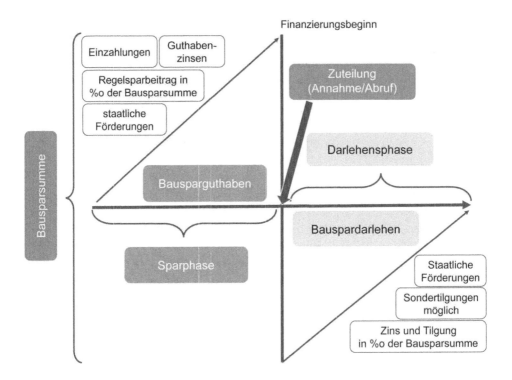

Abb. 119: Funktionsweise Bausparen

Die Immobilienfinanzierung durch einen Bausparvertrag erfolgt in mehreren Phasen:

1. **(An-)Sparphase**: Diese Phase beginnt mit dem Abschluss des Bausparvertrags. Die Ansparung eines Bausparguthabens erfolgt mittels regelmäßiger – meist monatlicher – Mindestsparbeträge (Regelsparbeträge). Die Höhe ist insbesondere abhängig von der abgeschlossenen Bausparsumme und des gewünschten Zuteilungszeitpunktes. Das angesparte Bausparguthaben wird in der Regel verzinst.

2. **Zuteilung**: Mit Zuteilung des Bausparvertrages kann der Bausparer entscheiden:

   a)   ob er über sein angespartes Bausparguthaben verfügen möchte oder

   b)   den Bausparvertrag noch weiter besparen möchte oder

   c)   das Bauspardarlehen zum Zuteilungszeitpunkt oder später (ggf. Bereitstellungszinsen möglich) in Anspruch nehmen möchte.

   Der Zuteilungszeitpunkt kann von der Bausparkasse jedoch nicht garantiert werden. Er hängt ab von:

   - Erreichen der Mindestansparung/Mindestbausparsumme (meist 40–50 % der vereinbarten Bausparsumme)
   - Mindestbewertungszahl (wird von der Bausparkasse festgelegt)
   - Mindestwartezeit (in der Regel 18–24 Monate)

3. **Darlehensphase**: Entscheidet sich der Bausparer für die Inanspruchnahme des Bauspardarlehens, so wird ihm die vereinbarte Bausparsumme (Bausparguthaben + Bauspardarlehen) ausbezahlt und die monatliche Darlehensrate (fester Zins- und Tilgungsanteil, bezogen auf die Bausparsumme) ist bis zum Darlehenslaufzeitende zu zahlen. Der Darlehenszinssatz wird bereits mit dem Abschluss des Bausparvertrages fest vereinbart.

Wohnwirtschaftliche Verwendung

Gemäß den **Allgemeinen Bausparbedingungen (ABB)** und § 1 Abs. 3 Bausparkassengesetz (BSpKG) muss ein Bauspardarlehen wohnwirtschaftlich verwendet werden. Im nachfolgenden Kapitel 3.2.10 Staatliche Fördermittel werden Sie im Zusammenhang mit dem Wohnungsbauprämiengesetz nochmals auf diesen Begriff stoßen. Beim Bauspardarlehen ist dieser Begriff weiter gefasst.

Erforderlich hierzu ist ein Verwendungsnachweis, den der Darlehensnehmer innerhalb von 12 Monaten nach Auszahlung des Bauspardarlehens erbringen muss.

§ 1 Abs. 3 BSpKG definiert den Begriff wohnwirtschaftliche Verwendung wie folgt:

§ 1 Abs. 3 BSpKG

(3) Wohnungswirtschaftliche Maßnahmen im Sinne dieses Gesetzes sind

1. die Errichtung, Beschaffung, Erhaltung und Verbesserung von überwiegend zu Wohnzwecken bestimmten Gebäuden und von Wohnungen, insbesondere von Eigenheimen und Eigentumswohnungen sowie der Erwerb von Rechten zur dauernden Nutzung von Wohnraum,

2. die Errichtung, Beschaffung, Erhaltung und Verbesserung von anderen Gebäuden, soweit sie Wohnzwecken dienen,

3. der Erwerb von Bauland und Erbbaurechten zur Errichtung von überwiegend zu Wohnzwecken bestimmten Gebäuden,

4. der Erwerb von Bauland und Erbbaurechten zur Errichtung anderer Gebäude hinsichtlich des Anteils, der dem Verhältnis des zu Wohnzwecken bestimmten Teils des auf dem Grundstück zu errichtenden Gebäudes zum Gesamtgebäude entspricht,

5. Maßnahmen zur Erschließung und zur Förderung von Wohngebieten,

6. die Ablösung von Verbindlichkeiten, die zur Durchführung von Maßnahmen nach den Nummern 1 bis 5 eingegangen worden sind,

7. die Ablösung von Verbindlichkeiten, die auf einem überwiegend Wohnzwecken dienenden Grundstück ruhen.

Als wohnungswirtschaftliche Maßnahmen gelten die Ablösung von Verbindlichkeiten, die zur Leistung von Bauspareinlagen eingegangen worden sind, sowie gewerbliche Bauvorhaben und der Erwerb gewerblicher Bauwerke, wenn sie dazu bestimmt sind, zur Versorgung von Wohngebieten beizutragen.

Unter einen wohnwirtschaftlichen Zweck fallen auch der:

- Einkauf in ein Altenwohnheim (Dauerwohnrecht) und der
- Kauf von Anteilen an geschlossenen Immobilien-Investmentvermögen.

Konstantdarlehen

Das Konstantdarlehen ist eine Bezeichnung für Finanzierungen durch eine Bausparkasse im Zusammenhang mit einem Bausparvertrag und Bauspardarlehen.

Bei Banken wird der Begriff teilweise auch für Volltilgerdarlehen verwendet, d.h. für Darlehen, deren Sollzinsbindungsfrist der Gesamtdarlehenslaufzeit entspricht.

Bei einem Konstantdarlehen gilt der gleiche Zinssatz über die gesamte Laufzeit bis zum Ende der Tilgung.

Bei einem Konstantdarlehen mittels Bausparvertrag wird ein Vorausdarlehen abgeschlossen, für das zunächst eine Darlehensrate zu zahlen ist, die nur aus den hierfür vereinbarten Darlehenszinsen besteht. Gleichzeitig wird ein Bausparvertrag abgeschlossen, für den die entsprechenden Bausparbeiträge zu zahlen sind. Mit Zuteilung des Bausparvertrages wird das Vorausdarlehen durch das Bauspardarlehen abgelöst.

Das Risiko besteht darin, dass der Bausparvertrag nicht zu einem garantierten Zeitpunkt fällig wird. Außerdem können sich die Finanzierungskosten durch den Abschluss von zwei Produkten erhöhen.

Das Konstantdarlehen ist jedoch eine Alternative für Darlehensnehmer, die Wert auf eine hohe Zins- und Planungssicherheit legen.

Einsatzbereiche

Gründe für den Abschluss eines Bausparvertrages können beispielsweise sein:

- Jetzt oder in der Zukunft geplanter Erwerb von Wohneigentum
- Renovierung oder Modernisierung
- Zinsgünstiges Bauspardarlehen
- Staatliche Förderung.

Wird das Darlehen vor Zuteilung des Bausparvertrages benötigt, so gibt es zwei Möglichkeiten:

1. **Zwischenfinanzierung**: Voraussetzung ist ein mit der Mindestansparung besparter Bausparvertrag. Ziel ist die Überbrückung des Zeitraums bis zur Zuteilung. Kosten sind die Zinsen für die zwischenfinanzierte Bausparsumme. Die Rückzahlung des Zwischenfinanzierungsdarlehens erfolgt durch die Auszahlung der Bausparsumme bei Zuteilung.

2. **Vorausfinanzierung**: Voraussetzung ist der Neuabschluss eines Bausparvertrages. Ziel ist auch hier die Überbrückung bis zur Zuteilung. Kosten sind die Zinsen für die vorausfinanzierte Bausparsumme und die Sparleistung zur Ansparung des Bausparvertrages. Die Rückzahlung erfolgt auch hier durch die Auszahlung der Bausparsumme bei Zuteilung.

Kosten

Die Kosten eines Bausparvertrages hängen von der jeweiligen Bausparkasse ab. In der Regel wird eine einmalige Abschlussgebühr in Höhe von ca. 1–1,5 % der Bausparsumme verlangt und meist von der ersten Sparrate abgezogen. Diese Abschlussgebühr wird dem Bausparer bei Nichtinanspruchnahme des Bauspardarlehens oft ganz oder teilweise zurückvergütet.

Vorfälligkeitsentschädigungen oder Nichtabnahmeentschädigungen werden von Bausparkassen nicht verlangt. Möglich sind lediglich Bereitstellungszinsen, wenn die Inanspruchnahme des Bauspardarlehens einen bestimmten Zeitraum überschreitet (in der Regel nach 1–2 Jahre).

Raten

Der ausgewählte Bauspartarif und die abgeschlossene Bausparsumme entscheiden über die Darlehenshöhe und den Zinssatz.

Die Darlehenshöhe ergibt sich in der Regel aus der Differenz zwischen der Bausparsumme und dem Bausparguthaben.

Mit der Auszahlung des Bauspardarlehens beginnt die Tilgungsphase.

Die Darlehensrate ist eine feste Annuität (gleichbleibende Rate mit steigendem Tilgungsanteil und sinkendem Zinsanteil) und wird in ‰ der Bausparsumme ausgedrückt. Somit funktioniert das Bauspardarlehen wie ein Annuitätendarlehen.

Der Zinssatz ist über die gesamte Tilgungsphase festgeschrieben.

Sondertilgungen sind jederzeit möglich, um die Bauspardarlehenslaufzeit zu verkürzen und abhängig von der Höhe der Sondertilgungen den Tilgungsbeitrag zu reduzieren.

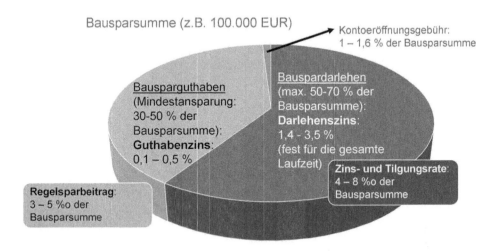

Abb. 120: Regelsparbeitrag und Raten des Bausparvertrages (Zahlenangaben beispielhaft)

Besonderheiten in Bezug auf die Besicherung

Die Absicherung eines Bauspardarlehens erfolgt in der Regel durch Grundpfandrechte. Diese Absicherung kann auch nachrangig erfolgen. Üblich ist dabei die Abtretung der Rückgewährsansprüche (siehe Kapitel 2.3.3 Reihenfolge der Eintragungen: Die Rangfolge der Rechte).

Die Absicherung ist bei eigengenutzten Objekten sogar bis zu 100 % des Beleihungswertes möglich.

Dazu kommt die Möglichkeit eines Blankodarlehens bis zu einem Darlehensbetrag in Höhe von 30.000 €.

§ 6 Bausparkassen-Verordnung besagt für Darlehen gegen Verpflichtungserklärung/ Blankodarlehen:

§ 6 Bausparkassen-Verordnung

(1) Darlehen gegen Abgabe einer Verpflichtungserklärung nach § 7 Abs. 4 Nr. 1 des Gesetzes über Bausparkassen oder ohne Sicherung nach § 7 Abs. 4 Nr. 2 des Gesetzes über Bausparkassen dürfen im Einzelfall nur bis zum Betrag von 30.000 € gewährt werden.

(2) Der Anteil aller Darlehen nach Abs. 1 darf insgesamt 30 vom Hundert am Gesamtbestand der Forderungen aus Darlehen einer Bausparkasse nicht übersteigen.

Zusammenspiel Sparphase und Darlehensphase

Die Höhe des Sparbetrages entscheidet mit über den Zeitpunkt der Zuteilung und somit den möglichen Beginn der Darlehensphase.

Der Bausparer kann in Höhe des Mindestsparbetrages das Mindestbausparguthaben aufbauen und erhält dann die Zuteilung im Rahmen des gewählten Bauspartarifs. Eine Reduzierung der Sparrate ist möglich, verlängert jedoch den Zeitraum bis zur Zuteilung. Umgekehrt verhält es sich entsprechend: Zahlt der Bausparer einen höheren Sparbetrag oder zahlt das Mindestbausparguthaben in einer Summe ein, so verkürzt sich der Zeitraum bis zur Zuteilung.

Spezifische Vorteile und Risiken

Die **Vorteile** des Bausparvertrages sind:

- Verzinsung des Bausparguthabens
- Flexible Ansparung des Bausparguthabens (bei Unterschreitung des Mindestsparbetrages i.d.R verzögerte Zuteilung)
- i.d.R. zinsgünstiges Bauspardarlehen, das mit einer konstanten monatlichen Annuität zurückbezahlt wird
- Zinssicherheit in der Darlehensphase bis zum Laufzeitende
- Flexible Sondertilgungsmöglichkeiten ohne Vorfälligkeitsentschädigung
- Relativ kurze Darlehenslaufzeit (Achtung: der Kunde muss sich dies leisten können!)
- Staatliche Förderungen möglich (Arbeitnehmer-Sparzulage, Wohnungsbauprämie oder Wohn-Riester)
- Kein zusätzliches Eigenkapital erforderlich
- Die Bausparsumme kann oft nachträglich nach oben oder unten verändert werden, wodurch sich in der Regel allerdings auch der Zuteilungszeitpunkt verschiebt.
- Nachrangige Besicherung möglich

Die **Risiken** eines Bausparvertrages sind:

- Das Marktzinsniveau liegt zum Zeitpunkt der gewünschten Inanspruchnahme des zugeteilten Bauspardarlehens unter dem fest vereinbarten Bauspar-Darlehenszins.
- Das Bauspardarlehen wird nicht rechtzeitig zugeteilt, wodurch Zusatzkosten für ein Überbrückungsdarlehen bis zur Zuteilung entstehen können.
- Bei nachträglicher Verringerung der Bausparsumme wird in der Regel die ursprünglich bezahlte Abschlussgebühr nicht anteilig zurück bezahlt.

3.2.10 Staatliche Fördermittel

3.2.10.1 KfW-Darlehen

Die Kreditanstalt für Wiederaufbau (KfW) ist die Förderbank des Bundes und vergibt Darlehen oder Zuschüsse (z.B. 50 % oder betragsmäßige Kostenübernahme für eine geförderte Maßnahme) als zweckgebundene staatliche Fördermittel an bestimmte Personengruppen (u.a. Privatpersonen) und Unternehmen.

Der Darlehenszins liegt in der Regel unterhalb des Marktzinsniveaus für vergleichbare Darlehen.

Die Besicherung kann in der Regel durch nachrangige Grundpfandrechte erfolgen.

Die Tilgung hängt vom jeweiligen Förderprogramm ab. Es werden sowohl endfällige Varianten als auch Varianten mit laufender Tilgung mit der Möglichkeit von anfänglich tilgungsfreien Jahren angeboten. Sondertilgungen sind während der Zinsbindungsfrist in der Regel ausgeschlossen.

Gefördert werden u.a. der Wohnungsbau (Wohneigentum), energetische Sanierungsmaßnahmen sowie der altersgerechte Umbau bestehender Objekte.

Wie sieht der Prozess der Beantragung im Falle eines KfW-Darlehens aus?

Und so sieht der Beantragungsprozess im Detail aus:

1. Da die KfW selbst über keine Filialen verfügt, wird der Antrag auf die Fördermittel bei einem Finanzierungspartner (z.B. eine Bank oder Versicherung als durchleitendes Institut) des Darlehensnehmers gestellt.

2. Dieser Finanzierungspartner leitet den Antrag an die KFW weiter.

3. Die KfW prüft, ob die Voraussetzungen für die Förderzusage erfüllt sind und

4. erteilt ggf. dem Finanzierungspartner die Förderzusage und stellt dem durchleitenden Institut die Fördermittel zur Verfügung.

5. Nun kann ein Darlehensvertrag zwischen dem Darlehensnehmer und dem Finanzierungspartner abgeschlossen werden (zu den von der KfW festgelegten (Höchst-) Konditionen).

6. Der Finanzierungspartner zahlt daraufhin die Fördermittel aus und nimmt auch die Rückzahlungen (Zins und Tilgung) entgegen.

Welche Voraussetzungen gelten für KfW-Darlehen?

Die entscheidende Voraussetzung für die Beantragung der KfW-Fördermittel ist, dass dies vor Beginn der Maßnahme geschieht!

Die KfW gewährt Darlehen in der Regel ausschließlich über Finanzierungsinstitute (Banken, Sparkassen und Versicherungen), welche für die von ihnen durchgeleiteten Kredite der KfW die Haftung übernehmen.

Der Antrag ist vom Darlehensnehmer bei einem Finanzierungsinstitut seiner Wahl zu stellen.

Nach Erteilung der Zusage durch das Finanzierungsinstitut kann der Darlehensnehmer mit seinem Vorhaben beginnen. In einigen Fällen benötigt die KfW für die Prüfung des Förderantrages mehr Zeit. Auch dann kann der Darlehensnehmer mit der Umsetzung seines Vorhabens beginnen. Er sollte dabei nur berücksichtigen, dass sein Antrag von der KfW auch abgelehnt werden kann.

Die Durchführung des Vorhabens muss der Darlehensnehmer gegenüber seinem Finanzierungsinstitut nachweisen.

Welche Aufgabe hat das durchleitende Institut?

Abb. 121: Aufgaben des durchleitenden Instituts

Bei einem KfW-Darlehen übernimmt die Bank des Darlehensnehmers die Funktion eines durchleitenden Instituts und ist somit dessen Schnittstelle zur KfW. Die KfW tritt nicht selbst als direkter Darlehensgeber auf, sondern ist Refinanzierungsquelle für die finanzierende Bank. Die finanzierende Bank leitet die erhaltenen KfW-Fördermittel an den Darlehensnehmer weiter, daher die Bezeichnung als durchleitendes Institut. Der Darlehensnehmer stellt den Förderantrag mit Hilfe des durchleitenden Instituts und schließt mit diesem den Darlehensvertrag ab.

Hinweis

Ausführliche Hinweise auf aktuelle Förderprodukte und Konditionen siehe: www.kfw.de

Auch für Förderkredite ist die Wohnimmobilienkreditrichtlinie zu beachten: Hinweise auf Hauptmerkmale, Risiken und Kosten der Förderkredite sind in den Abschnitten 3, 4 und 13 des Europäischen Standardisierten Merkblattes (ESIS) anzugeben (Mindestanforderungen).

3.2.10.2   Förderung nach AVmG/Eigenheimrente („Wohn-Riester")

Die Förderung nach Altersvermögensgesetz (AVmG) ist die komplexeste der in diesem Kapitel beschriebenen staatlichen Förderungen.

Die nachfolgenden Ausführungen konzentrieren sich auf die wesentlichen Aspekte und ihre Prüfungsrelevanz.

Neben der „Riester-Rente" wird in dieser Form auch der Erwerb einer eigenen und selbst genutzten Immobilie (Haus, Eigentumswohnung, eingetragene Genossenschaftswohnung) gefördert („Wohn-Riester"/Eigenheimrente).

Wie Sie nachfolgend sehen werden, ist die Förderung auch an Bedingungen geknüpft, die nicht für jeden Kunden passend sind. Deshalb muss insbesondere bei dieser staatlichen Förderung geprüft werden, ob sie für Ihren Kunden geeignet ist.

Welche Voraussetzungen gelten für die Förderung?

Bei dem geförderten Erwerb eines Hauses oder einer Eigentumswohnung muss es sich um ein selbst genutztes Objekt handeln. Das Objekt muss **in Deutschland liegen** und mit Beginn der Selbstnutzung die **Hauptwohnung oder der Mittelpunkt der Lebensinteressen** des Steuerpflichtigen sein.

Eine Vermietung ist nur befristet während des Erwerbslebens und nur in genehmigten Ausnahmefällen, die an Bedingungen geknüpft sind, zulässig.

Ferienhäuser oder Ferienwohnungen werden nicht gefördert.

Hintergrund ist, dass durch die Förderung ein mietfreies Wohnen im Alter ermöglicht werden soll, was letztlich zu geringeren Lebenshaltungskosten führen soll.

Für geförderte Darlehensverträge ist eine Zertifizierung erforderlich, die 3 **Zertifizierungskriterien** erfüllen muss:

- Das Darlehen darf alleine für die Anschaffung und Herstellung einer begünstigten Wohnung oder für den Erwerb von Pflichtanteilen an einer Genossenschaft für die Selbstnutzung einer Genossenschaftswohnung verwendet werden.
- Die Abschluss- und Vertriebskosten müssen gleichmäßig mindestens auf die ersten 5 Jahre verteilt werden, wenn sie nicht als Prozentsatz von den Beiträgen/Tilgungsleistungen abgezogen werden.
- Die Darlehenstilgung muss bis spätestens zum 68. Lebensjahr des Darlehensnehmers vorgesehen sein.

▶ **Exkurs: Entnahme aus einem Riester-Altersvorsorgevertrag zur Entschuldung einer Immobilie (Altersvorsorge-Eigenheimbetrag)**

Gemäß § 92a EStG kann der Zulagenberechtigte das in einem Altersvorsorgevertrag gebildete und nach § 10a EStG geförderte Kapital in vollem Umfang oder, wenn das verbleibende geförderte Restkapital mindestens 3.000 € beträgt, teilweise für eine wohnwirtschaftliche Verwendung entnehmen (Altersvorsorge-Eigenheimbetrag).

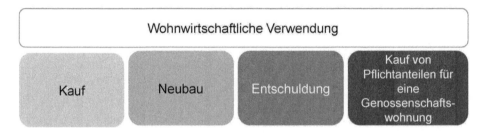

Abb. 122: Wohnwirtschaftliche Verwendung bei Entnahmen aus Altersvorsorgeverträgen

Bei einer Teilentnahme ist ein Mindestbetrag von 3.000 € zu berücksichtigen, der sich sowohl auf die Entnahme, als auch auf den im Vertrag verbleibenden Betrag bezieht. ◀

Beispiel 1:

Angespartes Kapital in Höhe von 12.000 €. Eine oder mehrere Teilentnahmen sind beliebig im Rahmen von mindestens 3.000 € bis 9.000 € (damit mindestens 3.000 € im Vertrag verbleiben) möglich.

Beispiel 2:

Angespartes Kapital in Höhe von 4.000 €. Eine Teilentnahme ist nicht möglich, da weniger als 3.000 € im Vertrag verbleiben würden. In diesem Fall ist nur eine Komplettentnahme möglich.

Unter bestimmten Umständen ist auch eine Entnahme für Umbauten an der eigenen Immobilie, beispielsweise für mehr Barrierefreiheit im Haus, möglich.

Wer kann die Förderung nach AVmG in Anspruch nehmen (Zielgruppen)?

§ 79 des Einkommensteuergesetzes (EStG) und § 10a Abs. 1 EStG benennen den Personenkreis, der unmittelbar oder mittelbar förderberechtigt ist. Die Förderung ist für unbeschränkt Steuerpflichtige gedacht, die insbesondere von der Absenkung des Rentenniveaus in der gesetzlichen Rentenversicherung betroffen sind.

unmittelbar förderberechtigte Personen:	• Pflichtversicherte in der gesetzlichen Rentenversicherung • Pflichtversicherte in der Alterssicherung der Landwirte • Beamte und Empfänger von Amtsbezügen (Richter, Soldaten u.a.) • Bezieher von Krankengeld • Bezieher von Arbeitslosengeld, Arbeitslosengeld II oder Hartz IV • vollständig erwerbsgeminderte oder dienstunfähige Personen • geringfügig Beschäftigte, sofern sie der Rentenversicherungspflicht unterliegen • Personen, die noch nicht 67 Jahre alt sind und eine Versorgung wegen Dienstunfähigkeit erhalten und vor dem Leistungsbezug zum förderberechtigten Personenkreis gehört haben • Kindererziehende während der rentenrechtlich zu berücksichtigenden Zeiten
mittelbar förderberechtigte Personen:	auch nicht förderberechtigte Personen können Anspruch auf Riester-Förderung haben, wenn der Ehepartner unbeschränkt steuerpflichtig und förderberechtigt ist, sie nicht dauerhaft von ihren Ehegatten getrennt leben und einen eigenen Vertrag abgeschlossen haben

Abb. 123: Förderberechtigte

Die Vorteile der Riesterförderung liegen in den Zulagen und der Möglichkeit zum Sonderausgabenabzug.

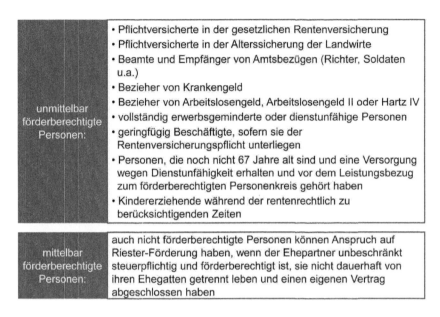

Zulagen p. a.	Grundzulage	175 € (seit 1.1.2018) 200 € Berufseinsteigerbonus einmalig für Anleger, die beim ersten Vertragsabschluss das 25. Lebensjahr noch nicht vollendet haben
	Kinderzulage	185 € 300 € (nach dem 31.12.2007 geboren)
Eigenleistung p. a.	Mindest-eigenbeitrag	4 % des sozialversicherungspflichtigen Vorjahres-Bruttoeinkommens, max. 2.100 € abzüglich Zulagen
	Sockelbetrag p.a.	60 € (Nullverträge sind seit 2012 nicht mehr möglich, d. h. der Sockelbetrag ist der Mindestbeitrag für mittelbar begünstigte Ehepartner)
Sonderausgaben-abzug p. a.		Max. 2.100 € (Sonderausgabenabzug bei steuerlich gemeinsam veranlagten Ehegatten 2.160 €, wenn beide Ehepartner einen Riestervertrag abschließen und nur einer direkt förderberechtigt ist)

Abb. 124: Zulagen und Sonderausgabenabzug

Für den vollen Zulagenbezug gilt, dass jährlich 4 % des sozialversicherungspflichtigen Einkommens des Vorjahres in den Vertrag fließen müssen. Der Förderberechtigte selbst muss aber nur den um die Zulagen reduzierten Mindesteigenbeitrag einzahlen. Dafür gilt eine Mindestgrenze in Form des Sockelbeitrages (60 €) und eine Höchstgrenze (2.100 €).

Abb. 125: Berechnung des Mindesteigenbeitrags

Bei der Berechnung, ob ein Vorteil aus dem Sonderausgabenabzug besteht, kommt es auf die Höhe der Zulagen an und darauf, welche Steuertabelle (Grundtarif oder Splittingtarif) angewendet wird. Sollte sich danach ein Anspruch aus dem Sonderausgabenabzug ergeben, der über der Summe der Zulagen liegt, so wird die Differenz erstattet. Diese Günstigerprüfung erfolgt automatisch durch das Finanzamt.

Grundtarif und Splittingtarif

Die Einkommensteuer ergibt sich aus dem Einkommensteuertarif, der wiederum von den persönlichen Lebensumständen abhängt. Der Grundtarif (auch Grundtabelle genannt) gilt für die Einzelveranlagung (insbesondere Ledige sowie Geschiedene und Verwitwete nach dem Trennungs- bzw. Todesjahr und getrennt veranlagte Ehegatten). Der Splittingtarif (auch Splittingtabelle genannt) gilt für die Zusammenveranlagung (steuerpflichtige Ehegatten/Lebenspartner).

Hinweis

Die Zulagen tilgen nach Beantragung automatisch die Darlehensschuld. Für die Steuererstattung aus dem Sonderausgabenabzug muss eine Sondertilgungsoption bei Darlehensvertragsabschluss vereinbart werden, wenn diese ebenfalls in die Tilgung einfließen soll.

Der Anspruch auf Sonderausgabenabzug ergibt sich aus § 10a Abs. 1 EStG. Es handelt sich hierbei um einen zusätzlichen Sonderausgabenabzugsbetrag, der pro Jahr maximal für alle Altersvorsorgebeiträge gilt (Beiträge und Tilgungsleistungen, die der Zulagenberechtigte bis zum Beginn der Auszahlungsphase zugunsten eines auf seinen Namen lautenden Vertrages (zertifiziert nach § 5 Altersvorsorge-Zertifizierungsgesetz) geleistet hat). Ehepartner können, wenn sie zusammenveranlagt sind und zum förderberechtigten Personenkreis gehören, den doppelten Sonderausgabenabzugsbetrag (4.200 €) geltend machen.

Wie erfolgt eine Immobilienfinanzierung im Rahmen der Wohn-Riester-Förderung?

Der Zulagenberechtigte kann für die Verwendung der Zulage zwischen 3 Möglichkeiten wählen:

- Annuitätendarlehen
- Bausparkombifinanzierung (tilgungsfreies Vorausdarlehen mit gleichzeitiger Besparung eines Bausparvertrages)
- Bausparvertrag

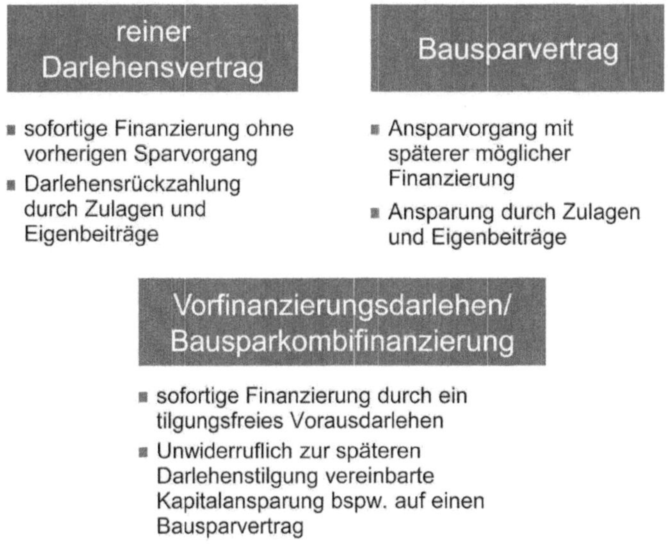

reiner Darlehensvertrag

- sofortige Finanzierung ohne vorherigen Sparvorgang
- Darlehensrückzahlung durch Zulagen und Eigenbeiträge

Bausparvertrag

- Ansparvorgang mit späterer möglicher Finanzierung
- Ansparung durch Zulagen und Eigenbeiträge

Vorfinanzierungsdarlehen/ Bausparkombifinanzierung

- sofortige Finanzierung durch ein tilgungsfreies Vorausdarlehen
- Unwiderruflich zur späteren Darlehenstilgung vereinbarte Kapitalansparung bspw. auf einen Bausparvertrag

Abb. 126: Wohn-Riester: geförderte Vertragsarten

Gefördert werden:

- Tilgungsleistungen für Baudarlehen
- Sparraten für vorfinanzierte Bausparverträge
- Sparraten für zertifizierte Bausparverträge (Ansparen für spätere Eigenheimfinanzierung)

Im Falle der Förderung von Tilgungsleistungen reduziert die Altersvorsorgezulage unmittelbar die Darlehensschuld. Eine Förderung der Darlehenszinsen, Kosten und Gebühren erfolgt nicht.

Die Tilgungsförderung erfolgt auch dann, wenn die wohnwirtschaftliche Verwendung des Darlehens zeitlich schon zurückliegt. Stichtag ist hier der 31.12.2007. Ein bereits bestehendes Darlehen, das diese Voraussetzung erfüllt, kann dann später in ein gefördertes Darlehen umgeschuldet werden. Das ursprüngliche Darlehen muss dazu kein zertifiziertes Produkt sein.

Wollen Ehepartner die volle Förderung in Anspruch nehmen, so muss jeder einen eigenen Darlehensvertrag abschließen.

Wie werden die Zulagen beantragt?

Hierzu muss einmalig ein **Dauerzulagenantrag** auf die Altersvorsorgezulage und ggf. ein Ergänzungsantrag auf Kinderzulage gestellt werden. Der Antrag enthält eine widerrufbare Vollmacht für den Produktanbieter, die Fördergelder bei der Zentralen Zulagenstelle für Altersvermögen (ZfA) zu beantragen.

Der Produktgeber stellt dem Förderberechtigten jährlich eine Steuerbescheinigung über die geleisteten Eigenbeträge, Zulagen und den Kontostand aus, die dieser dann zusammen mit seiner Einkommensteuererklärung beim Finanzamt einreichen muss.

Werden Zulagen in Anspruch genommen, so überweist die Zulagenstelle diese direkt auf den Altersvorsorgevertrag des Förderberechtigten.

Welches Liquiditätsrisiko besteht durch die Förderung in der Ruhestandsphase?

Der Liquiditätsnachteil entsteht mit dem so genannten **Wohnförderkonto** im Zusammenhang mit der nachgelagerten Versteuerung.

Nachgelagerte Besteuerung bei Wohn-Riester

Nachgelagerte Besteuerung bedeutet, dass die Alterseinkünfte erst dann versteuert werden müssen, wenn sie an den Steuerpflichtigen ausgezahlt werden. Das steuerlich geförderte Kapital ist in der Immobilie gebunden und wird über ein Wohnförderkonto bis zum Eintritt des Ruhestandes erfasst. Somit entfällt die Besteuerung eines sonst anzunehmenden fiktiven Mietvorteils. Als Ausgleich für die tatsächlich vorzeitige Nutzung der Immobilie (vor dem Ruhestand) wird das im Wohnförderkonto angesammelte Kapital zum Jahresende verzinst.

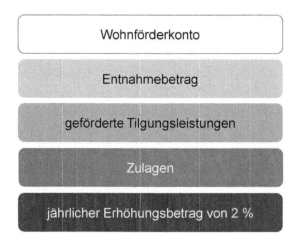

Quelle: Bundesministerium der Finanzen

Abb. 127: Wohnförderkonto

Das Wohnförderkonto bildet die Grundlage der nachgelagerten Versteuerung.

Das aufgelaufene Guthaben aus den jährlichen Beträgen bis maximal 2.100 € oder dem Entnahmebetrag aus einem Riester-Altersvorsorgevertrag wird jeweils zum Jahresende bis zum 62. Lebensjahr mit 2 % verzinst.

Die Summe aus den einzelnen Beträgen und den Guthabenzinsen ergibt den nachgelagert steuerpflichtigen Betrag. Die Steuerpflicht entsteht mit der Auflösung des Wohnungsförderkontos.

Volle nachgelagerte Versteuerung ab dem 62. Lebensjahr auf Grundlage eines **fiktiven Wohnförderkontos**.

Variante I	Variante II
▪ Steuerschuld wird auf bis zu 25 Jahre gleichmäßig verteilt (max. bis zum 85. Lebensjahr)	▪ Steuerschuld wird sofort durch eine Einmalzahlung getilgt
▪ bei Tod zahlen die Erben die Steuerschuld weiter	▪ nur 70 % des Wohnförderkontos sind steuerpflichtig

Abb. 128: Wohn-Riester: Varianten der nachgelagerten Versteuerung

Spätestens zum 68. Lebensjahr muss das Wohnförderkonto aufgelöst werden. Der Steuerpflichtige kann eine gleichmäßig bis zum 85. Lebensjahr verteilte Auflösung oder die sofortige Auflösung wählen.

Bei der verteilten Auflösung kann der Steuerpflichtige dennoch jederzeit den Restbetrag unter Nutzung des Rabatts von 30 % in einer Summe auflösen.

Der individuelle Steuersatz des Steuerpflichtigen bestimmt danach die tatsächliche Höhe der Steuerpflicht.

Beispiel Wohnförderkonto

Annahmen:

Abschluss eines Riester-Darlehens

Tilgung jährlich mit dem vollen Förderbetrag von 2.100 €, die gleichzeitig dem Wohnförderkonto rechnerisch gutgeschrieben und dort mit 2 % p.a. verzinst werden.

Das Darlehen ist nach 30 Jahren getilgt, rechtzeitig zum Renteneintritt des Darlehensnehmers (67 Jahre). Annahme: der persönliche Einkommensteuersatz liegt ab Renteneintritt bei 25 %. Das Wohnförderkonto weist nun einschließlich der Zinsen ein Guthaben von 85.193 € auf.

Nachgelagerte Besteuerung Variante 1:

Jährliche Besteuerung bis zum 85. Lebensjahr = 1/18tel (Zeitraum aktuelles Alter 67 bis zum 85. Lebensalter) des Wohnförderkontoguthabens
= 4.732,95 € p.a.

Die Besteuerung erfolgt mit dem persönlichen EKSt-Satz:
25 % von 4.732,95 € = 1.183,24 €

Bei dieser Variante ist ein Liquiditätsvorteil zu berücksichtigen: Der Betrag, der noch nicht für die nachgelagerte Besteuerung aufgewendet werden muss, kann verzinslich angelegt werden.

Nachgelagerte Besteuerung Variante 2:

Einmalige Besteuerung in Höhe von 70 % des Wohnförderkontoguthabens = 59.635 €

Die Besteuerung erfolgt ebenfalls mit dem persönlichen EKSt-Satz (Achtung: Dieser ist im Jahr der nachgelagerten Besteuerung durch den steuerlichen Zufluss des Wohnförderkontoguthabens erhöht. Annahme 35 %):

35 % von 59.635 € = 20.872,29 €

Je höher das Einkommen umso vorteilhafter ist die Variante 2

Was passiert bei einer steuerschädlichen Verwendung?

Vor allem wenn der Förderberechtigte die Selbstnutzung der begünstigten Wohnung nicht nur vorübergehend aufgibt (Aufgabe dauert länger als 1 Jahr), kommt es zur sofortigen Besteuerung des Wohnförderkontos.

Die Zulagen und sonstigen gewährten Steuervorteile (durch Sonderausgabenabzug) werden nicht zurückgefordert.

Die steuerschädliche Verwendung kann allerdings durch folgende Ausnahmen wieder aufgehoben werden (**steuerunschädliche Verwendung**):

- **Reinvestition in eine begünstigte Wohnung** (auch ein Dauerwohnrecht in einem Seniorenheim gehört hierzu) innerhalb von einem Jahr vor Aufgabe der Selbstnutzung bzw. innerhalb von 4 Jahren danach
- **Einzahlung** innerhalb eines Jahres nach Aufgabe der Selbstnutzung eines Betrages, der dem Stand des Wohnförderkontos entspricht, auf einen zertifizierten Altersvorsorgevertrag
- **Bei Tod: Weitere Selbstnutzung des Ehepartners,** wenn der nicht dauerhaft getrennt lebende und unbeschränkt steuerpflichtige Ehepartner innerhalb von einem Jahr Wohnungseigentümer wird
- **Zuweisung der Ehewohnung an den anderen Ehepartner durch richterliche Entscheidung**
- **Aufgabe der Selbstnutzung für die Dauer eines beruflich bedingten Umzuges**: Die Wohnung wird spätestens mit dem 67. Lebensjahr wieder selbst genutzt. Eine mögliche Vermietung muss auf diesen Zeitraum begrenzt sein.

Tipp

Die durch die Wohn-Riester-Förderung ersparten Darlehensraten sollten so angelegt werden, dass sie zur Erfüllung der nachgelagerten Steuerpflicht zur Verfügung stehen. Auf diese Weise wird die Chance erhöht, dass unter dem Strich von der Förderung auch nach Steuern etwas übrig bleibt.

3.2.10.3 Förderung durch das Wohnungsbauprämiengesetz (Wohnungsbauprämie)

Funktionsweise

Der Staat fördert Sparbeiträge (nicht aber Zins- und Tilgungsleistungen während der Darlehensphase) auf Bausparverträge während der Ansparphase mit einer Wohnungsbauprämie. Dazu müssen Voraussetzungen, wie beispielsweise ein maximal zu versteuerndes Einkommen sowie eine jährliche Mindestsparleistung, erfüllt sein.

Ein Sparbeitrag, der aus vermögenswirksamen Leistungen erfolgt, die bereits mit der Arbeitnehmersparzulage gefördert werden, ist nicht förderberechtigt für die Wohnungsbauprämie.

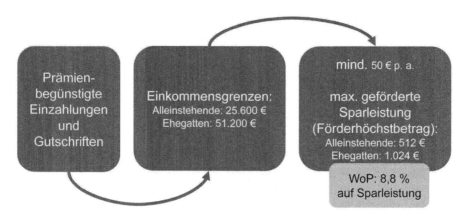

Abb. 129: Wohnungsbauprämie

Gleichgesetzt mit Ehegatten sind eingetragene gleichgeschlechtliche Lebenspartner-schaften.

Bausparverträge, die mit der Wohnungsbauprämie gefördert wurden, dürfen nur wohn-wirtschaftlich genutzt werden (Bitte beachten Sie, dass der Begriff der wohnwirtschaftli-chen Verwendung bei den beiden Förderungen Wohn-Riester und Wohnungsbauprämie unterschiedlich definiert ist!). Eine wohnwirtschaftliche Nutzung umfasst den Haus- oder Wohnungsbau oder den Kauf und die Sanierung oder Renovierung einer Immobilie.

Prämienberechtigter Personenkreis

Zum prämien-/förderberechtigten Personenkreis gehören:

- natürliche Personen, die unbeschränkt einkommensteuerpflichtig sind und die Ein-kommensgrenzen einhalten

- Rentner, Hausfrauen, Schüler und Studenten sowie ausländische Staatsangehörige, die in Deutschland unbeschränkt einkommensteuerpflichtig sind

- Jugendliche, die im Sparjahr das 16. Lebensjahr vollendet haben oder Vollwaisen, unabhängig vom Lebensalter mit Zustimmung der gesetzlichen Vertreter (Unter-schrift auf dem Wohnungsbauprämienantrag)

Gesetzliche Bindungsfrist

Das Wohnungsbauprämiengesetz enthält Voraussetzungen, wie die gesetzliche Bin-dungsfrist, damit die Ansprüche bei Zuteilung des Bausparvertrages ausgezahlt werden können.

Das Abschlussdatum des Bausparvertrages entscheidet über die jeweilige Regelung:

1. Für Bausparverträge, die vor dem 1.1.2009 abgeschlossen wurden (Altvertrag), gilt eine Bindungsfrist (auch Sperrfrist genannt) von 7 Jahren. Danach kann der Bau-sparer frei über das Bausparguthaben und die Wohnungsbauprämien verfügen, un-

abhängig von der wohnwirtschaftlichen Verwendung. Bei einer Zuteilung vor Ablauf der Bindungsfrist muss dagegen eine wohnwirtschaftliche Verwendung der prämienbegünstigten Beträge und der Wohnungsbauprämien nachgewiesen werden. Die Wohnungsbauprämie wird nach Ablauf der Bindungsfrist vom Finanzamt auf das Bausparkonto überwiesen. Wird der Sparvertrag weitergeführt, dann werden die Wohnungsbauprämien der Weiterführungsjahre jährlich gezahlt.

2. Bei Neuverträgen, die ab dem 1.1.2009 abgeschlossen wurden, ist die Wohnungsbauprämie grundsätzlich zweckgebunden und es muss auch nach Ablauf der Bindungsfrist die wohnwirtschaftliche Verwendung nachgewiesen werden. Ausnahme: Bausparer, die bei Vertragsabschluss das 25. Lebensjahr noch nicht vollendet hatten, können nach Ablauf der Bindungsfrist frei über die Bausparsumme und die Wohnungsbauprämien verfügen.

Wohnwirtschaftliche Verwendung

Sowohl die prämienbegünstigen Beträge, als auch die Wohnungsbauprämie müssen wohnwirtschaftlich verwendet werden.

Beantragung

Die Beantragung läuft wie folgt ab:

1. Der Förderberechtigte erhält jährlich vorm Produktgeber zusammen mit einen Jahreskontoauszug den vorausgefüllten Wohnungsbauprämienantrag (u.a. Angaben zu prämienbegünstigten Aufwendungen des abgelaufenen Kalenderjahres).

2. Der Kunde muss nun nur noch seinen aktuellen Familienstand und seine Einkommenshöhe ergänzen und den Antrag unterschrieben an die Bausparkasse zurücksenden.

3. Die Bausparkasse prüft den Antrag und setzt die Wohnungsbauprämie fest und fordert diese vom Finanzamt ab.

4. Das Finanzamt überweist die Wohnungsbauprämie auf das Bausparkonto.

Die Wohnungsbauprämie lässt sich für bis zu 2 Jahren rückwirkend (oder anders ausgedrückt: bis zum 31.12. des Folgejahres) über die Bausparkasse beantragen.

Tipp

Für alle ab 1.1.2009 abgeschlossenen Bausparverträge ist die Wohnungsbauprämie dauerhaft an eine wohnwirtschaftliche Verwendung gebunden.

Ausnahme: Wer bei Abschluss seines ersten Bausparvertrags das 25. Lebensjahr noch nicht vollendet hat, kann einmalig noch die 7-jährige Bindungsfrist in Anspruch nehmen, d.h. nach deren Ablauf ist auch eine anderweitige Verwendung zulässig.

Wann ist eine wohnungsbauprämienunschädliche Kündigung möglich?

Eine wohnungsbauprämienunschädliche Kündigung des Bausparvertrages ist gemäß § 2 Abs. 3 Wohnungsbauprämiengesetz (WoPG) in folgenden Fällen möglich:

- bei **Tod** des Bausparers oder seines nicht dauernd von ihm getrennt lebenden Ehegatten nach Vertragsabschluss
- bei **völliger Erwerbsunfähigkeit** des Bausparers oder seines nicht dauernd von ihm getrennt lebenden Ehegatten nach Vertragsabschluss
- bei **mindestens einjähriger Arbeitslosigkeit des Bausparers**, wenn diese ununterbrochen bestanden hat, erst nach Vertragsabschluss eingetreten ist und zum Zeitpunkt der vorzeitigen Vertragsbeendigung noch besteht

Im Falle einer prämienschädlichen Verfügung wird das Finanzamt vom Produktgeber informiert und dieser überweist die bereits erhaltenen Wohnungsbauprämien zurück ans Finanzamt. Bei einer Teilkündigung erfolgt die Rückzahlung anteilig.

3.2.10.4 Förderung durch das 5. Vermögensbildungsgesetz (Arbeitnehmersparzulage)

Funktionsweise

Gemäß § 2 des 5. Vermögensbildungsgesetzes (VermBG) sind vermögenswirksame Leistungen (VL) zusätzliche Geldleistungen des Arbeitgebers an den Arbeitnehmer, die in eine gesetzlich vorgeschriebene Anlageform vom Arbeitgeber für den Arbeitnehmer investiert werden müssen.

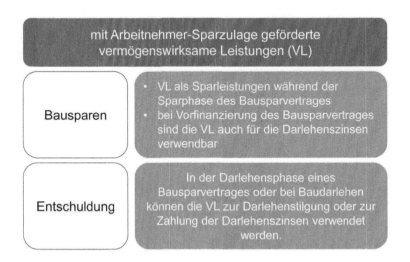

Abb. 130: Geförderte Anlageformen (Bausparen)

Die Zahlung von vermögenswirksamen Leistungen wird geregelt in:

- Tarifverträgen
- Betriebsvereinbarungen
- individuellen Arbeitsverträgen

Der Arbeitnehmer kann unabhängig davon den schriftlichen Antrag an seinen Arbeitgeber stellen, Teile seines Arbeitslohnes vermögenswirksam anzulegen (so genannte Eigenleistung). Der Arbeitgeber ist verpflichtet, diesem Antrag zu entsprechen.

Auch wenn der Arbeitgeber keine VL zahlt und der Arbeitnehmer den Geldbetrag vollständig als Eigenleistung erbringt, muss der VL-Betrag direkt vom Arbeitgeber auf das vom Arbeitnehmer benannte Anlagekonto überwiesen werden. Eine Einzahlung per Lastschrift oder Dauerauftrag ist nicht zulässig. Die Art des Anlagekontos muss für den Arbeitnehmer frei wählbar sein (Ausnahme: tarifvertragliche Vorgabe).

Gemäß § 11 Abs. 3 des 5. VermBG gilt, dass die gleichbleibende Eigenleistung des Arbeitnehmers dafür mindestens 13 € monatlich bzw. 39 € vierteljährlich oder jährlich betragen muss.

Nur in Fällen der Anlage im Unternehmen des Arbeitgebers, z.B. Belegschaftsaktien, stille Beteiligungen, Genussrechte, oder in Fällen der Anlage zum Wohnungsbau bzw. zur Entschuldung des Wohnungsbaus, ist eine unmittelbare Zahlung an den Arbeitnehmer zur vermögenswirksamen Anlage zulässig, soweit nicht eine Gutschrift oder Verrechnung mit dem Kaufpreis vorgenommen wird.

Der Staat beteiligt sich an der Vermögensbildung durch eine staatliche Förderung, die so genannte Arbeitnehmer-Sparzulage. Voraussetzung sind bestimmte Einkommensgrenzen, die Einhaltung einer Sperrfrist und bestimmte Formalitäten bei der Zahlung des VL-Beitrages.

VL sind arbeitsrechtlicher Gehaltsbestandteil und können nicht übertragen werden.

Das Bausparen und die Entschuldung wohnwirtschaftlicher Darlehen werden im Rahmen des 5. Vermögensbildungsgesetzes, d.h. bei Anlage vermögenswirksamer Leistungen in einen Bausparvertrag bzw. als Tilgung eines Baudarlehens gefördert. Entscheidet sich der Arbeitnehmer für den Fördertopf Arbeitnehmersparzulage, so kann er nicht gleichzeitig für denselben Betrag Wohnungsbauprämie beantragen. Er muss hierfür also einen separaten Vertrag abschließen.

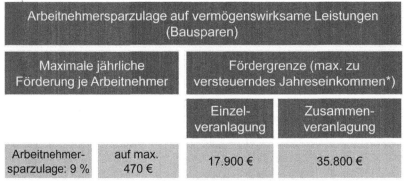

Abb. 131: Arbeitnehmersparzulage auf vermögenswirksame Leistungen (Bausparen)

Zulagenberechtigter Personenkreis

Das 5. Vermögensbildungsgesetz gilt ausschließlich für Arbeitnehmer. Dazu gehören:

- Arbeiter und Angestellte (Voll- und Teilzeit), einschließlich der zu ihrer Berufsausbildung Beschäftigten (z.B. Auszubildenden) und Angestellte im öffentlichen Dienst
- Heimarbeiter
- Beamte
- Richter
- Berufssoldaten und Soldaten auf Zeit

Ausschlaggebend ist ein Arbeitsverhältnis nach deutschem Arbeitsrecht.

Arbeitnehmer, die als Grenzgänger im benachbarten Ausland nach ausländischem Arbeitsrecht beschäftigt sind, aber ihren ständigen Wohnsitz und den Mittelpunkt ihrer Lebensinteressen im Inland haben, fallen ebenfalls unter den begünstigten Personenkreis.

Keine Arbeitnehmer sind z.B. Hausfrauen, Rentner, freiberuflich Tätige, Vorstandsmitglieder und Geschäftsführer von juristischen Personen.

Beantragung

Die Beantragung der Arbeitnehmer-Sparzulage erfolgt mit der Einkommensteuererklärung mit Ablauf des Kalenderjahres und mittels einer Bescheinigung, die der Arbeitnehmer vom Anlageinstitut erhält. Das Finanzamt setzt die Arbeitnehmer-Sparzulage fest (ggf. gerundet auf den nächsten vollen Euro) und nimmt eine Auszahlung wie folgt vor:

- Jährlich an den Arbeitnehmer bei:
  - vorfinanzierten Bausparverträgen
  - Bausparverträgen in der Tilgungsphase
  - Tilgungsbaudarlehen

- einmalig auf das Bausparkonto:
  - nach Ablauf der Bindungsfrist
  - bei Bausparverträgen, die zum Wohnungsbau vorbeliehen bzw. zugeteilt und unschädlich verwendet werden

Die gesetzliche Bindungsfrist bei der Arbeitnehmersparzulage

Die Bindungsfrist beträgt 7 Jahre. Die Frist beginnt beim Bausparen mit dem Tag des Vertragsabschlusses (sofern der erste Zahlungseingang im Jahr des Abschlusses erfolgt).

Eine wohnwirtschaftliche Verwendung ist nicht erforderlich. Während die Wohnungsbauprämie ausdrücklich den Wohnungsbau fördern soll, soll mit der Arbeitnehmer-Sparzulage der Vermögensaufbau unabhängig vom späteren Verwendungszweck gefördert werden.

Prämienunschädliche Verfügungsmöglichkeiten

Eine prämienunschädliche Verfügung ist möglich:

- nach **Ablauf der Bindungsfrist**
- bei **Zuteilung oder Finanzierung des Bausparvertrages**, wenn der Betrag wohnwirtschaftlich verwendet wird
- bei **Tod** des Bausparers oder seines nicht dauernd von ihm getrennt lebenden Ehegatten
- bei **völliger Erwerbsunfähigkeit** des Bausparers oder seines nicht dauernd von ihm getrennt lebenden Ehegatten
- bei **mindestens einjähriger Arbeitslosigkeit** des Bausparers, wenn diese ununterbrochen bestanden hat, erst nach Vertragsabschluss eingetreten ist und zum Zeitpunkt der vorzeitigen Vertragsbeendigung noch besteht

Das Wichtigste zusammengefasst:

Zahlreiche Darlehensvarianten, einschließlich staatlicher Förderprogramme, stellen ein umfassendes und flexibles Paket an Kreditprodukten dar.

Sie kennen die Wirkungsweise und Einsatzbereiche von:

- Annuitätendarlehen
- Zinszahlungsdarlehen
- Tilgungsdarlehen
- Zwischenfinanzierungen
- Anschlussdarlehen/Forward-Darlehen
- Cap-Darlehen
- Festdarlehen
- Policendarlehen
- Bauspardarlehen
- staatlichen Fördermitteln

Sie begreifen die verschiedenen Darlehensarten mit ihren spezifischen Vor- und Nachteilen als flexible Bausteine für eine auf Ihre Darlehensnehmer zugeschnittene Immobilienfinanzierung.

Sie nutzen Ihre Kenntnisse zu diesen Kreditprodukten als Basis, um die unterschiedlichen Angebote Ihrer Produktgeber richtig einschätzen und kundenorientiert einsetzen zu können.

Nun kennen Sie Ihr Grundhandwerkszeug in Form der Kreditprodukte.

Das folgende Kapitel zeigt Ihnen, wie Sie den Finanzierungsbedarf und die einzelnen Finanzierungsbestandteile ermitteln.

▶ **Aufgaben zum Kapitel 3.2 – Kreditprodukte**

Ihr Wissen auf dem Prüfstand:

1. Welche Darlehensart weist laufende Darlehensraten mit zunehmendem Tilgungsanteil auf? (SC)

   a) Tilgungsdarlehen

   b) Festdarlehen

   c) Zwischenfinanzierung

   d) Annuitätendarlehen

2. Welche Aussage über den Tilgungsanteil innerhalb einer Annuität ist korrekt? (SC)

   a) Der steigende Tilgungsanteil führt zu einer steigenden Annuität.

   b) Der steigende Tilgungsanteil führt zu einer sinkenden Annuität.

   c) Der steigende Tilgungsanteil führt zu einem sinkenden Zinsanteil innerhalb der Annuität.

   d) Der sinkende Tilgungsanteil führt zu einem steigenden Zinsanteil innerhalb der Annuität.

3. Welche Aussagen zum Zinszahlungsdarlehen sind korrekt? (MC)

   a) Das Zinszahlungsdarlehen ist zeitlich unbegrenzt und wird erst nach Kündigung durch den Darlehensnehmer fällig.

   b) Beim Zinszahlungsdarlehen werden ausschließlich Zinsen gezahlt, eine laufende Tilgung findet nicht statt.

   c) Zinszahlungsdarlehen gehören zu den endfälligen Darlehen.

   d) Zinszahlungsdarlehen werden monatlich mit einem gleichbleibenden Tilgungsanteil getilgt.

4. Welches der folgenden Merkmale trifft auf die Darlehensrate eines Tilgungsdarlehens zu? (SC)

   a) gleichbleibender Tilgungsanteil

   b) sinkender Tilgungsanteil

   c) steigender Tilgungsanteil

   d) tilgungsfrei

5. Welcher Zeitraum kann durch eine Zwischenfinanzierung überbrückt werden? (SC)

   a) der Zeitraum zwischen dem Abschluss des Kaufvertrages und der Fertigstellung der Immobilie

   b) der Zeitraum zwischen der Darlehensbeantragung und der Darlehensauszahlung

   c) der Zeitraum zwischen dem Ende der Sollzinsbindung und der Anschlussfinanzierung

   d) der Zeitraum zwischen dem Finanzierungsbedarf und der Verfügbarkeit von Eigenmitteln

6. Was unterscheidet die Zwischenfinanzierung und das Vorausdarlehen? (MC)

   a) Bei der Zwischenfinanzierung sind die Tilgungsersatzmittel bereits angespart, aber noch nicht verfügbar.

   b) Beim Vorausdarlehen sind die Tilgungsersatzmittel bereits angespart, aber noch nicht verfügbar.

   c) Bei der Zwischenfinanzierung werden die Tilgungsersatzmittel während der Darlehenslaufzeit angespart.

   d) Beim Vorausdarlehen muss das Tilgungsersatzmittel noch angespart werden.

7. Die Sollzinsbindungsfrist des Darlehens Ihrer Kundin endet in einem Jahr. Für die Restschuld wird eine Anschlussfinanzierung benötigt und die Kundin möchte sich das derzeit niedrige Zinsniveau sichern. Welche Darlehensart empfehlen sie Ihrer Kundin? (SC)

   a) Cap-Darlehen

   b) Zwischenfinanzierung

   c) Forward-Darlehen

   d) Tilgungsdarlehen

8. In welchem Fall handelt es sich um ein echtes Forward-Darlehen? (SC)

   a) Die Zinsbindungsfrist beginnt mit dem Tag der Darlehensauszahlung.

   b) Die Zinsbindungsfrist beginnt mit dem Tag des Abschlusses des Forward-Darlehens.

   c) Die Zinsbindungsfrist beginnt mit dem Tag der ersten Tilgungsverrechnung.

   d) Die Zinsbindungsfrist beginnt mit dem Tag der Antragstellung für das Forward-Darlehen.

9. Welche Aussage beschreibt die Funktionsweise eines Cap-Darlehens zutreffend? (SC)

   a) variabel verzinst mit einer Laufzeitbegrenzung

   b) variable Sollzinsfestschreibungsfrist

   c) fest verzinst mit variabler Tilgung mit Tilgungsobergrenze

   d) variabel verzinst mit einer Zinsobergrenze

10. Welchen Vorteil bietet ein Policendarlehen? (SC)

    a) variable Verzinsung mit Obergrenze

    b) günstige Anschlussfinanzierung

    c) Vermeidung einer vorzeitigen Versicherungskündigung

    d) sinkender Tilgungs- und Zinsanteil während der Laufzeit

11. Wie errechnet sich die Zins- und Tilgungsrate eines Bauspardarlehens? (SC)

    a) Prozentsatz aus dem Bauspardarlehen

    b) Promillesatz aus der Bausparsumme

    c) Promillesatz aus dem Bausparguthaben

    d) Prozentsatz aus dem Bausparguthabenzins

12. Welche staatlichen Fördermittel können bei einer Immobilienfinanzierung genutzt werden? (SC)

    a) BaFin-Darlehen

    b) KfW-Darlehen

    c) Bauspardarlehen

    d) Cap-Darlehen

13. Welche Voraussetzungen gelten u.a. für die Förderung im Rahmen „Wohn-Riester"? (MC)

    a) selbst genutztes Objekt

    b) vermietetes Objekt

    c) Grundstückslage in Deutschland

    d) Grundstückslage in Europa

14. Welcher Mindesteigenbeitrag ist im Rahmen der Riesterförderung vom Förderberechtigten zu erbringen? (SC)

    a) 4 % des sozialversicherungspflichtigen Vorjahres-Bruttoeinkommens

    b) 4 % des steuerpflichtigen Jahresnettoeinkommens

    c) 60 €

    d) Mindestens 2.100 €

15. In welchen Fällen ist eine wohnungsbauprämienunschädliche Kündigung eines geförderten Bausparvertrages möglich? (MC)

    a) mindestens zweijährige ununterbrochene Arbeitslosigkeit des Bausparers

    b) Verwendung des Bausparguthabens für eine wohnwirtschaftliche Weiterbildung

    c) völlige Erwerbsunfähigkeit des Bausparers

    d) Tod des getrennt lebenden Ehegatten

    e) Tod des Bausparers

3.3 Finanzierungsbedarf und Finanzierungsbestandteile

Eine detaillierte Gesamtkostenermittlung und -aufstellung ist zwingend Voraussetzung für ein bedarfsgerechtes Finanzierungsangebot.

Denn der Immobilienerwerb ist nicht nur mit der Kaufpreiszahlung für das Grundstück und die Immobilie verbunden, sondern auch mit zahlreichen weiteren Zusatzkosten. Das können Kosten für eine Garage oder die Außenanlagen sowie Erschließungskosten sein. Dazu kommen Kosten für Notar, Grundbuchamt und unvermeidlich auch die Grunderwerbsteuer.

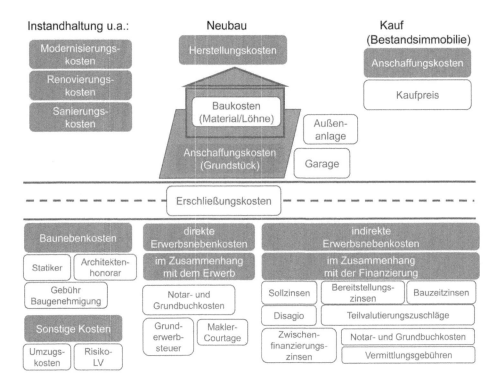

Abb. 132: Kosten im Zusammenhang mit dem Immobilienerwerb

Bei der Ermittlung des Finanzierungsbedarfs werden die vorhandenen Eigenmittel den anfallenden Kosten gegenübergestellt. Bei den Kosten sind neben dem Immobilienkaufpreis auch die auf jeden Fall anfallenden direkten Erwerbsnebenkosten und auch die eventuell anfallenden indirekten Erwerbsnebenkosten zu berücksichtigen. Eventuell anfallende indirekte Erwerbsnebenkosten fallen beispielsweise an, wenn sich die Fertigstellung des Bauvorhabens verzögert und die Bank Bereitstellungszinsen für das Darlehen berechnet, da dieses dann ebenfalls verzögert in Anspruch genommen wird. Hierzu finden Sie in den nachfolgenden Kapiteln weitere Details.

3.3.1 Erwerbskosten

Zu den Erwerbskosten gehören:

- Anschaffungskosten bei einer Bestandsimmobilie = Kaufpreis für das bebaute oder unbebaute Grundstück oder eine Eigentumswohnung
- Anschaffungskosten für das Baugrundstück für einen Neubau
- Herstellungskosten bei einem Neubau für die Erstellung des Gebäudes (Baukosten, Baumaterial, Löhne)
- Instandhaltungskosten (Renovierung, Sanierung, Modernisierung): Diese sind vor allem beim Kauf einer Bestandsimmobilie zu beachten.
- Kosten für die Außenanlagen: Diese können je nach Größe und Beschaffenheit (beispielsweise Hanglage) des Grundstücks schnell einen fünfstelligen Betrag ausmachen.
- Abriss- und Bauschuttbeseitigungskosten
- Kosten für eine neue Garage
- Erschließungskosten: Auf diese Kosten ist, vor allem bei einem noch unbebauten Grundstück, zu achten. Es handelt sich hierbei sowohl um noch bis zur Grundstücksgrenze anfallende Erschließungskosten, als auch um den Anschluss des Grundstücks an insbesondere die Strom-, Wasser- oder Abwasserversorgung. Dieser Kostenblock kann ebenfalls schnell einen fünfstelligen Betrag erreichen.

Baunebenkosten

Hierunter fallen bei einem Neubau insbesondere die Kosten für den Architekten, Statiker, Bausachverständigen oder die Gebühren für die Baugenehmigung.

Weitere Kosten

Mit dem Erwerb oder Bau einer Immobilie sind ganz unterschiedliche weitere Kosten verbunden, beispielsweise:

- Kosten für neue Möbel
- Kosten für eine (neue) Einbauküche
- Kinderbetreuungskosten während der Bauphase
- Umzugskosten

Im Gegensatz zu den Erwerbs- und Baunebenkosten müssen diese Aufwendungen aus eigenen Mitteln finanziert werden. Für Möbel oder Küche kommen allenfalls teurere Konsumkredite (Allgemein-Verbraucherdarlehen) in Frage.

3.3.2 Direkte Erwerbsnebenkosten

Als direkte Erwerbsnebenkosten werden insbesondere die Kosten im Zusammenhang mit dem Grundstücks-/Bestandsimmobilienerwerb bezeichnet.

Dazu gehören:

- **Maklercourtage**, sofern ein Makler für die Vermittlung des Grundstücks zwischen Verkäufer und Käufer beteiligt war. Die Maklercourtage wird individuell vereinbart und liegt zwischen ca. 3–6 % zuzüglich Mehrwertsteuer.
- **Notarkosten** im Zusammenhang mit dem Eigentumserwerb an einem Grundstück, da der Gesetzgeber die notarielle Beurkundung für den Grundstückserwerb vorschreibt. Auch bei einer Grundpfandrechtbestellung wird ein Notar eingebunden.
- **Grundbuchkosten** für die Eigentumsumschreibung, Eintragung der Grundpfandrechte, Löschung alter Rechte u.a.
- **Grunderwerbsteuer** (siehe Kapitel 2.12.2.1 Grunderwerbsteuer (GESt)), deren Höhe Bundesländersache ist und zwischen 3,5 % und 6,5 % der Bemessungsgrundlage (in der Regel Kaufpreis des bebauten oder unbebauten Grundstücks) betragen kann.

Für die Notar- und Grundbuchkosten sollen mindestens 1,5 bis 2 % der Kaufpreissumme einkalkuliert werden.

Die Notar- und Grundbuchamtskosten sind im Gesetz über Kosten der freiwilligen Gerichtsbarkeit für Gerichte und Notare (Gerichts- und Notarkostengesetz GNotKG) gesetzlich fest geregelt. Die sich aus der Anlage 2 zu § 34 Abs. 3 GNotKG Tabelle B ergebenden Grundgebühren werden mit dem jeweiligen Kostenfaktor der Anlage 1 zu § 3 Abs. 2 GNotKG multipliziert.

Beispiel Notar- und Grundbuchkosten für den Erwerb eines Grundstücks

Geschäftswert 180.000 € = Grundgebühr in Höhe von 408 €

Notarkosten:
Erstellung eines Kaufvertrages = Faktor 1 = 408 €
Vertragsbeurkundung einschließlich Vorlesen des gesamten Vertragstextes
= Faktor 2 = 816 €
Vollzugsgebühr u.a. für Bearbeitung und Information über Grundbucheintragungen
= Faktor 0,5 = 204 €

Kosten des Grundbuchamtes:
Eintragung von Eigentümer und Auflassung = Faktor 1 = 408 €
Eintragung der Auflassungsvormerkung = Faktor 0,5 = 204 €
Löschung Auflassungsvormerkung = 25 €

Notar- und Grundbuchamtsgesamtkosten gemäß GNotKG für den Grundstückserwerb = 2.065 € (zzgl. Mehrwertsteuer)

3.3.3 Indirekte Erwerbsnebenkosten

Zu den indirekten Erwerbsnebenkosten zählen vor allem die Kosten im Zusammenhang mit der Finanzierung, die keine Zinsen oder Tilgung sind.

Sie werden nicht mitfinanziert und sind aus den Eigenmitteln zu finanzieren.

Abb. 133: Indirekte Erwerbsnebenkosten

Bereitstellungszinsen

Der Darlehensvertrag enthält den Zeitpunkt, zu dem der Darlehensbetrag vom Darlehensnehmer benötigt wird. Dies fließt in die Konditionsgestaltung mit ein. Der Darlehensgeber selbst refinanziert sich zu diesen Rahmenbedingungen. Nimmt der Darlehensnehmer den Darlehensbetrag zu einem später als dem vereinbarten Zeitpunkt in Anspruch, so entsteht dem Darlehensgeber ein Schaden, da ihm für diesen Zeitraum Zinseinnahmen entgehen, er selbst aber die Kosten seiner Refinanzierung zu tragen hat. Eine solche verzögerte Inanspruchnahme kann sich durch einen verzögerten Baufortschritt oder fehlende Voraussetzungen für die Kaufpreisfälligstellung ergeben. In einem solchen Fall ist der Darlehensgeber zur Berechnung von Bereitstellungszinsen berechtigt.

Die Bereitstellungszinsen werden auf die noch nicht ausgezahlten Darlehensbeträge berechnet.

Tipp

Im Darlehensvertrag sollte ein Zeitraum vereinbart werden, in dem keine Bereitstellungszinsen anfallen. Dieser Zeitraum kann in der Regel gegen einen Zinsaufschlag verlängert werden. Da Bereitstellungszinsen nicht in den effektiven Jahreszins mit eingerechnet werden können, sind sie ein wichtiger Aspekt beim Vergleich verschiedener Finanzierungsangebote.

Teilvalutierungszuschläge

Bei einem Neubau erfolgt die Kaufpreiszahlung selten in einer Summe, sondern vielmehr in mehreren Abschlagszahlungen. Dadurch wird auch das Darlehen an den Darlehensnehmer in mehreren Teilen, in der Regel nach Baufortschritt, ausbezahlt (valutiert). Dem Darlehensgeber entstehen hierdurch zusätzliche Refinanzierungskosten, die er dem Darlehensnehmer in Form von Teilvalutierungszuschlägen (Gebühr oder Zinsaufschlag) in Rechnung stellt.

Bauzeitinsen

Als Bauzeitinsen werden diejenigen Zinsen bezeichnet, die während einer Bauphase bei einem Neubauvorhaben bereits auf Darlehensteilauszahlungen zu zahlen sind und oft zusätzlich zur noch laufenden Miete gezahlt werden müssen. Auch der Grundstückskaufpreis ist in diesem Fall bereits weit vor der Fertigstellung zu bezahlen und zu finanzieren. Aus diesem Grund sollten die Bauzeitinsen – wie alle indirekten Erwerbsnebenkosten – im Finanzierungsplan berücksichtigt werden.

Bauzeitinsen können in aller Regel jedoch nicht mitfinanziert werden und müssen aus eigenen Mitteln vom Darlehensnehmer bezahlt werden.

Nachfolgende Faustformel kann einen ersten Anhaltspunkt bieten für die Kalkulation:

$$\frac{Darlehenssumme \times halbe\ Bauzeit\ in\ Monaten \times Zins}{12 \times 100}$$

Zwischenfinanzierungszinsen

Manchmal stehen die Eigenmittel nicht rechtzeitig zur Verfügung (beispielsweise ein noch nicht zuteilungsreifer Bausparvertrag). Eine Zwischenfinanzierung ist in der Regel möglich, verursacht jedoch zusätzliche Kosten in Form der Zwischenfinanzierungszinsen.

Disagio/Agio

Zinsen können in Form eines **Disagios** (in der Regel bis zu 5 % der Darlehenssumme) vorausbezahlt werden. Dies rechnet sich für Kapitalanleger aufgrund der Möglichkeit, die Darlehenszinsen und auch das Disagio als Werbungskosten absetzen zu können. Bei einem Disagio (italienisch für Abgeld; auch Damnum genannt) werden dann aus dem Darlehen beispielsweise nur 95 % ausbezahlt. Der Nachteil ist, dass das Disagio zusätzlich finanziert werden muss. Der Vorteil ist, dass durch das Disagio die laufende

Darlehensrate reduziert wird. Kapitalanleger profitieren von der Absetzbarkeit des Disagios als Werbungskosten.

Ein **Agio** ist ein Aufgeld, um das der Auszahlungsbetrag und somit auch Rückzahlungsbetrag eines Darlehens den Nominalbetrag übersteigt. Der Preis für das Agio ist allerdings ein erhöhter Darlehenszins. Aus diesem Grund kommt das Agio in der aktuellen Praxis des Baufinanzierungsgeschäftes nur noch selten vor.

Schätzkosten/Wertermittlungsgebühr

Die Erhebung einer Schätzkosten- oder Wertermittlungsgebühr für die Ermittlung des Verkehrs- und Beleihungswertes der Immobilie war früher üblich und ist aufgrund der aktuellen Rechtsprechung (vgl. OLG Celle, 13 W 49/10, OLG Düsseldorf, I-6 U 17/09; LG Stuttgart, 20 O 9/07; LG Düsseldorf, 12 O 335/07) unzulässig. Die Ermittlung des Beleihungswertes gehört zu den gesetzlichen Pflichten des Kreditinstituts und erfolgt ausschließlich im eigenen Interesse des Darlehensgebers zur Einschätzung des Kreditrisikos.

Abschlussgebühren

Abschlussgebühren können beispielsweise im Zusammenhang mit einem Bausparvertrag anfallen. Dieses sind entweder in einer Summe zu zahlen oder werden mit den ersten Bausparbeiträgen verrechnet. Dagegen sind gemäß aktueller Rechtsprechung eine Darlehensgebühr bei Auszahlung des Bauspardarlehens (BGH, Urteil vom 8.11.2016, Az. XI ZR 552/15) und eine „Kontogebühr", die der Bausparer in der Darlehensphase zahlen muss (BGH, Urteil vom 9.5.2017, Az. XI ZR 308/15), unzulässig.

Kosten für die (Finanzierungs-)Dienstleistungsvermittlung (gem. §§ 655a und 655c BGB)

Für die Vermittlertätigkeit des Immobiliardarlehensvermittlers darf dem Darlehensnehmer eine Vergütung in Rechnung gestellt werden. Voraussetzung ist, dass infolge der Vermittlung das Darlehen an den Darlehensnehmer geleistet wird. Soweit der Darlehensvertrag mit Wissen des Vermittlers der vorzeitigen Ablösung eines anderen Darlehens dient, darf eine Vermittlungsvergütung nur verlangt werden, wenn sich der effektive Jahreszins dadurch nicht erhöht.

Notar- und Grundbuchamtskosten für die Eintragung von Grundpfandrechten

Honorare und Gebühren für die Eintragung von Grundpfandrechten im Grundbuch (insbesondere Grundschuldbestellung und -eintragung) von Notar und Grundbuchamt im Rahmen einer Immobilienfinanzierung gehören ebenfalls zu den indirekten Erwerbsnebenkosten. Die Höhe der Gebühren für die einzelnen Leistungen ist in den Gebührentabellen des Gerichts- und Notarkostengesetzes (GNotKG) festgesetzt.

3.3.4 Eigenmittel

Mit Eigenmittel sind einsetzbares Eigenkapital und Eigenleistungen gemeint. Sie sind erforderliche Finanzierungsbausteine, nicht nur um die Erwerbsnebenkosten zu finanzieren und die Finanzierungskosten so gering wie möglich zu halten. Auch der Darlehensgeber verlangt einen gewissen Eigenmittelanteil, da die zu finanzierende Immobilie nur bis zu den gesetzlich oder individuell vorgegebenen Beleihungsgrenzen als Darlehenssicherheit einsetzbar ist.

Abb. 134: Eigenmittel

Vorteile des Eigenmitteleinsatzes sind:

- Einsparung von Finanzierungskosten aufgrund des geringeren Darlehensbedarfs
- positive Auswirkung auf den Beleihungsauslauf (siehe Kapitel 3.9.4 Beleihungsgrenzen und Beleihungsauslauf)
- günstigere Konditionen
- positiver Einfluss auf die Bonitätsprüfung

Nachteile des Eigenmitteleinsatzes sind:

- fehlende Liquiditätsreserven für unvorhergesehene Ausgaben
- fehlende Rücklagen für beispielsweise die Altersvorsorge oder Ausbildung der Kinder

Welche Vermögenswerte gehören zu den Eigenmitteln?

Zu den Eigenmitteln gehören jene Vermögenswerte, die zur Finanzierung der Immobilie genutzt werden können und sollen (Eigenkapitalanteil).

Dazu müssen diese entsprechend bis zum Zahlungstermin (Kaufpreis u.ä.) verfügbar sein.

Bei einem verfügbaren Bausparguthaben sollte es sich um einen insgesamt zur Finanzierung eingesetzten Bausparvertrag handeln. Der Darlehensnehmer kann aber auch nur das angesparte Guthaben zur Finanzierung verwenden und auf das Bauspardarlehen verzichten. Dies ist eine Konditions- und Liquiditätsfrage.

Wertpapiervermögen kann mit dem Kurswert bei Verkauf angesetzt werden.

Kapitallebensversicherungen sind Eigenmittel in Höhe des Rückkaufswertes bei Auflösung.

Damit Eigenleistungen (Arbeitsleistungen) vom Darlehensgeber als Eigenmittel anerkannt werden, ist oft eine Architektenbestätigung erforderlich, wenn diese eine bestimmte Betragshöhe übersteigen. Mehr als 5–10 % der Baukosten sind oft nicht realistisch, zumal dies einiges an Arbeitsstunden bedeutet und entsprechende handwerkliche Fähigkeiten voraussetzt. Bei den so genannten Selbsthilfearbeiten durch Freunde und Verwandte ist auch die beitragspflichtige gesetzliche Unfallversicherung und Anmeldung bei der Bauberufsgenossenschaft zu beachten.

Tipp

Bei der Entscheidung, welche vorhandenen Vermögenswerte als Eigenmittel in der Immobilienfinanzierung eingesetzt werden sollen, empfiehlt es sich, Ihren Kunden auf eine ausreichende Liquiditätsreserve und für seine private Altersvorsorge benötigten Mittel hinzuweisen.

Welche Vermögenswerte gehören nicht zu den Eigenmitteln?

Vermögenswerte, die bis zum Zahlungstermin nicht verfügbar sind, sind keine Eigenmittel. Dies trifft beispielsweise auf einen noch nicht zugeteilten Bausparvertrag zu und auf eine Kapitallebensversicherung ohne entsprechenden Rückkaufswert.

Tipp

Insbesondere bei der selbstgenutzten Wohnimmobilie empfiehlt sich ein solider Eigenmitteleinsatz. Das betrifft die Erwerbs- und Finanzierungsnebenkosten sowie einen entsprechenden Prozentsatz der eigentlichen Objektkosten. So wird die Haushaltskasse nicht mit mehr als den tatsächlich langfristig tragbaren Finanzierungskosten belastet und es bleibt noch ausreichend Kapital „zum Leben" und Genießen des neuen Eigenheims übrig. Das beginnt übrigens schon bei der Auswahl des Objektes: Passen Größe und Ausstattung zum Finanzierungsbudget? Dazu kommt, dass beispielsweise 100 %-Finanzierungen nur mit erhöhten Darlehenszinsen angeboten bzw. in der Regel bei selbstgenutzten Objekten abgelehnt werden.

3.3.5 Fremdmittel

Zur Beschaffung der benötigten Fremdmittel wird oft die Finanzierung bei einem einzigen Darlehensgeber abgeschlossen. Das hat den Vorteil, dass dieser eine erstrangige Besicherung erhält und somit bei den Zinskonditionen dem Darlehensnehmer entgegen kommen kann. Soll die Finanzierung durch mehrere Darlehensgeber erfolgen, so werden die nachrangig besicherten Darlehensteile in der Regel mit einem höheren Zinssatz angeboten werden. Es gilt im Einzelfall, alle Konditionen und Darlehensausgestaltungen genau zu prüfen und zu vergleichen.

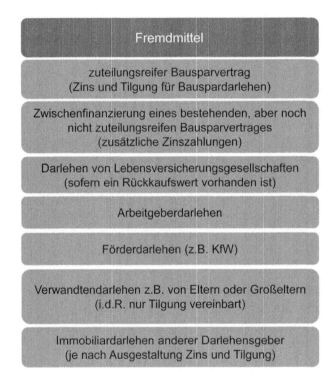

Abb. 135: Fremdmittel

Neben den Eigenmitteln decken die Fremdmittel (Fremdkapital) den Finanzierungsbedarf.

Der Vorteil von Förderkrediten, Arbeitgeberdarlehen und Verwandtendarlehen liegt in der Regel darin, dass diese entweder keine (Verwandtendarlehen) oder geringe Darlehenszinsen unterhalb des Kapitalmarktniveaus aufweisen sowie nicht oder nur nachrangig im Grundbuch besichert werden müssen.

Arbeitgeberdarlehen

Arbeitgeberdarlehen werden vom Arbeitgeber meist nur für den selbstgenutzten Wohnraum gewährt. Da sie eingesetzt werden, um den Arbeitnehmer langfristig an sich zu binden, handelt es sich in der Regel um ein sehr zinsgünstiges Darlehen, oft mit der Möglichkeit einer nachrangigen Besicherung. Das Risiko besteht allerdings, wenn der Arbeitnehmer den Arbeitgeber wechseln will. In diesem Fall muss das Arbeitgeberdarlehen des alten Arbeitgebers vorzeitig zurück bezahlt werden. Der Arbeitnehmer muss sich dann um eine meist teurere Finanzierung im Rahmen einer Umschuldung mit einem neuen Darlehensgeber kümmern und sich diese auch leisten können.

Verwandtendarlehen

Bei diesen Darlehen handelt es sich um Vereinbarungen zwischen dem Darlehensnehmer und einem seiner Verwandten, wie beispielsweise den Eltern. Diese Darlehen sind in der Regel zinslos und werden grundpfandrechtlich nicht abgesichert. Die Rückzahlung erfolgt individuell.

Förderkredite

Hiermit sind einerseits die Förderprogramme der KfW gemeint. Zu beachten ist bei diesen, dass es keinen Rechtsanspruch auf diese Mittel gibt. Sind die Fördermittel, die der Staat zur Verfügung gestellt hat, beispielsweise aufgebraucht, gibt es, auch wenn alle sonstigen Voraussetzungen erfüllt sind, keine Förderzusage.

Bei Wohn-Riester sind die Einkommensgrenzen für die Gewährung der Zulagen zu beachten.

Wie berechnet sich der Fremdmittelbedarf?

Der Fremdmittelbedarf ergibt sich aus der Differenz der Gesamtkosten (Finanzierungsbedarf) und den Eigenmitteln und wird daher oft auch als Finanzierungslücke bezeichnet.

Beispiel: Finanzierungsplan zur Berechnung des Fremdmittelbedarfs

Gesamtkosten für den Kauf einer Eigentumswohnung	255.000 €
abzgl. selbst bezahlter Erwerbsnebenkosten	– 24.500 €
abzgl. Eigenmittel:	
Guthaben aus zugeteiltem Bausparvertrag	– 20.000 €
Wertpapiervermögen	– 25.000 €
Guthaben aus Festgeldanlage	– 10.500 €
Eigenleistung Modernisierung	– 5.000 €
= Fremdmittelbedarf	**170.000 €**

Das Wichtigste zusammengefasst:

Die Ermittlung des Finanzierungsbedarfs Ihres Kunden steht am Anfang Ihrer Finanzierungsberatung. Sind alle Kosten berücksichtigt worden? Wurden Erwerbs- und Erwerbsnebenkosten umfassend berücksichtigt? Welche eigenen finanziellen Mittel stehen zur Verfügung?

Sie können:

- die Erwerbskosten (Kaufpreis, Grundstücks- und Herstellungskosten, Renovierungs-, Sanierungs- oder Modernisierungskosten sowie weitere Kosten) bei einem Neubau und einer Bestandsimmobilie ermitteln

- direkte Erwerbsnebenkosten (Grunderwerbsteuer, Notar- und Grundbuchkosten, Maklercourtage) berücksichtigen

- indirekte Erwerbsnebenkosten (Bauzeitzinsen, Bereitstellungszinsen, Teilvalutierungszuschläge, Zwischenfinanzierungszinsen, Disagio sowie weitere Honorare und Gebühren) berücksichtigen

- einsetzbare Eigenmittel (Kontoguthaben, Wertpapiervermögen, vorhandenes Bausparguthaben, vorhandene Rückkaufswerte von Lebensversicherungen, Eigenleistungen oder einsetzbarer Grundbesitz) ermitteln

- verfügbare Fremdmittel (Verwandtendarlehen, Arbeitgeberdarlehen, Förderkredite, Bauspardarlehen, Bankdarlehen sowie Versicherungsdarlehen) bewerten

Sie verstehen die Ermittlung des tatsächlichen Finanzbedarfs Ihres Kunden als Voraussetzung für die Erstellung Ihres Finanzierungsangebotes.

Sie nutzen Ihre Kenntnisse als vertrauensbildende Vorgehensweise zu dieser Finanzdienstleistung, mit der sich Ihr Kunde langfristig an Sie bindet.

Dieses Kapitel hat Ihnen gezeigt, wie wichtig eine lückenlose Kostenaufstellung rund um den Immobilienerwerb oder Hausbau ist.

Im nächsten Schritt befasst sich das nachfolgende Kapitel mit dem Thema Konditionenvergleich und der Zins- und Tilgungsgestaltung eines Darlehens. Worauf kommt es bei der Zins- und Tilgungsgestaltung eines Darlehens an? Und worauf kommt es beim Vergleich unterschiedlicher Finanzierungsangebote an?

► **Aufgaben zum Kapitel 3.3 – Finanzierungsbedarf und Finanzierungsbestandteile**

Ihr Wissen auf dem Prüfstand:

1. Welche Kosten zählen zu den finanzierbaren Erwerbskosten? (MC)

    a) Anschaffungskosten für das Grundstück

    b) Grunderwerbsteuer

    c) Umzugskosten

    d) Erschließungskosten

2. Welche Kosten zählen zu den direkten Erwerbsnebenkosten? (MC)

    a) Bereitstellungszinsen

    b) Grunderwerbsteuer

    c) Grundsteuer

    d) Grundbuchkosten für die Grundschuldeintragung

    e) Notarkosten für den Grundstückserwerb

3. Welche Kosten zählen zu den indirekten Erwerbsnebenkosten? (MC)

    a) Bauzeitzinsen

    b) Zwischenfinanzierungszinsen

    c) Grundschuldzinsen

    d) Teilvalutierungszuschläge

    e) Maklergebühren

    f) Kosten für die Außenanlagen

4. Wann können Bereitstellungszinsen anfallen? (SC)
    Der Darlehensnehmer...

    a) ... nimmt das Darlehen zu einem späteren Zeitpunkt als vereinbart in Anspruch

    b) ... kündigt das Darlehen vorzeitig

    c) ... nimmt das Darlehen nicht in Anspruch

    d) ... nimmt das Darlehen in Teilbeträgen in Anspruch

    e) ... nimmt das Darlehen während der Bauzeit in Anspruch

5. Wann können Teilvalutierungszuschläge anfallen? (SC)
    Der Darlehensnehmer...

    a) ... nimmt das Darlehen zu einem späteren Zeitpunkt als vereinbart in Anspruch

b) ... kündigt das Darlehen vorzeitig

c) ... nimmt das Darlehen teilweise nicht in Anspruch

d) ... nimmt das Darlehen in Teilbeträgen in Anspruch

e) ... nimmt das Darlehen während der Bauzeit in Anspruch

6. Ein Teil der Darlehenszinsen kann im Voraus bezahlt werden. Dies ist aus steuerlichen Gründen für Kapitalanleger interessant, da die Zinsen als Werbungskosten abgesetzt werden können. Wie nennt man diese Zinsgestaltung? (SC)

a) Agio

b) Disagio

c) Teilvalutierung

d) Refinanzierung

7. Was zählt zu den einsetzbaren Eigenmitteln? (MC)

a) Sparguthaben

b) Bausparvertrag

c) Abschluss einer Kapitallebensversicherung

d) Vorhandenes Grundstück

e) Vorhandenes Bausparguthaben

f) Verwandtendarlehen

8. Was zählt zu den Fremdmitteln? (MC)

a) Haushaltsdarlehen

b) Arbeitgeberdarlehen

c) KfW-Darlehen

d) Arbeitnehmerdarlehen

e) Rückkaufswert einer Lebensversicherung

9. Was kennzeichnet in der Regel ein Arbeitgeberdarlehen? (MC)

a) variabler Sollzinssatz auf Marktzinsniveau

b) zinsloses Darlehen

c) zweckgebunden für selbstgenutzte Immobilien

d) erstrangige Besicherung

e) Sollzinssatz unter Marktzinsniveau

10. Wie errechnen Sie grundsätzlich den Fremdmittelbedarf Ihres Kunden? (SC)

a) Gesamtkosten abzüglich Eigenmittel und abzüglich bezahlter Erwerbsnebenkosten

b) Finanzierungskosten abzüglich Eigenkapital und abzüglich Erwerbsnebenkosten

c) Eigenkapital abzüglich Fremdkapital und abzüglich Erwerbsnebenkosten

d) Erwerbskosten abzüglich Eigenkapital und abzüglich vorhandenes Fremdkapital

3.4 Konditionenvergleich

3.4.1 Zinshöhe in Abhängigkeit von der Besicherung

Zu den wichtigsten Zinseinflussfaktoren gehören:

- werthaltige Sicherheiten,
- Zusatzsicherheiten sowie
- ein positives Kreditscoring.

Werthaltige Sicherheiten oder Zusatzsicherheiten und vorhandene Eigenmittel sind eine wichtige Verhandlungsbasis für die Höhe des Darlehenszinssatzes. Denn der Zinssatz wird vom Darlehensgeber auch als Risikoausgleich eingesetzt, d.h. je geringer die Werthaltigkeit der Sicherheit ist, umso höher wird der Darlehenszins ausfallen, den der Darlehensgeber anbietet.

> **Realkredit**
>
> Kredite, die durch Grundpfandrechte abgesichert sind, werden auch als Realkredite bezeichnet. Der Begriff basiert auf § 21 Abs. 3 Nr. 1 KWG (mit Verweis auf § 14 Abs. 1 und § 16 Abs. 1 und 2 Pfandbriefgesetz). Realkredite sind durch ein erstrangiges Grundpfandrecht bis zu 60 % des Beleihungswertes (nachhaltig erzielbarer Wert eines Immobilienobjektes) zu besichern.
>
> Das Gegenstück ist der Personalkredit, der nur auf die Bonität des Darlehensnehmers oder andere Darlehenssicherheiten abgestellt ist.

Immobiliardarlehen können entweder als ein einzelnes Darlehen mit einem einzelnen Zinssatz gewährt werden oder in Abhängigkeit von der Besicherung in mehrere Teile mit unterschiedlicher Verzinsung aufgeteilt werden (so genanntes **Realkreditsplitting**):

- **1a-Darlehen** sind Darlehen mit dem niedrigsten Zinssatz, die mit einer erstrangigen Grundschuld bis zu einem Beleihungswert von 60 % abgesichert sind.
- **1b-Darlehen** sind Darlehen mit einem gegenüber dem 1a-Darlehen erhöhten Zinssatz, die mit einer nachrangigen Grundschuld bis zu einem Beleihungswert von 80 % abgesichert sind.

Darüber hinaus gibt es wiederum zwei Arten von Realkreditsplitting:

- **echtes Realkreditsplitting**: Es erfolgt eine separate Darlehensvergabe für das 1a- und 1b-Darlehen mit unterschiedlichen Tilgungsmöglichkeiten und Zinsbindungen sowie ggf. auch unterschiedlichen Darlehensgebern (Bank, KfW, Bausparkasse u.a.)
- **unechtes Realkreditsplitting**: Die Gesamtfinanzierung wird in Form eines einzigen Darlehensvertrages vorgenommen und der Darlehensnehmer leistet eine Gesamtrate aus Zins und Tilgung. Lediglich intern erfolgt eine Aufteilung in einen 1a- bzw. 1b-Teil mit der entsprechend unterschiedlichen Risikoeinstufung.

Im Kapitel 3.9 Beleihungsprüfung und Bewertung von Sicherheiten werden Sie noch mehr Details hierzu erfahren.

Beim **Kreditscoring** geht es um die Frage „Wie hoch ist die Wahrscheinlichkeit, dass ein Darlehensnehmer seinen Zahlungsverpflichtungen zukünftig nachkommt?"

Der Darlehensgeber verwendet hierzu ein Verfahren mit einem Punktesystem auf der Basis statistischer Daten, um die Kreditwürdigkeit des Darlehensnehmers einzuschätzen. Faktoren, die das Scoring unterschiedlich gewichtet beeinflussen, sind:

- sozialdemografische Merkmale (Name und Anschrift)
- Finanzverhalten (Einkommen, Verbindlichkeiten u.a.)
- Vertragsdaten (Überziehungen, Kontoumsätze u.a.)

Je besser das Kreditscoring ausfällt, umso geringer ist das Kreditausfallrisiko zu bewerten und umso mehr kann der Darlehensgeber dem Darlehensnehmer bei der Zinskondition für sein Darlehen entgegenkommen.

Kreditscoring

Punktewert auf Basis einer statistischen Analyse der Kreditwürdigkeit eines Darlehensnehmers. Das Scoring soll Auskunft über die Wahrscheinlichkeit geben, ob ein Darlehensnehmer das Darlehen vereinbarungsgemäß zurückzahlen kann oder auch nicht.

3.4.2 Effektiver Jahreszins

Bereits in Kapitel 2.6.1 Grundlagen des Verbraucherschutzes haben Sie umfassende Information zum effektiven Jahreszins erhalten.

Der effektive Jahreszins berücksichtigt nicht nur den vereinbarten Sollzins, sondern beinhaltet auch weitere, mit der Finanzierung verbundene und bekannte Kosten.

Er gehört nicht nur im ESIS-Merkblatt und im Darlehensvertrag zu den Pflichtangaben, sondern auch in der Werbung mit Immobiliar-Verbraucherdarlehen.

Beispiel eines Immobiliardarlehen-Anbieters

Bei 2/3 der durch die Vermittlung der Muster AG zustande kommenden Verträge erhalten Muster-AG-Kunden einen festen Sollzins von 1,39 % p.a. und einen effektiven Jahreszins von 1,40 % p.a., unter Berücksichtigung folgender Annahmen: Nettodarlehensbetrag 200.000 € (Kaufpreis der Immobilie 250.000 €), Tilgung 3 % p.a., Laufzeit des Verbraucherdarlehensvertrages 27 Jahre und 6 Monate, 10 Jahre Sollzinsbindung, pro Jahr 12 Ratenzahlungen in der Höhe von 732 €. Weitere etwaige Gebühren (z.B. Teilauszahlungszuschläge, Auslagen (z.B. Grundbuchkosten)) und sonstige Kosten können anfallen. Sofern der Darlehensnehmer diese im Zusammenhang mit dem Vertrag zu tragen hat, kann sich der effektive Jahreszins erhöhen. Der zu zahlende Gesamtbetrag während der Sollzinsbindung beläuft sich auf 89.000 €. Die Restschuld am Ende der Zinsbindung beträgt 135.670 €. Weitere Voraussetzungen: Einwandfreie Einkommens- und Vermögenssituation, erstrangige Besicherung über ein Grundpfandrecht, Auszahlung in einer Summe. Die Konditionen können auch regional sowie von weiteren Faktoren abhängig sein. (Quelle: https://www.interhyp.de/sollzins-effektivzinsrechner/)

Die gesetzlichen Grundlagen sind:

- § 6 Abs. 3 PAngV: zu berücksichtigende und nicht zu berücksichtigende Kosten und Berechnungsgrundlagen
- § 6a PAngV: Vorschriften für eine zulässige Werbung
- auf Immobiliar-Verbraucherdarlehensverträge gemäß § 491 Absatz 2 Satz 2 Nummer 5 des BGB ist nur § 6a Absatz 1 PAngV anwendbar.

3.4.3   Variabler Zinssatz

Gemäß Artikel 27 Abs. 2 Wohnimmobilienkreditrichtlinie gilt:

Artikel 27 Abs. 2 Wohnimmobilienkreditrichtlinie

Kreditinstitute sind zur Information über den Referenzzins bei variablen Darlehen durch Aushang in ihren Geschäftsräumen verpflichtet. Darüber hinaus müssen Darlehensnehmer bei Zinsänderungen über den Betrag der neuen regelmäßigen Raten informiert werden. Auch im Vertrag über ein Immobiliardarlehen muss die Information über den Referenzzinssatz enthalten sein.

Merkmale

Ein variabler Zinssatz wird regelmäßig, d.h. in der Regel vierteljährlich, an das aktuelle Marktzinsniveau angepasst. Häufig kommt als Referenzzinssatz der Euribor® zum Einsatz.

EURIBOR®

Euro Interbank Offered Rate. Geldmarktzinssatz, zu dem sich die Banken des Euroraums untereinander kurzfristig (in der Regel bis max. 12 Monate) Geld ausleihen.

Vorteile

Die Vorteile einer variablen Darlehensverzinsung sind:

- regelmäßige Anpassung an das Marktzinsniveau
- jederzeitige Kündigungsmöglichkeit mit einer Kündigungsfrist von 3 Monaten ohne Vorfälligkeitsentschädigung

Risiken

Es besteht nicht nur die Chance auf Anpassung an ein niedrigeres Marktzinsniveau, sondern es besteht auch das Risiko der Anpassung an ein gestiegenes Marktzinsniveau.

Einsatzbereiche

In folgenden Fällen kann eine variable Darlehensverzinsung Vorteile bieten:

- Der Verkauf einer alten Immobilie ist noch nicht abgeschlossen und das Darlehen soll den Zeitraum bis zur Kaufpreiszahlung überbrücken
- Überbrückung des Zeitraums zwischen dem Ablauf einer Sollzinsbindung und der Entscheidung für die Anschlussfinanzierung
- Darlehensnehmer geht von sinkenden Zinsen aus
- Schwankungen der monatlichen Belastungen sind für den Darlehensnehmer tragbar
- geplante Sondertilgungen
- Wahrung der Option auf vorzeitige Darlehensrückzahlung
- Festzinsvereinbarung zu einem späteren Zeitpunkt zu günstigeren Marktzinsen geplant

3.4.4 Zinsfestschreibung/Sollzinsbindungsfristen

Merkmale

Sollzinsen können über einen vereinbarten Zeitraum fest vereinbart werden. Während dieser Sollzinsbindungsfrist kann sich der Zinssatz nicht verändern.

Je länger die Sollzinsbindung umso höher ist i.d.R. der fest vereinbarte Sollzins (gebundener Sollzins). Der Grund hierfür ist, dass die Bank während der Sollzinsbindungsfrist nicht von steigenden Marktzinsen profitieren kann.

Am Ende der Sollzinsbindungsfrist muss der Darlehensnehmer über die Anschlussfinanzierung entscheiden (sofern noch ein Restdarlehen besteht und kein Tilgungsersatzmittel wie beispielsweise ein zugeteilter Bausparvertrag eingesetzt werden soll). Ist die Sollzinsbindungsfrist abgelaufen, wird das Darlehen bis zum Abschluss der Anschlussfinanzierung auf variable Verzinsung umgestellt.

Vorteile

Die Vorteile einer Zinsfestschreibung sind:

- Zinssicherheit über einen bestimmten Zeitraum, wie beispielsweise 5, 10 oder 15 Jahre möglich
- je höher die Zinsfestschreibung, umso niedriger in der Regel der vereinbarte und festgeschriebene Sollzins

Risiken

Zu den Risiken gehören:

- höheres Marktzinsniveau bei Auslauf der Zinsfestschreibung im Falle einer notwendigen Anschlussfinanzierung für das Restdarlehen

- keine Kündigungsmöglichkeit vor Ablauf von 10 Jahren Sollzinsbindung bzw. mit Zusatzkosten (Vorfälligkeitsentschädigung) verbunden

Einsatzbereiche

Die Zinsfestschreibung soll dem Darlehensnehmer einen zum Zeitpunkt des Vertragsabschlusses günstigen Sollzinssatz sichern.

Kündigungsmöglichkeiten

Die ordentlichen und außerordentlichen Kündigungsmöglichkeiten von Darlehensnehmer und Darlehensgeber finden Sie im Kapitel 2.4.2 Immobiliar-Verbraucherdarlehensverträge.

3.4.5 Tilgungssatz

Die nachfolgende Tabelle zeigt Ihnen den Zusammenhang zwischen Zinssatz (hier angenommen in Schritten von 1–5 %), Laufzeit Gesamtdarlehen (hier angenommen von 10 bis 35 Jahre) und der anfänglich vereinbarten Tilgung:

Laufzeit	Zinssatz				
	1 %	2 %	3 %	4 %	5 %
10 Jahre	9,51 %	9,04 %	8,60 %	8,20 %	7,80 %
15 Jahre	6,18 %	5,72 %	5,30 %	4,90 %	4,50 %
20 Jahre	4,52 %	4,07 %	3,70 %	3,30 %	2,90 %
25 Jahre	3,52 %	3,09 %	2,70 %	2,30 %	2,00 %
30 Jahre	2,86 %	2,44 %	2,10 %	1,70 %	1,40 %
35 Jahre	2,39 %	1,98 %	1,60 %	1,30 %	1,10 %

Der anfängliche Tilgungssatz bestimmt insbesondere bei Annuitätendarlehen neben den Zinsen die Höhe der Annuität/Rate und der Darlehenslaufzeit.

Abb. 136: Auswirkung unterschiedlicher Tilgungssätze

Beispiel

Ihr Kunde ist heute 40 Jahre alt und plant seinen Ruhestand mit 65 Jahren. Sie können ihm einen Darlehenszinssatz von 3 % anbieten.

Welcher Tilgungssatz ist gemäß oben stehender Grafik mindestens erforderlich, um bis zu seinem Ruhestand schuldenfrei zu sein?

Lösung

Darlehenslaufzeit 25 Jahre ergibt einen anfänglichen Tilgungssatz in Höhe von 2,70 % p.a.

Der Kunde kann auch einen höheren Tilgungssatz wählen, wenn er bereits vor dem Renteneintrittsalter sein Darlehen zurückbezahlt haben möchte.

Je länger die Gesamtdarlehenslaufzeit, umso höher die insgesamt zu zahlenden Darlehenszinsen. Der Darlehensnehmer sollte u.a. aus diesem Grund, insbesondere in Zeiten mit vergleichsweise niedrigen Zinsen, auf eine ausreichend hohe Tilgung achten.

Je höher der Tilgungssatz, umso:

- höher ist die monatliche Rate
- schneller erfolgt die Rückzahlung
- niedriger ist der Gesamtzinsaufwand
- geringer ist das Restrisiko durch das geringere Restdarlehen am Ende der Zinsbindungsfrist

Praxistipp

Empfehlen Sie Ihren Kunden, den Tilgungssatz so hoch anzusetzen, dass das Darlehen spätestens zum Renteneintrittsalter vollständig getilgt ist. Das reduziert einerseits die Gesamtkosten des Darlehens und andererseits wird das Risiko vermieden, sich durch den Einkommensrückgang mit dem Renteneintritt die Bezahlung der Darlehensrate nicht mehr leisten zu können. Dies gilt insbesondere auch für die Darlehensnehmer, die sich eine Immobilie kaufen, um mietfrei im Alter wohnen zu können.

3.4.6 Sondertilgungen

Merkmale

Sondertilgungen sind über die laufende Tilgung hinausgehende Darlehensrückzahlungen, die mit dem Darlehensvertrag vereinbart werden können. Durch diese Vereinbarung kann der Darlehensgeber keine Vorfälligkeitsentschädigung verlangen, da er mit der Inanspruchnahme rechnen und dies bei seiner Refinanzierung berücksichtigen muss.

Ab 10 Jahren nach kompletter Darlehensauszahlung hat der Darlehensnehmer ein jederzeitiges ordentliches Kündigungsrecht unter Beachtung einer Kündigungsfrist von 6 Monaten (Sonderkündigungsrecht).

Typische Sondertilgungsvereinbarungen sind:

- Bis zu 5 % der Darlehenssumme pro Jahr
- Jährlich 10.000 €.
- Ein Übertrag bei Nichtinanspruchnahme auf die Folgejahre wird meistens ausgeschlossen.

Vorteile

Dem Darlehensnehmer bieten Sondertilgungen folgende Vorteile:

- mehr Flexibilität
- Reduzierung der Darlehensraten
- Verkürzung der Gesamtdarlehenslaufzeit
- Reduzierung der Restschuld zum Ablauf der Sollzinsbindungsfrist
- Verringerung des Zinsanteils (nicht des Sollzinssatzes) bei gleichzeitig steigendem Tilgungsanteil in der laufenden Annuität
- Darlehen mit variabler Verzinsung, Bauspardarlehen und teilweise KfW-Darlehen bieten den Vorteil unbegrenzter Sondertilgungen (z.T. unter Beachtung einer Kündigungsfrist von in der Regel 3 Monaten)

Risiken

Der Darlehensgeber gewährt Sondertilgungsmöglichkeiten in der Regel nur zu einem erhöhten Sollzinssatz. Die Praxiserfahrung hat gezeigt, dass viele vereinbarte Sondertilgungsmöglichkeiten nicht in Anspruch genommen werden. Eine Rückerstattung des durch die Sondertilgungsvereinbarung erhöhten Sollzinsniveaus gibt es dafür nicht.

3.4.7 Bewertung tilgungsfreier Zeiträume

Tilgungsfreie Zeiträume entstehen, wenn nur Zinsen gezahlt werden, weil die Tilgung erst später startet (z.B. bei Neubauten während der Bauphase) oder wenn die Tilgung während der Darlehenslaufzeit vorübergehend in Absprache mit dem Darlehensgeber ausgesetzt wird (z.B. wegen eines kurzfristigen vorübergehenden finanziellen Engpasses).

Der tilgungsfreie Zeitraum ist abzugrenzen vom endfälligen Darlehen mit Tilgungsaussetzung während der gesamten Darlehenslaufzeit wegen der Tilgung in einer Summe zum Darlehensende durch ein Tilgungsersatzmittel.

Die Auswirkungen tilgungsfreier Zeiträume zeigt Ihnen die nachfolgende Grafik.

tilgungsfreie Zeiträume

Vorteile

- Liquiditätsschonung durch tilgungsfreie Anfangsjahre (ca. 1–5 Jahre) bei Annuitätendarlehen während der Bauzeit:
  - » Vermeidung von Doppelbelastung Tilgung/Miete
  - » Zielgruppe: Bauherren und Bauträger

Risiken

- Sicherung der Annuität nach tilgungsfreien Jahren erforderlich
  - » Risiko besonders für Darlehensnehmer mit knapp kalkulierter Tragfähigkeit der monatlichen Belastung

Auswirkungen

- Vorteil für die Anfangsliquidität, jedoch mit dem Risiko, dass die Annuität nach tilgungsfreiem Zeitraum vergessen wird einkalkuliert zu werden
- höherer Zinsaufwand bezogen auf die Gesamtbelastung

Konditionenvergleich mit/ohne tilgungsfreien Zeiträumen

- längere Gesamtdarlehenslaufzeit bei tilgungsfreiem Zeitraum
- höherer Gesamtzinsaufwand bei tilgungsfreiem Zeitraum

Abb. 137: Auswirkungen tilgungsfreier Zeiträume

3.4.8 Ermittlung der Darlehenslaufzeit

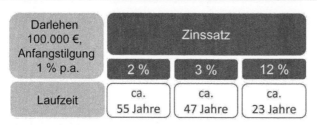

Je höher der Sollzinssatz (bei gleichem Tilgungssatz), umso kürzer die (Gesamt-)Darlehenslaufzeit

Darlehen 100.000 €, Anfangstilgung 1 % p.a.	Zinssatz		
	2 %	3 %	12 %
Laufzeit	ca. 55 Jahre	ca. 47 Jahre	ca. 23 Jahre

Je höher der Tilgungssatz (bei gleichem Sollzinssatz), umso kürzer die (Gesamt-)Darlehenslaufzeit

Abb. 138: Ermittlung der Darlehenslaufzeit

Vielleicht haben Sie schon einmal von der nachfolgenden Faustformel für Annuitätendarlehen gehört:

1 % Tilgung p.a. = 30 Jahre Darlehensgesamtlaufzeit

Tatsächlich stammt diese Faustformel aus einer Zeit mit Darlehenszinsen um ca. 8 % p.a. Aktuell befindet sich der Markt jedoch in einer historischen Niedrigzinsphase. Deshalb gilt diese Faustformel heute nicht mehr. Der oben stehenden Grafik können Sie schnell entnehmen, dass eine Tilgung in Höhe von 1 % bei einem aktuell möglichen Sollzins in Höhe von 2 % zu einer Gesamtdarlehenslaufzeit von 55 Jahren führen würde.

Der anfängliche Tilgungssatz sollte beim aktuellen Zinsniveau deshalb mindestens 2–3 % p.a. betragen.

Das Wichtigste zusammengefasst:

Den passenden Darlehenskonditionen kommt einerseits aufgrund der Langfristigkeit einer Immobilienfinanzierung und andererseits durch ihren Einfluss auf die Gesamtdarlehensbelastung eine besondere Bedeutung zu.

Sie können:

- den Einfluss der Besicherung auf die Zinshöhe erläutern
- die Berechnungsbestandteile des effektiven Jahreszinses schildern
- variable Zinssätze unter Beachtung der Vorteile, Risiken und Einsatzbereiche anbieten
- Zinsfestschreibungen unter Beachtung der Vorteile, Risiken, Einsatzbereiche und Kündigungsfristen anbieten
- die Auswirkungen unterschiedlicher Tilgungssätze beschreiben
- Kunden über Möglichkeiten und Auswirkungen von Sondertilgungen informieren
- Auswirkungen tilgungsfreier Zeiträume auf die Finanzierung beachten
- die Gesamtlaufzeit einer Finanzierung ermitteln und beachten
- den Einfluss von Sollzinsbindungsfristen unter Berücksichtigung der Vorteile, Risiken, Einsatzbereiche und Kündigungsfristen auf die Finanzierung beachten

Sie verstehen die Konditionsgestaltung als weiteren zentralen Baustein einer Immobilienfinanzierung.

Sie nutzen Ihre Kompetenz, um Wettbewerbsangebote fair zu beurteilen und Ihren Kunden langfristig passende Angebote anzubieten.

Dieses Kapitel hat Ihnen gezeigt, welche Variationsmöglichkeiten die Darlehenskonditionsgestaltung Ihnen und Ihren Kunden bietet.

Im nachfolgenden Kapitel setzen wir das hier erworbene Wissen um die Darlehenskonditionen in konkrete Berechnungen rund um die Zinsberechnung in Verbindung mit der Ratenermittlung um.

▶ **Aufgaben zum Kapitel 3.4 – Konditionenvergleich**

Ihr Wissen auf dem Prüfstand:

1. Welche Darlehensbesicherung bietet die Chance auf den günstigsten Zinssatz? (SC)

   a) 1a-Darlehen

   b) 1b-Darlehen

   c) 1c-Darlehen

   d) 1d-Darlehen

2. Welche Kosten fließen in den effektiven Jahreszins ein? (MC)

   a) Notarkosten

   b) Grundbuchkosten für die Grundschuldbestellung

   c) Grundbuchkosten für den Immobilienerwerb

   d) Maklercourtage

   e) Sollzinssatz

   f) Bereitstellungszinsen

3. Wann bietet sich eine variable Verzinsung an? (SC)

   a) der Darlehensnehmer erwartet langfristig steigende Darlehenszinsen

   b) der Darlehensnehmer wünscht eine Tilgung erst zum Laufzeitende

   c) der Darlehensnehmer erwartet kurzfristig sinkende Darlehenszinsen

   d) der Darlehensnehmer wünscht eine Zinsobergrenze

4. Um welchen Zinssatz handelt es sich beim EURIBOR®? (SC)

   a) durchschnittlicher Marktzinssatz für Immobiliardarlehen

   b) Zinssatz, zu dem sich Banken untereinander kurzfristig Geld ausleihen

   c) Finanzierungsleitzins der Europäischen Zentralbank (EZB)

   d) variabler Zinssatz für Immobilienobjekte in Europa

5. Welches Risiko ist bei einer Zinsfestschreibung zu beachten? (SC)

   a) keine Anpassung an sinkende Marktzinsen

   b) laufende Anpassung an aktuelle Marktzinsentwicklungen

   c) keine Kündigungsmöglichkeiten

   d) keine Sondertilgungsmöglichkeiten vereinbar

6. Welchen Vorteil bietet die Vereinbarung einer Sollzinsbindungsfrist? (SC)

   a) fest vereinbarte Zinsen über die Gesamtdarlehenslaufzeit

   b) fester Tilgungssatz während der Sollzinsbindungsfrist

   c) fest vereinbarte Zinsen bis zur Darlehensauszahlung

   d) fest vereinbarte Zinsen während der Sollzinsbindungsfrist

7. Welchen Vorteil bietet eine vergleichsweise höhere laufende Tilgung? (SC)

   a) längere Sollzinsbindungssicherheit

   b) kürzere Gesamtdarlehenslaufzeit

   c) garantiert günstigsten Sollzinssatz

   d) positivere Bewertung der Darlehensbesicherung

8. Welche Auswirkung kann die Vereinbarung von Sondertilgungen haben? (SC)

   a) Senkung der monatlichen Darlehensrate

   b) Senkung des Sollzinssatzes

   c) Verkürzung der Kündigungsfristen

   d) Verkürzung der Gesamtdarlehenslaufzeit

9. Welche Auswirkungen kann ein tilgungsfreier Zeitraum haben? (MC)

   a) Schonung der Liquidität in der Bauphase

   b) erhöhter Sollzins gegenüber einer Finanzierung ohne tilgungsfreien Zeitraum

   c) marktaktuelle variable Verzinsung für den tilgungsfreien Darlehensbetrag

   d) höhere Gesamtbelastung über die Gesamtdarlehenslaufzeit

   e) geringere Gesamtbelastung über die Gesamtdarlehenslaufzeit

   f) geringe Erwerbsnebenkosten

10. Welche Faktoren haben Einfluss auf die Gesamtlaufzeit des Darlehens? (MC)

   a) Finanzierungsnebenkosten

   b) Sollzinssatz bei Annuitätendarlehen

   c) Teilvalutierungszuschläge

   d) Zinsobergrenzen

   e) Tilgung

3.5 Zinsrechnung

Nachfolgend lernen Sie die verschiedenen Zinsberechnungen im Zusammenhang mit der Darlehensratenermittlung bei einem Annuitätendarlehen kennen.

Dabei sind 3 Szenarien möglich:

- Berechnung einer Rate bei gegebenem Sollzins- und Tilgungssatz
- Berechnung einer Gesamtrate bei gegebenem Sollzinssatz und Kopplungsprodukt
- Berechnung des Tilgungssatzes bei gegebener Rate, gegebenem Darlehensbetrag und gegebenem Sollzinssatz

In der Praxis stehen Ihnen hierzu die Beratungsprogramme Ihrer jeweiligen Darlehensanbieter zur Verfügung. Dennoch müssen Sie in der Lage sein, Ihren Kunden die Zusammensetzung der Rate erläutern und auch einmal ohne die Technik schnell auf diesbezügliche Fragen Ihres Kunden reagieren zu können.

Bei den verschiedenen Berechnungen geht es immer wieder um diese Bestandteile einer Annuität:

- Darlehensbetrag
- Sollzinssatz
- (anfänglicher) Tilgungssatz
- Angabe in Prozent (Ergebnis geteilt durch 100)
- Angabe pro Monat (Ergebnis geteilt durch 12)

Wie erfolgt die Berechnung einer Rate bei vorgegebenem Sollzins- und Tilgungssatz?

Bei einem Annuitätendarlehen setzt sich die Jahresrate/Jahresannuität aus dem anfänglichen Sollzinssatz und Tilgungssatz zusammen. Im weiteren Darlehensverlauf bleibt bei einem Annuitätendarlehen die Rate unverändert, jedoch ändern sich Zins- (nimmt ab) und Tilgungsanteil (nimmt zu) innerhalb der Annuität.

Die monatliche Annuität errechnet sich nach folgender Formel:

$$\text{Annuität} = \frac{(\text{Zinssatz} + \text{Tilgungssatz}) \times \text{Darlehensbetrag}}{100 \times 12}$$

Zins- und Tilgungssatz sind vorgegeben

- Zinssatz: 5 % p.a.
- anfänglicher Tilgungssatz: 1 % p.a
- Darlehensbetrag: 100.000 €

So berechnet sich die monatliche Rate:

- Jahresannuität = 5 % + 1 % = 6 % von 100.000 € = 6.000 €
- Monatsrate = 6.000 € geteilt durch 12 = 500 €

Abb. 139: Ratenberechnung mit vorgegebenem Zins- und Tilgungssatz

Wie erfolgt die Berechnung der Gesamtrate bei gegebenem Sollzinssatz und einem Kopplungsprodukt?

Bei der Ratenberechnung mit Kopplungsprodukt kann es sich, wie im nachfolgenden Beispiel, um ein Kopplungsprodukt handeln, das als Tilgungsersatzmittel eingesetzt wird, oder um ein Kopplungsprodukt parallel zur laufenden Tilgungszahlung.

Um die Gesamtrate berechnen zu können, benötigen Sie nachfolgende Angaben:

- Darlehensbetrag
- Sollzinssatz
- Beitrag Kopplungsprodukt (Fondssparrate, Bausparbeitrag, Lebensversicherungsprämie o.ä.)

Ratenberechnung mit Kopplungsprodukt (Bsp.: Versicherungsprodukt)

- Zinssatz: 3 % p.a.
- Tilgung: 0 % (Kopplungsprodukt ist Tilgungsersatz)
- Versicherungsprämie: 300 € monatlich
- Darlehensbetrag: 100.000 €

So berechnet sich die monatliche Gesamtrate (Zins und Kopplungsprodukt):

- Zinszahlung = 3 % von 100.000 € = 3.000 € jährlich, d.h. geteilt durch 12 = 250 € monatlich
- Monatliche Gesamtrate = Zinsen 250 € + 300 € Versicherungsprämie = 550 €

Abb. 140: Ratenberechnung mit Kopplungsprodukt

Wie erfolgt die Berechnung des anfänglichen Tilgungssatzes bei gegebener Rate, gegebenem Darlehensbetrag und gegebenem Sollzinssatz?

Diese Berechnung ist wichtig und erforderlich bei Annuitätendarlehen.

Der Berechnung liegt zunächst die Formel zugrunde, die Sie schon bei der Ratenberechnung kennen gelernt haben:

$$\text{Annuität} = \frac{(\textit{Zinssatz} + \textit{Tilgungssatz}) \times \textit{Darlehensbetrag}}{100 \times 12}$$

Diese Formel wird für die Tilgungsberechnung wie folgt umgebaut:

$$\text{Anfänglicher Tilgungssatz} = \frac{\textit{Annuität} \times (100 \times 12)}{\textit{Darlehensbetrag}} - \textit{Zinssatz}$$

Tilgungsberechnung

- Rate: 2.000 € monatlich
- Zinssatz: 5 % p.a.
- Darlehensbetrag: 250.000 €

So berechnet sich der anfängliche Tilgungssatz p.a.:

- Jahresrate: 2.000 € X 12 = 24.000 €
- Zinsen p.a.: 5 % von 250.000 € = 12.500 €
- Tilgungsbetrag = 24.000 € abzgl. 12.500 € = 11.500 € p.a.
- 11.500 € von 250.000 € = 4,6 % Tilgungssatz p.a.

Abb. 141: Tilgungsberechnung

Welcher Zusammenhang besteht zwischen Tilgung, Zins und der Darlehenslaufzeit?

Bei einem Annuitätendarlehen bestehen zwei grundlegende Zusammenhänge:

1. Je höher (bei gleichem Sollzinssatz) der Tilgungssatz, umso kürzer die Darlehenslaufzeit

2. Je höher der Zinsanteil (bei gleichem Tilgungssatz), umso kürzer die Darlehenslaufzeit

Der Effekt aus dem erhöhten Tilgungssatz gemäß dem 1. Zusammenhang ist höher als beim 2. Zusammenhang. Die Laufzeitverkürzung ergibt sich in Fall 2 aus dem schneller abnehmenden Zinsanteil innerhalb der Annuität durch den stärkeren Einspareffekt des höheren Zinssatzes. Dadurch kann sich der Tilgungsanteil innerhalb der Annuität umgekehrt schneller erhöhen.

Jährlicher Zinssatz	Anfangstilgung				
	1 %	2 %	3 %	4 %	5 %
	Tilgungsjahre/-monate				
1,0 %	69 / 05	40 / 07	28 / 10	22 / 04	18 / 03
1,50 %	61 / 02	37 / 04	27 / 01	21 / 03	17 / 07
2,00 %	55 / 00	34 / 09	25 / 07	20 / 04	16 / 11
2,50 %	50 / 02	32 / 06	24 / 04	19 / 06	16 / 03
3,00 %	46 / 04	30 / 07	23 / 02	18 / 09	15 / 09
3,50 %	43 / 01	29 / 00	22 / 02	18 / 00	15 / 03
4,00 %	41 / 08	28 / 03	21 / 08	17 / 08	15 / 00

Abb. 142: Zusammenhang Zins, Tilgung und Laufzeit

Aus der Annuität lässt sich übrigens auch der maximale Darlehensbetrag berechnen.

Die Formel hierzu lautet:

$$\text{Max. Darlehensbetrag} = \frac{\text{max. Jahresrate in € p.a.} \times 100}{\text{Annuität in \% p.a.}}$$

Beispiel

Berechnung des maximalen Darlehensbetrages bei vorgegebener Annuität

Ihr Kunde gibt als für ihn maximal mögliche Monatsrate (Annuität) 1.500 € an.

Auf 1 Jahr hochgerechnet ergibt dies einen Gesamtbetrag von 18.000 €.

Das Darlehen möchte er gerne innerhalb von ca. 25 Jahren komplett zurückzahlen.

Sie können ihm einen Sollzinssatz von 2 % p.a. anbieten und schlagen einen anfänglichen Tilgungssatz von 3 % p.a. vor (siehe Tabelle aus Abb. 142: Zusammenhang Zins, Tilgung und Laufzeit: Daraus ergibt sich bei dem vorgegebenen Zinssatz und der Wunschgesamtlaufzeit des Kunden der benötigte Tilgungssatz).

Welchen Darlehensbetrag kann sich Ihr Kunde unter diesen Bedingungen leisten?

$$\frac{18.000 \text{ € } \times 100}{5} = \text{maximaler Darlehensbetrag in Höhe von 360.000 €}$$

Weitere Informationen hierzu finden Sie in Kapitel 3.2.1 Annuitätendarlehen.

Das Wichtigste zusammengefasst:

Im Zusammenhang mit der Konditionsverhandlung empfiehlt es sich, die jeweiligen Auswirkungen der Zins- bzw. Tilgungsgestaltung auf die Darlehensrate zu berechnen, um sie dem Kunden nachvollziehbarer zu machen.

Sie können nachfolgende Berechnungen durchführen:

- Rate bei gegebenem Zins- und Tilgungssatz
- Gesamtrate bei gegebenem Zinssatz und Kopplungsprodukt
- Tilgungssatz bei gegebener Rate, gegebenem Darlehensbetrag und gegebenem Zinssatz
- Den Zusammenhang von Tilgung, Zins und Laufzeit qualitativ erläutern.

Sie begreifen diese grundlegenden Berechnungen als hilfreiches Beratungstool.

Sie nutzen Ihre Fähigkeiten, um Ihren Kunden unabhängig von digitalen Unterstützungsmöglichkeiten (beispielsweise Berechnungssoftware) schnell und transparent die finanziellen Auswirkungen Ihres Angebotes darzustellen.

Nach diesem mathematisch geprägten Kapitel erfahren Sie im folgenden Kapitel, wie Sie Ihr bisher erworbenes Wissen in einem Kosten- und Finanzierungsplan darstellen können und welche Unterlagen Sie von Ihrem Kunden benötigen.

▶ **Aufgaben zum Kapitel 3.5 – Zinsrechnung**

Ihr Wissen auf dem Prüfstand:

1. Sie bieten Ihrem Kunden einen Sollzinssatz in Höhe von 2,5 % p.a. an und kalkulieren die monatliche Annuität mit einem anfänglichen Tilgungssatz in Höhe von 3 % p.a. Welche Annuität ergibt sich bei einem Darlehensbetrag von 200.000 €? (kaufmännisch auf zwei Nachkommastellen gerundet) (SC)

2. Für ein Darlehen in Höhe von 100.000 € haben Sie eine Annuität in Höhe von 550 € errechnet. Der von Ihnen angebotene Sollzinssatz beträgt 2 % p.a. Welchen anfänglichen jährlichen Tilgungssatz haben Sie für Ihre Berechnungen angenommen? (SC)

3. Ihre Kundin kann sich eine monatliche Annuität in Höhe von 1.000 € leisten. Das Darlehen soll in ca. 20 Jahren getilgt sein. Bei einem Sollzinssatz von 2 % p.a. ergibt sich eine notwendige anfängliche Tilgung in Höhe von 4 % p.a. Welchen Darlehensbetrag kann sich die Kundin maximal leisten? (kaufmännisch auf eine volle Zahl gerundet) (SC)

4. Sie bieten Ihren Kunden ein Vorausdarlehen mit einem Bausparvertrag an. Der Sollzinssatz für das Vorausdarlehen beträgt 5 % p.a. Die Bausparrate beträgt 350 € monatlich. Der Darlehensbetrag beträgt 300.000 €. Welche monatliche Gesamtrate (Darlehen und Kopplungsprodukt) müssen Ihre Kunden zahlen? (kaufmännisch auf zwei Nachkommastellen gerundet) (SC)

3.6 Finanzierungsangebot

3.6.1 Kosten- und Finanzierungsplan sowie Finanzierungsbausteine erstellen

Bevor Sie das für Ihren Kunden und zu seinem Bedarf passende Finanzierungsangebot erstellen können, gilt es 3 grundsätzliche Fragen zu klären:

- Die Gesamtkostenübersicht: Was will der Kunde?
- Welche Eigenmittel und andere Fremdmittel stehen dem Kunden zur Verfügung?
- Was benötigt der Kunde als Darlehensbetrag?
- Was kann sich der Kunde leisten, d.h. welche finanzielle Belastung aus der Immobilienfinanzierung ist jetzt und in Zukunft für den Darlehensnehmer tragbar?

Die Gesamtkostenübersicht

Im Zusammenhang mit der Gesamtkostenübersicht gilt es nachfolgende Fragen zu klären:

- Welche Gesamtkosten fallen an?
- Welche Erwerbsnebenkosten fallen an?
- Welche finanzielle Belastung aus einer Immobilienfinanzierung ist jetzt und in Zukunft für den Darlehensnehmer tragbar?

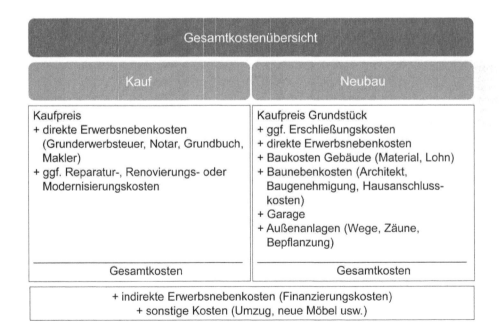

Abb. 143: Gesamtkostenübersicht

Reparatur-, Renovierungs- und Modernisierungskosten werden bei der Beleihungswertberechnung unterschiedlich berücksichtigt. Reparatur- und Renovierungskosten dienen i.d.R. nur dem Werterhalt und fließen somit nicht wertsteigernd, in die Berechnung des Beleihungswertes ein. Dagegen sind Modernisierungskosten wertsteigernd wenn sie etwas Neues bisher noch nicht Vorhandenes schaffen, wie beispielsweise eine moderne Wärmedämmung der Außenfassade. Auch wenn die Modernisierung etwas Vorhandenes stark verbessert, wie beispielsweise der Einbau einer Zentralheizung für eine alte Ofenheizung, so werden diese Kosten entsprechend bei der Beleihungswertberechnung berücksichtigt.

Richtwerte für die Bauneben- bzw. Erwerbsnebenkosten sind:

- Architektenhonorar: ca. 15–18 % der Gesamtbaukosten
- Grunderwerbsteuer: bundeslandabhängig zwischen 3,5 und 6,5 % der Bemessungsgrundlage
- Maklergebühr: ca. 6 % der Kaufpreissumme + MwSt
- Notar- und Gerichtskosten (für die Eintragung als neuer Eigentümer im Grundbuch): ca. 1,5 bis 2 % der im Vertrag stehenden Kaufpreissumme

Erschließungskosten sind alle Kosten, um das Grundstück in einen baureifen Zustand zu versetzen. Damit sind alle Maßnahmen gemeint, die bis zur Grundstücksgrenze reichen:

- Zufahrtsstraßenausbau
- Abwasser
- Versorgung mit Wasser, Strom, Gas etc.

Dazu kommen die Hausanschlusskosten eines neu zu errichtenden Gebäudes an die Kanalisation und die Stromversorgung innerhalb der Grundstücksgrenzen.

Tipp

Grundsätzlich sind alle Kosten finanzierbar und werden als wohnwirtschaftliche Verwendung anerkannt. Allerdings werden nicht alle Kosten bei der Beleihungswertermittlung des Immobilienobjektes berücksichtigt. Aus diesem Grund werden bei einer 100 %-Finanzierung i.d.R. Zusatzsicherheiten erforderlich sein. Bei einer vermieteten Immobilie kann eine 100 %-Finanzierung Vorteile bieten, da die Finanzierungskosten steuerlich absetzbar sind. Mit einem Kunden, der die Immobilie ausschließlich selbst nutzen möchte, sollten Sie die mit einer solchen Finanzierung verbundenen Risiken und die Eignung der Immobilie für ihn kritisch prüfen.

Welche Eigenmittel stehen dem Kunden zur Verfügung?

Wie Sie bereits in Kapitel 3.3.4 Eigenmittel erfahren haben, setzen sich **Eigenmittel** zusammen aus:

einsetzbarem **Eigenkapital** + **Eigenleistungen** („Muskelhypothek").

Insbesondere bei der zu eigenen Wohnzwecken genutzten Immobilie empfiehlt sich ein höchstmöglicher Eigenmitteleinsatz, um die langfristige Tragfähigkeit der Darlehensraten zu gewährleisten und die Gesamtdarlehenskosten durch den geringeren Fremdmittelbedarf zu reduzieren.

Dient das Immobilieninvestment der Kapitalanlage, so können hohe Finanzierungskosten zwar steuerlich genutzt werden, dennoch muss auch in diesem Fall die Tragfähigkeit gewährleistet sein.

Auch kann ein hoher Eigenmitteleinsatz zu günstigeren Zinskonditionen führen, da sich auch das Risiko des Darlehensgebers reduziert.

Welcher Finanzierungsbedarf (Fremdkapitalbedarf) besteht?

Der Bedarf an Fremdmitteln und somit der Finanzierungsbedarf („Finanzierungslücke") ermittelt sich grundsätzlich, wie in nachfolgender Grafik dargestellt.

Gesamtkosten abzgl. Eigenmittel = Finanzierungsbedarf

Abb. 144: Finanzierungsbedarf

Unter Berücksichtigung vorhandener Finanzierungsbausteine (s. Kapitel 3.3.5 Fremd-mittel) ergibt sich nun folgender Finanzierungsaufbau:

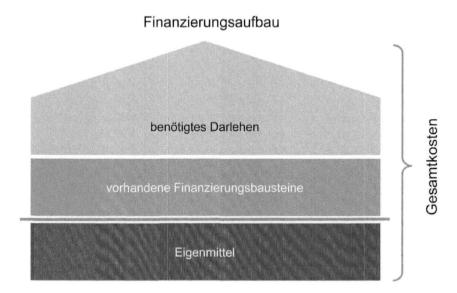

Abb. 145: Finanzierungsaufbau

Welche Darlehensbelastung ist für den Darlehensnehmer tragbar?

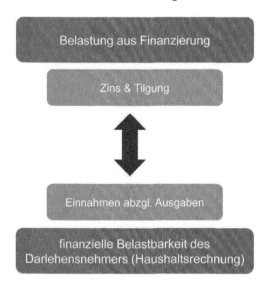

Abb. 146: Belastbarkeit des Darlehensnehmers

Dem Finanzierungsbedarf und der sich daraus ergebenden zusätzlichen finanziellen Belastung aus Zins und ggf. Tilgung muss die monatlich tragbare finanzielle Belastbarkeit gegenüber gestellt werden. Dabei ist auf einen ausreichenden Puffer (finanzieller Spielraum) zu achten. So sollten beispielsweise Weihnachts- oder Urlaubsgeld oder unregelmäßige Zahlungen, beispielsweise aus Überstundenvergütungen, unberücksichtigt bleiben.

Tipp

> Achten Sie insbesondere darauf, mit Ihrem Kunden zu besprechen, ob und wie er seinen Verpflichtungen nachkommen kann, wenn das Darlehensende in seine Rentenzeit fällt, wenn bei Doppelverdienern ein Einkommen ganz oder teilweise entfällt oder wenn sich sein Einkommen zukünftig aus anderen Gründen negativ entwickelt. Berücksichtigen Sie auch ausreichende Puffer für Hobbys (Reisen o.ä.) oder neue Möbel.

Um die finanzielle Belastbarkeit des Darlehensnehmers herauszufinden, empfiehlt sich die Erstellung einer Haushaltsrechnung (siehe Kapitel 3.7.3 Kreditwürdigkeit).

► Exkurs: Anforderungen der Wohnimmobilienkreditrichtlinie

Die Wohnimmobilienkreditrichtlinie fordert hinsichtlich der Bonitätsprüfung (Einkommens- und Vermögensverhältnisse):

- „Der Darlehensgeber hat vor dem Abschluss eines Verbraucherdarlehens die Kreditwürdigkeit des Darlehensnehmers zu prüfen […].“
- „[…] darf den Darlehensvertrag nur abschließen […] wenn es bei einem Immobiliar-Verbraucherdarlehen wahrscheinlich ist, das der Darlehensnehmer seinen Vertragsverpflichtungen vertragsgemäß nachkommen kann […].“ (Auszug aus § 505a BGB)
- „Bei Immobiliar-Verbraucherdarlehensverträgen hat der Darlehensgeber die Kreditwürdigkeit des Darlehensnehmers auf der Grundlage notwendiger, ausreichender und angemessener Informationen zu Einkommen, Ausgaben sowie anderen finanziellen und wirtschaftlichen Umständen des Darlehensnehmers eingehend zu prüfen. Dabei hat der Darlehensgeber die Faktoren angemessen zu berücksichtigen, die für die Einschätzung relevant sind, ob der Darlehensnehmer seinen Verpflichtungen aus dem Darlehensvertrag voraussichtlich nachkommen kann. Die Kreditwürdigkeitsprüfung darf sich nicht hauptsächlich darauf stützen, dass der Wert der Wohnimmobilie den Darlehensbetrag übersteigt, oder auf die Annahme, dass der Wert der Wohnimmobilie zunimmt, es sei denn, der Darlehensvertrag dient zum Bau oder zur Renovierung der Wohnimmobilie.“ (§ 505b Abs. 2 BGB)

- „Bei Immobiliar-Verbraucherdarlehensverträgen ist der Darlehensgeber verpflichtet, die Verfahren und Angaben, auf die sich die Kreditwürdigkeitsprüfung stützt, festzulegen, zu dokumentieren und die Dokumentation aufzubewahren." (§ 505b Abs. 4 BGB)   ◄

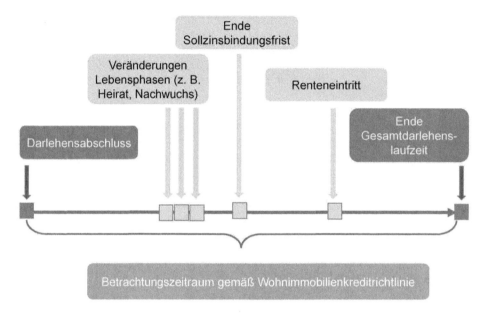

Abb. 147: Kreditwürdigkeitsprüfung nach Wohnimmobilienkreditrichtlinie (WoKRi)

Wie sieht der Finanzierungsplan aus?

Bevor es an die Erstellung des Finanzierungsplans geht, gilt es, die Gesamtkosten aufzulisten (Anschaffungs- und Herstellungskosten sowie die direkten und indirekten Erwerbsnebenkosten).

Danach geht es an die Aufstellung der vorhandenen und einsetzbaren Eigenmittel und ggf. auch vorhandenen Fremdmittel (z.B. Arbeitgeberdarlehen oder Verwandtendarlehen):

Gesamtkosten abzgl. Eigenmittel und vorhandene Fremdmittel = Finanzierungsbedarf.

An nächster Stelle steht die Prüfung, ob dem Finanzierungsbedarf ausreichende Sicherheiten (z.B. Beleihungswert der zu finanzierenden Immobilie) gegenüber stehen.

Für den Darlehensnehmer folgt abschließend die Überprüfung, ob er sich die Darlehensrate leisten kann (Tragfähigkeit der Darlehensrate). Hierzu wird die Haushaltsrechnung herangezogen: laufende Einnahmen abzgl. laufende Ausgaben = mindestens Höhe der Darlehensrate.

Wichtig: bei jedem Rechenschritt sollte auf ausreichend Puffer geachtet werden, um die Finanzierung auf ein langfristig solides Fundament zu stellen.

Beispiel

Das Ehepaar Anja und Harald Wintermann plant den Erwerb eines Einfamilienhauses. Die finanzielle Situation stellt sich wie folgt dar:

• Guthaben aus Wertpapierverkauf: 50.000 €

• zuteilungsreifer Bausparvertrag mit einem Bausparguthaben in Höhe von 55.000 €

• Sparguthaben: 25 000 €

• Schenkung der Eltern von Frau Wintermann in Höhe von 50.000 €

• Kaufpreis des Einfamilienhauses: 550.000 €

Wieviel Eigenkapital steht zur Verfügung und welcher Finanzierungsbedarf ergibt sich hieraus?

Darlehenskonditionen: 2,5 % Darlehenszins p.a. und 3 % Tilgung p.a.

Welche monatliche Finanzierungsbelastung ergibt sich hieraus?

Lösung:

Eigenkapital: 50.000 € + 55.000 € + 25.000 € + 50.000 € = 180.000 €

Finanzierungsbedarf: 550.000 € abzgl. 180.000 € = 370.000 €

Monatliche Annuität: 5,5 % aus 370.000 € = 1.696 € (kaufmännisch gerundet)

3.6.2 Darstellung der Finanzierung im Darlehensantrag

Um über den Darlehenswunsch des Kunden entscheiden zu können, benötigt die kreditentscheidende Abteilung Ihres Produktpartners einen Darlehensantrag, der alle für die Kreditentscheidung notwendigen Angaben und Anlagen (Nachweise zu den Angaben) enthält.

Je vollständiger dieser Darlehensantrag ausgefüllt werden kann, umso zügiger ist mit einer Kreditentscheidung zu rechnen.

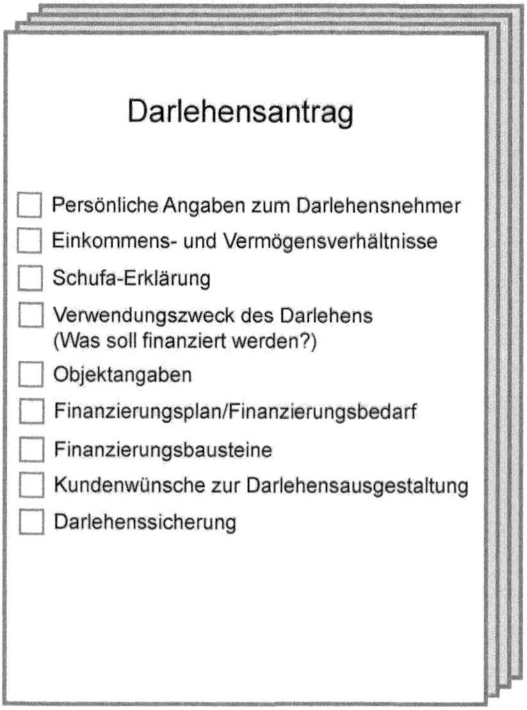

Darlehensantrag

☐ Persönliche Angaben zum Darlehensnehmer
☐ Einkommens- und Vermögensverhältnisse
☐ Schufa-Erklärung
☐ Verwendungszweck des Darlehens
  (Was soll finanziert werden?)
☐ Objektangaben
☐ Finanzierungsplan/Finanzierungsbedarf
☐ Finanzierungsbausteine
☐ Kundenwünsche zur Darlehensausgestaltung
☐ Darlehenssicherung

Abb. 148: Bestandteile des Darlehensantrages

Persönliche Angaben zum Darlehensnehmer

Hierzu gehören Angaben zum Antragsteller und ggf. Mitantragsteller (beispielsweise Ehepartner) sowie deren persönliche Daten wie insbesondere Geburtsdatum, Adresse, berufliche Tätigkeit und Angaben im Rahmen der Legitimationsprüfung (Ausweisdaten).

Einkommensverhältnisse

Die Wohnimmobilienkreditrichtlinie schreibt den Kreditentscheidern vor, dass die Darlehensvergabe im Wesentlichen auf die Bonität des Darlehensnehmers abgestellt sein muss. Aus diesem Grund muss der Darlehensantrag Angaben zu den Einkommens- und Vermögensverhältnissen sowie bereits vorhandenen Verbindlichkeiten der Antragsteller enthalten.

SCHUFA-Erklärung

Die SCHUFA-Erklärung gehört zu jedem Darlehensantrag. Damit willigt der Antragsteller in die Anfrage bei der SCHUFA durch den Darlehensgeber ein.

Eine Verweigerung dieser Einwilligung hat zwingend die Ablehnung des Darlehensantrages zur Folge.

> ### SCHUFA
>
> SCHUFA ist die Abkürzung für „Schutzgemeinschaft für allgemeine Kreditsicherung". Die SCHUFA wurde 1927 ins Leben gerufen, um Zahlungserfahrungen mit Kunden von Unternehmen (darunter Banken und Sparkassen, Unternehmen im stationären oder Internet-Handel, Telekommunikationsgesellschaften, Energieversorger u.v.m.) aufzunehmen, zu speichern und an die Unternehmen, die Teil dieser Schutzgemeinschaft sind, weiterzugeben. Mehr Informationen finden Sie unter www.schufa.de.

Verwendungszweck des Darlehens: Was soll finanziert werden?

Der Darlehensgeber möchte und muss wissen, ob die Finanzierung zum Kauf oder Neubau einer Immobilie, zur Umschuldung oder Anschlussfinanzierung, für Umbau-, Renovierungs-, Modernisierungs- oder Sanierungsmaßnahmen benötigt wird. Dient das Objekt der Eigennutzung oder Fremdnutzung (Vermietung) oder beidem?

Objektangaben

Ebenso benötigt der Darlehensgeber Angaben zur Objektart. Handelt es sich um eine Eigentumswohnung, ein Einfamilien-, Doppel-, Reihen- oder Mehrfamilienhaus? Weitere Angaben zur Lage, Ausstattung, Bauweise usw. sind ebenfalls erforderlich.

Finanzierungsplan/Finanzierungsbedarf

Bereits im Kapitel 3.6.1 Kosten- und Finanzierungsplan sowie Finanzierungsbausteine und Kapitel 3.3 Finanzierungsbedarf und Finanzierungsbestandteile haben Sie Details hierzu erhalten. Wie setzen sich die Gesamtkosten im Zusammenhang mit dem Immobilienerwerb zusammen? Welche Kosten können durch Eigenkapital finanziert werden und für welche Kosten wird Fremdkapital benötigt?

Finanzierungsbausteine

Deckt die angefragte Finanzierung den Gesamtfinanzierungsbedarf oder gibt es weitere Darlehensgeber? Sollen öffentliche Fördermittel in die Finanzierung eingebunden werden? Stellt der Arbeitgeber ein zinsgünstiges Arbeitgeberdarlehen zur Verfügung? Diese Fragen gilt es, im Zusammenhang mit den möglichen Finanzierungsbausteinen zu klären und im Darlehensantrag zu berücksichtigen. Für den Kreditentscheider ist dies beispielsweise eine wichtige Information, wenn es um die Rangstelle der Grundpfandrechte geht, die zur Darlehensbesicherung eingesetzt werden sollen.

Kundenwünsche zur Darlehensausgestaltung

Der Darlehensantrag sollte auf den Kundenwünschen basieren wie beispielsweise:

- gewünschte Ratenhöhe
- Darlehenslaufzeit und Sollzinsbindungsfrist
- Tilgungsart und -höhe
- Sondertilgungsmöglichkeiten
- Einsatz von Tilgungsersatzmittel

Angaben zur Darlehenssicherung

Bei diesen Angaben geht es um die grundpfandrechtliche Absicherung des Darlehens, aber auch um Zusatz- oder Ersatzsicherheiten. Im Kapitel 3.8 Kreditsicherung finden Sie hierzu detaillierte Angaben. Nur mit entsprechend umfassenden Angaben hierzu kann die erforderliche Bewertung vorgenommen werden.

3.6.3 Einzureichende Unterlagen und Nachweise

Der Darlehensgeber ist gesetzlich verpflichtet, Nachweise für die vom Darlehensnehmer gemachten Angaben zu verlangen.

Die wichtigsten vom Darlehensnehmer einzureichenden Unterlagen sehen Sie in der folgenden Grafik.

Abb. 149: Einzureichende Unterlagen

Nachweise für Einkommen, Ausgaben, Verbindlichkeiten, vorhandene Mittel

Hierzu gehören insbesondere (diese Auflistung erhebt keinen Anspruch auf Vollständigkeit, da je nach Darlehensgeber und individueller Kundenangaben weitere Nachweise verlangt werden können):

- Selbstauskunft
- Aufstellung der Eigenleistung
- Nachweise zu den Vermögenswerten und Verbindlichkeiten (Kopie und letzter Kontoauszug von bestehenden Darlehensverträgen, Kontoauszüge, Bestätigung Rückkaufswert oder Bausparguthaben, Grundbuchauszug bei vorhandenen Immobilienwerten u.a.)
- Vertragsunterlagen der bisherigen Finanzierung im Falle einer Umschuldung
- Einkommensnachweise:
  - bei Arbeitnehmern: Lohn- und Gehaltsabrechnungen mindestens der letzten 3 Monate sowie Lohn- und Einkommensteuererklärungen
  - bei Rentnern: aktueller Rentenbescheid
  - bei Selbstständigen: Einkommensteuerbescheide, Bilanzen der letzten Vorjahre mit Gewinn- und Verlustrechnung, betriebswirtschaftliche Auswertung (BWA) des Steuerberaters
  - Mietverträge bei vorhandenen vermieteten Immobilien
- Kindergeldnachweise
- Liegt das Ende der Gesamtdarlehenslaufzeit nach dem voraussichtlichen Renteneintritt (individuelle Kundenangabe oder gesetzliches Renteneintrittsalter 67): Nachweise zu den voraussichtlichen Renteneinkünften (gesetzliche Rente, Betriebsrenten, private Altersvorsorge)

Nachweise zum zu finanzierenden Objekt

Hierzu gehören insbesondere:

- Exposé und Grundrisse
- Aktueller beglaubigter Grundbuchauszug
- Kaufvertrag (oder Kaufvertragsentwurf) oder Werkverträge bei einem Neubau mit Auflistung aller Baukosten (Baukostenzusammenstellung)
- Kopie der Teilungserklärung und Protokolle der letzten Eigentümerversammlungen (mit Beschlusssammlung) bei Eigentumswohnungen
- Lichtbilder (ggf. innen und außen) zum Grundstück oder Objekt und der Umgebung (Lage)
- Baupläne, Bauzeichnungen, Baubeschreibungen, Berechnungen (z.B. Wohnflächenberechnung und Berechnung umbauter Raum), um den Bauwert ermitteln zu können
- Flurkarte, Lageplan

- Baulandnachweis
- Umschuldungsplan: Gläubigernachweis mit abzulösendem Restdarlehen und Zeitpunkt der Ablösung u.a.
- Kopie der Feuer-/Brandversicherungspolice
- Aufstellung Modernisierungskosten

Weitere Nachweise und Unterlagen:
- Datenschutz und Schufa-Erklärung
- Personalausweiskopie

Bevor Sie als Immobiliardarlehensvermittler die vom Kunden erhaltenen Unterlagen zusammen mit dem Darlehensantrag weiterleiten, sollten Sie selbst eine Plausibilitätsprüfung durchgeführt haben:

- Sind die gemachten Angaben und Nachweise für Sie vollständig, stimmig und plausibel?
- Passen die Nachweise zu den gemachten Angaben?

3.6.4 Auszahlungsvoraussetzungen

Fällt die Kreditwürdigkeitsprüfung positiv aus, so erhält der Darlehensnehmer die Darlehenszusage, verbunden mit dem Darlehensvertrag, der zusätzlich die zu erfüllenden Auszahlungsvoraussetzungen benennt.

Grundsätzliche Auszahlungsvoraussetzungen sind:

1. Identifikation und Legitimationsprüfung der Darlehensnehmer
2. Einreichung noch fehlender Bonitäts- und Objektunterlagen
3. Sicherstellung des Darlehens
4. Nachweis des Gebäudeversicherungsschutzes (Wohngebäudeversicherung u.a.)
5. ein vom Darlehensnehmer unterschriebener Darlehensauszahlungsauftrag

Bevor die Darlehenssumme ausbezahlt wird, müssen allerdings zuerst die Eigenmittel eingesetzt werden.

Wird zur Darlehensbesicherung die Eintragung eines Grundpfandrechtes vereinbart, so muss dieses vor Auszahlung an der entsprechend vereinbarten Rangstelle im Grundbuch eingetragen sein. Als Nachweis dient ein beglaubigter Grundbuchauszug und im Falle einer Briefgrundschuld muss zusätzlich der Grundschuldbrief vorliegen (siehe auch Kapitel 3.8 Kreditsicherung).

Im Falle einer zu langen Bearbeitungszeit durch das Grundbuchamt kann auch eine Bestätigung des Notars den Eintragungsnachweis des Grundpfandrechts übergangsweise bestätigen (**Notarrangbestätigung**, auch **Rangbescheinigung** genannt).

Bei Renovierungs- oder Sanierungsfinanzierungen sind entsprechende Leistungsnachweise bzw. Belegkopien den schriftlichen Zahlungsaufträgen beizufügen.

Die weiteren Auszahlungsvoraussetzungen für ein Immobiliar-Verbraucherdarlehen hängen davon ab, ob es sich um den Kauf einer Bestandsimmobilie, einen Neubau oder eine Umschuldung handelt.

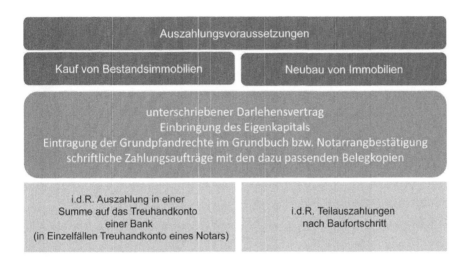

Abb. 150: Auszahlungsvoraussetzungen bei Kauf oder Neubau einer Immobilie

Bestandsimmobilie

Bei einem Kauf muss dem Darlehensgeber eine Kopie des notariellen Kaufvertrages vorliegen sowie die Kaufpreisfälligstellung des Notars.

Neubau

Bei einem Neubau können Teilauszahlungen je nach Baufortschritt vereinbart werden. Als Nachweis für den Baufortschritt sind Rechnungen oder Bestätigungen durch einen Architekten erforderlich.

Gemäß § 3 Abs. 2 MaBV gelten nachfolgende Teilauszahlungsschritte bei Erwerb und Neubau über einen Bauträger:

§ 3 Abs. 2 MaBV

Der Gewerbetreibende darf in den Fällen des Absatzes 1 die Vermögenswerte ferner in bis zu sieben Teilbeträgen entsprechend dem Bauablauf entgegennehmen oder sich zu deren Verwendung ermächtigen lassen. Die Teilbeträge können aus den nachfolgenden Vomhundertsätzen zusammengesetzt werden:

1. 30 vom Hundert der Vertragssumme in den Fällen, in denen Eigentum an einem Grundstück übertragen werden soll, oder 20 vom Hundert der Vertragssumme in den Fällen, in denen ein Erbbaurecht bestellt oder übertragen werden soll, nach Beginn der Erdarbeiten,

2. von der restlichen Vertragssumme

   • 40 vom Hundert nach Rohbaufertigstellung, einschließlich Zimmererarbeiten,

   • 8 vom Hundert für die Herstellung der Dachflächen und Dachrinnen,

   • 3 vom Hundert für die Rohinstallation der Heizungsanlagen,

   • 3 vom Hundert für die Rohinstallation der Sanitäranlagen,

   • 3 vom Hundert für die Rohinstallation der Elektroanlagen,

   • 10 vom Hundert für den Fenstereinbau, einschließlich der Verglasung,

   • 6 vom Hundert für den Innenputz, ausgenommen Beiputzarbeiten

   • 3 vom Hundert für den Estrich,

   • 4 vom Hundert für die Fliesenarbeiten im Sanitärbereich,

   • 12 vom Hundert nach Bezugsfertigkeit und Zug um Zug gegen Besitzübergabe,

   • 3 vom Hundert für die Fassadenarbeiten,

   • 5 vom Hundert nach vollständiger Fertigstellung.

Sofern einzelne der in Satz 2 Nr. 2 genannten Leistungen nicht anfallen, wird der jeweilige Vomhundertsatz anteilig auf die übrigen Raten verteilt. Betrifft das Bauvorhaben einen Altbau, so gelten die Sätze 1 und 2 mit der Maßgabe entsprechend, dass der hiernach zu errechnende Teilbetrag für schon erbrachte Leistungen mit Vorliegen der Voraussetzungen des Absatzes 1 entgegengenommen werden kann.

Umschuldung

Bei einer Darlehensumschuldung muss zunächst eine **Gläubigerbestätigung/Valutenbescheinigung** des bisherigen Darlehensgebers eingeholt werden. Diese Bestätigung enthält Angaben zur Restdarlehenshöhe zum geplanten Ablösungs-/Wertstellungstermin („Valuta"). In der Regel enthält sie auch Angaben zur Darlehenssicherung. Das ermöglicht die Prüfung, ob bereits eingetragene Grundschulden im Rahmen einer kostengünstigeren Abtretung an den neuen Gläubiger übertragen werden können.

Das Wichtigste zusammengefasst:

Spätestens für die Erstellung eines Darlehensantrages benötigen Sie einen umfassenden Kosten- und Finanzierungsplan mit umfassenden Nachweisen in Form von Unterlagen, die die Angaben belegen. Dabei ist auf die Stimmigkeit und Vollständigkeit der einzureichenden Unterlagen zu achten. Ihr Kunde sollte außerdem über die Auszahlungsvoraussetzungen für sein Darlehen von Ihnen informiert werden.

Sie können:

- Kosten- und Finanzierungspläne darstellen:
  - Gesamtkostenübersicht
  - Bestehende Finanzierungsbausteine
  - Finanzierungslücke
  - Bausteine zur Deckung der Finanzierungslücke
- die Darstellung der Finanzierung im Rahmen des Darlehensantrages beschreiben
- die einzureichenden Unterlagen benennen
- den Kunden über die Auszahlungsvoraussetzungen informieren

Sie verstehen die Kosten- und Finanzierungsplanung als Basis der nachfolgenden Kreditwürdigkeitsprüfung und Voraussetzung der Kreditentscheidung.

Sie nutzen diese umfassende Planung, um mit Ihrem Kunden eine langfristig tragfähige, d.h. bezahlbare, Immobilieninvestition zu entwickeln.

Dieses Kapitel hat Ihnen gezeigt, wie vielschichtig und individuell eine Immobilienfinanzierung sein kann und wie wichtig eine entsprechende Erfassung in Form eines Kosten- und Finanzierungsplans ist.

Der Großteil Ihrer Beratungsleistung als Immobiliardarlehensvermittler ist nun vollbracht.

Im nächsten Kapitel erfahren Sie, worauf es bei der Kreditwürdigkeitsprüfung ankommt und welche gesetzlichen Anforderungen hierzu von den Kreditentscheidern zu beachten sind.

► **Aufgaben zum Kapitel 3.6 – Finanzierungsangebot**

Ihr Wissen auf dem Prüfstand:

1. Was wird bei der finanziellen Belastbarkeit des Darlehensnehmers geprüft? (SC)

    a) Beleihungswert der Immobilie

    b) Vollständigkeit der Einkommensnachweise

    c) Tragfähigkeit der Darlehensrate aus den Einnahmen abzüglich Ausgaben

    d) Deckung der Gesamtkosten durch Eigen- und Fremdkapital

2. Welche Unterlagen sind im Rahmen einer Immobilienfinanzierung vom Darlehensnehmer einzureichen? (MC)

    a) Geburtsurkunde

    b) Einkommensnachweise

    c) SCHUFA-Auskunft

    d) Grundbuchunterlagen

    e) Sachkundenachweis

    f) Kaufvertrag

3. Welche Auszahlungsvoraussetzung ist bei der Finanzierung eines Neubaus zu beachten? (SC)

    a) Baufortschrittsnachweise

    b) ausreichende Fremdmittel für die Teilvalutierungszuschläge

    c) Selbstauskunft des Architekten

    d) Zwischenfinanzierung für die Bereitstellungszinsen

4. Was umfasst die Haushaltsrechnung? (SC)

    a) Gegenüberstellung der Gesamteinnahmen und der Gesamtausgaben des Darlehensnehmers

    b) Lebenshaltungskostenkalkulation

    c) monatliche Belastung aus Darlehenszins und -tilgung

    d) Gesamtkostenaufstellung der Finanzierungskosten bis zum Laufzeitende

5. Welcher Ersatznachweis wird anstelle eines beglaubigten Grundbuchauszuges über die einzutragende Grundschuld von der finanzierenden Bank in der Regel akzeptiert? (SC)

    a) Unbedenklichkeitsbescheinigung des Finanzamtes

    b) Kaufpreisfälligstellung des Verkäufers

c) Löschungsbewilligung der abzulösenden Bank

d) Rangbescheinigung des Notars

e) Grundschuldverlustbestätigung des Grundbuchamtes

3.7 Kreditwürdigkeitsprüfung

3.7.1 Gesetzliche Grundlagen

Gemäß § 18a Abs. 3–5 KWG sind nachfolgende Grundlagen bei der Kreditwürdigkeitsprüfung zu beachten:

> § 18a Abs. 3–5 KWG
>
> (3) Grundlage für die Kreditwürdigkeitsprüfung können Auskünfte des Darlehensnehmers und erforderlichenfalls Auskünfte von Stellen sein, die geschäftsmäßig personenbezogene Daten, die zur Bewertung der Kreditwürdigkeit von Verbrauchern genutzt werden dürfen, zum Zwecke der Übermittlung erheben, speichern, verändern oder nutzen. Das Kreditinstitut ist verpflichtet, die Informationen in angemessener Weise zu überprüfen, soweit erforderlich auch durch Einsichtnahme in unabhängig nachprüfbare Unterlagen.
>
> (4) Bei Immobiliar-Verbraucherdarlehensverträgen hat das Kreditinstitut die Kreditwürdigkeit des Darlehensnehmers auf der Grundlage notwendiger, ausreichender und angemessener Informationen zu Einkommen, Ausgaben sowie zu anderen finanziellen und wirtschaftlichen Umständen des Darlehensnehmers eingehend zu prüfen. Dabei hat das Kreditinstitut die Faktoren angemessen zu berücksichtigen, die für die Einschätzung relevant sind, ob der Darlehensnehmer seinen Verpflichtungen aus dem Darlehensvertrag voraussichtlich nachkommen kann. Die Kreditwürdigkeitsprüfung darf sich nicht hauptsächlich darauf stützen, dass der Wert der Wohnimmobilie den Darlehensbetrag übersteigt, oder auf die Annahme, dass der Wert der Wohnimmobilie zunimmt, es sei denn, der Darlehensvertrag dient zum Bau oder zur Renovierung der Wohnimmobilie.
>
> (5) Das Kreditinstitut ist verpflichtet, die Verfahren und Angaben, auf die sich die Kreditwürdigkeitsprüfung stützt, nach Maßgabe von § 25a Abs. 1 Satz 6 Nr. 2 zu dokumentieren und die Dokumentation aufzubewahren.

Diese Vorgaben gelten auch, wenn der Darlehensgeber eine Versicherung ist (§ 15a VAG).

▶ **Exkurs: Referentenentwurf ImmoKWPLV**

Die Wohnimmobilienkreditrichtlinie hat bisher viele Fragen zur Umsetzung der neuen Anforderungen an die Kreditwürdigkeitsprüfung bei Immobiliar-Verbraucherdarlehen offen gelassen. Derzeit ist eine Verordnung (zum Zeitpunkt der Erstellung dieses Fachbuches lag lediglich der Referentenentwurf vor) in Vorbereitung, die die neuen Regelungen konkretisieren soll. Die **„Verordnung zur Festlegung von Leitlinien zu den Kriterien und Methoden der Kreditwürdigkeitsprüfung bei Immobiliar-Verbraucherdarlehensverträgen" (ImmoKWPLV)** soll die Umsetzung der Wohnimmobilienkreditrichtlinie in der Praxis klarstellen. Von besonderer Bedeutung ist die Einschätzung der zukünftigen Leistungsfähigkeit des Darlehensnehmers. Hierbei geht es um eine Wahrscheinlichkeitsbewertung auf der Basis typischer Annahmen über mögliche zukünftige Ereignisse und Entwicklungen. Die Herausforderung ist, dass diese Bewertung auf den gesamten Darlehensvertragszeitraum abgestellt werden muss. Dazu können Standardfälle, genauso wie eine individuelle Einzelfallbetrachtung, eingesetzt werden. Detailliertere Vorgaben hierzu seitens des Gesetzgebers fehlten jedoch bislang. Das genau soll die neue Verordnung ändern.

In der nachfolgenden Grafik sehen Sie die möglichen Faktoren einer zukünftigen Kreditwürdigkeitsprüfung.

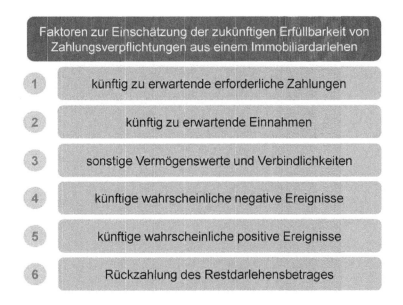

Faktoren zur Einschätzung der zukünftigen Erfüllbarkeit von Zahlungsverpflichtungen aus einem Immobiliardarlehen

1 künftig zu erwartende erforderliche Zahlungen

2 künftig zu erwartende Einnahmen

3 sonstige Vermögenswerte und Verbindlichkeiten

4 künftige wahrscheinliche negative Ereignisse

5 künftige wahrscheinliche positive Ereignisse

6 Rückzahlung des Restdarlehensbetrages

Abb. 151: Faktoren der Kreditwürdigkeitsprüfung

Im Detail bedeutet dies:

- zu 1: Berücksichtigung vor allem von Verbindlichkeiten, wie Zinsen und Tilgungen sowie aufgeschobenen Verbindlichkeiten aus Tilgungsaussetzungsphasen
- zu 2: insbesondere Einkünfte aus Vermietung und Verpachtung von Immobilien, sofern diese als nachhaltig angenommen werden können
- zu 3: sonstige regelmäßige Einnahmen und Ausgaben sowie Vermögenswerte und Verbindlichkeiten (die finanzierte Wohnimmobilie stellt nur ein zusätzliches Merkmal dar)
- zu 4: Eintritt in den Ruhestand, Zinssteigerungen (nach Ablauf einer Zinsfestschreibungsfrist), Wechselkursveränderungen. Mögliche, aber derzeit nicht wahrscheinliche Ereignisse, wie beispielsweise eine Arbeitslosigkeit oder Erwerbsunfähigkeit müssen nur berücksichtigt werden, wenn hierzu bestimmte Anhaltspunkte vorliegen.
- zu 5: bezogen auf konkrete Umstände, wie Beruf oder Branche (beispielsweise beruflicher Wiedereinstieg nach der Elternzeit)
- zu 6: Einbeziehung der Wahrscheinlichkeit zur Rückzahlung des nach Ablauf der Vertragslaufzeit bestehenden Restdarlehensbetrags und somit einer zukünftigen Anschlussfinanzierung, falls der Darlehensnehmer nicht in der Lage ist, das Restdarlehen in einer Summe aus eigenen Mitteln zurückzuzahlen.

Darüber hinaus soll es zukünftig möglich sein, bei Bau- und Renovierungsdarlehen die erwartete Wertsteigerung der Immobilie in die Kreditwürdigkeitsprüfung mit einzubeziehen. Ein weiterer wichtiger Punkt ist der Zeitpunkt einer erneuten Kreditwürdigkeitsprüfung. Dies soll bei einer „echten" Abschnittsfinanzierung der Fall sein mit einem neuen Kapitalnutzungsrecht für den Darlehensnehmer, mit einem neuen Darlehensgeber sowie bei Erhöhung des Nettodarlehens um mehr als 10 %. ◄

Bei der Kreditwürdigkeitsprüfung (auch Bonitätsprüfung genannt) geht es vor allem um zwei Aspekte:

- Kreditfähigkeit
- Kreditwürdigkeit

3.7.2   Kreditfähigkeit

Bevor es zur Kreditwürdigkeitsprüfung kommt, muss der Darlehensgeber die Kreditfähigkeit des Darlehensnehmers prüfen.

Die Voraussetzungen für die Kreditfähigkeit im rechtlichen Sinn, d.h. rechtswirksame Darlehensverträge abschließen zu können, sind die:

- Rechtsfähigkeit und
- Geschäftsfähigkeit

Die wesentlichen Details hierzu haben Sie bereits in Kapitel 2.1.1 Rechtsfähigkeit und Geschäftsfähigkeit kennengelernt.

Die Rechtsfähigkeit (Beginn: Vollendung der Geburt) bei natürlichen Personen wird ganz einfach über die Legitimation mittels Personalausweis oder Reisepass nachgewiesen.

Mit Vollendung des 18. Lebensjahres sind natürliche Personen in Deutschland voll geschäftsfähig und können Kreditverträge eigenständig abschließen.

Beschränkt Geschäftsfähige, d.h. Minderjährige, die das 7. Lebensjahr vollendet, das 18. Lebensjahr aber noch nicht vollendet haben, oder Volljährige, die unter Betreuung und deren finanzielle Angelegenheiten unter einem Einwilligungsvorbehalt stehen, können nur mit Zustimmung der gesetzlichen Vertreter (Eltern, Vormund oder Betreuer) rechtswirksame Darlehensverträge abschließen.

Geschäftsunfähige, d.h. Minderjährige, die das 7. Lebensjahr noch nicht vollendet haben, und Personen, denen die Geschäftsfähigkeit gerichtlich entzogen wurde, können nur mit Zustimmung der gesetzlichen Vertreter und des Familiengerichtes rechtswirksame Darlehensverträge abschließen.

Bei Darlehensverträgen von verheirateten Personen ist Folgendes zu beachten:

- Ehepartner, die gesamtschuldnerisch für das Darlehen haften sollen oder beide als Darlehensnehmer den Vertrag unterzeichnen wollen, müssen beide über die notwendige Kreditfähigkeit verfügen.

- Ehepartner, die einen Darlehensvertrag alleine unterzeichnen wollen, bedürfen im Falle der Gütergemeinschaft immer der Zustimmung des anderen Ehepartners. Bei einer Zugewinngemeinschaft ist die Zustimmung des anderen Ehepartners nur dann erforderlich, wenn über das Vermögen im Ganzen verfügt wird. Bei einer Gütertrennung ist die Zustimmung nicht erforderlich.

3.7.3   Kreditwürdigkeit

Die Anforderungen an die Kreditwürdigkeitsprüfung finden sich in einer weiteren gesetzlichen Grundlage auf Basis der seit 2016 in Kraft getretenen Wohnimmobilienkreditrichtlinie.

Gemäß § 505b BGB Grundlage der Kreditwürdigkeitsprüfung bei Verbraucherdarlehensverträgen gilt:

§ 505b BGB (Grundlage der Kreditwürdigkeitsprüfung)

(2) Bei Immobiliar-Verbraucherdarlehensverträgen hat der Darlehensgeber die Kreditwürdigkeit des Darlehensnehmers auf der Grundlage notwendiger, ausreichender und angemessener Informationen zu Einkommen, Ausgaben sowie anderen finanziellen und wirtschaftlichen Umständen des Darlehensnehmers eingehend zu prüfen. Dabei hat der Darlehensgeber die Faktoren angemessen zu berücksichtigen, die für die Einschätzung relevant sind, ob der Darlehensnehmer seinen Verpflichtungen aus dem Darlehensvertrag voraussichtlich nachkommen kann. Die Kreditwürdigkeitsprüfung darf nicht hauptsächlich darauf gestützt werden, dass in den Fällen des § 491 Abs. 3 Satz 1 Nr. 1 der Wert des Grundstücks oder in den Fällen des § 491 Abs. 3 Satz 1 Nr. 2 der Wert des Grundstücks, Gebäudes oder grundstücksgleichen Rechts voraussichtlich zunimmt oder den Darlehensbetrag übersteigt.

(3) Der Darlehensgeber ermittelt die gemäß Abs. 2 erforderlichen Informationen aus einschlägigen internen oder externen Quellen, wozu auch Auskünfte des Darlehensnehmers gehören. Der Darlehensgeber berücksichtigt auch die Auskünfte, die einem Darlehensvermittler erteilt wurden. Der Darlehensgeber ist verpflichtet, die Informationen in angemessener Weise zu überprüfen, soweit erforderlich auch durch Einsichtnahme in unabhängig nachprüfbare Unterlagen.

(4) Bei Immobiliar-Verbraucherdarlehensverträgen ist der Darlehensgeber verpflichtet, die Verfahren und Angaben, auf die sich die Kreditwürdigkeitsprüfung stützt, festzulegen, zu dokumentieren und die Dokumentation aufzubewahren.

(5) Die Bestimmungen zum Schutz personenbezogener Daten bleiben unberührt.

Die Kreditwürdigkeit wird geprüft anhand:

- der **persönlichen und materiellen Kreditwürdigkeit**
- der Haushaltsrechnung
- der möglichen Risiken durch eventuelle Situationsveränderungen
- des Beleihungsauslaufs als ein Faktor der Kreditwürdigkeit

Zu berücksichtigen sind auch das bereits in Kapitel 3.4.1 Zinshöhe in Abhängigkeit von der Besicherung erläuterte Kredit-Scoring. Neben den Informationen und Nachweisen des Darlehensnehmers gehört auch eine Kreditauskunft (SCHUFA oder Creditreform) zum Umfang der Kreditwürdigkeitsprüfung.

Persönliche und materielle Kreditwürdigkeit

Die nachfolgende Grafik zeigt Ihnen den Unterschied zwischen der persönlichen und materiellen Kreditwürdigkeit.

persönliche Kreditwürdigkeit	materielle Kreditwürdigkeit
■ Kann vom Kunden eine Darlehensrückzahlung aufgrund seiner Persönlichkeit erwartet werden?	■ Kann der Kunde die anfallenden Zinsen tragen und den Kredit in der vereinbarten Zeit tilgen?
■ Zuverlässigkeit (wurden bisherige Vereinbarungen eingehalten?)	■ Selbstauskunft des Darlehensnehmers zu:
■ Zahlungs- und Geschäftsmoral	» laufende Einnahmen und Ausgaben
■ berufliche Qualifikation	» vorhandenes Vermögen
■ persönlicher Eindruck	» weitere Verbindlichkeiten
■ Stellung des Unternehmers am Markt	» Lebenshaltungskosten (Haushaltspauschalen)
■ Bestandsdauer des Unternehmens	

Abb. 152: persönliche und materielle Kreditwürdigkeit

Die persönliche Kreditwürdigkeit basiert vor allem auf bestimmten Eigenschaften des Darlehensnehmers.

Bei der materiellen Kreditwürdigkeit geht es um die Beurteilung, ob der Darlehensnehmer in geordneten finanziellen Verhältnissen lebt. Hierzu werden Einkommens- und Vermögensverhältnisse jetzt und in Zukunft bewertet. Wie hoch ist das nachhaltig und nachweislich erzielbare Familieneinkommen? Kann der Darlehensnehmer ohne Gefährdung seiner sonstigen Verpflichtungen die Zins- und Tilgungsverpflichtungen aus dem Darlehen auf lange Sicht (bis zum Gesamtdarlehensende) erbringen?

Zur Beurteilung der wirtschaftlichen, d.h. materiellen, Kreditwürdigkeit muss der Darlehensnehmer eine so genannte Selbstauskunft anhand der vom Darlehensgeber zur Verfügung gestellten Formulare erteilen bzw. ausfüllen. Diese enthält insbesondere Angaben, die für die Prüfung der materiellen Kreditwürdigkeit relevant sind.

Die Angaben muss der Darlehensnehmer durch entsprechende Nachweise belegen.

Dies geschieht nicht nur im Interesse des Darlehensgebers, sondern ist auch Teil des gesetzlichen Verbraucherschutzes (Kann sich der Darlehensnehmer das Darlehen nachhaltig leisten?). Des Weiteren sollen auch die Interessen und Gelder derjenigen Kunden geschützt werden, die der Bank Einlagen in Form von Spar- oder Termineinlagen zur Verfügung gestellt haben, die teilweise zur Refinanzierung im Darlehensgeschäft verwendet werden dürfen.

Die Selbstauskunft umfasst Angaben u.a. zu:

- Angaben zum Darlehensnehmer (Name, Anschrift, Geburtsdatum, Beschäftigungs-verhältnis u.ä.)
- Einkommen (aus selbstständiger oder unselbstständiger Arbeit, Kindergeld, Unter-halt, aus Kapitalvermögen, aus Vermietung und Verpachtung u.ä.) und Eigenkapital (Wertpapiervermögen, Bankguthaben, Bausparguthaben, Versicherungs-Rück-kaufswerte, Immobilien und andere Vermögensgegenstände)
- Haushaltsrechnung = Aufstellung der monatlichen Ausgaben (Miete und Neben-kosten, Versicherungen, Unterhaltszahlungen, Kreditraten, Lebenshaltungskosten, KFZ-Kosten inkl. Kraftstoff u.a.)
- Aufstellung der Verbindlichkeiten (anderweitige Darlehen)

Insbesondere die Angabe zu den Lebenshaltungskosten fällt manchem Darlehensneh-mer schwer. Das ist einer der Gründe, warum Darlehensgeber an dieser Stelle mit pau-schalen Mindestwerten arbeiten.

Die Wohnimmobilienkreditrichtlinie sieht empfindliche Konsequenzen für die Darlehens-geber vor, wenn diesen eine Nachlässigkeit bei der Kreditwürdigkeitsprüfung nachge-wiesen werden kann (siehe Kapitel 2.4.4 Besondere Anforderungen an die Beratung). Aus diesem Grund prüft der Darlehensgeber die Angaben des Darlehensnehmers sehr genau auf deren Vollständigkeit und Plausibilität und fordert die gesetzlich vorgeschrie-benen Nachweise ein.

Haushaltsrechnung

Die Haushaltsrechnung stellt die Einnahmen und Ausgaben des Darlehensnehmers ge-genüber.

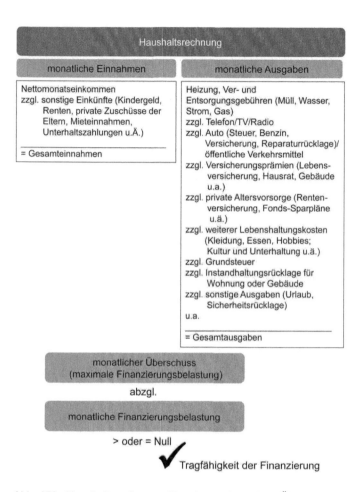

Abb. 153: Haushaltsrechnung: Einnahmen-Ausgaben-Übersicht

Tipp

Auf der Einnahmenseite erkennen viele Darlehensgeber zusätzliche Monatsgehäl-ter oder Bonizahlungen an. Einkommensteile, die nicht nachhaltig oder regelmäßig erzielt werden, wie beispielsweise Überstundenvergütungen oder Fahrkostenerstat-tungen, werden dagegen nicht anerkannt. Langfristig erzielbare Nebeneinkünfte können anerkannt werden. Ebenso wie regelmäßige Einkünfte aus Kapitalvermö-gen. Auch Kindergeld oder Unterhaltszahlungen gehören zu den Einnahmen (umge-kehrt sind zu leistende Unterhaltszahlungen bei den Ausgaben zu berücksichtigen).

Die Ausgabenseite ist nicht zu unterschätzen. Unregelmäßige Ausgaben, wie beispielsweise Autoreparaturen, Schulmaterial der Kinder, zu leistende Unterhaltszahlungen, Kindergarten, Urlaub usw., sind ebenfalls zu beachten und erfordern einen entsprechenden Ausgabenpuffer.

Die Ausgabenseite muss neben den laufenden Ausgaben auch geplante Ausgaben enthalten:

- Darlehensrate (Zinsen/Tilgung)
- Änderungen während der Darlehenslaufzeit

Als Puffer kann auch eine anfänglich höhere Tilgungsrate dienen, die im Falle einer unvorhergesehenen Arbeitslosigkeit oder Zinserhöhung bei der Anschlussfinanzierung reduziert werden kann. Ebenso empfiehlt sich eine Überprüfung des Versicherungsschutzes für den Fall einer Berufsunfähigkeit oder des Todes des Haupteinkommensbeziehers.

Die Haushaltsrechnung umfasst auch die Lebenshaltungskosten des Darlehensnehmers.

Darlehensgeber setzen hier in der Regel Pauschalen an, berücksichtigen aber auch individuelle Angaben.

Die Lebenshaltungskosten umfassen die Kosten insbesondere für:

- Lebensmittel
- Bekleidung
- Freizeitaktivitäten
- Kommunikation (Internet, Telefon u.a.)
- Kinderbetreuung
- Bildung

Zu den Lebenshaltungskosten werden i.d.R. alle variablen Kosten gerechnet. Aus diesem Grund fallen beispielsweise feste Schulgebühren der Kinder unter die Ausgaben und nicht unter die Lebenshaltungskosten.

Der Darlehensnehmer tut sich selbst keinen Gefallen, wenn er die Lebenshaltungskosten zu gering ansetzt. Besser ist es, hier mit einem ausreichenden Puffer zu rechnen.

Den Ausgaben werden die **dauerhaft erzielbaren Einkünfte** gegenüber gestellt:

- Nettoeinkommen aus nichtselbstständiger oder selbstständiger Arbeit
- Kindergeld
- Krankengeld/Krankentagegeld
- Mieteinkünfte (Kaltmiete abzüglich Bewirtschaftungskosten)
- Gesetzliche und private Renten
- Ehegattenunterhalt
- Kindesunterhalt und Waisenrente (Berücksichtigung i.d.R. altersabhängig)

Info: Kindergeld

Seit 1.1.2018 gelten nachfolgende Beträge für das Kindergeld (§ 66 EStG):

1. und 2. Kind: 194 €

3. Kind: 200 €

ab 4. Kind: 225 €

Das Kindergeld wird bis zur Vollendung des 18. Lebensjahres gezahlt. Für Kinder, die auch darüber hinaus im elterlichen Haushalt leben und sich noch in Ausbildung befinden oder arbeitslos gemeldet sind, erfolgt die Zahlung bis maximal zum vollendeten 25. Lebensjahr (zzgl. Monate des gesetzlichen Wehr- oder Zivildienstes).

Wahlweise zum Kindergeld kann der Kinderfreibetrag bei der Einkommensteuer in Anspruch genommen werden (§ 32 Abs. 6 EStG). Dieser beträgt seit dem 1.1.2018: 7.428 €. Das Finanzamt führt automatisch eine Günstigerprüfung durch (Kindergeldantrag erforderlich), da dies von der Einkommenshöhe der Eltern abhängt. Der Kinderfreibetrag ist in der Regel günstiger ab ca. 35.000 € (Alleinstehende) bzw. 63.500 € (Verheiratete) zu versteuerndem Jahreseinkommen.

- Arbeitslosengeld, Wohngeld, Arbeitgeberzuschüsse o. ä. werden nicht als dauerhaft erzielbare Einkünfte anerkannt.

Risiken durch eventuelle Situationsveränderungen

In die Kreditwürdigkeitsprüfung werden auch die möglichen Risiken durch unvorhergesehene Änderungen der finanziellen und persönlichen Situation (z.B. Arbeitslosigkeit, Krankheit) einbezogen (siehe auch Kapitel 3.11.2 Änderung der persönlichen Situation). Das bedeutet konkret: Verbleibt dem Darlehensnehmer ein finanzieller Spielraum für solche Fälle unter Berücksichtigung der neuen Darlehensverpflichtungen?

Beleihungsauslauf als ein Faktor der Kreditwürdigkeit

Als Beleihungsauslauf wird das Verhältnis von Fremd- und Eigenkapital bezeichnet (siehe auch Kapitel 3.9.4 Beleihungsgrenzen und Beleihungsauslauf).

Ein geringer Eigenkapitalanteil aufgrund fehlender Eigenmittel stellt immer ein erhöhtes Risiko dar. Für unvorhergesehene spätere Ausgaben fehlt dann das notwendige Kapital oder der Spielraum für einen zusätzlichen Finanzierungsbedarf.

Weitere Details zu den gesetzlichen Anforderungen an die Kreditwürdigkeitsprüfung und die Konsequenzen bei Nichtbeachten wurden bereits in Kapitel 2.4. Rechtliche Grundlagen der Immobiliardarlehensvermittlung und -beratung beschrieben.

Tipp

Ihre Darlehensabteilung muss aufgrund der gesetzlichen Vorgaben prüfen, ob es wahrscheinlich ist, dass der Darlehensnehmer seinen im Zusammenhang mit dem Darlehensvertrag stehenden Verpflichtungen vertragsgemäß bis zum Gesamtdarlehenslaufzeitende nachkommen kann. Bei endfälligen Darlehen müssen dabei die Sparbeiträge für einen Bausparvertrag oder die Versicherungsprämien der Lebensversicherung, die als Tilgungsersatz dienen, mit einbezogen werden. Kann diese grundlegende Anforderung nur durch die Einbindung eines Bürgen erfüllt werden, so ist eine Darlehenszusage in der Regel nicht zulässig.

3.7.4 Bonitätsnachweise

Nicht nur die gesetzlichen Vorgaben der §§ 505b BGB und 18a KWG, sondern auch die Einschätzung der Kreditwürdigkeit über eine lange Darlehenslaufzeit, machen es erforderlich und sinnvoll, dass sich der Darlehensgeber vom Darlehensnehmer Nachweise für die von ihm gemachten Angaben zu seiner Bonität vorlegen lässt.

Dazu gehören Einkommensnachweise wie insbesondere:

- Gehaltsabrechnungen
- Jahresabschlüsse
- Betriebswirtschaftliche Auswertungen (BWA)
- Einkommensteuerbescheide
- Mietverträge
- Wertpapierabrechnungen
- Rentenbescheide

Üblich sind darüber hinaus die Einholung einer SCHUFA-Auskunft und bei selbstständigen Darlehensnehmern eine Auskunft der Creditreform.

3.7.5   Tragfähigkeit der Finanzierung

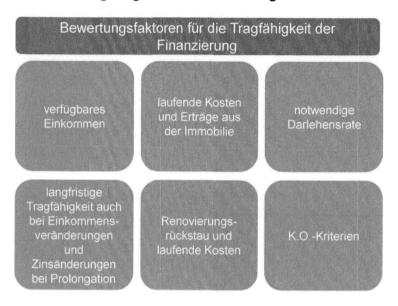

Abb. 154: Tragfähigkeit der Finanzierung

Die Tragfähigkeit einer Finanzierung ist gegeben, wenn das verfügbare Einkommen abzüglich der bestehenden Fixkosten und abzüglich der neuen Zahlungsverpflichtungen aus dem Darlehensvertrag für ein **Existenzminimum** ausreicht.

Das Existenzminimum setzt sich aus den Lebenshaltungskosten (siehe Kapitel 3.7.3 Kreditwürdigkeit) und den laufenden Bewirtschaftungskosten für die Immobilie zusammen.

Tipp

Kunden können den benötigten Betrag für ihre tatsächlichen Lebenskosten oft nicht richtig einschätzen. Aus diesem Grund setzen die Darlehensgeber meist einen intern festgelegten Pauschalbetrag an. Der individuelle Lebensstil Ihres Kunden ist hierbei zu berücksichtigen.

Zu den **Bewirtschaftungskosten** einer Immobilie zählen vor allem:

- Strom, Wasser, Heizung, Müllabfuhr, sonstige Kosten
- Grundsteuer
- Instandhaltungsrücklagen
- Hausratversicherung, Wohngebäudeversicherung u.ä.

Die Tragfähigkeit muss auch langfristig und bei sich verändernden Einkommensentwicklungen und steigenden Zinsen nach Ablauf einer Zinsfestschreibungsfrist gegeben sein.

Mit einkalkuliert werden müssen auch notwendige Renovierungen der Immobilie, die für den Werterhalt des Objektes wichtig sind (**Instandhaltungsrücklagen**).

K.O.-Kriterien für die Tragfähigkeit und somit die Kreditvergabe sind:

- ein Arbeitsverhältnis noch in Probezeit
- ausschließlich Einkünfte aus geringfügiger Beschäftigung
- negative Auskünfte der SCHUFA oder Creditreform
- negatives Kreditscoring und negative Erfahrung aus der Vergangenheit (Lastschriftrückgaben u.ä.)
- Zwangsversteigerungsvermerk im Grundbuch
- Risikoaltersgrenze z.B. 60 Jahre und keine Risiko-LV
- Arbeitslosigkeit
- Mindestnettoeinkommen wird nur durch nicht anrechenbare Einnahmen erreicht (Arbeitslosengeld etc.)
- negative Haushaltsrechnung (Ausgaben und Lebenshaltungskosten übersteigen die Einnahmen)

Kettenumschuldungen

Als Kettenumschuldungen werden wiederholte Umfinanzierungen verstanden, die der finanziellen Sanierung dienen sollen. Tatsächlich können sie ein weiteres K.O.-Kriterium für die Kreditvergabe darstellen.

Das Wichtigste zusammengefasst:

Neben der Kreditfähigkeit des Darlehensnehmers werden vor allem seine Kreditwürdigkeit und die Tragfähigkeit der Finanzierung von der Kreditabteilung geprüft. Dazu gehört auch die Prüfung der Bonitätsunterlagen und weiterer eingereichter Nachweise des Darlehensnehmers.

Sie kennen:

* die gesetzlichen Grundlagen für die Tragfähigkeits- und Kreditwürdigkeitsprüfung auf Basis der Wohnimmobilienkreditrichtlinie
* die Voraussetzung für die Kreditfähigkeit des Darlehensgebers
* mögliche Bonitätsnachweise
* die Kriterien zur Bewertung der Tragfähigkeit der Finanzierung und insbesondere der monatlichen Darlehensraten

Sie verstehen die Kenntnisse rund um die Kreditwürdigkeitsprüfung als Möglichkeit, den Kreditentscheidungsprozess zu unterstützen.

Sie nutzen Ihre Kenntnisse, um Ihren Kunden über seine Einflussmöglichkeiten auf den Kreditentscheidungsprozess zu informieren.

Dieses Kapitel hat Ihnen gezeigt, welche Anforderungen insbesondere der Gesetzgeber an die Kreditentscheidung stellt und welchen Umfang die Kreditwürdigkeitsprüfung in der Immobiliardarlehensvermittlung einnimmt.

Das nächste Kapitel informiert Sie über die Grundlagen und Möglichkeiten der Darlehensbesicherung.

▶ **Aufgaben zum Kapitel 3.7 – Kreditwürdigkeitsprüfung**

Ihr Wissen auf dem Prüfstand:

1. Was sind Voraussetzungen für die Kreditfähigkeit eines Darlehensnehmers? (MC)

    a) Ausreichende Darlehenssicherheiten

    b) Zuverlässige Bonität

    c) Rechtsfähigkeit

    d) Entscheidungsfähigkeit

    e) Geschäftsfähigkeit

    f) Kreditwürdigkeit

2. Welche Kriterien spielen bei der Kreditwürdigkeitsprüfung eine Rolle? (MC)

    a) persönliche Kreditwürdigkeit

    b) Haushaltsrechnung

    c) Beleihungsauslauf

    d) Besicherungsablauf

    e) Zinsrechnung

    f) substanzielle Kreditwürdigkeit

3. Welcher gesetzlich vorgegebene Grundsatz gilt bei der Kreditwürdigkeitsprüfung? (SC)

    a) Einschätzung, ob der Darlehensnehmer seinen Verpflichtungen aus dem Darlehensvertrag voraussichtlich nachkommen kann

    b) Bewertung, ob der Darlehensnehmer die Darlehensraten garantiert bis zum Darlehensende zahlen kann

    c) Die Kreditwürdigkeitsprüfung darf sich nicht überwiegend auf die Bonität des Darlehensnehmers stützen

    d) Die Kreditwürdigkeitsprüfung muss hauptsächlich auf den Wert des Grundstücks gestützt sein

4. Was umfasst die persönliche Kreditwürdigkeit des Darlehensnehmers? (MC)

    a) Zahlungsmoral

    b) Haushaltsrechnung

    c) Tragfähigkeit der Darlehensrate

    d) Zuverlässigkeit

    e) Selbstauskunft

5. Welche Kriterien werden bei der Prüfung der Tragfähigkeit der Finanzierung bewertet? (MC)

   a) finanzielle Kenntnisse

   b) verfügbares Einkommen

   c) persönlicher Eindruck

   d) Zahlungsmoral

   e) Darlehensrate

3.8 Kreditsicherung

3.8.1 Grundlagen

Neben der Kreditwürdigkeitsprüfung, die die Tragfähigkeit der Darlehensraten für den Darlehensnehmer über die gesamte Darlehenslaufzeit prüft, werden auch die angebotenen Kreditsicherheiten einer Prüfung auf Werthaltigkeit unterzogen.

Welche Möglichkeiten der Darlehensbesicherung gibt es?

Zunächst werfe ich mit Ihnen einen Blick auf die Grundlagen der Besicherung.

Dingliche Sicherung

Dingliche Sicherheiten

Sachwerte, die zur Besicherung eines Darlehens verwendet werden, werden als dingliche Sicherheiten bezeichnet. Beispiele sind insbesondere die Grundpfandrechte.

Zu den dinglichen Sicherheiten bei einem Immobiliar-Verbraucherdarlehen gehören vor allem die Grundpfandrechte: Grundschuld und Hypothek (siehe auch Kapitel 3.8.2 Grundschuld und 3.8.3 Hypothek). An den Eigentumsverhältnissen ändert sich nichts, dem Darlehensgeber wird lediglich das Recht eingeräumt, die Sicherheit verwerten zu dürfen, wenn der Darlehensnehmer seinen Darlehensverpflichtungen nicht mehr vereinbarungsgemäß nachkommt. Zur Absicherung des Darlehensgebers wird das Grundpfandrecht ins Grundbuch eingetragen.

Weitere dingliche Sicherheiten sind beispielsweise die Verpfändung eines Wertpapierdepots oder sonstiger Bankguthaben, sowie die Abtretung einer Lebensversicherung.

Das Gegenstück zu den dinglichen Sicherheiten sind die persönlichen Sicherheiten.

Ersatzsicherheiten

Sicherheiten, die eine Darlehensbesicherung durch Grundpfandrechte ersetzen, werden als Ersatzsicherheiten bezeichnet. Sie sollten nur geringen Wertschwankungen unterliegen, wie dies beispielsweise bei der Abtretung von Bankguthaben oder den Ansprüchen aus Lebensversicherungen oder Bausparverträgen der Fall ist. Aber auch die Verpfändung eines Wertpapierdepots kommt grundsätzlich als Ersatzsicherheit in Frage.

Eine mangelnde Bonität und Kreditwürdigkeit des Darlehensnehmers kann seit Einführung der Wohnimmobilienkreditrichtlinie nicht mehr durch eine Ersatzsicherheit ausgeglichen werden.

Zusatzsicherheiten

Benötigt der Darlehensnehmer einen Darlehensbetrag, der die Beleihungsgrenze des finanzierten Objektes übersteigt, so besteht die Möglichkeit, dem Darlehensnehmer zusätzliche Sicherheiten anzubieten, vorausgesetzt diese sind vorhanden.

Als Zusatzsicherheiten kommen u.a. in Frage:

- Abtretung der Ansprüche aus einem Bausparvertrag oder einer Lebensversicherung
- Grundpfandrechte an einem weiteren Immobilienobjekt
- Verpfändung von Bankguthaben oder Wertpapieren
- Bürgschaften

Blanko-/Negativdarlehen

Blankodarlehen sind unbesicherte Darlehen, für die lediglich die persönliche Haftung des Darlehensnehmers vereinbart ist. Hierbei sind gegebenenfalls Grenzen wie beispielsweise bei einem Bauspardarlehen zu beachten.

§ 7 Abs. 4 Bausparkassengesetz (BSpKG)

(4) Von einer Sicherung durch Grundpfandrechte oder durch Ersatzsicherheiten kann abgesehen werden, wenn

1. wegen der geringen Höhe des Darlehensbetrages eine Erklärung des Darlehensnehmers als ausreichend erscheint, in der er sich gegenüber der Bausparkasse verpflichtet, eine mögliche Sicherung durch Grundpfandrechte nicht durch eine Verpfändung des als Pfandobjekt in Betracht kommenden Gegenstandes für eine andere Verbindlichkeit oder durch seine Veräußerung zu verhindern oder

2. eine Sicherung wegen der geringen Höhe des Darlehensbetrages nicht erforderlich erscheint.

Um ein Blankodarlehen zu erhalten, muss der Darlehensnehmer eine einwandfreie und sehr gute Bonität aufweisen. Denn ein Blankodarlehen wird durch die fehlende Besicherung ausschließlich auf die Bonität des Darlehensnehmers abgestellt.

In der Regel verlangt der Darlehensgeber bei einem Blankodarlehen die so genannte **Negativverklärung**, mit der der Darlehensnehmer sich verpflichtet, eine Verpfändung des Objektes für eine andere Verbindlichkeit oder den Verkauf des Objektes zu unterlassen. Ebenso dürfen einem anderen Gläubiger keine vorrangigen Rechte eingeräumt werden. Für den Darlehensnehmer hat ein Blankodarlehen den Vorteil, dass er sich Notar- und Grundbuchamtskosten für die Grundschuldeintragung sparen kann.

Auf weitere Aspekte des Blankodarlehens gehe ich in Kapitel 3.8.4 Weitere Sicherheiten ein.

Welche K.O.-Kriterien sind bei der Beleihung eines Immobilienobjektes zu beachten?

Zu den wichtigsten K.O.-Kriterien gehören:

- Erhebliche wertmindernde (vorrangige) Rechte im Grundbuch
- zu hoher Beleihungsauslauf
- Dauerwohnrecht eines Nichtdarlehensnehmers
- Private Erbbaurechte
- Fertighäuser ohne Gütesiegel
- Keine Dauernutzung für Objekt zugelassen

- Ein-Zimmer-Eigentumswohnungen oder Wohnfläche unter einer vom Darlehensgeber festzulegenden qm-Anzahl
- Nutzung nur als Wochenendhaus oder Ferienwohnung
- zu großer zeitlicher Abstand zwischen Baubeginn und Finanzierungsantrag

Trifft eines der o.g. K.O.-Kriterien auf ein Beleihungsobjekt zu, so kann das Darlehen nur mit Ersatzsicherheiten abgesichert werden.

Welche weiteren K.O.-Kriterien sind bei der Entscheidung über die Kreditwürdigkeit zu beachten?

Hier sind insbesondere die nachfolgenden Kriterien zu beachten:

- mangelnde Bonität des Darlehensnehmers
- befristete Arbeitsverträge
- unvollständige oder falsche Angaben und Nachweise zur finanziellen Situation durch den Darlehensnehmer
- negative SCHUFA- oder Creditreformauskunft
- Lastschriftrückgaben
- Kettenumschuldung: mehrere Aufstockungen oder Umschuldungen von Darlehen innerhalb kurzer Zeit

3.8.2   Grundschuld

Die gesetzliche Grundlage der Grundschuld findet sich in den §§ 854–1203 BGB.

Grundschuld

Die Grundschuld gehört zu den Grundpfandrechten. Die Grundschuld wird zur Besicherung eines Darlehens ins Grundbuch in Abteilung 3 eingetragen. Der Darlehensgeber hat das Recht, die für ihn eingetragene Grundschuld im Wege einer Zwangsvollstreckung zu verwerten, wenn der Darlehensnehmer seinen Darlehensverpflichtungen nicht mehr nachkommt. Die Grundschuld ist abstrakt und nicht automatisch an das Bestehen einer Darlehensforderung gebunden.

Der Grundschuldbetrag entspricht in der Regel dem Darlehensbetrag.

Wie wird eine Grundschuld bestellt?

Eine Grundschuld entsteht zunächst durch die Einigung zwischen dem Grundstückseigentümer und einem Gläubiger (Darlehensgeber) über die Entstehung der Grundschuld und Eintragung im Grundbuch. Um eine Grundschuld im Grundbuch eintragen zu lassen, bedarf es einer notariellen Grundschuldbestellungsurkunde. Hierin stimmt der Grundstückseigentümer der Belastung seines Grundstücks durch eine Grundschuld zu. Die Grundschuldbestellungsurkunde ist gleichzeitig auch der erforderliche Antrag an das Grundbuchamt, die Grundschuld einzutragen.

Die Beurkundung der Grundschuldbestellung wird in der Regel zusammen mit dem Kaufvertrag über einen Notar vorgenommen.

Die Inhalte der **Grundschuldbestellungsurkunde** sind:

- Antrag und Bewilligung durch den Grundstückseigentümer für die Eintragung der Grundschuld im Grundbuch
- Form der Grundschuld (Brief- oder Buchgrundschuld)
- Rang der Grundschuld
- Höhe der Grundschuld und dinglicher (Grundschuld-)Zinssatz

Was ist der Unterschied zwischen einer einfachen und einer vollstreckbaren Grundschuld?

einfache Grundschuld	vollstreckbare Grundschuld
■ notarielle Beglaubigung der Grundschuldbestellung ■ kein vollstreckbarer Titel	■ notarielle Beurkundung der Grundschuldbestellung ■ vollstreckbarer Titel für die dingliche Zwangsvollstreckungs-unterwerfung ■ persönliche Zwangsvollstreckungs-unterwerfung möglich

Abb. 155: Abgrenzung einfache und vollstreckbare Grundschuld

Bei der **vollstreckbaren Grundschuld** unterwirft sich der Schuldner (Grundstückseigentümer) mit der so genannten **Zwangsvollstreckungsklausel** (§ 800 ZPO) der sofortigen Zwangsvollstreckung, d.h. der Gläubiger kann jederzeit die entsprechenden Zwangsvollstreckungsmaßnahmen veranlassen. Die Zwangsvollstreckungsklausel bedarf der notariellen Beurkundung (Notar liest den Antrag vor und erstellt, versehen mit seinem Siegel, eine Grundschuldbestellungsurkunde) und wird mit der Grundschuld im Grundbuch eingetragen.

Die **dingliche Zwangsvollstreckungsklausel** umfasst den Grundschuldbetrag zuzüglich Zinsen und Nebenleistungen. Die Leistung erfolgt aus dem Grundstück.

Die **persönliche Zwangsvollstreckungsklausel** (auch **persönliche Unterwerfungsklausel** genannt) umfasst ebenfalls den Grundschuldbetrag zuzüglich Zinsen und Nebenleistungen. Die Leistung erfolgt hier aus dem gesamten Vermögen des Schuldners.

Bei nicht sofort vollstreckbaren, so genannten **einfachen Grundschulden** muss der vollstreckbare Titel bei berechtigtem Bedarf erst eingeklagt werden. Dies kostet Zeit und verursacht Zusatzkosten. Der Vorteil, dass die einfache Grundschuld lediglich eine notarielle Beglaubigung (Bestätigung der Unterschriften auf dem Grundschuldbestellungsantrag) benötigt, überwiegt nicht diese Nachteile. Aus diesem Grund hat sich die vollstreckbare Grundschuld in der Praxis durchgesetzt.

Wie unterscheiden sich persönliche und dingliche Haftung im Zusammenhang mit einer Grundschuld?

Der Darlehensnehmer haftet einerseits persönlich für seine Darlehensverbindlichkeit. Eine dingliche Haftung und somit direkte Haftung seiner Sachwerte entsteht bei einer Grundschuld erst durch die so genannte Zweckerklärung. Diese verbindet die abstrakte Grundschuld mit der Forderung.

Was bewirkt eine Zweckerklärung/Sicherungsabrede?

Die Zweckerklärung (auch Zweckbestimmungserklärung oder Sicherungsabrede genannt) verbindet die Grundschuld mit der Forderung, die sie absichern soll.

Es gibt zwei Formen der Zweckerklärung:

- **enge Zweckerklärung**: Diese verbindet die Grundschuld mit einer einzelnen, genau benannten Forderung.
- **weite Zweckerklärung**: Diese verbindet die Grundschuld mit allen jetzigen und zukünftigen Forderungen des Darlehensgebers gegenüber dem Darlehensnehmer.

Mit Hilfe der Zweckerklärung sind Umschuldungen, Konditionsänderungen oder Abtretungen mit geringerem Aufwand und Kosten verbunden als bei einer Hypothek (diese ist immer fest mit dem Bestehen einer Forderung verbunden).

Was bedeutet eine Abtretung der Rückgewährsansprüche?

Rückgewährsansprüche

Ein Rückgewährsanspruch ist der Anspruch des Grundstückseigentümers gegenüber dem Grundschuldgläubiger auf Rückgabe der Grundschuld, wenn die der Grundschuld zugrundeliegende Forderung durch Tilgung nicht mehr vorliegt.

Rückgewährsansprüche können an nachrangige Gläubiger abgetreten werden. Dies ist in der Regel bei einem Bauspardarlehen, dem beispielsweise eine erstrangige Grundschuld einer Bank vorausgeht, der Fall. Wird das erstrangig besicherte Darlehen getilgt (laufend oder in einer Summe am Laufzeitende), so rückt der nachrangige Gläubiger, dem die Rückgewährsansprüche abgetreten wurden, automatisch im Rang weiter nach oben. Die erstrangige Grundschuld kann zwar weiter eingetragen bleiben, jedoch so lange die Rückgewährsansprüche abgetreten sind, nicht revalutiert werden.

Welche Möglichkeiten der Neuvalutierung bestehen bei einer Grundschuld?

Valutierung und Revalutierung

Die Auszahlung einer Darlehenssumme nach Erfüllung der Auszahlungsvoraussetzungen wird als Valutierung (auch Inanspruchnahme genannt) des Darlehens bezeichnet. Wird ein Darlehen ganz oder teilweise getilgt und dann wieder neu in Anspruch genommen, so spricht man von einer Revalutierung.

Da die Grundschuld abstrakt und nicht fest an eine Forderung gebunden ist, hat der Darlehensnehmer die Möglichkeit, eine bereits ganz oder teilweise getilgte Darlehensforderung durch Wiederinanspruchnahme aufleben zu lassen (Revalutierung). Damit die Grundschuld auch weiterhin als Besicherung genutzt werden kann, muss lediglich die Zweckerklärung neu formuliert werden. Dies ist auch im Rahmen einer Umschuldung (Wechsel des Darlehensgebers) möglich. Die Grundschuld kann in Form einer Abtretung auf den neuen Gläubiger übertragen werden. Die Kosten für die Eintragung des neuen Gläubigers sind günstiger als eine Löschung und Neueintragung einer neuen Grundschuld. Hierin liegt ein klarer Vorteil der Grundschuld gegenüber der später noch näher beschriebenen Hypothek.

Welche Bedeutung hat der Grundschuldzinssatz?

§ 1191 BGB (gesetzlicher Inhalt der Grundschuld)

(1) Ein Grundstück kann in der Weise belastet werden, dass an denjenigen, zu dessen Gunsten die Belastung erfolgt, eine bestimmte Geldsumme aus dem Grundstück zu zahlen ist (Grundschuld).

(2) Die Belastung kann auch in der Weise erfolgen, dass Zinsen von der Geldsumme sowie andere Nebenleistungen aus dem Grundstück zu entrichten sind.

Der im Grundbuch mit eingetragene Zinssatz einer Grundschuld hat nichts mit dem tatsächlichen Nominal- oder Effektivzins des Darlehens zu tun. Der Grundschuldzinssatz stellt einen maximalen Zinssatz dar, um Zinsschwankungen bei einer Prolongation (Anschlussfinanzierung zum Ende einer Sollzinsbindungsfrist) und die Zusatzkosten im Falle einer Zwangsverwertung (so genannte Kosten der Rechtsverfolgung bei Zahlungsverzug) berücksichtigen zu können. Er liegt meist im zweistelligen Bereich um die 12–18 %.

Auf welchem Weg kann eine Grundschuld übertragen werden?

Dies hängt von der Art der Grundschuld ab.

Bei einer Buchgrundschuld wird der dingliche Anspruch abgetreten und die Abtretung im Grundbuch eingetragen (der alte Gläubiger wird gestrichen und durch den neuen Gläubiger ersetzt).

Bei einer Briefgrundschuld muss neben der schriftlichen Abtretungserklärung des dinglichen Anspruchs zusätzlich der Grundschuldbrief an den neuen Gläubiger übergeben werden.

Welche Formen der Grundschuld gibt es?

Einzelgrundschuld

Bei einer Einzelgrundschuld handelt es sich um eine einzelne Grundschuld auf ein Grundstück, der ein einzelner Darlehensvertrag zugrunde liegt. Dies ist die klassische Variante bei einer Grundschuld als Darlehenssicherheit.

Gesamtgrundschuld

Bei einer Gesamtgrundschuld werden mehrere Grundstücke mit einer Grundschuld belastet, die gesamt für die Absicherung eines Darlehens haften. Dabei können die Grundstücke unterschiedliche Eigentümer haben. Möchte ein Eigentümer beispielsweise sein Grundstück verkaufen, so bedarf es der Zustimmung des Darlehensgebers. Diese Zustimmung ist keineswegs selbstverständlich. Die Gesamtgrundschuld birgt für den Darlehensnehmer im Vergleich zur Einzelgrundschuld dadurch eine größere Einschränkung.

Eigentümergrundschuld (§§ 1177, 1196 BGB)

Eine Eigentümergrundschuld bezeichnet eine Grundschuld, die auf den Namen des Grundstückseigentümers eingetragen ist.

Es gibt drei Arten von Eigentümergrundschuld:

- **offene Eigentümergrundschuld**: Der Eigentümer selbst hat die Grundschuld auf seinen Namen lautend eintragen lassen. Dadurch sichert er sich eine bestimmte Rangstelle und kann die Grundschuld jederzeit mit dieser Rangstelle an einen Gläubiger abtreten. Dies ist beispielsweise dann sinnvoll, wenn ein Dauerwohnrecht (oder eine andere Belastung, die als K.O.-Kriterium für eine Beleihung gilt) eingetragen werden soll und erst zu einem späteren Zeitpunkt eine Investition geplant ist (Um- oder Anbau), die zu einem Darlehensbedarf führen könnte. Mit der vorrangigen Eigentümergrundschuld vermeidet der Eigentümer eine Auseinandersetzung mit dem Dauerwohnrechtsinhaber über einen Rangrücktritt.
- **abgeleitete Eigentümergrundschuld**: Diese entsteht automatisch, wenn die Forderung, die einer eingetragenen Hypothek zugrunde liegt, erlischt.
- **abgeleitete vorläufige Eigentümergrundschuld**: Diese liegt vor, wenn eine Hypothek bereits im Grundbuch für einen Gläubiger eingetragen, die Forderung aber noch nicht entstanden ist.

Brief- oder Buchgrundschuld

Bei einer Briefgrundschuld wird ein Grundschuldbrief ausgestellt. Dies stellt den gesetzlich vorgesehen Normalfall dar, ist in der Praxis aber eher unüblich geworden. Die Briefausstellung verursacht Zusatzkosten und ist verwaltungstechnisch aufwendiger. Im Grundbuch ist die Briefgrundschuld mit einem entsprechenden Zusatz vermerkt. Ist der Grundschuldbrief verloren gegangen oder vernichtet, so kann er im Wege des Aufgebotsverfahrens für kraftlos erklärt werden.

Bei einer Buchgrundschuld wird auf die Erstellung eines Grundschuldbriefes verzichtet. Diese Variante entspricht in den meisten Fällen der aktuellen Praxis.

3.8.3 Hypothek

Im Gegensatz zur Grundschuld ist die Hypothek zwingend an eine Forderung gebunden und vom Bestehen dieser Forderung abhängig, d.h. eine Hypothek ist **streng akzessorisch**. Erst mit Auszahlung des Darlehens und somit tatsächlichem Entstehen der Forderung wird die eingetragene Hypothek rechtlich existent und wirksam.

Das macht die Hypothek zu einem, im Vergleich zur Grundschuld, unflexiblen Grundpfandrecht. Wenn der Darlehensnehmer beispielsweise einen bereits getilgten Darlehensteilbetrag für eine Renovierung o.ä. nochmal in Anspruch nehmen möchte (Revalutierung des Darlehens), so kann er die alte Hypothek nicht nochmal nutzen, sondern muss – verbunden mit den entsprechenden Kosten – eine neue Hypothek eintragen lassen.

Dadurch spielt die Hypothek bei der Immobilienfinanzierung mittlerweile nur noch eine untergeordnete Rolle.

Der gesetzliche Inhalt der Hypothek ist in § 1113 BGB geregelt:

§ 1113 BGB

(1) Ein Grundstück kann in der Weise belastet werden, dass an denjenigen, zu dessen Gunsten die Belastung erfolgt, eine bestimmte Geldsumme zur Befriedigung wegen einer ihm zustehenden Forderung aus dem Grundstück zu zahlen ist (Hypothek).

(2) Die Hypothek kann auch für eine künftige oder eine bedingte Forderung bestellt werden.

In welchem Umfang haftet der Grundstückseigentümer?

Bei einer eingetragenen Hypothek haftet der Darlehensnehmer bzw. Grundstückseigentümer nicht nur mit seinem Grundstück (dinglicher Anspruch aus der Hypothek), sondern auch persönlich mit seinem Privatvermögen (persönlicher Anspruch aus dem Darlehensvertrag oder der Forderung).

Der dingliche Anspruch aus der Hypothek umfasst neben dem Forderungs-(rest-)Betrag auch einen Hypothekenzins. Wie schon im Zusammenhang mit der Grundschuld erläutert, handelt es sich hierbei nicht um den vereinbarten Darlehenszins, sondern einen maximalen Zinssatz, der mögliche Zinserhöhungen bei einer Anschlussfinanzierung berücksichtigt. Auch mögliche Kosten aus beispielsweise einer Zwangsverwertung sind als Nebenleistung mit der Hypothek abgedeckt (§ 1115 BGB).

Wie sieht das Verfahren aus, mit dem eine Hypothek bestellt wird?

Das Verfahren zur Eintragung einer Hypothek entspricht im Wesentlichen dem der Eintragung einer Grundschuld. Die Bestellung einer Hypothek ist nur durch notarielle Beurkundung möglich.

Wann entsteht im Zusammenhang mit einer Hypothek eine Eigentümergrundschuld?

Mit der Rückzahlung des Darlehens durch den Darlehensnehmer erlischt die Hypothek und wird automatisch zur Eigentümergrundschuld. Auch wenn die Forderung wieder aufleben kann, bleibt die Hypothek eine Eigentümergrundschuld (§§ 1163 und 1177 BGB).

Nur wenn die der Hypothek zugrunde liegende Forderung an einen neuen Gläubiger übertragen wird, geht automatisch auch die Hypothek auf den neuen Gläubiger über.

Bei einer Hypothek, die zu einer Eigentümergrundschuld geworden ist, haben die nachrangigen eingetragenen Grundpfandrechtsgläubiger einen gesetzlichen Löschungsanspruch (§ 1179a BGB). Dieser wird wirksam, sobald die Hypothek durch die Rückzahlung der zugrunde liegenden Forderung zu einer Eigentümergrundschuld geworden ist.

Eine weitere Konsequenz hiervon ist, dass die Hypothek nur mit der jeweiligen Restschuld der zugrunde liegenden Forderung eine Vorlast für die nachrangigen Grundpfandrechtsgläubiger darstellt.

Wie erfolgt die Verwertung bzw. Bewertung von Vorlasten einer Hypothek?

Die Verwertung einer Hypothek kann wie bei der Grundschuld, beispielsweise über die Einleitung eines Zwangsversteigerungsverfahrens, über das Grundstück erfolgen.

Auch die Vorlasten, d.h. vorrangig eingetragenen Rechte im Grundbuch, werden nicht anders als auch bei der Grundschuld bewertet.

Der Unterschied liegt vielmehr darin, dass der dingliche Anspruch aus der Forderung sich mit jedem Rückzahlungsbetrag des zugrunde liegenden Darlehens verringert.

Welche Arten von Hypotheken gibt es?

Die gängige Form im Bereich der Darlehensbesicherung ist die **Verkehrshypothek**. Diese kann als Buch- oder Briefhypothek vereinbart werden.

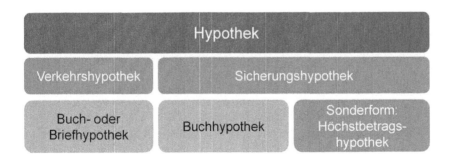

Abb. 156: Arten von Hypotheken

Eine Sonderform ist die **Sicherungshypothek**, die zum Einsatz kommen kann, wenn der Grundstückseigentümer seine Verpflichtungen gegenüber dem Finanzamt nicht erfüllt hat. Dann hat die Finanzbehörde die Möglichkeit, zur Sicherung ihrer Ansprüche ohne weitere Zustimmung des Eigentümers eine betraglich unbegrenzte Sicherungshypothek auf dem Grundstück eintragen zu lassen. Die **Höchstbetragshypothek** ist ebenfalls eine Sicherungshypothek, allerdings betraglich begrenzt.

Wie grenzen sich Hypothek und Grundschuld voneinander ab?

Nachfolgende Grafik fasst die wesentlichen Unterschiede zwischen einer Hypothek und einer Grundschuld nochmals für Sie im Überblick zusammen.

	(Verkehrs-)Hypothek	Grundschuld
Entstehung	abhängig vom Bestehen einer Forderung (akzessorisch)	keine Bindung an eine Forderung (abstrakt)
Wirksamkeit	durch Grundbucheintragung und Darlehensauszahlung	durch Grundbucheintragung
Wiederaufleben bei Darlehensrevalutierung	nicht möglich	möglich
Haftungsumfang	Grundstück und Privatvermögen	Grundstück; Privatvermögen nur bei persönlicher Unterwerfung
gesetzlicher Löschungsanspruch	besteht für gleich- und nachrangige Grundpfandrechtsgläubiger	besteht für den Darlehensnehmer, sofern keine Abtretung der Rückgewähransprüche
Abtretung	nur in Höhe des Restdarlehens	in voller Höhe möglich
Brieferstellung	möglich	
Zwangsvollstreckungsklausel	Eintragung möglich	
Haftungsumfang bei Zwangsvollstreckung	Forderung, Zinsen und Kosten	

Abb. 157: Abgrenzung Hypothek und Grundschuld

3.8.4 Weitere Sicherheiten

Weitere Sicherheiten können als Ersatz- oder Zusatzsicherheiten eingesetzt werden. So ist die Eintragung eines Grundpfandrechtes mit zusätzlichen Kosten verbunden, die sich bei einem vergleichsweise geringen Darlehensbedarf u.U. nicht rechnen. Hier können dann Ersatzsicherheiten zum Einsatz kommen.

Ersatzsicherheit

Eine Ersatzsicherheit ersetzt ganz oder teilweise die grundpfandrechtliche Absicherung. Dies ist vor allem für Kunden, die nur einen vergleichsweise geringen Finanzierungsbedarf haben, eine kostengünstige Alternative.

Reicht der Wert eines Grundpfandrechtes nicht zur Absicherung eines Darlehens aus (beispielsweise, weil nur noch eine nachrangige Rangstelle frei ist oder aufgrund des Erreichens der Beleihungsgrenze) oder wird das Beleihungsobjekt als nur schwer verwertbar (aufgrund Art und Lage) eingeschätzt, so kann der Darlehensgeber Zusatzsicherheiten verlangen.

Der Vorteil von Zusatzsicherheiten im Vergleich zu Ersatzsicherheiten liegt darin, dass der Darlehensgeber hier oft einen größeren Spielraum anbietet, da im Verlauf des Darlehens die Grundschuld bei einer laufenden Tilgung zunehmend an Wert gewinnt.

Eine Zusatzsicherheit kann auch genutzt werden, um einen günstigeren Darlehenszins auszuhandeln.

Zusatzsicherheit

Zusatzsicherheiten werden zusätzlich zum Grundpfandrecht eingesetzt.

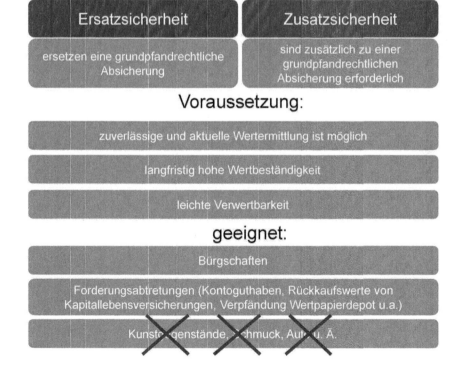

Abb. 158: Ersatz- und Zusatzsicherheiten

Übergangssicherheiten

Sicherheiten, die nur übergangsweise bis zur endgültigen Eintragung der Grundpfandrechte vereinbart werden, werden als Übergangssicherheiten bezeichnet. Übergangssicherheiten können auch Sicherheiten sein, die als Ersatz- oder Zusatzsicherheiten anerkannt werden.

Als spezielle Übergangssicherheit ist hier die Notarbestätigung typisch, die die rangrichtige Eintragung eines Grundpfandrechtes vorab bestätigt oder ein Treuhandauftrag an den Notar, der die Auszahlung des Darlehens über den Notar an die Eintragung des Grundpfandrechtes knüpft.

Abtretung (Zession)

Bei der Abtretung unterscheidet man zwischen der **stillen Abtretung/Zession** und der **offenen Abtretung/Zession**.

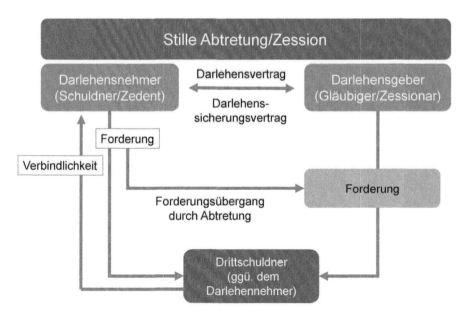

Abb. 159: Funktionsweise der stillen Abtretung

Bei der stillen Abtretung erfolgt keine Offenlegung gegenüber dem Drittschuldner.

Abtretung von Lohn und Gehalt

Sicherungsabtretung (Besicherung für ein Darlehen) von Ansprüchen aus Arbeitsentgelten findet ihre gesetzliche Grundlage in § 398 BGB. Durch die Abtretung wird der Darlehensgeber zum Gläubiger dieser Forderung. Die Lohn- und Gehaltsabtretung kommt in der Praxis allerdings mehr bei Konsumentendarlehen (Allgemein-Verbraucherdarlehen) zum Einsatz als bei einem Immobiliar-Verbraucherdarlehen. In der Regel wird die Lohn- und Gehaltsabtretung zur stillen Abtretung vereinbart.

Wird eine Verwertung dieser Abtretung erforderlich, so wird diese gegenüber dem Arbeitgeber offen gelegt.

Abtretung von Guthaben/Forderungen bei Banken

Abgetreten werden können Sparguthaben (Übergabe Sparbuch erforderlich, sofern ausgestellt), Festgelder (Achtung: kurzfristige Laufzeit, daher eher Sicherheit zum Übergang), Bausparguthaben und Sparbriefe.

Im Verwertungsfall erfolgt die Auszahlung der jeweiligen Gegenwerte an den Darlehensgeber.

Abtretung von Versicherungsansprüchen

Rückkaufswerte von Kapitallebensversicherungen (Begrenzung in der Regel auf 80 % des RKW) können auch abgetreten werden. Hierbei ist eine Klärung mit dem Steuerberater empfehlenswert, ob die Abtretung und der damit verbundene Gläubigerwechsel zu steuerlichen Nachteilen führt.

Im Verwertungsfall erfolgt die Auszahlung des Rückkaufswertes an den Darlehensgeber.

Pfändung (Pfandrecht)

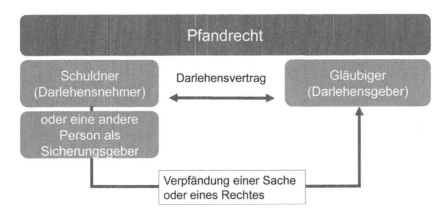

Abb. 160: Pfandrecht

Rechtlich ist ein Pfandrecht ein dingliches Recht an einer fremden Sache (bewegliche Sachen oder Grundstücke (Grundpfandrecht)) oder an fremden Rechten (z.B. Wertpapiere), welches den Gläubiger des Pfandrechtes (z.B. Darlehensgeber) zur Verwertung des verpfändeten Gegenstandes oder der verpfändeten Forderung berechtigt.

Das Pfand haftet für die Forderung in deren jeweiligem Bestand (§ 1210 BGB).

Bei der Verpfändung von Wertpapieren wird der Beleihungswert in der Regel auf 80 % des Kurswertes begrenzt. Die Regelung hierzu ist bankabhängig. Bei offenen Investmentfonds (je nach Anlageschwerpunkt) oder Aktien ist auch ein größerer Abschlag von bis zu 40 % üblich.

Damit im Verwertungsfall der Zugriff sichergestellt ist, kann die Pfandsache an den Gläubiger ausgehändigt werden (z.B. Goldmünzen) oder der sog. Drittschuldner (z.B. depotführende Bank) wird über die Pfändung informiert.

Für die Verwertung des Pfandrechts muss die Fälligkeit der Forderung gegeben sein. Die Verwertung muss dem Darlehensnehmer mit einer Reaktionszeit (1 Monat gem. § 1234 Abs. 1 BGB) angezeigt werden. Danach kann das Pfandgut versteigert (z.B. Grundstück) oder anderweitig verkauft (z.B. Wertpapiere über die Börse) werden.

Bürgschaft

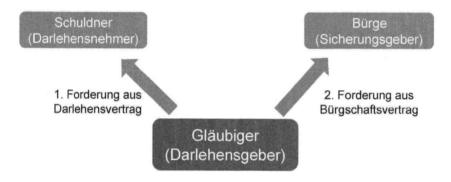

Abb. 161: Funktionsweise der Bürgschaft

Bei der Bürgschaft handelt es sich um eine schuldrechtliche (im Gegensatz zur dinglichen Absicherung) Absicherung des Darlehensgebers. Mit einer Bürgschaft verpflichtet sich der Bürge einseitig zur Erfüllung der Darlehensforderung bzw. weiterer Verbindlichkeiten, die der Darlehensnehmer gegenüber seiner Bank hat.

Die Bürgschaft ist **akzessorisch**, d.h. an das tatsächliche Bestehen einer Forderung gebunden.

Die Bürgschaft bedarf im Verbrauchergeschäft der **Schriftform,** um Rechtsgültigkeit zu erlangen.

Bei privaten Bürgen wird der Darlehensgeber eine entsprechende Bonität voraussetzen und überprüfen, damit die Bürgschaft als werthaltige Sicherheit gelten kann. Eine Bürgschaft ersetzt jedoch nicht den Umfang eines voll mithaftenden weiteren Darlehensnehmers. Deshalb wird der Darlehensgeber bei einem Immobiliardarlehen i.d.R. immer die Einbindung beider Ehepartner als Darlehensnehmer verlangen.

Welche Arten von Bürgschaften gibt es?

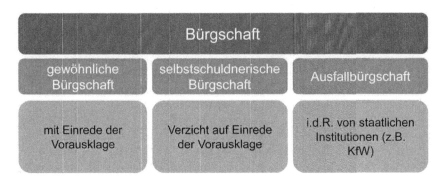

Abb. 162: Arten von Bürgschaften

Bei der **gewöhnlichen Bürgschaft** muss der Gläubiger zunächst mindestens eine Zwangsvollstreckungsmaßnahme nachweisen, bevor er den Bürgen im Rahmen seiner Sicherheitenverwertung in Anspruch nehmen kann. Ansonsten hat der Bürge die Möglichkeit der Einrede der Vorausklage.

Bei der **selbstschuldnerischen Bürgschaft** verzichtet der Bürge auf sein Recht, dass zunächst gegen den Schuldner selbst Zwangsvollstreckungsmaßnahmen eingeleitet werden müssen (Verzicht auf Einrede der Vorausklage).

Sowohl für die Inanspruchnahme der gewöhnlichen als auch der selbstschuldnerischen Bürgschaft gilt, dass der Schuldner zuvor tatsächlich in Zahlungsverzug geraten ist.

Die **Ausfallbürgschaft** wird in der Regel von staatlichen Institutionen, wie beispielsweise der Kreditanstalt für Wiederaufbau (KfW), übernommen. Der Gläubiger muss den Forderungsausfall durch eine erfolglose Zwangsvollstreckungsmaßnahme nachweisen und meist ist der Eintritt des Ausfalls auch vertraglich festgelegt (Frist nach Forderungsfälligstellung).

Blanko-/Negativdarlehen

Wie bereits in Kapitel 3.8.1 Grundlagen beschrieben, sind Blankodarlehen Darlehen ohne dingliche Absicherung.

- Voraussetzung ist, dass der Blankodarlehensnehmer Eigentümer des Grundstücks oder der Eigentumswohnung ist.

Für Bausparkassen gilt für Blankodarlehen ein Höchstbetrag von 30.000 €.

Als Negativdarlehen werden Kleindarlehen gegen Verpflichtungserklärung bezeichnet.

Üblich ist die Abgabe einer Negativ- oder Verpflichtungserklärung durch den Darlehens-nehmer, in dem er bestätigt, trotz Beleihbarkeit des Grundstücks:

- das vorhandene Grundstück ohne Zustimmung des Darlehensgebers nicht weiter zu belasten
- dass er keine weiteren Negativ-/Verpflichtungserklärungen abgegeben hat
- dass er ggf. auf Verlangen des Darlehensgebers nachträglich für diesen eine Grundschuld eintragen lässt.

Tipp

Ein Blankodarlehen kann für einen Darlehensnehmer interessant sein, der über eine bereits eingetragene Grundschuld verfügt, die revalutiert oder an einen neuen Dar-lehensgeber abgetreten werden kann, allerdings nicht den gesamten Finanzierungs-bedarf abdeckt. Liegt der weitere Finanzierungsbedarf im Rahmen der Grenzen des Darlehensgebers für Blankodarlehen, so ist das die kostengünstigste Lösung für beide Seiten.

Blankodarlehen können als Teilfinanzierungsbaustein mit anderen Finanzierungsbau-steinen kombiniert werden.

Das Wichtigste zusammengefasst:

Neben der Kreditwürdigkeit stellt die Darlehenssicherung eine Voraussetzung für die Darlehensgewährung dar. Dazu gehören neben der dinglichen Sicherung ggf. Ersatz-, Zusatz- oder Übergangssicherheiten.

Sie kennen:

- die Grundschuld
- die Hypothek
- weitere Sicherheiten, wie insbesondere die Abtretung und Bürgschaften
- Blanko-/Negativdarlehen

Sie setzen Ihr Wissen ein, um Ihre Kunden auch über das Verfahren zur Bestellung eines Grundpfandrechts, den Haftungsumfang sowie weitere Merkmale wie die Übertragung an einen neuen Gläubiger informieren zu können.

Sie nutzen Ihre Kenntnisse, um mit Ihrem Kunden sorgfältig die geeignetsten Möglichkeiten zur Absicherung seines Darlehens herauszufinden.

Nachdem Sie in diesem Kapitel die einzelnen Darlehenssicherheiten kennen gelernt haben, erfahren Sie im nächsten Kapitel, wie diese von der Kreditabteilung bzw. Gutachtern bewertet werden und welche Bewertung tatsächlich für die Absicherung des Darlehens angesetzt werden kann.

▶ **Aufgaben zum Kapitel 3.8 – Kreditsicherung**

Ihr Wissen auf dem Prüfstand:

1. Welche Merkmale treffen auf eine Grundschuld zu? (MC)

    a) Neuvalutierung möglich

    b) abtretbar in Höhe der bestehenden Restschuld

    c) Zweckbestimmungserklärung erforderlich, um ein Darlehen abzusichern

    d) Grundstückseigentümer haftet immer in vollem Umfang persönlich

    e) ist an das Bestehen einer Forderung gebunden

2. Welche Definition trifft auf eine Ersatzsicherheit zu? (SC)

    a) Sie sind zusätzlich zur grundpfandrechtlichen Absicherung erforderlich.

    b) Sie ersetzen die grundpfandrechtliche Absicherung eines Immobiliendarlehens.

    c) Sie ersetzen bei Blankodarlehen die persönliche Bonität des Darlehensnehmers.

    d) Sie werden übergangsweise bis zur Verfügbarkeit der Grundpfandrechte eingesetzt.

3. Welchen gesetzlichen Anspruch hat ein gleich- oder nachrangiger Grundpfandrechtsgläubiger, wenn eine Hypothek nach Darlehenstilgung zur Eigentümergrundschuld geworden ist? (SC)

    a) Vorranganspruch

    b) Rückgewährsanspruch

    c) Sicherungsanspruch

    d) Löschungsanspruch

4. Welche Sicherheiten werden als dingliche Sicherheiten bezeichnet? (MC)

    a) Bürgschaft

    b) Sachwerte

    c) Zusatzsicherheiten

    d) Grundpfandrechte

    e) Garantien

5. Wie werden Blankodarlehen besichert? (SC)

    a) Nachrangige Grundpfandrechte

    b) Bürgschaft

c) Bonität des Darlehensnehmers

d) Ersatzsicherheiten

6. Was kennzeichnet die enge Zweckbestimmungserklärung? (SC)

   a) Verbindung des Blankodarlehens mit der Bonität des Darlehensnehmers

   b) Verbindung der einzutragenden Grundschuld mit allen zukünftigen Darlehensforderungen

   c) Verbindung der einzutragenden Hypothek mit allen jetzigen und zukünftigen Darlehensforderungen

   d) Verbindung der einzutragenden Grundschuld mit einer einzelnen genau zu bezeichnenden Darlehensforderung

7. Welche besondere Eigenschaft kennzeichnet die Hypothek? (SC)

   a) überwiegende Abstraktheit

   b) strenge Akzessorietät

   c) weite Akzessorietät

   d) enge Revalutierungsfähigkeit

8. In welchem Fall wird eine Zusatzsicherheit eingesetzt? (SC)

   a) in Ergänzung zu einer grundpfandrechtlichen Absicherung

   b) als Ersatz für eine grundpfandrechtliche Absicherung

   c) als Voraussetzung für eine grundpfandrechtliche Absicherung

   d) zur Absicherung eines Blankodarlehens

9. Wie wird der Gläubiger im Zusammenhang mit einer Abtretung bezeichnet? (SC)

   a) Zedent

   b) Schuldner

   c) Darlehensnehmer

   d) Zessionar

   e) Bürge

10. Auf was verzichtet der Bürge bei einer selbstschuldnerischen Bürgschaft? (SC)

    a) Verzinsung seiner Ansprüche

    b) Einrede der Vorausklage

    c) Löschungsbewilligung

    d) Rückgewährsansprüche

3.9 Beleihungsprüfung und Bewertung von Sicherheiten

Bei der Beleihungsprüfung – die auch als Objektprüfung bezeichnet wird – wird die Werthaltigkeit der Grundpfandrechte geprüft. Es geht darum, herauszufinden, welcher Darlehensbetrag langfristig durch die angebotene Darlehenssicherheit abgesichert ist und ob im Fall einer Zwangsversteigerung der Verkaufserlös zur Darlehenstilgung ausreicht.

Die Beleihungsprüfung umfasst:

- die Ermittlung des Marktwertes (Verkehrswert)
- die Festlegung des Beleihungswertes
- die Berechnung des Beleihungsauslaufs und der Beleihungsgrenze

In den nachfolgenden Unterkapiteln gehe ich auf diese Teilschritte und Begriffe im Zusammenhang mit der Beleihungsprüfung näher ein.

3.9.1 Der Verkehrswert als Grundlage der Beleihungsprüfung

Der Darlehensgeber muss bei der Beleihungsprüfung sicherstellen, dass der Gutachter, der den Verkehrswert feststellt, unabhängig vom Kreditvergabeprozess seine Bewertung vornehmen kann.

unabhängig vom
Darlehensvergabeprozess

Prüfung aufgrund von umfassenden und ausreichenden
Informationen und Nachweisen

Abb. 163: Beleihungsprüfung

§ 505c BGB und § 18 Abs. 7 KWG

Darlehensgeber/Kreditinstitute, die grundpfandrechtlich oder durch Reallast besicherte Immobiliar-Verbraucherdarlehen vergeben, haben[…].

1. sicherzustellen, dass interne und externe Gutachter, die Immobilienbewertungen für sie vornehmen, fachlich kompetent und so unabhängig vom Darlehensvergabeprozess sind, dass sie eine objektive Bewertung vornehmen können…

Grundlage der Beleihungsprüfung ist der **Verkehrswert**, d.h. der aktuelle **Marktwert**, den eine Immobilie am offenen Markt als Verkaufspreis erzielen kann.

Der Verkehrswert ist abhängig von der:

- Nutzungsart des Objektes (Eigennutzung, Vermietung, gewerbliche Nutzung)
- Beschaffenheit des Objektes (Baujahr, Zustand, Grundriss, Ausbaustandard u.a.)
- Lage des Objektes (Ortszentrum, Hanglage, Infrastruktur u.a.)

§ 194 Baugesetzbuch (BauG)

Der Verkehrswert (Marktwert) wird durch den Preis bestimmt, der in dem Zeitpunkt, auf den sich die Ermittlung bezieht, im gewöhnlichen Geschäftsverkehr nach den rechtlichen Gegebenheiten und tatsächlichen Eigenschaften, der sonstigen Beschaffenheit und Lage des Grundstücks oder des sonstiges Gegenstandes der Wertermittlung ohne Rücksicht auf ungewöhnliche oder persönliche Verhältnisse zu erzielen wäre.

Bevor ich auf die verschiedenen Verfahren der Verkehrswertermittlung eingehe, werde ich Sie mit ein paar weiteren Wertbegriffen in diesem Zusammenhang vertraut machen.

Der **Einheitswert** spielt bei der Verkehrs- und Beleihungswertermittlung zwar keine Rolle, bildet jedoch die Basis im Zusammenhang mit der Besteuerung von Immobilien.

Einheitswert

Der Einheitswert ist ein stichtagsbezogener Wert, der nach einem gesetzlich geregelten, standardisierten Verfahren festgestellt wird. Er ist die Basis für verschiedenen Steuerarten im Zusammenhang mit Immobilienvermögen, wie beispielsweise der Grundsteuer.

Geht es um den Wert eines Grundstücks, so werden Sie auf die Begriffe **Bodenwert** und **Bodenrichtwert** stoßen.

Bodenwert = Bodenrichtwert (Quadratmeterpreis) x Grundstücksgröße

Bodenwert und Bodenrichtwert

Der Bodenwert stellt den Wert eines unbebauten Grundstücks bzw. den Wert des Grundstücksanteils bei einem bebauten Grundstück dar. Er hängt u.a. von der Größe des Grundstücks, dessen Baureife und Bodenbeschaffenheit und infrastrukturellen Erschließung ab. Er wird ermittelt aus dem Bodenrichtwert multipliziert mit der Grundstücksfläche. Der Bodenrichtwert ist ein Vergleichswert, der sich aus tatsächlichen Kaufpreisen ähnlicher Grundstücke ergibt (inkl. Erschließungskosten, jedoch ohne Grundstückserwerbsnebenkosten).

Die Bodenrichtwerte sind für jeden Bürger öffentlich zugänglich und können u.a. bei den Geschäftsstellen der Gutachterausschüsse, die in der Regel bei den Kataster- und Vermessungsämtern angesiedelt sind, erfragt werden. Weitere Informationen zu den Gutachterausschüssen finden Sie im nachfolgenden Kapitel 3.9.2 Verkehrswertermittlung.

Der Verkehrswert bildet als aktueller Marktwert einer Immobilie die Obergrenze und somit die Basis für den **Beleihungswert**.

Beleihungswert

Der Beleihungswert ist der langfristig erzielbare Wert, der einem Immobilienobjekt durch den Darlehensgeber zugeordnet wird. Der Beleihungswert ist ausschlaggebend für die maximale Darlehenshöhe. Der Beleihungswert liegt immer unterhalb des Marktwertes.

Im Zusammenhang mit der Beleihungswertberechnung werden Sie auf die weiteren Fachbegriffe Sicherungsabschlag, Beleihungsauslauf und Beleihungsgrenze stoßen. Diese erläutere ich Ihnen im Kapitel 3.9.4 Beleihungsgrenzen und Beleihungsauslauf.

3.9.2   Verkehrswertermittlung

Zum Zeitpunkt des Kaufs einer Immobilie entspricht der Kaufpreis in der Regel dem Verkehrswert. Bei Bestandsimmobilien spielen dann u.a. die nachfolgenden Faktoren eine grundsätzliche Rolle:

- Lage (z.B. Stadtlage oder ländliche Lage) und Infrastruktur (Autobahnanschluss, Anschluss an öffentliche Verkehrsmittel, Schulen u.a.) im Umfeld des Grundstücks
- Alter, Bauweise (Massivbauweise oder Leichtbauweise u.a.), Ausstattung (z.B. Gas- oder Ölheizung) und Zustand
- Marktsituation
- Größe und Zuschnitt des Grundstücks und der Immobilie
- Art und Beschaffenheit der Zugangswege
- Stellplatz oder Garage vorhanden
- baurechtliche Nutzungsmöglichkeiten
- noch anfallende Erschließungskosten
- vorhandene Vergleichswerte

Gutachterausschüsse

Zur Ermittlung von Grundstückswerten und sonstigen Wertermittlungen gibt es selbstständige, unabhängige Gutachterausschüsse. Es handelt sich hierbei um einen bei den Kommunen oder Vermessungs- und Katasterämtern eingerichteten Ausschuss. Er setzt sich aus einem Vorsitzenden und weiteren ehrenamtlichen Gutachtern zusammen.

Die gesetzliche Grundlage sind die §§ 192 ff. des Baugesetzbuchs (BauGB).

Insbesondere zur Ermittlung der **Bodenrichtwerte** ist ein Bediensteter der zuständigen Finanzbehörde mit Erfahrung in der steuerlichen Bewertung von Grundstücken als Gutachter hinzuzuziehen.

Auf Antrag erstellt der Gutachterausschuss Gutachten über den **Verkehrswert** bebauter und unbebauter Grundstücke sowie Rechten an Grundstücken.

Der Gutachterausschuss führt eine **Kaufpreissammlung**, wertet sie aus und ermittelt Bodenrichtwerte. Dazu erhält er von den Notaren Kopien aller in seinem Zuständigkeitsbereich abgeschlossenen Immobilienkaufverträge (§ 194 BauGB). Die Kaufpreissammlungen sind u.a. die Grundlage von Beleihungswertgutachten von Banken.

Bei der Ermittlung von Verkehrswerten muss sich der Gutachterausschuss an die Regelungen der Immobilienwertermittlungsverordnung (ImmoWertV) halten.

Wertermittlungsverfahren für den Verkehrswert im Überblick

Für Banken und weitere Darlehensgeber kann die ImmoWertV zwar eine Orientierung sein, sie gilt für diese Institute jedoch nicht verpflichtend.

Die Verfahren zur Berechnung des Verkehrswertes hängen vor allem von der Art und Nutzung des Grundstückes bzw. der Immobilie ab.

Die nachfolgende Grafik gibt Ihnen hierzu einen ersten Überblick.

Abb. 164: Verkehrswertermittlung

Das Vergleichswertverfahren

Beim Vergleichswertverfahren erfolgt ein direkter Vergleich mit Objekten, die hinsichtlich ihrer Lage und Merkmale dem zu bewertenden Objekt entsprechen (Anwendung insbesondere bei unbebauten Grundstücken und ggf. auch bei Eigentumswohnungen). Als Basis hierfür dient die örtliche Kaufpreissammlung des zuständigen Gutachterausschusses.

Vorteile des Vergleichswertverfahrens sind die Zuverlässigkeit und leichte Nachvollziehbarkeit.

Das Vergleichswertverfahren eignet sich allerdings nur für miteinander vergleichbare Standardobjekte und birgt das Risiko fehlender Vergleichswerte, insbesondere bei sehr individuellen Objekten.

Gemäß § 15 Immobilienwertermittlungsverordnung (ImmoWertV) gilt für das Vergleichswertverfahren:

§ 15 ImmoWertV

(1) Im Vergleichswertverfahren wird der Vergleichswert aus einer ausreichenden Zahl von Vergleichspreisen ermittelt. Für die Ableitung der Vergleichspreise sind die Kaufpreise solcher Grundstücke heranzuziehen, die mit dem zu bewertenden Grundstück hinreichend übereinstimmende Grundstücksmerkmale aufweisen. Finden sich in dem Gebiet, in dem das Grundstück gelegen ist, nicht genügend Vergleichspreise, können auch Vergleichspreise aus anderen vergleichbaren Gebieten herangezogen werden. Änderungen der allgemeinen Wertverhältnisse auf dem Grundstücksmarkt oder Abweichungen einzelner Grundstücksmerkmale sind in der Regel auf der Grundlage von Indexreihen oder Umrechnungskoeffizienten zu berücksichtigen.

Das Ertragswertverfahren

Dieses Verfahren eignet sich insbesondere für vermietete Eigentumswohnungen und Mehrfamilienhäuser (i.d.R. ab 3 Wohnungen), die einen regelmäßigen Ertrag durch Miet- und Pachteinnahmen erzielen.

Das Ertragswertverfahren bewertet den Ertrag, den der Käufer einer vermieteten Immobilie als Kapitalanleger langfristig erzielen kann.

Der Vorteil des Ertragswertverfahrens ist der Praxisbezug durch die realen Vermietungszahlen.

Ein Nachteil ist die Vergangenheitsbetrachtung bei der Mietpreisentwicklung. Für den Darlehensgeber besteht das Risiko, dass der aktuelle Mieter/Pächter wegfällt und sich zukünftig nur noch geringere Mieten/Pachten erzielen lassen als ursprünglich bewertet.

Abb. 165: Ertragswertverfahren

Bei der Berechnung des Ertragswertes werden zunächst die Miet-/Pachteinnahmen um die Bewirtschaftungskosten reduziert, die nicht auf die Mieter/Pächter umlegbar sind.

Als Bewirtschaftungskosten definiert § 19 ImmoWertV:

- Verwaltungskosten: Kosten der für die Verwaltung des Grundstücks erforderlichen Arbeitskräfte und Einrichtungen, die Kosten der Aufsicht, der Wert, der vom Eigentümer persönlich geleisteten Verwaltungsarbeit sowie die Kosten der Geschäftsführung.

- Instandhaltungskosten: Kosten, die infolge der Abnutzung oder Alterung zur Erhaltung des der Wertermittlung zugrunde gelegten Ertragsniveaus der baulichen Anlage während der Restnutzungsdauer aufgewendet werden müssen.

- Mietausfallwagnis: Risiko von Ertragsminderungen, die durch uneinbringliche Rückstände von Mieten, Pachten und sonstigen Einnahmen oder durch vorübergehenden Leerstand von Raum entstehen, der zur Vermietung, Verpachtung oder sonstigen Nutzung bestimmt ist; es umfasst auch das Risiko von uneinbringlichen Kosten einer Rechtsverfolgung auf Zahlung, Aufhebung eines Mietverhältnisses oder Räumung.

- Betriebskosten: Soweit sich die Bewirtschaftungskosten nicht ermitteln lassen, ist von Erfahrungssätzen auszugehen.

Der Gebäudeertragswert errechnet sich unter Berücksichtigung eines Wertfaktors – auch Vervielfältiger genannt –, der sich wiederum aus der Restnutzungsdauer des Objektes und dem Liegenschaftszins ergibt.

Gemäß § 17 ImmoWertV gilt für das Ertragswertverfahren:

§ 17 ImmoWertV

(1) Im Ertragswertverfahren wird der Ertragswert auf der Grundlage marktüblich erzielbarer Erträge ermittelt. Soweit die Ertragsverhältnisse absehbar wesentlichen Veränderungen unterliegen oder wesentlich von den marktüblich erzielbaren Erträgen abweichen, kann der Ertragswert auch auf der Grundlage periodisch unterschiedlicher Erträge ermittelt werden.

(2) Im Ertragswertverfahren auf der Grundlage marktüblich erzielbarer Erträge wird der Ertragswert ermittelt

1. aus dem nach § 16 ermittelten Bodenwert und dem um den Betrag der angemessenen Verzinsung des Bodenwerts verminderten und sodann kapitalisierten Reinertrag (§ 18 Abs. 1); der Ermittlung des Bodenwertverzinsungsbetrags ist der für die Kapitalisierung nach § 20 maßgebliche Liegenschaftszinssatz zugrunde zu legen; bei der Ermittlung des Bodenwertverzinsungsbetrags sind selbständig nutzbare Teilflächen nicht zu berücksichtigen (allgemeines Ertragswertverfahren), oder

2. aus dem nach § 20 kapitalisierten Reinertrag (§ 18 Abs. 1) und dem nach § 16 ermittelten Bodenwert, der mit Ausnahme des Werts von selbständig nutzbaren Teilflächen auf den Wertermittlungsstichtag nach § 20 abzuzinsen ist (vereinfachtes Ertragswertverfahren).

Eine selbständig nutzbare Teilfläche ist der Teil eines Grundstücks, der für die angemessene Nutzung der baulichen Anlagen nicht benötigt wird und selbständig genutzt oder verwertet werden kann.

(3) Im Ertragswertverfahren auf der Grundlage periodisch unterschiedlicher Erträge wird der Ertragswert aus den durch gesicherte Daten abgeleiteten periodisch erzielbaren Reinerträgen (§ 18 Abs. 1) innerhalb eines Betrachtungszeitraums und dem Restwert des Grundstücks am Ende des Betrachtungszeitraums ermittelt. Die periodischen Reinerträge sowie der Restwert des Grundstücks sind jeweils auf den Wertermittlungsstichtag nach § 20 abzuzinsen.

Das Sachwertverfahren

Das Sachwertverfahren ist das komplexeste der hier dargestellten Wertermittlungsverfahren. Das Bundesbauministerium hat 2012 eine Sachwertermittlungsrichtlinie verfasst, die eine Orientierung für eine objektive Sachwertermittlung ermöglichen soll.

Vor dem Hintergrund der IHK-Prüfungsrelevanz erläutere ich Ihnen nachfolgend die wesentliche Vorgehensweise bei dieser Wertermittlungsmethode.

Im Grundsatz basiert das Sachwertverfahren auf 3 Werten:
- Bodenwert als Grundstückswert (Bodenrichtwert x Grundstücksfläche)
- Herstellungskosten für die bauliche Anlage (z.B. das Haus)
- Herstellungskosten für die baulichen Außenanlagen (z.B. Garage oder Zugangswege)

Komplex wird es bei der genauen Ermittlung dieser Einzelkomponenten. Vor allem dann, wenn es sich um ein älteres Baujahr beim Objekt handelt.

Abb. 166: Sachwertverfahren

Der **Bodenwert** basiert auf den Bodenrichtwerten der örtlichen Gutachterausschüsse und somit auf aktuellen Verkaufspreisen.

Bei der Ermittlung der Herstellungskosten (ohne Außenanlagen) werden nachfolgende Faktoren berücksichtigt:

- Bauweise des Objektes (z.B. Ziegelbau oder Passivhaus)
- Keller vorhanden oder nicht
- Dachgeschossausbau
- Qualität einzelner Bauteile (z.B. Heizung, Fenster, Treppen, Türen, Dach, Außenwände)

Um aus dem **Gebäudeherstellungswert** den **Gebäudesachwert** abzuleiten, wird die **Alterswertminderung** berücksichtigt. Der Gesetzgeber geht beispielsweise bei Einfamilienhäusern oder Eigentumswohnungen von einer Gesamtnutzungsdauer von rund 80 Jahren aus. Anzunehmen ist eine gleichmäßige, d.h. lineare, Wertminderung (im Falle von 80 Jahren: 1,25 % pro Jahr). Bei einem Gebäude, das bereits 25 Jahre alt ist, würde dementsprechend eine Alterswertminderung von 31,25 % (25 x 1,25 %) abgezogen werden.

- Alterswertminderung in % = $\dfrac{\text{Gesamtnutzungsdauer - Restnutzungsdauer}}{\text{Gesamtnutzungsdauer}} \times 100$

Abschließend erfolgt die **Marktanpassung**. Dabei ist die lokale Situation mit zu berücksichtigen, wie beispielsweise eine ländliche Lage oder begehrte Stadtwohnlage aber auch besondere objektspezifische Grundstücksmerkmale (z.B. Hanglage). Marktanpassungsfaktoren, die von den lokalen Gutachterausschüssen errechnet wurden, können der Sachwertrichtlinie entnommen werden.

Der Vorteil des Sachwertverfahrens liegt im objektiv errechenbaren Substanzwert für ein Immobilienobjekt.

Dem stehen allerdings Nachteile gegenüber:

- Der Marktanpassungsfaktor entspricht häufig nicht den tatsächlich erzielbaren Marktpreisen.
- Für moderne Häusertypen (z.B. Passivhäuser) fehlt oft noch die aktuelle Datenbasis.

3.9.3 Verfahren zur Ermittlung des Beleihungswertes

Für die Berechnung des Beleihungswertes benötigt der Darlehensgeber vom Darlehensnehmer insbesondere den Grundbuchauszug, Kaufvertrag sowie Baupläne.

Abb. 167: Abschlagsverfahren

Unabhängig vom gewählten Verfahren zur Berechnung des Beleihungswertes gelten in der Regel folgende Grundsätze:

- Der Beleihungswert darf den Verkehrswert nicht übersteigen
- Die Bewertung darf nur dauernde Eigenschaften des Objektes berücksichtigen
- Sorgfältige Einschätzung der nachhaltigen Nutzbarkeit, Vermietbarkeit und Verwertbarkeit (Veräußerung)

Auch wenn der Beleihungswert auf dem Verkehrswert basiert, so ist er doch ein eigenständiger Wert. Der Beleihungswert ist der Wert, der einer Darlehenssicherheit durch den Darlehensgeber zugeordnet wird. Der Beleihungswert ist ausschlaggebend für die maximale Darlehenshöhe. Er leitet sich aus dem Verkehrswert wie folgt ab:

- Der durch einen Gutachter oder Sachverständigen **ermittelte Beleihungswert** dient zunächst der Feststellung einer langfristig als sicher geltenden Wertobergrenze.

- Der in der Regel unter Berücksichtigung eines Sicherungsabschlages **festgesetzte Beleihungswert** wird im Verlauf des Kreditvergabeprozesses festgesetzt und bestimmt die maximale Darlehenshöhe.

- In der Regel fällt der Beleihungswert niedriger als der Verkehrswert aus. Dabei ist das **Niederstwertprinzip** zu beachten. Dieses besagt, dass im Falle eines notariellen Kaufpreises, der unterhalb des Beleihungswertes liegt, dieser anzusetzen ist.

Jedes Kreditinstitut kann seine Richtlinien zur Bestimmung des Beleihungswertes grundsätzlich selbst festlegen. Bausparkassen oder Hypothekenbanken müssen dies im Rahmen der gesetzlichen Vorgaben des Bausparkassen- oder Hypothekenbankgesetzes tun.

Welche Objekte sind beleihungsfähig

Nachfolgende Grundstücke und Objekte sind grundsätzlich beleihungsfähig:

- Grundstücke (Bauland)
- Erbbaurechte (ohne Berücksichtigung des Grundstückswertes)
- Ein- und Mehrfamilienhäuser
- Eigentumswohnungen
- Wohn- und Geschäftshäuser
- Gewerbeobjekte in Wohngebieten oder gemischt genutzten Gebieten
- landwirtschaftliche Anwesen mit Gebäuden

Schwer verwertbare Objekte, wie beispielsweise Luxusimmobilien oder Liebhaberobjekte, sind manchmal nicht beleihbar.

Gar nicht beleihungsfähig sind Bauruinen mit fehlendem Sanierungskonzept oder wenn es sich bei dem Grundstück nur um Bauerwartungsland handelt. An die Beleihung von Ferienhäusern sind oft Voraussetzungen geknüpft, wie eine ganzjährige Bewohnbarkeit und Lage im Inland.

Welche Kosten sind beleihungsfähig?

Zu den beleihungsfähigen Kosten gehören:

- Grundstück
- Kaufpreis
- Herstellungs-/Baukosten
- Baunebenkosten (Architekt, Baugenehmigung, Anschlusskosten u.ä.)
- Garagen, Solaranlagen, Wintergärten
- Außenanlagen (Wege, Gartenanlagen, Einfriedung, Hausanschlusskosten an Wasser und sonstige Versorgungsanlagen)
- Erschließungskosten
- Modernisierungskosten

Ein Teil dieser Kosten (insbesondere Baunebenkosten, Außenanlagen, Modernisierung oder Renovierung) wird nur zu einem bestimmten Prozentsatz in den Beleihungswert mit eingerechnet. Dies liegt in der Entscheidung des Darlehensgebers.

Indirekte Erwerbsnebenkosten (Finanzierungskosten) und weitere direkte Erwerbsnebenkosten (Notar, Grundbuchamt, Steuern, Makler) sowie meist auch Reparaturen, die dem Werterhalt dienen, sind nicht beleihbar.

3.9.4   Beleihungsgrenzen und Beleihungsauslauf

In Verbindung mit dem Begriff der Beleihungsgrenzen stehen auch die Begriffe Sicherungsabschlag und Beleihungsauslauf. Die nachfolgende Grafik verdeutlicht Ihnen den Zusammenhang.

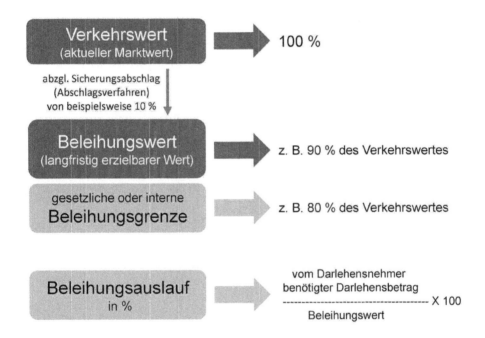

Abb. 168: Beleihungsauslauf

Beispiel: Berechnung Beleihungsauslauf

Kaufpreis:	200.000 €
zzgl. Erwerbsnebenkosten:	15.000 €
= Gesamtkosten:	215.000 €
abzgl. Eigenmittel:	75.000 €
= Fremdmittelbedarf:	140.000 €
Beleihungswert 90 % von 200.000 € =	180.000 €

$$\frac{140.000\ \text{€} \times 100}{180.000\ \text{€}} \times 77{,}78\ \%\ Beleihungsauslauf$$

Bei der Beleihungswertberechnung zieht der Darlehensgeber in der Regel einen so genannten **Sicherungsabschlag** (vom Darlehensgeber bestimmter Prozentsatz des Immobilien-Verkehrswertes, der eventuelle Marktwertschwankungen ausgleichen soll) vom Verkehrswert ab.

Beleihungswert = Verkehrswert abzgl. Sicherungsabschlag

Unabhängig vom sich daraus ergebenden Beleihungswert darf der Darlehensgeber aufgrund von gesetzlichen Vorgaben (beispielsweise Bausparkassen durch das Bausparkassengesetz und die Bausparkassenverordnung) oder internen Risikovorsorgegründen Objekte nur bis zu einer bestimmten Höhe, der so genannten **Beleihungsgrenze**, beleihen.

Beleihungsgrenze

Die Beleihungsgrenze ist die maximale Grenze, bis zu der der Darlehensgeber ein Objekt beleihen darf. Sie wird in Prozent des Beleihungswertes angegeben. Gründe hierfür sind gesetzliche oder interne Vorschriften. Die Beleihungsgrenze hat nicht nur Einfluss auf die Darlehenshöhe, sondern auch auf die Zinskonditionen und die Kreditwürdigkeitsprüfung.

In der Regel gelten bei den verschiedenen Darlehensgebern nachfolgende Beleihungsgrenzen (z.T. aufgrund gesetzlicher Vorgaben):

Abb. 169: Beleihungsgrenzen abhängig von Darlehensanbieter

Die Beleihungsgrenze entscheidet auch über den Verhandlungsspielraum bei den Darlehenszinsen:

- Ein Darlehen bis zu **60 % des Beleihungswertes**, das durch ein erstrangiges Grundpfandrecht abgesichert ist, weist in der Regel das geringste Kreditausfallrisiko auf und wird mit dem vergleichsweise niedrigsten Zins angeboten. Diese Darlehensteile werden oft als 1a-Darlehen bezeichnet.

§ 14 PfandBG (Beleihungsgrenze)

Hypotheken dürfen nur bis zur Höhe der ersten 60 % des von der Pfandbriefbank auf Grund einer Wertermittlung nach § 16 festgesetzten Wertes des Grundstücks (Beleihungswert) zur Deckung benutzt werden.

- Ein Darlehen von **60 % bis zu 80 % des Beleihungswertes**, das durch ein nachrangiges Grundpfandrecht abgesichert ist, weist ein höheres Kreditausfallrisiko auf und wird mit einem vergleichsweise höheren Zins angeboten. Diese Darlehensteile werden oft als 1b-Darlehen bezeichnet.

- Der Darlehensanteil, der **80 % des Beleihungswertes übersteigt**, muss sehr stark auf die Bonität des Darlehensnehmers abgestellt werden und weist das höchste Ausfallrisiko mit einem vergleichsweise höchsten Zinssatz auf.

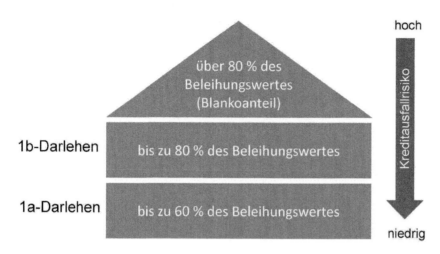

Abb. 170: 1a- und 1b-Darlehen

Bei **Bauspardarlehen**, die 80 % (4/5) des Beleihungswertes überschreiten, schreibt das Bausparkassengesetz Zusatzsicherheiten vor. Nur bei selbstgenutztem Wohneigentum ist eine Beleihung und somit Darlehensvergabe bis zu 100 % zulässig.

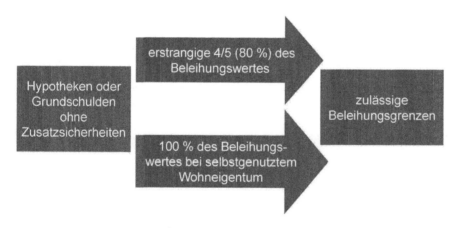

Abb. 171: Beleihungsgrenzen Bauspardarlehen

Gemäß § 7 Bausparkassengesetz (BauSparkG) gilt:

§ 7 Bausparkassengesetz (BauSparkG)

(1) Forderungen aus Bauspardarlehen und aus Darlehen nach § 4 Abs. 1 Nr. 2 sowie Forderungen aus Darlehen nach § 4 Abs. 1 Nr. 1, soweit diese nicht durch Abtretung von Rechten aus Bausparverträgen gesichert werden, sind durch Bestellung von Hypotheken und Grundschulden an einem inländischen Pfandobjekt zu sichern. Der Bestellung einer Grundschuld steht gleich der Anspruch einer Bausparkasse gegen ein Kreditinstitut auf Abtretung oder Teilabtretung der Grundschuld, die von dem Kreditinstitut treuhänderisch zugunsten der Bausparkasse verwaltet wird. Die Beleihung darf ohne ausreichende zusätzliche Sicherheit die ersten 4/5 des Beleihungswertes des Pfandobjektes nicht übersteigen. Bei der Finanzierung von selbstgenutztem Wohneigentum kann die Bausparkasse Beleihungen bis zum Beleihungswert vornehmen.

Als **Beleihungsauslauf** wird der Wert bezeichnet, der sich ergibt, wenn man den Darlehensbetrag, den der Darlehensgeber tatsächlich benötigt, ins Verhältnis zum Beleihungswert setzt:

$$\text{Beleihungsauslauf in } \% = \frac{Darlehensbetrag}{Beleihungswert} \times 100$$

Angenommen der Kaufpreis einer Immobilie beträgt 500.000 €, die Bank hat einen Beleihungswert von 400.000 € ermittelt und der Darlehensnehmer benötigt ein Darlehen über 200.000 €. In diesem Fall ergibt sich ein Beleihungsauslauf von 50 % (200.000 €/400.000 € x 100).

Beleihungsauslauf

Als Beleihungsauslauf wird der Anteil des Objektwertes in Prozent bezeichnet, der durch Fremdkapital finanziert, d.h. beliehen, wird. Je geringer der Beleihungsauslauf, umso geringer in der Regel das Kreditausfallrisiko für den Darlehensgeber. Die Berechnung des Beleihungsauslaufes basiert auf dem Beleihungswert und dem Darlehensbetrag (nicht dem Kaufpreis!).

Das Wichtigste zusammengefasst:

Für die Ermittlung des Beleihungswertes muss zunächst der Verkehrswert des Immobilienobjektes festgestellt werden. Hierzu gibt es verschiedene Verfahren, die u.a. von der Art und Nutzung des Objektes abhängen.

Sie können:

- die Fachbegriffe im Zusammenhang mit der Beleihungswertermittlung voneinander abgrenzen: Einheitswert, Bodenwert, Bodenrichtwert, Verkehrswert, Beleihungswert, Beleihungsauslauf, Beleihungsgrenze sowie Sicherungsabschlag
- Verfahren zur Ermittlung des Verkehrswertes beschreiben: Vergleichswertverfahren, Sachwertverfahren, Ertragswertverfahren
- den Zusammenhang zwischen Verkehrswert und Beleihungswert durch das Abschlagsverfahren erläutern
- Beleihungsgrenzen und Beleihungsauslauf handhaben

Sie setzen Ihr Wissen beispielsweise ein, um Ihre Kunden die entsprechenden Angaben im ESIS-Merkmal zu erläutern.

Sie nutzen Ihre Kenntnisse, um im Beratungsgespräch rechtzeitig zu erkennen, ob die zu finanzierende Immobilie voraussichtlich ausreichend werthaltig genug für den vom Darlehensnehmer benötigten Darlehensbetrag ist.

In diesem Kapitel haben Sie die Bewertung insbesondere von Grundpfandrechten auf Basis der zugrundeliegenden Objekte kennen gelernt.

Das nachfolgende Kapitel geht auf unzulässige und zulässige Kopplungsgeschäfte im Zusammenhang mit einem Immobiliar-Verbraucherdarlehen ein.

▶ **Aufgaben zum Kapitel 3.9 – Beleihungsprüfung und Bewertung von Sicherheiten**

Ihr Wissen auf dem Prüfstand:

1. Was versteht man unter dem Beleihungsauslauf? (SC)

   a) Das Verhältnis von Eigen- und Fremdkapital

   b) Das Verhältnis von Eigenkapital zum Beleihungswert

   c) Das Verhältnis von Darlehensbetrag zum Beleihungswert

   d) Das Verhältnis von Verkehrswert zum Beleihungswert

   e) Das Verhältnis von Zins und Tilgung

2. Wie wird typischerweise der Beleihungswert errechnet? (SC)

   a) Verkehrswert abzüglich Sicherheitsabschlag

   b) Sachwert abzüglich Ertragswert

   c) Vergleichswert zuzüglich Bodenwert

   d) Einheitswert multipliziert mit Wertausgleichsfaktor

3. Welche Voraussetzung muss der Darlehensgeber im Rahmen der Beleihungs-
   wertprüfung sicherstellen? (SC)

   a) Der Kreditentscheider muss unabhängig vom Gutachter die Beleihungswert-
   prüfung vornehmen können.

   b) Der Gutachter, der den Verkehrswert feststellt, muss seine Bewertung unabhängig vom Kreditentscheider vornehmen können.

   c) Der Verkehrswertermittler muss unabhängig vom Darlehensnehmer die Beleihungswertermittlung vor Ort vornehmen können.

   d) Der Darlehensnehmer muss unabhängig vom Darlehensgeber die Verkehrswertermittlung beauftragen.

4. Welchen Wert stellt der Bodenwert dar? (SC)

   a) Wert eines Bauerwartungslandes

   b) Wert des Grundstücksanteils eines bebauten Grundstücks

   c) Einheitswert für Grund und Boden

   d) Langfristig erzielbarer Wert für ein bebautes Grundstück

5. Worauf hat der Beleihungswert Einfluss? (SC)

   a) maximaler Verkehrswert

   b) maximale Darlehenslaufzeit

   c) maximaler Rückkaufswert einer Grundschuld

   d) maximale Darlehenshöhe

6. Gutachterausschüsse erstellen auf Antrag Gutachten über den Verkehrswert bebauter und unbebauter Grundstücke. Auf welcher Basis werden diese ermittelt? (SC)

    a) Verkehrswertsammlung

    b) Einheitswertsammlung

    c) Beleihungswertsammlung

    d) Bodenwertsammlung

    e) Kaufpreissammlung

7. Welches Verkehrswertermittlungsverfahren repräsentiert die Rendite eines Objektes? (SC)

    a) Marktzinsverfahren

    b) Vergleichswertverfahren

    c) Sachwertverfahren

    d) Ertragswertverfahren

8. Wie funktioniert das Abschlagsverfahren? (SC)

    a) Verkehrswert abzüglich Sicherheitsabschlag ergibt den Beleihungswert

    b) Beleihungswert abzüglich Sicherheitsabschlag ergibt den maximalen Darlehensbetrag

    c) Finanzierungsbedarf abzüglich Beleihungswert ergibt den Sicherheitsabschlag

    d) Marktwert abzüglich Verkehrswert ergibt den Beleihungswert

9. Welcher Beleihungsauslauf ergibt sich bei einem Beleihungswert von 500.000 € und einem vom Darlehensnehmer benötigten Darlehen in Höhe von 200.000 € ? (SC)

10. Welche Beleihungsgrenze gilt bei einem Bauspardarlehen für eine selbstgenutzte Eigentumswohnung? (SC)

    a) 40 %

    b) 60 %

    c) 80 %

    d) 100 %

3.10 Kopplungsgeschäfte

Kopplungsgeschäfte

Wird der Abschluss eines Kreditvertrages davon abhängig gemacht, dass der Darlehensnehmer oder ein Dritter weitere Finanzprodukte oder Finanzdienstleistungen erwirbt, spricht man von einem Kopplungsgeschäft. Der Begriff Kopplung bezieht sich auf die Kombination des Darlehens mit einer Nebenfinanzdienstleistung (z.B. Versicherung).

Ob ein Kopplungsgeschäft zulässig oder unzulässig ist, hängt von verschiedenen Bedingungen ab. Grundsätzlich sind Kopplungsgeschäfte unzulässig.

§ 492a Abs. 1 und 2 BGB

(1) Der Darlehensgeber darf den Abschluss eines Immobiliar-Verbraucherdarlehensvertrags unbeschadet des § 492b BGB nicht davon abhängig machen, dass der Darlehensnehmer oder ein Dritter weitere Finanzprodukte oder -dienstleistungen erwirbt (Kopplungsgeschäft) [...].

(2) Soweit ein Kopplungsgeschäft unzulässig ist, sind die mit dem Immobiliar-Verbraucherdarlehensvertrag gekoppelten Geschäfte nichtig; die Wirksamkeit des Immobiliar-Verbraucherdarlehensvertrags bleibt davon unberührt.

Das BGB regelt die Bedingungen für zulässige Kopplungsgeschäfte.

unzulässige Kopplungsgeschäfte (§ 492a BGB)	zulässige Kopplungsgeschäfte (§ 492b BGB)

• unzulässig sind alle Kopplungsgeschäfte, die nicht denen des § 492b BGB entsprechen
 	
• soweit ein Kopplungsgeschäft unzulässig ist, sind die mit dem Immobiliar-Verbraucherdarlehensvertrag gekoppelten Geschäfte nichtig
 	
• Die Wirksamkeit des Immobiliar-Verbraucherdarlehensvertrags bleibt davon unberührt.
	• Eröffnung von Zahlungs- und Sparkonten mit dem Zweck der Kapitalansammlung
	  • für Darlehensrückzahlung oder -bedienung
	  • für Bereitstellung der erforderlichen Mittel für die Darlehensgewährung
	  • als Zusatzsicherheit
	• Erwerb oder Halten eines Anlage- oder privaten Rentenproduktes, das
	  • in erster Linie als Ruhestandseinkommen dient
	  • bei Zahlungsausfall als Zusatzsicherheit dient oder das der Ansammlung von Kapital dient, um damit das Immobiliar-Verbraucherdarlehen zurückzuzahlen oder zu bedienen oder um damit die erforderlichen Mittel für die Gewährung des Darlehens bereitzustellen
	• weiterer Darlehensvertrag mit Wertbeteiligung
	• Versicherungsverträge mit freier Produktanbieterwahl
	• von der für den Darlehensgeber zuständigen Aufsichtsbehörde als Kopplungsgeschäfte genehmigte Finanzprodukte

Abb. 172: Unzulässige und zulässige Kopplungsgeschäfte

Ein Kopplungsgeschäft liegt auch dann vor, wenn dieses von einem Dritten abgeschlossen wird. Die Regelungen zu Kopplungsgeschäften beziehen sich sowohl auf den Darlehensnehmer, als auch auf einen seiner Familienangehörigen.

Finanzprodukte oder Finanzdienstleistungen, die nicht Voraussetzung für die Gewährung des Darlehens sind, sind auch keine Kopplungsgeschäfte.

Zu den zulässigen Kopplungsgeschäften zählen Bausparverträge.

Zulässige Kopplungsgeschäfte sind auch Darlehensverträge mit Wertbeteiligung, d.h. Darlehen, bei denen das zurückzuzahlende Kapital auf einem vertraglich festgelegten Prozentsatz des Werts der Immobilie beruht, die diese zum Zeitpunkt der Rückzahlung oder Rückzahlungen des Kapitals hat.

Kopplungsgeschäfte, die nicht direkt an die Darlehensgewährung gebunden sind, sind ebenfalls zulässig. Wünscht der Kunde beispielsweise den Abschluss einer Rentenversicherung, um seine private Altersvorsorge zu verbessern und ist dies keine Voraussetzung für die Darlehensgewährung, so ist dies zulässig.

Das Wichtigste zusammengefasst:

Grundsätzlich verbietet der Gesetzgeber Kopplungsgeschäfte in Verbindung mit einem Immobiliar-Verbraucherdarlehen. Unter bestimmten Voraussetzungen sind diese allerdings zulässig.

Sie kennen:

- unzulässige Kopplungsgeschäfte
- zulässige Kopplungsgeschäfte

Sie setzen Ihre Kenntnisse ein, um unzulässige Kopplungsgeschäfte zu vermeiden.

Sie nutzen Ihre Kenntnisse, um zulässige Kopplungsgeschäfte in Ihrer Beratung im Bedarfsfall anbieten zu können.

In diesem Kapitel konnten Sie sich mit Kopplungsgeschäften auseinandersetzen.

Das Kreditgeschäft der Banken ist mit zahlreichen möglichen Risiken verbunden, die am Ende immer auch den Darlehensnehmer betreffen. Diese Finanzierungsrisiken lernen Sie im nächsten Kapitel kennen.

▶ **Aufgaben zum Kapitel 3.10 – Kopplungsgeschäfte**

Ihr Wissen auf dem Prüfstand:

1. Welche Auswirkungen hat ein unzulässiges Kopplungsgeschäft? (MC)

   a) Nichtigkeit des Kopplungsgeschäftes

   b) Nichtigkeit des Darlehensvertrags

   c) Kündigung des Darlehensvertrags

   d) Keine Auswirkung auf die Wirksamkeit des Darlehensvertrags

   e) Zinsaufschlag

2. In welchem Fall handelt es sich um ein zulässiges Kopplungsgeschäft? (MC)

   a) Versicherungsvertrag ohne freie Produktgeberwahl

   b) Fondssparplan zur Kapitalansammlung für die Darlehenstilgung

   c) Bausparvertrag

   d) Sparkonto zur Kapitalansammlung für die Wohnungseinrichtung

3. Was ist ein Kopplungsgeschäft? (SC)

   a) die Kombination von Darlehen zweier unterschiedlicher Darlehensgeber

   b) die Anschlussfinanzierung am Ende der Sollzinsbindungsfrist

   c) wenn der Abschluss des Darlehensvertrages vom Abschluss eines weiteren Finanzproduktes abhängig gemacht wird

   d) wenn ein Versicherungsbestandskunde einen Immobiliar-Verbraucherdarlehensvertrag beim selben Vermittler abschließt

3.11 Risiken der Finanzierung

Immobiliar-Verbraucherdarlehensverträge weisen in der Regel eine sehr lange Laufzeit auf. Bei der Darlehensvergabe wird im Rahmen der Kreditwürdigkeitsprüfung deshalb nicht nur die aktuelle Tragfähigkeit der Darlehensrate für den Darlehensnehmer geprüft, sondern auch die Wahrscheinlichkeit der Tragfähigkeit bis zum Darlehensgesamtlaufzeit-ende.

Auch der Darlehensnehmer sollte sich der Risiken eines Immobiliar-Verbraucherdarlehens bewusst sein. Neben einem möglichen Zinsänderungsrisiko können sich weitere Risiken aus der Veränderung der persönlichen Lebenssituation ergeben. Treten die Risiken tatsächlich ein und gerät der Darlehensnehmer in Zahlungsverzug, so sollte er sich der Folgen einer vorzeitigen Darlehensfälligstellung durch den Darlehensgeber bewusst sein und rechtzeitig mit diesem das Gespräch suchen, um eine einvernehmliche Lösung zu finden.

3.11.1 Zinsänderungsrisiko

Die meisten Darlehen werden mit einer Sollzinsvereinbarung abgeschlossen, deren Laufzeit nicht der tatsächlichen Gesamtlaufzeit des Darlehens entspricht. Entsprechend ist nach Ablauf der Sollzinsbindungsfrist eine Anschlussfinanzierungsvereinbarung erforderlich. Wird das Darlehen in einer Niedrigzinsphase abgeschlossen, so bietet dies insbesondere die Möglichkeit, rechtzeitig für ein Risikopuffer in Form einer erhöhten laufenden Tilgung zu sorgen. Viele Anbieter bieten hierzu die Möglichkeit, den jährlichen Tilgungssatz auch innerhalb der Sollzinsbindungsdauer in einem zu vereinbarenden Rahmen zu verändern (sowohl Senkung als auch Erhöhung).

Zinsänderungsrisiko des Darlehensvertrages

Innerhalb des Sollzinsfestschreibungszeitraums besteht kein Zinsänderungsrisiko. Wenn zum Ende der Sollzinsbindung allerdings noch ein Restdarlehen besteht und eine neue Zinsvereinbarung getroffen werden muss, dann besteht das Risiko einer Zinserhöhung. Gleiches gilt, wenn für das Darlehen eine variable Verzinsung vereinbart wurde.

Zinsänderungsrisiko

Als Zinsänderungsrisiko wird das Risiko bezeichnet, dass sich ein Darlehenszins in Abhängigkeit von der aktuellen Marktzinsentwicklung im Laufe der Darlehensgesamtlaufzeit verändern kann. Steigen die Marktzinsen, so besteht ein Risiko, welches in Phasen sinkender Marktzinsen zur Chance werden kann. Das Zinsänderungsrisiko betrifft Darlehen ohne gebundene (feste) Sollzinsvereinbarung bzw. mit einer Sollzinsbindungsfrist, die kürzer ist als die Gesamtdarlehenslaufzeit.

Das Zinsänderungsrisiko besteht nach Ablauf der Sollzinsbindung für das neu zu finanzierende Restdarlehen (Anschlussfinanzierung) in Form von:

- **Erhöhung der Darlehensrate** aufgrund erhöhtem Zinssatz
  (abhängig von Darlehensart; beispielsweise bei Zinszahlungsdarlehen mit besonders hohem Zinsänderungs- und Ratenänderungsrisiko, aufgrund der fehlenden
  Tilgung während der Darlehenslaufzeit)
- **Verlängerung der Darlehensgesamtlaufzeit**
- **höhere Gesamtdarlehenskosten**
- Risiko der **Nicht-Tragfähigkeit der neuen Darlehensrate** aus der Anschlussfinanzierung für den Darlehensnehmer
- Risiko der Zwangsverwertung von Sicherheiten oder Forderung von Zusatzsicherheiten

Eine Zinserhöhung im Rahmen der Anschlussfinanzierung kann eine Anpassung der monatlichen Darlehensraten erfordern. Bei einem Annuitätendarlehen erhöht sich der Zinsanteil innerhalb der Annuität und führt zu einer längeren Darlehensgesamtlaufzeit als ursprünglich angenommen. Sofern sich der Darlehensnehmer dies leisten kann, empfiehlt
sich die Erhöhung der Annuität, einschließlich einer Erhöhung der laufenden Tilgung, um
die Gesamtdarlehenslaufzeit unverändert zu erhalten.

Eine Darlehensratenerhöhung aufgrund einer Zinserhöhung im Rahmen der Anschlussfinanzierung kann die finanziellen Fähigkeiten des Darlehensnehmers übersteigen. Es
droht Zahlungsverzug bis hin zur Zahlungsunfähigkeit. Können die Darlehensraten vom
Darlehensnehmer nicht mehr bezahlt werden, so kann der Darlehensgeber das Darlehen kündigen und vorzeitig die Restdarlehenssumme fällig stellen: Aus dem Darlehen
wird ein so genannter notleidender Kredit.

Zinsänderungsrisiko der Tilgungsersatzmittel

Tilgungsersatzmittel (Tilgungssurrogat) sind Vermögenswerte, die parallel zum Darlehen
angespart werden (z.B. Investmentanteile, Rentenversicherungsprodukte). Diese werden anstelle einer laufenden Tilgung eingesetzt und in der Regel als Darlehenssicherheit
an den Darlehensgeber abgetreten (siehe Kapitel 3.2.2 Zinszahlungsdarlehen). Handelt
es sich bei diesen Tilgungsersatzmitteln um kapitalmarktabhängige Produkte, so können
im Fall von Marktzinsniveauerhöhungen Kursverluste entstehen und der Darlehensgeber kann eine Erhöhung der Ansparbeträge (mit dem Risiko der Nicht-Tragfähigkeit der
neuen Belastung) oder Zusatzsicherheiten verlangen. Wenn der Darlehensgeber hierauf
verzichtet, kann die Folge dennoch eine Erhöhung der Gesamtdarlehenslaufzeit sein, da
es länger dauert, den erforderlichen Tilgungsbetrag mit den Ersatzmitteln aufzubauen.

Das Zinsänderungsrisiko birgt in Bezug auf das Tilgungsersatzmittel ein Tilgungsrisiko,
denn wenn sich die Rendite des Tilgungsersatzmittels nicht wie erwartet entwickelt, wird
dadurch eine Tilgungslücke verursacht.

Absicherungsmöglichkeiten für das Zinsänderungsrisiko

Das Zinsänderungsrisiko kann abgesichert oder verringert werden durch:

- langen Zinsfestschreibungszeitraum bei Darlehensaufnahme in einer Niedrigzinsphase
- Umwandlung eines variabel verzinsten Darlehens in ein Darlehen mit gebundenem Sollzins oder einer Zins-Cap-Vereinbarung (siehe Kapitel 3.2.6 Cap-Darlehen)
- ausreichend hohen Tilgungssatz (über 1 % p.a.) als „Puffer", um diesen im Falle einer Zinserhöhung/Ratenerhöhung reduzieren zu können
- Vereinbarung von Sondertilgungsmöglichkeiten, um das Restdarlehen zum Ende der Sollzinsbindungsfrist frühzeitig über die laufende Tilgung hinaus reduzieren zu können
- Tilgungssatz, der dazu führt, dass das Darlehen zum Ende der Sollzinsbindung vollständig getilgt ist (Volltilger)
- Auswahl eines Tilgungsersatzmittels, das von Marktzinserhöhungen (am Rentenmarkt) unabhängig ist, z.B. eine zumindest teilweise Aktienanlage (vorausgesetzt, diese ist für den Anleger geeignet und entspricht seinem Risikoprofil)
- Abschluss eines Forward-Darlehens (siehe Kapitel 3.2.5 Forward-Darlehen) rechtzeitig vor Ende der Zinsbindung
- Finanzierung über einen Bausparvertrag, da der Zinssatz des Bauspardarlehens bis zum Gesamtlaufzeitende festgeschrieben ist und bereits bei Abschuss des Bausparvertrages feststeht
- Vermögensaufbau parallel zur Darlehenstilgung, um im Falle einer Zinserhöhung über ein finanzielles Polster zu verfügen

Wechselkursrisiko bei Fremdwährungsdarlehen

Bei einem Fremdwährungsdarlehen handelt es sich um ein Darlehen in einer aus Sicht des Darlehensnehmers (Währungsraum seines Wohnsitzlandes) fremden Währung. Bei der Fremdwährung kann es sich auch um Euro handeln, wenn der Darlehensnehmer in einem Nicht-Euroland wohnhaft ist.

Mit einem Fremdwährungsdarlehen können Zinsvorteile des fremden Währungsraums ausgenutzt werden. Dagegen stehen, abhängig von der gewählten Fremdwährung, erhebliche Wechselkursrisiken. Steigt der Wert der fremden Darlehenswährung im Vergleich zur Landeswährung des Darlehensnehmers, so steigt auch die Darlehensschuld. Der Darlehensnehmer muss mehr von seiner Landeswährung aufwenden, um das Darlehen wie bisher in der fremden Währung zu tilgen.

Ein Fremdwährungsdarlehen fällt für einen privaten Darlehensnehmer i.d.R. in den Bereich der Spekulation. Aus diesem Grund hat der Gesetzgeber die hier beschriebenen Neuregelungen eingeführt. Wer seine Finanzierung über ein Fremdwährungsdarlehen darstellt, muss sich nicht nur über die damit verbundenen zusätzlichen Risiken bewusst sein, sondern sollte auch eine eigene Meinung zur zukünftigen Entwicklung der Fremdwährung haben. Ob mit dieser Einschätzung allerdings richtig liegt, kann niemand vorhersagen.

Abb. 173: Fremdwährungsdarlehen

Verändert sich der Wert der fremden Darlehenswährung gegenüber der Landeswährung des Darlehensnehmers um mehr als 20 %, so hat der Darlehensnehmer ein gesetzliches **Umwandlungsrecht** zurück in seine Landeswährung. Den dabei möglicherweise realisierten Kursverlust muss der Darlehensnehmer tragen.

§ 503 BGB

(1) Bei einem nicht auf die Währung des Mitgliedstaats der Europäischen Union, in dem der Darlehensnehmer bei Vertragsschluss seinen Wohnsitz hat (Landeswährung des Darlehensnehmers), geschlossenen Immobiliar-Verbraucherdarlehensvertrag (Immobiliar-Verbraucherdarlehensvertrag in Fremdwährung) kann der Darlehensnehmer die Umwandlung des Darlehens in die Landeswährung des Darlehensnehmers verlangen. Das Recht auf Umwandlung besteht dann, wenn der Wert des ausstehenden Restbetrags oder der Wert der regelmäßigen Raten in der Landeswährung des Darlehensnehmers auf Grund der Änderung des Wechselkurses um mehr als 20 % über dem Wert liegt, der bei Zugrundelegung des Wechselkurses bei Vertragsabschluss gegeben wäre. Im Darlehensvertrag kann abweichend von Satz 1 vereinbart werden, dass die Landeswährung des Darlehensnehmers ausschließlich oder ergänzend die Währung ist, in der er zum Zeitpunkt der maßgeblichen Kreditwürdigkeitsprüfung überwiegend sein Einkommen bezieht oder Vermögenswerte hält, aus denen das Darlehen zurückgezahlt werden soll.

(2) Die Umstellung des Darlehens hat zu dem Wechselkurs zu erfolgen, der dem am Tag des Antrags auf Umstellung geltenden Marktwechselkurs entspricht. Satz 1 gilt nur, wenn im Darlehensvertrag nicht etwas anderes vereinbart wurde.

Der Darlehensgeber ist verpflichtet, den Darlehensnehmer unverzüglich zu informieren, wenn der Wert des noch zu zahlenden Restbetrages oder der Wert der regelmäßigen Raten in der Landeswährung des Darlehensnehmers um mehr als 20 % gegenüber dem Wert steigt, der bei Zugrundelegung des Wechselkurses bei Vertragsabschluss gegeben war.

Die **Informationspflicht** gilt so lange in regelmäßigen Abständen, bis die Differenz aus 20 % wieder unterschritten ist.

Beispiel: Fremdwährungsdarlehen

Ein Darlehensnehmer mit Wohnsitz in Deutschland und somit Landeswährung Euro nimmt ein Fremdwährungsdarlehen in Schweizer Franken auf, um die dortigen niedrigeren Zinsen nutzen zu können. Bei einem angenommenen Kurs von 1 € = 1 CHF erhält er für 100.000 € ein Darlehen über 100.000 CHF.

In den nächsten fünf Jahren tilgt er regelmäßig, so dass sich das Darlehen auf eine Restschuld von 80.000 CHF reduziert hat. Seit kurzem beträgt der Wechselkurs allerdings nur noch 1 € = 0,79 CHF. Der Euro hat gegenüber dem Schweizer Franken über 20 % an Wert verloren. Der Darlehensgeber hat eine Informationspflicht hierüber und der Darlehensnehmer kann entscheiden, ob er sein Umwandlungsrecht in Anspruch nehmen möchte.

Würde der Darlehensnehmer jetzt das Restdarlehen in einer Summe zurückzahlen, so müsste er für 80.000 CHF den Gegenwert von 102.000 € bezahlen. Hätte sich der Wechselkurs seit dem Tag des Vertragsabschlusses nicht verändert, so müsste er nur 80.000 € zahlen. Der Wertverlust des Euro kostet den Darlehensnehmer in diesem Beispiel seine gesamte bisherige Darlehenstilgung.

3.11.2 Änderung der persönlichen Situation

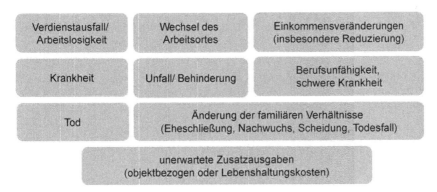

Abb. 174: Risiko: Änderung der persönlichen Situation

Risiken, die von der Person des Darlehensnehmers ausgehen, können größtenteils durch Versicherungen abgesichert werden. Eine solche Absicherung ist insbesondere dann sinnvoll, wenn bei einer tatsächlichen Veränderung der persönlichen Situation die Rate für das Darlehen nicht mehr bezahlt werden kann.

Verdienstausfall/Arbeitslosigkeit

Dies ist der häufigste Auslöser für eine Überschuldung des Darlehensnehmers und in Folge eines Zahlungsverzugs bei seinen Darlehensverpflichtungen. Eine kurzfristige Arbeitslosigkeit kann durch eine Arbeitslosenversicherung in der Regel bis zu 24 Monate aufgefangen werden. Eine Langzeitarbeitslosigkeit ist dagegen kaum versicherbar. In beiden Fällen muss sich der Darlehensnehmer diese Versicherung auch leisten können. Gleiches gilt für den Aufbau einer Liquiditätsreserve zusätzlich zur Finanzierung.

Wechsel des Arbeitsortes

Ein Arbeitsortwechsel kann zwei Auswirkungen haben:

- Der neue Arbeitsort erfordert einen dauerhaften Wohnortwechsel. Für diesen Fall hat der Darlehensnehmer ein außerordentliches Kündigungsrecht, muss allerdings mit der Berechnung einer Vorfälligkeitsentschädigung und mit einem möglichen Veräußerungsverlust beim Immobilienverkauf rechnen. Es besteht das Risiko, dass der Verkaufserlös nicht ausreicht, um das Restdarlehen abzulösen. Eine Absicherung – sofern der Darlehensnehmer sich diese leisten kann – ist der rechtzeitige Aufbau einer finanziellen Reserve u.a. für dieses Finanzierungsrisiko.
- Der neue Arbeitsort erfordert keinen Wechsel des Wohnorts. In diesem Fall können sich die laufenden Ausgaben durch erhöhte Fahrtkosten oder eine Zweitwohnung während der Arbeitswoche erhöhen. Eine Absicherung ist durch die frühzeitige, vorausschauende Einplanung eines Ausgabenpuffers beispielsweise bereits im Rahmen der Finanzplanung vor Abschluss der Finanzierung möglich.

Tod

Der Todesfall des Darlehensnehmers oder Mit-Darlehensnehmers, insbesondere, wenn dieser der Hauptverdiener in einem gemeinsamen Haushalt war, kann für die Hinterbliebenen schwerwiegende finanzielle Folgen haben. Durch eine Risiko-Lebensversicherung oder Restschuldversicherung kann dieses Risiko abgesichert werden.

Tipp

Trennen Sie die Risikoabsicherung von der Geldanlage oder privaten Vorsorge. Der Todesfallschutz kann zwar im Rahmen einer beispielsweise fondsgebundenen Lebensversicherung mit eingebunden werden, stellt sich in der Regel jedoch als teurer heraus als jeweils ein separater Vertrag.

Krankheit/Unfall/Behinderung

Hierdurch wird die Arbeitskraft des Darlehensnehmers gefährdet. Während ein Arbeitnehmer noch für mindestens 6 Wochen mit einer Gehalts- und Lohnfortzahlung rechnen kann, sieht dies bei einem Selbstständigen anders aus. Eine Krankentagegeldversicherung kann hier eine Lösung sein, sofern sich der Darlehensnehmer die Ausgaben (Versicherungsprämie) hierfür leisten kann.

Einkommensveränderungen

Insbesondere bei einer Verschlechterung der Einkommensverhältnisse ist die Zahlungsfähigkeit des Darlehensnehmers gefährdet. Die Möglichkeiten, die laufenden Tilgungen zu reduzieren oder sogar ganz auszusetzen, stellen einen sinnvollen Puffer für dieses Risiko dar und sollten im Rahmen des Darlehensvertrages vereinbart werden.

Berufs- und Erwerbsunfähigkeit

Dieses Risiko wird häufig vom Darlehensnehmer unterschätzt. Tritt es jedoch durch eine schwere Krankheit oder einen Unfall ein, so sind auch hier die finanziellen Folgen schnell gravierend. Als Lösung gibt es hier die Möglichkeit, eine Berufsunfähigkeitsversicherung abzuschließen.

Änderung der familiären Verhältnisse

Eine Heirat oder Nachwuchs sind einerseits positive Veränderungen der Lebenssituation, andererseits verändern sich hierdurch in der Regel Einkommen und Ausgaben, wie beispielsweise die Lebenshaltungskosten.

Bei einer Scheidung kommt es darauf an, ob sich die Noch-Ehepartner auf eine Regelung bezüglich des Immobiliar-Verbraucherdarlehens und der Immobilie selbst einigen können.

Hier gibt es drei Möglichkeiten:

- Ein Partner übernimmt die Immobilie. Das bedeutet nicht, dass der andere Partner auch automatisch aus dem Darlehen ausscheidet. Eine solche Haftungsentlassung ist meist erst zum Ende der laufenden Sollzinsvereinbarung möglich.
- Teilung, d.h. beide Partner behalten je einen Immobilienanteil und übernehmen die Verpflichtungen aus dem darauf entfallenden Darlehensanteil.
- Vermietung, d.h. keiner der Partner nutzt die Immobilie selbst weiter und die Miete kann die finanzielle Belastung aus dem Darlehen tragfähig machen.

Tipp

Angenommen, beide Ehegatten haben den Immobiliardarlehensvertrag als Darlehensnehmer unterzeichnet. Im Falle einer Trennung und späteren Scheidung führt die weitere Nutzung der Immobilie durch nur noch einen Ehepartner nicht dazu, dass der andere Ehegatte aus dem Darlehen und der Haftung für den Darlehensbetrag ausscheidet. Selbst das rechtswirksame Scheidungsurteil wird hieran nichts ändern, wenn die Bank keine Zusatzabsicherung für den ausscheidenden Darlehensnehmer erhält und der allein finanzierende Ehegatte nicht über die notwendige Bonität verfügt. Im ungünstigsten Fall muss das Ende der Sollzinsbindung abgewartet werden (ordentliches Kündigungsrecht nach Ablauf der Zinsfestschreibung bzw. bei entsprechendem Vertragsabschlussdatum besteht ein ordentliches Kündigungsrecht nach 10 Jahren nach Gesamtdarlehensauszahlung). Bei der dann notwendigen Anschlussfinanzierung muss der Ehegatte, der die Immobilie weiter nutzen möchte, über die notwendige Bonität verfügen, sonst muss im schlimmsten Fall die Immobilie verwertet werden. Auch dies ist ein Grund für eine frühzeitig höchstmögliche laufende Darlehenstilgung oder Sondertilgungen.

Unerwartete Zusatzkosten

Jederzeit kann es zu einer Situation kommen, die zu unerwarteten Zusatzkosten führt. Das kann objektbezogen eine unerwartete Renovierung, beispielsweise ausgelöst durch Baumängel oder Elementarschäden (Überschwemmung, Rückstau, Erdbeben, Erdsenkung, Erdrutsch, Schneedruck, Lawinen, Starkregen u.a.), oder eine Änderung der gesetzlichen Anforderungen an die Immobilie sein. Eine Absicherung ist u.a. durch eine Elementarschadenversicherung möglich. Aber auch bezogen auf den Darlehensnehmer, wenn dessen Lebenshaltungskosten beispielsweise durch ein verändertes Ausgabeverhalten oder erhöhte Versicherungsbeiträge steigen, besteht das Risiko von unerwarteten Zusatzkosten.

3.11.3   Notleidende Kredite

Kann ein Darlehensnehmer seine Darlehensraten nicht mehr rechtzeitig oder gar nicht mehr bezahlen, droht dem Darlehensgeber durch den notleidenden Kredit ein so genannter Kreditausfall.

Notleidender Kredit

Notleidende Kredite (notleidende Darlehen) sind Kredite, bei denen der Darlehensnehmer mit seinen Ratenzahlungen in Rückstand geraten ist oder seinen Verpflichtungen gar nicht mehr nachkommen kann. Wenn keine Einigung mit der Bank erzielt werden kann, droht die Fälligstellung des Restdarlehens und die Zwangsverwertung der gestellten Sicherheiten.

Früherkennung

Verspätete oder ausbleibende Ratenzahlungen oder gar Lastschriftrückgaben beim Einzug der Darlehensrate sind ein erstes Warnzeichen für den Darlehensgeber, dass der Darlehensnehmer in einen finanziellen Engpass geraten ist.

Außergerichtliche Lösung

Zunächst gilt es, eine außergerichtliche Lösung zu versuchen:

- Vergleich (teilweiser Verzicht auf die Darlehensforderung durch den Darlehensgeber, wenn dieser die Aussichten einer Objektverwertung als vergleichsweise gering oder kostenintensiv einschätzt)
- Stundung (Verlängerung der Darlehenslaufzeit durch Reduzierung oder Aussetzung der laufenden Tilgung)
- Zinsaussetzung
- Umschuldung auf zinsgünstigere Darlehensvariante

Tipp

Darlehensnehmer sollte – so schwer das auch fällt – möglichst frühzeitig mit seinem Darlehensgeber sprechen, wenn sich finanzielle Engpässe anbahnen oder auch schon eingetreten sind, die die Erfüllung der Zahlungsverpflichtungen gefährden können. Der Darlehensgeber hat einerseits mehr Spielraum, wenn er nicht unter Zeitdruck nach Lösungen suchen muss, und andererseits wird diese Offenheit oft positiv im Rahmen der persönlichen Bonität und Zuverlässigkeit gewertet. Vor allem dann, wenn der Darlehensnehmer unverschuldet in diese Situation geraten ist.

Kreditabwicklung

Wird ein Darlehen notleidend und sind keine außergerichtlichen Lösungen möglich, so geht das Darlehen in die **Kreditabwicklung**.

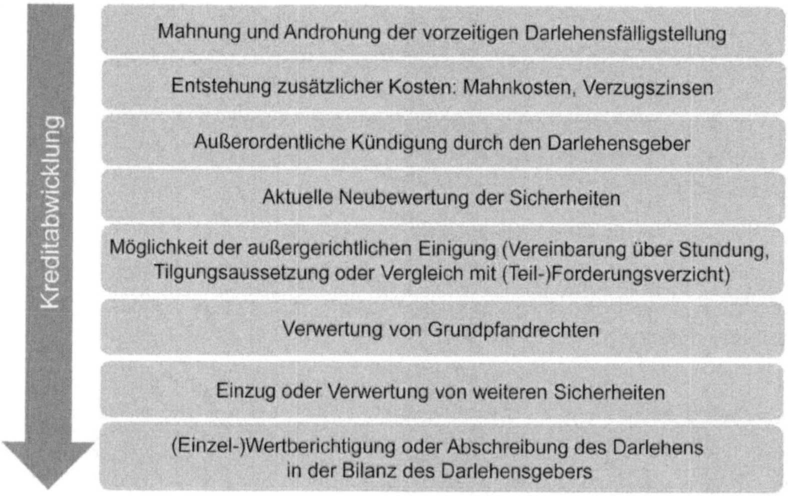

Abb. 175: Abwicklung eines notleidenden Kredits

Der Darlehensgeber wird zunächst eine Mahnung mit der Aufforderung zur Zahlung der rückständigen Darlehensraten innerhalb einer vorgegebenen Frist (in der Regel 14 Tage) an den Darlehensnehmer verschicken. Diese Mahnung geht in der Regel einher mit der Ankündigung der Fälligstellung des Gesamtrestdarlehens. Der Gesetzgeber verpflichtet den Darlehensgeber dabei zur Gesprächsbereitschaft.

Die außerordentliche Kündigung durch den Darlehensgeber zieht eine Neubewertung der Sicherheiten nach sich, um die Aussichten einer Sicherheiten-Zwangsverwertung zu prüfen. Darüber hinaus entstehen Zusatzkosten aus dem Mahnverfahren (Mahngebühr, Kosten eines Inkasso-Dienstleisters u.a.) sowie durch die Verzugszinsen.

§ 288 Abs. 1 BGB

Eine Geldschuld ist während des Verzugs zu verzinsen. Der Verzugszinssatz beträgt für das Jahr fünf Prozentpunkte über dem Basiszinssatz.

§ 247 Abs. 1 und 2 BGB

(1) Der Basiszinssatz beträgt 3,62 %*. Er verändert sich zum 1.1. und 1.7. eines jeden Jahres um die Prozentpunkte, um welche die Bezugsgröße seit der letzten Veränderung des Basiszinssatzes gestiegen oder gefallen ist. Bezugsgröße ist der Zinssatz für die jüngste Hauptrefinanzierungsoperation der Europäischen Zentralbank vor dem ersten Kalendertag des betreffenden Halbjahrs.

(2) Die Deutsche Bundesbank gibt den geltenden Basiszinssatz unverzüglich nach den in Abs. 1 Satz 2 genannten Zeitpunkten im Bundesanzeiger bekannt.

* per Nov. 2017: –0,88 %

§ 289 BGB

Von Zinsen sind Verzugszinsen nicht zu entrichten. Das Recht des Gläubigers auf Ersatz des durch den Verzug entstehenden Schadens bleibt unberührt.

Eine Zwangsverwertung der gestellten Sicherheiten ist für beide Seiten nicht immer der beste Weg. Er ist mit hohem Aufwand und zusätzlichen Kosten verbunden und oft reicht der Verwertungserlös nicht für die Deckung der gesamten Darlehensrestschuld aus.

Aus diesem Grund lassen sich Banken oft auf eine außergerichtliche vertragliche Neuregelung zur **Kreditsanierung** wie folgt ein:

- Reduzierung der laufenden Tilgung oder Tilgungsaussetzung für einen bestimmten Zeitraum
- Verzicht auf einen Teil der offenen Forderung durch den Darlehensgeber
- neue Zinsvereinbarung (beispielsweise bei gesunkenem Markzinsniveau Anpassung auf einen niedrigeren Zinssatz)

▶ Weitere Handlungsoptionen des Darlehensgebers

Der Darlehensgeber hat bei notleidenden Darlehen oder Darlehen mit Darlehensnehmern schlechter Bonität folgende weitere Möglichkeiten:

1. **Verkauf ihrer notleidenden Kredite** an eine andere Bank oder ein hierauf spezialisiertes Unternehmen (z.B. Inkassounternehmen aber auch Finanzinvestoren)

2. **Verbriefung**: Aus dem Kredit wird eine handelbare Forderung in Form eines Wertpapiers (engl. Securities oder auch Asset backed Securities ABS)

3. **Auslagerung in eine Bad Bank** (gesonderte Bank für Abwicklungen von notleidenden Krediten), um das Ausfallrisiko auf einen Dritten zu übertragen

Bleiben alle Einigungsversuche erfolglos, werden zunächst die gestellten und vorhandenen Sicherheiten verwertet (z.B. bei einer Absicherung durch Grundschulden die Zwangsversteigerung der Immobilie). Bleibt diese Verwertung erfolglos bzw. verbleibt auch nach Verwertung der Sicherheiten eine Restschuld, so wird aus der zunächst zu bildenden Einzelwertberichtigung eine Abschreibung für den Darlehensgeber.

Das Wichtigste zusammengefasst:

Mit einer Immobilienfinanzierung sind zahlreiche Risiken für den Darlehensgeber und Darlehensnehmer verbunden. Kommen diese Risiken tatsächlich zum Tragen und sind diese nicht rechtzeitig abgesichert worden, so droht die vorzeitige Fälligstellung des Darlehens.

Sie kennen:

• Risiken, die sich aus der Zinssatzänderung nach Ablauf der Sollzinsbindungsfrist ergeben

• Risiken, die durch die Änderung der persönlichen Situation des Darlehensnehmers entstehen

• Abläufe im Zusammenhang mit notleidenden Krediten

Sie setzen Ihre Kenntnisse ein, um Ihren Kunden hierüber im Rahmen Ihrer Beratung informieren zu können.

Sie nutzen Ihre Kenntnisse, um die möglichen Risiken je nach Bedarf und Bedeutung ggf. rechtzeitig abzusichern.

In diesem Kapitel wurden die möglichen Risiken im Zusammenhang mit einer Immobilienfinanzierung und ihre Auswirkungen detailliert behandelt.

Das letzte Kapitel gibt Ihnen einen Einblick in die Möglichkeiten der ordentlichen oder außerordentlichen vorzeitigen Beendigung des Darlehensvertrages.

▶ **Aufgaben zum Kapitel 3.11 – Risiken der Finanzierung**

Ihr Wissen auf dem Prüfstand:

1. Welche möglichen Risiken birgt eine Zinserhöhung bei einer Anschlussfinanzierung? (MC)

    a) Wegfall der Sondertilgungsmöglichkeit

    b) Ratenerhöhung

    c) Ratensenkung

    d) Tilgungsaussetzung

    e) Gesamtdarlehenslaufzeitverlängerung

2. Welche Änderungen in der persönlichen Situation des Darlehensnehmers stellen ein Risiko für die Finanzierung dar? (MC)

    a) Arbeitslosigkeit

    b) Scheidung

    c) Elementarschäden

    d) Anschaffung eines neuen Autos

3. Welches Risiko besteht bei Fremdwährungsdarlehen? (SC)

    a) Zinsänderungsrisiko

    b) Tilgungsrisiko

    c) Währungsrisiko

    d) Staatsverschuldungsrisiko

4. Was kennzeichnet einen notleidenden Kredit? (SC)

    a) Der Darlehensnehmer kann seinen Verpflichtungen aus dem Darlehen nicht mehr nachkommen

    b) Der Darlehensgeber kann seinen Verpflichtungen aus dem Darlehen nicht mehr nachkommen

    c) Die Darlehensbesicherung ist wertlos geworden

    d) Die Sollzinsbindungsfrist ist abgelaufen

5. Welche Lösungsmöglichkeiten hat der Darlehensgeber, wenn ein Darlehen notleidend geworden ist? (MC)

    a) befristete Tilgungsaussetzung

    b) Verzicht auf die Darlehensbesicherung

    c) neue Zinsvereinbarung

    d) Erhöhung des Beleihungswertes

3.12 Beendigung Darlehensvertrag

3.12.1 Kündigungsmöglichkeiten durch Darlehensgeber und Darlehensnehmer

Bereits im Kapitel 2.4.2 Immobiliar-Verbraucherdarlehensverträge finden Sie die Kündigungsmöglichkeiten durch Darlehensgeber und Darlehensnehmer ausführlich beschrieben.

Die gesetzlichen Kündigungsfristen können auch durch vertragliche Regelungen nicht ausgeschlossen werden. Die gesetzlichen Kündigungsfristen können dagegen durch vertragliche Kündigungsfristen ergänzt oder erweitert werden.

3.12.2 Risiken (Vorfälligkeitsentschädigung)

Nimmt der Darlehensnehmer sein Recht auf außerordentliche Kündigung in Anspruch, so kann der Darlehensgeber für die ihm entgehenden zukünftigen Zinseinnahmen unter bestimmten Voraussetzungen eine Vorfälligkeitsentschädigung vom Darlehensnehmer verlangen.

Vorfälligkeitsentschädigung

Die Vorfälligkeitsentschädigung ist ein Entgelt für eine außerordentliche, d.h. außerplanmäßige, Rückzahlung eines Darlehens noch während der vereinbarten Sollzinsfestschreibungszeit. Sie entschädigt den Darlehensgeber für die ihm entgehenden Zinserträge.

Voraussetzungen für eine Vorfälligkeitsentschädigung sind das Vorliegen einer außerordentlichen Kündigung und eines tatsächlichen Zinsschadens. Aus diesem Grund muss bereits im ESIS-Merkblatt und im Darlehensvertrag die Methode benannt und verbindlich festgelegt werden, nach der die Vorfälligkeitsentschädigung auf Basis eines tatsächlichen Schadens berechnet wird.

Wie kalkuliert die Bank den von ihr angebotenen Sollzinssatz?

Um ein Darlehen an ihre Kunden vergeben zu können, muss die Bank sich selbst die dazu notwendigen Mittel besorgen (**Refinanzierung**). Die Refinanzierung erfolgt für den vereinbarten Sollzinsfestschreibungszeitraum und verursacht Kosten (Refinanzierungszinsen). Diese bilden zusammen mit einer Zinsmarge, einer Risikoprämie (Ausfallrisiko, d.h. Risiko, das der Darlehensnehmer seinen Verpflichtungen aus dem Darlehen nicht mehr nachkommen kann) und Verwaltungskosten den Sollzins, den der Darlehensnehmer für sein Darlehen zahlen muss. Während der Sollzinsbindungsfrist rechnet die Bank fest mit den Zinseinnahmen, um wiederum ihren eigenen Zinsverpflichtungen nachkommen zu können. Zahlt der Darlehensnehmer sein Darlehen vorzeitig zurück, so muss die Bank unabhängig davon ihren Verpflichtungen auch weiterhin nachkommen. Für sie ist nun entscheidend, ob sie die frei gewordenen Darlehensmittel erneut an einen ihrer Kunden ausleihen oder das Geld über den Kapitalmarkt (Anleihen öffentlicher Emittenten) verzinst anlegen kann.

Artikel 247 § 7 Abs. 2 EGBGB

Der Immobiliar-Verbraucherdarlehensvertrag muss folgende klar und verständlich formulierte weitere Angaben enthalten, soweit sie für den Vertrag bedeutsam sind:

1. die Voraussetzungen und die Berechnungsmethode für den Anspruch auf Vorfälligkeitsentschädigung, soweit der Darlehensgeber beabsichtigt, diesen Anspruch geltend zu machen, falls der Darlehensnehmer das Darlehen vorzeitig zurückzahlt, und die sich aus § 493 Abs. 5 BGB ergebenden Pflichten […].

Die Pflicht zur Information über die Vorfälligkeitsentschädigung seitens des Darlehensgebers ist in § 493 Abs. 5 BGB gesetzlich geregelt.

§ 493 Abs. 5 BGB

Wenn der Darlehensnehmer eines Immobiliar-Verbraucherdarlehensvertrags dem Darlehensgeber mitteilt, dass er eine vorzeitige Rückzahlung des Darlehens beabsichtigt, ist der Darlehensgeber verpflichtet, ihm unverzüglich die für die Prüfung dieser Möglichkeit erforderlichen Informationen auf einem dauerhaften Datenträger zu übermitteln. Diese Informationen müssen insbesondere folgende Angaben enthalten:

1. Auskunft über die Zulässigkeit der vorzeitigen Rückzahlung,

2. im Fall der Zulässigkeit die Höhe des zurückzuzahlenden Betrags und

3. gegebenenfalls die Höhe einer Vorfälligkeitsentschädigung.

Soweit sich die Informationen auf Annahmen stützen, müssen diese nachvollziehbar und sachlich gerechtfertigt sein und als solche dem Darlehensnehmer gegenüber offengelegt werden.

Welche Methoden zur Berechnung der Vorfälligkeitsentschädigung gibt es?

Gemäß aktuellen BGH-Urteilen sind dazu nur die zwei nachfolgend beschriebenen Berechnungsmethoden zulässig.

Aktiv-Aktiv-Methode

Bei dieser Methode wird angenommen, dass es dem Darlehensgeber möglich ist, ein dem zurückgezahlten Darlehen entsprechendes Neugeschäft abzuschließen.

Dabei können sich ein **Zinsverschlechterungsschaden** und ein **Zinsmargenschaden** ergeben.

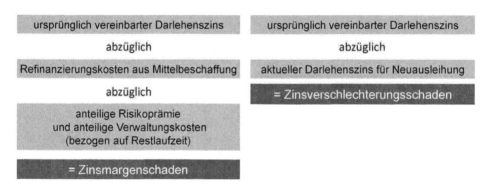

Abb. 176: Aktiv-Aktiv-Methode

Als Zeitraum gilt der Tag der vorzeitigen Darlehensrückzahlung bis zum Ende der ursprünglich vereinbarten Sollzinsfestschreibung.

Vereinbarte Sondertilgungsmöglichkeiten müssen bei der Berechnung berücksichtigt werden. Ebenso ist das gesetzliche Sonderkündigungsrecht von 10 Jahren nach Darlehensgesamtauszahlung (Kündigungsfrist: 6 Monate) zu berücksichtigen.

Aktiv-Passiv-Methode

Bei dieser Methode wird von einer Anlage des vorzeitig zurück bezahlten Darlehensbetrags am Kapitalmarkt (sichere Anleihen öffentlicher Emittenten, beispielsweise Hypothekenpfandbriefe) für die Restlaufzeit der ursprünglich vereinbarten Sollzinsbindungsfrist ausgegangen. Die Bank ist dabei nicht verpflichtet, das Geld tatsächlich am Kapitalmarkt anzulegen.

Die Vorfälligkeitsentschädigung umfasst bei der Aktiv-Passiv-Methode den Zinsverschlechterungsschaden (u.a. BGH-Urteil vom 7.11.2000 Az XI ZR 27/00).

Auch bei dieser Methode sind das Sondertilgungsrecht und ggf. vereinbare Sondertilgungen zu berücksichtigen.

Die Aktiv-Passiv-Methode ist die häufiger verwendete Methode.

Nichtabnahmeentschädigung

Nimmt der Darlehensnehmer das vereinbarte Darlehen nach Ablauf der Widerrufsfrist nicht in Anspruch, so ist der Darlehensgeber zum Ausgleich für seinen entgangenen (Zins-)Gewinn zur Berechnung einer Nichtabnahmeentschädigung berechtigt. Die Berechnungsmethode entspricht den Methoden bei der Vorfälligkeitsentschädigung. Eine pauschale Nichtabnahmeentschädigung ist unzulässig.

Im Rahmen der ordentlichen gesetzlichen Kündigungsrechte darf der Darlehensgeber keine Vorfälligkeitsentschädigung vom Darlehensnehmer verlangen.

3.12.3 Kreditprolongation

Bei der Kreditprolongation handelt es sich um eine Anschlussfinanzierung für die Restschuld eines bereits bestehenden Darlehens nach Ablauf der vorherigen Sollzinsbindungsfrist. Der Darlehensnehmer schließt bei einer Prolongation eine neue Zinsvereinbarung mit seinem bisherigen Darlehensgeber ab.

Auf eine Kreditprolongation wird von Seiten des Darlehensnehmers in der Regel verzichtet, wenn die Darlehensrestschuld nur noch eine geringe Höhe hat oder diese aus Eigenmitteln getilgt werden kann (ordentliches Darlehenskündigungsrecht zum Ende jeder Sollzinsbindungsfrist). Der Darlehensnehmer kann sich aber auch nur zu einer Teiltilgung der Restdarlehensschuld entscheiden und so die monatliche Belastung für die danach verbleibende Restschuld verringern. Dies hat ggf. eine positive Auswirkung auf den Beleihungsauslauf, der ein Kriterium für die Höhe des angebotenen Zinssatzes ist.

Gesetzlich ist der Darlehensgeber nicht zur Prolongation eines Darlehens zum Ende der Sollzinsbindung verpflichtet. Der Darlehensgeber ist berechtigt, das Restdarlehen mit Ablauf der Sollzinsbindung fällig zu stellen. In der Regel sprechen ein geringer Bearbeitungsaufwand, ein reduziertes Ausfallrisiko auf Seiten des Darlehensnehmers und eine gestiegene Werthaltigkeit der Sicherheiten (durch die bisher geleisteten Sicherheiten und mögliche Verkehrswertsteigerungen) für ein Prolongationsangebot.

Gemäß § 493 Abs. 1 und 2 BGB gilt für die Prolongation:

> § 493 Abs. 1 und 2 BGB
>
> (1) Ist in einem Verbraucherdarlehensvertrag der Sollzinssatz gebunden und endet die Sollzinsbindung vor der für die Rückzahlung bestimmten Zeit, unterrichtet der Darlehensgeber den Darlehensnehmer spätestens drei Monate vor Ende der Sollzinsbindung darüber, ob er zu einer neuen Sollzinsbindungsabrede bereit ist. Erklärt sich der Darlehensgeber hierzu bereit, muss die Unterrichtung den zum Zeitpunkt der Unterrichtung vom Darlehensgeber angebotenen Sollzinssatz enthalten.
>
> (2) Der Darlehensgeber unterrichtet den Darlehensnehmer spätestens drei Monate vor Beendigung eines Verbraucherdarlehensvertrags darüber, ob er zur Fortführung des Darlehensverhältnisses bereit ist. Erklärt sich der Darlehensgeber zur Fortführung bereit, muss die Unterrichtung die zum Zeitpunkt der Unterrichtung gültigen Pflichtangaben gemäß § 491a Abs. 1 enthalten.

3.12.4 Umschuldung

Bei der Umschuldung handelt es sich wie bei der Kreditprolongation um eine Form der Anschlussfinanzierung. In diesem Fall wird die Anschlussfinanzierung allerdings mit einem neuen Darlehensgeber abgeschlossen. Der Darlehensnehmer hat zum Ende einer Sollzinsbindung immer ein ordentliches Kündigungsrecht. Dabei gilt eine dreimonatige Kündigungsfrist. So lange keine Anschlussfinanzierung abgeschlossen ist, wird der bisherige Darlehensgeber für das Restdarlehen eine variable Verzinsung verlangen. Der Darlehensnehmer kann – sofern er eine Kündigung zum Ende der Sollzinsbindungsfrist versäumt hat – nun jederzeit mit einer Kündigungsfrist von 1 Monat ordentlich kündigen.

Abb. 177: Ablauf einer Umschuldung

Vor der Überweisung des Restdarlehensbetrages an den bisherigen Darlehensgeber überträgt dieser die Darlehenssicherheiten (z.B. Grundschuld) beispielsweise im Rahmen einer Abtretung an den neuen Darlehensgeber.

Je höher die Darlehensrestschuld zum Zeitpunkt der erforderlichen Anschlussfinanzierung, desto sinnvoller kann eine Umschichtung zu einem neuen Darlehensgeber sein. Der Vorteil eines Darlehensgeberwechsels liegt in den meist günstigeren Zinskonditionen. Allerdings sollte der Darlehensnehmer bedenken, dass in diesem Fall eine komplett neue Kreditwürdigkeitsprüfung durch den neuen Darlehensgeber erforderlich ist. Das bedeutet auch für den Darlehensnehmer einen zusätzlichen Aufwand, da er die dazu erforderlichen Nachweise seiner Einkommens- und Vermögensverhältnisse nochmals und aktuell einreichen muss.

Prolongation		Umschuldung	
Vorteile	Nachteile	Vorteile	Nachteile
▪ bequeme Abwicklung ▪ keine erneute Vorlage von Objekt- und Bonitätsunterlagen notwendig ▪ Prolongation durch Annahme (Unterzeichnung) der neuen Zinsvereinbarung	▪ Marktvergleich kann bessere Konditionen bewirken ▪ wenig Verhandlungs-spielraum	▪ günstigerer Zinssatz für den neuen Kredit ▪ Kostenersparnis möglich ▪ dadurch schnellere Entschuldung bei gleichbleibenden Raten möglich	▪ Kosten für Grund-schuldabtretung ▪ Initiative des Darlehensnehmers erforderlich ▪ höherer bürokratischer Aufwand ▪ Prüfung der Bonität und der Immobilie

Abb. 178: Vergleich Prolongation und Umschuldung

Das Wichtigste zusammengefasst:

Wie bei jeden Vertrag können sich auch bei einem Immobiliar-Verbraucherdarlehensvertrag Situationen und Gründe ergeben, die diesen vorzeitig beenden.

Sie können:

- verschiedene Kündigungsmöglichkeiten durch den Darlehensgeber und Darlehensnehmer voneinander abgrenzen
- Ursachen für eine Vorfälligkeitsentschädigung und Nichtabnahmeentschädigung beschreiben
- Möglichkeiten der Prolongation beschreiben
- Möglichkeiten bei einer Umschuldung beschreiben

Sie setzen Ihre Kenntnisse ein, um Ihren Kunden ordnungsgemäß über seine Kündigungsrechte zu informieren.

Sie nutzen Ihre Kenntnisse, um Bestandkunden auch im Falle einer Anschlussfinanzierung, d.h. Prolongation, zu halten.

Die Langfristigkeit des Darlehensgeschäftes bringt es mit sich, dass unvorhergesehene Situationen zu Vertragsstörungen führen können. Dann gilt es, die Regelungen und Konsequenzen hieraus zu kennen. Der Darlehensnehmer ist gut beraten, frühzeitig mit seinem Darlehensgeber über finanzielle Veränderungen zu sprechen, die Einfluss auf die Erfüllbarkeit seiner Darlehensvertragsverpflichtungen haben können. Dies gibt dem Darlehensnehmer und dem Darlehensgeber den notwendigen zeitlichen Spielraum, um rechtzeitig über Lösungen wie beispielsweise eine zeitweise Aussetzung der laufenden Tilgung zu verhandeln.

▶ **Aufgaben zum Kapitel 3.12 – Beendigung Darlehensvertrag**

Ihr Wissen auf dem Prüfstand:

1. Welche Vorteile bietet die Prolongation? (MC)

   a) großer Verhandlungsspielraum

   b) bequeme Abwicklung

   c) kostengünstige Grundschuldübertragung

   d) schnellere Entschuldung

   e) keine erneute Vorlage von Objektunterlagen erforderlich

2. Wann kann der Darlehensgeber zur Berechnung einer Nichtabnahmeentschädigung berechtigt sein? (SC)

   a) Wenn der Darlehensnehmer das Darlehen nach Ablauf der Widerrufsfrist nicht in Anspruch nimmt

   b) Bei außerordentlicher Darlehenskündigung durch den Darlehensnehmer

   c) Wenn der Darlehensnehmer das Darlehen später als beantragt in Anspruch nimmt

   d) Bei ordentlicher Darlehenskündigung durch den Darlehensnehmer

3. Was kennzeichnet eine Umschuldung? (SC)

   a) Anschlussfinanzierung beim bisherigen Darlehensgeber

   b) Wechsel der Darlehensart während der Darlehenslaufzeit

   c) Wechsel der Darlehensbesicherung während der Darlehenslaufzeit

   d) Anschlussfinanzierung bei einem neuen Darlehensgeber

4. Wann muss der Darlehensnehmer den Darlehensgeber spätestens darüber informieren, ob er nach Ablauf einer Sollzinsbindung zu einer Anschlussfinanzierung der Restschuld bereit ist? (SC)

   a) 1 Monat nach Ablauf der Sollzinsbindungsfrist

   b) 1 Monat vor Ablauf der Sollzinsbindungsfrist

   c) 3 Monate nach Ablauf der Sollzinsbindungsfrist

   d) 3 Monate vor Ablauf der Sollzinsbindungsfrist

5. Welche Methode vergleicht bei der Vorfälligkeitsberechnung das Marktzinsniveau mit dem ursprünglich vereinbarten Darlehenszins? (SC)

   a) Aktiv-Passiv-Methode

   b) Passiv-Passiv-Methode

   c) Aktiv-Aktiv-Methode

Lösungen zu den Aufgaben

Lösungen zu den Aufgaben

Lösungen zum Kapitel 2.1
Allgemeine rechtliche Grundlagen

Aufgabe 1: a), c)

Aufgabe 2: b), d)

Aufgabe 3: a), e)

Aufgabe 4: a)

Aufgabe 5: b)

Aufgabe 6: b)

Aufgabe 7: c), e)

Aufgabe 8: c)

Aufgabe 9: d)

Aufgabe 10: a), c)

Lösungen zum Kapitel 2.2
Rechtliche Grundlagen des Immobilienerwerbs

Aufgabe 1: c)

Aufgabe 2: a)

Aufgabe 3: b), c), e)

Aufgabe 4: d)

Aufgabe 5: e)

Aufgabe 6: a)

Aufgabe 7: b), d)

Aufgabe 8: b)

Aufgabe 9: a)

Aufgabe 10: c)

Aufgabe 11: d)

Aufgabe 12: d)

Aufgabe 13: a), c)

Aufgabe 14: c)

Aufgabe 15: a), b)

Aufgabe 16: b), d)

Aufgabe 17: c)

Aufgabe 18: b)

Aufgabe 19: a)

Aufgabe 20: a), b), e)

Lösungen zum Kapitel 2.3
Aufbau und Funktionsweise von Grundbüchern

Aufgabe 1: d)

Aufgabe 2: c)

Aufgabe 3: a), c)

Aufgabe 4: b)

Aufgabe 5: d)

Aufgabe 6: b), c), f)

Aufgabe 7: d)

Aufgabe 8: c)

Aufgabe 9: b)

Aufgabe 10: e), f)

Aufgabe 11: d)

Aufgabe 12: b)

Aufgabe 13: c)

Aufgabe 14: a)

Aufgabe 15: a), d)

Lösungen zum Kapitel 2.4
Rechtliche Grundlagen der Immobiliardarlehensvermittlung und -beratung

Aufgabe 1: c)

Aufgabe 2: a)

Aufgabe 3: c)

Aufgabe 4: d)

Aufgabe 5: b)

Aufgabe 6: b)

Aufgabe 7: a)

Aufgabe 8: a), d)

Aufgabe 9: b), c)

Aufgabe 10: a), e)

Aufgabe 11: b)

Aufgabe 12: a)

Aufgabe 13: b), d), f)

Aufgabe 14: a), c), e)

Aufgabe 15: c), d)

Lösungen zum Kapitel 2.5
Vermittler- und Beraterrecht

Aufgabe 1: a), b)

Aufgabe 2: b), c), e)

Aufgabe 3: b), d)

Aufgabe 4: c)

Aufgabe 5: b), e)

Lösungen zum Kapitel 2.6
Verbraucherschutz

Aufgabe 1: a)

Aufgabe 2: c)

Aufgabe 3: d), e), f)

Aufgabe 4: b)

Aufgabe 5: b), c), f)

Aufgabe 6: c), e)

Aufgabe 7: b)

Aufgabe 8: a), c)

Lösungen zum Kapitel 2.7
Unlauterer Wettbewerb

Aufgabe 1: a), d)

Aufgabe 2: a), d), e)

Aufgabe 3: b), e), f)

Aufgabe 4: b)

Aufgabe 5: c), e)

Lösungen zum Kapitel 2.8
Datenschutz

Aufgabe 1: c), d), e)

Aufgabe 2: a)

Aufgabe 3: a), c), e)

Aufgabe 4: c)

Aufgabe 5: d)

Lösungen zum Kapitel 2.9
Zuständigkeit und Befugnis der Aufsicht

Aufgabe 1: a), b), d)

Aufgabe 2: c), e)

Lösungen zum Kapitel 2.11
Finanzwirtschaftliche und wirtschaftliche Grundlagen

Aufgabe 1: a), c)

Aufgabe 2: b), e), f)

Aufgabe 3: b), d)

Aufgabe 4: e)

Aufgabe 5: a), c), f)

Aufgabe 6: c), d), e)

Aufgabe 7: a), b), e)

Aufgabe 8: a), c)

Aufgabe 9: b)

Aufgabe 10: a), c), e)

Aufgabe 11: d)

Aufgabe 12: e)

Aufgabe 13: a), c), f)

Aufgabe 14: b), d)

Aufgabe 15: b)

Aufgabe 16: a)

Aufgabe 17: b), c), d)

Aufgabe 18: c)

Aufgabe 19: d)

Aufgabe 20: a)

Lösungen zum Kapitel 2.12
Steuerliche Grundlagen

Aufgabe 1: a), d), f)

Aufgabe 2: a)

Aufgabe 3: b), d)

Aufgabe 4: c)

Aufgabe 5: a), b)

Aufgabe 6: b)

Aufgabe 7: c)

Aufgabe 8: a), c)

Aufgabe 9: d)

Aufgabe 10: b), e)

Aufgabe 11: a)

Aufgabe 12: c)

Aufgabe 13: a), d)

Aufgabe 14: d)

Aufgabe 15: b), c)

Lösungen zum Kapitel 3.2
Kreditprodukte

Aufgabe 1: d)

Aufgabe 2: c)

Aufgabe 3: b), c)

Aufgabe 4: a)

Aufgabe 5: d)

Aufgabe 6: a), d)

Aufgabe 7: c)

Aufgabe 8: a)

Aufgabe 9: d)

Aufgabe 10: c)

Aufgabe 11: b)

Aufgabe 12: b)

Aufgabe 13: a), c)

Aufgabe 14: a)

Aufgabe 15: c), e)

Lösungen zum Kapitel 3.3
Finanzierungsbedarf und Finanzierungsbestandteile

Aufgabe 1: a), d)

Aufgabe 2: b), e)

Aufgabe 3: a), b), d)

Aufgabe 4: a)

Aufgabe 5: d)

Aufgabe 6: b)

Aufgabe 7: a), d), e)

Aufgabe 8: b), c)

Aufgabe 9: c), e)

Aufgabe 10: a)

Lösungen zum Kapitel 3.4
Konditionenvergleich

Aufgabe 1: a)

Aufgabe 2: b), e)

Aufgabe 3: c)

Aufgabe 4: b)

Aufgabe 5: a)

Aufgabe 6: d)

Aufgabe 7: b)

Aufgabe 8: d)

Aufgabe 9: a), b), d)

Aufgabe 10: b), e)

Lösungen zum Kapitel 3.5
Zinsrechnung

Aufgabe 1: 916,67 € (Rechenweg: 2,5 % + 3 % = 5,5 % x 200.000 € geteilt durch 12 x 100)

Aufgabe 2: 4,6 % p.a. (Rechenweg: 550 € x 12 x 100 geteilt durch 100.000 € = 6,6 % abzgl. 2 %)

Aufgabe 3: 200.000 € (Rechenweg: 1.000 € x 12 = 12.000 € x 100 geteilt durch 5)

Aufgabe 4: 1.600 € (Rechenweg: 300.000 € x 5 % = 15.000 € geteilt durch 12 = 1.250 € zzgl. 350 €)

Lösungen zum Kapitel 3.6
Finanzierungsangebot

Aufgabe 1: c)

Aufgabe 2: b), d), f)

Aufgabe 3: a)

Aufgabe 4: a)

Aufgabe 5: d)

Lösungen zum Kapitel 3.7
Kreditwürdigkeitsprüfung

Aufgabe 1: c), e)

Aufgabe 2: a), b), c)

Aufgabe 3: a)

Aufgabe 4: d), e)

Aufgabe 5: b), d)

Lösungen zum Kapitel 3.8
Kreditsicherung

Aufgabe 1: a), c)

Aufgabe 2: b)

Aufgabe 3: d)

Aufgabe 4: b), d)

Aufgabe 5: c)

Aufgabe 6: d)

Aufgabe 7: b)

Aufgabe 8: a)

Aufgabe 9: d)

Aufgabe 10: b)

Lösungen zum Kapitel 3.9
Beleihungsprüfung und Bewertung von Sicherheiten

Aufgabe 1: c)

Aufgabe 2: a)

Aufgabe 3: b)

Aufgabe 4: b)

Aufgabe 5: d)

Aufgabe 6: e)

Aufgabe 7: d)

Aufgabe 8: a)

Aufgabe 9: 40 % (200.000 € geteilt durch 500.000 € = 0,4 multipliziert mit 100)

Aufgabe 10: d)

Lösungen zum Kapitel 3.10
Kopplungsgeschäfte

Aufgabe 1: a), d)

Aufgabe 2: b), c)

Aufgabe 3: c)

Lösungen zum Kapitel 3.11
Risiken der Finanzierung

Aufgabe 1: b), e)

Aufgabe 2: a), b)

Aufgabe 3: c)

Aufgabe 4: a)

Aufgabe 5: a), c)

Lösungen zum Kapitel 3.12
Beendigung Darlehensvertrag

Aufgabe 1: b), e)

Aufgabe 2: a)

Aufgabe 3: d)

Aufgabe 4: d)

Aufgabe 5: c)

Abbildungsverzeichnis

Abbildungsverzeichnis

Stichwortverzeichnis

Stichwortverzeichnis